TRATADO DE DIREITO ADMINISTRATIVO BRASILEIRO

PARTE GERAL

Volume 1

SERGIO FERRAZ

Prefácio
Fernando Menezes de Almeida

TRATADO DE DIREITO ADMINISTRATIVO BRASILEIRO

PARTE GERAL

Volume 1

1ª reimpressão

Belo Horizonte

2023

© 2022 Editora Fórum Ltda.
2023 1ª reimpressão

É proibida a reprodução total ou parcial desta obra, por qualquer meio eletrônico, inclusive por processos xerográficos, sem autorização expressa do Editor.

Conselho Editorial

Adilson Abreu Dallari
Alécia Paolucci Nogueira Bicalho
Alexandre Coutinho Pagliarini
André Ramos Tavares
Carlos Ayres Britto
Carlos Mário da Silva Velloso
Cármen Lúcia Antunes Rocha
Cesar Augusto Guimarães Pereira
Clovis Beznos
Cristiana Fortini
Dinorá Adelaide Musetti Grotti
Diogo de Figueiredo Moreira Neto (*in memoriam*)
Egon Bockmann Moreira
Emerson Gabardo
Fabrício Motta
Fernando Rossi
Flávio Henrique Unes Pereira

Floriano de Azevedo Marques Neto
Gustavo Justino de Oliveira
Inês Virgínia Prado Soares
Jorge Ulisses Jacoby Fernandes
Juarez Freitas
Luciano Ferraz
Lúcio Delfino
Marcia Carla Pereira Ribeiro
Márcio Cammarosano
Marcos Ehrhardt Jr.
Maria Sylvia Zanella Di Pietro
Ney José de Freitas
Oswaldo Othon de Pontes Saraiva Filho
Paulo Modesto
Romeu Felipe Bacellar Filho
Sérgio Guerra
Walber de Moura Agra

Luís Cláudio Rodrigues Ferreira
Presidente e Editor

Coordenação editorial: Leonardo Eustáquio Siqueira Araújo
Aline Sobreira de Oliveira

Rua Paulo Ribeiro Bastos, 211 – Jardim Atlântico – CEP 31710-430
Belo Horizonte – Minas Gerais – Tel.: (31) 2121.4900
www.editoraforum.com.br – editoraforum@editoraforum.com.br

Técnica. Empenho. Zelo. Esses foram alguns dos cuidados aplicados na edição desta obra. No entanto, podem ocorrer erros de impressão, digitação ou mesmo restar alguma dúvida conceitual. Caso se constate algo assim, solicitamos a gentileza de nos comunicar através do *e-mail* editorial@editoraforum.com.br para que possamos esclarecer, no que couber. A sua contribuição é muito importante para mantermos a excelência editorial. A Editora Fórum agradece a sua contribuição.

Dados Internacionais de Catalogação na Publicação (CIP) de acordo com ISBD

F381t

Ferraz, Sergio

Tratado de direito administrativo brasileiro (Parte Geral) / Sergio Ferraz. 1. reimpressão. - Belo Horizonte : Fórum, 2022.
335p. ; 14,5cm x 21,5cm. – (v.1)

Inclui bibliografia e anexo.
ISBN: 978-65-5518-357-3

1. Direito Administrativo. 2. Direito Constitucional. I. Título.

CDD 341.3
CDU 342.9

2022-791

Elaborado por Odilio Hilario Moreira Junior - CRB-8/9949

Informação bibliográfica deste livro, conforme a NBR 6023:2018 da Associação Brasileira de Normas Técnicas (ABNT):

FERRAZ, Sergio. *Tratado de direito administrativo brasileiro (Parte Geral)*. 1. reimpr. Belo Horizonte: Fórum, 2022. 335p. ISBN 978-65-5518-357-3.

À Vania: muito mais que esposa, companheira de tantas décadas e luz da minha trajetória, minha própria vida.

SUMÁRIO

PREFÁCIO
O DIREITO ADMINISTRATIVO INDIVIDUALISTA
Fernando Menezes de Almeida 11

CAPÍTULO 1
APRESENTAÇÃO 23

CAPÍTULO 2
NOTA METODOLÓGICA: FUNDAMENTOS
ONTOLÓGICOS, AXIOLÓGICOS E EPISTEMOLÓGICOS
DO DIREITO ADMINISTRATIVO 27

CAPÍTULO 3
HISTÓRIA DO DIREITO ADMINISTRATIVO BRASILEIRO.
O QUE É DIREITO ADMINISTRATIVO?
FUNÇÃO ADMINISTRATIVA: PRIMEIRA ABORDAGEM.
OUTROS CONCEITOS FUNDAMENTAIS 31

§1º   História da Administração Pública brasileira e do Direito
      Administrativo do Brasil: primórdios 55
§1º.1 O que é Administração Pública? Primórdios da Administração
      Pública no Brasil 56
§1º.2 Capitanias hereditárias 58
§1º.3 Governo Geral 60
§1º.3.1 A divisão do Governo Geral 61
§1º.4 O Vice-Reinado 64
§1º.5 Uma digressão: houve uma cultura jurídica no Brasil
      quinhentista? 66
§1º.6 O Tribunal da Mesa da Consciência 68
§1º.7 A chegada de D. João VI 69
§1º.8 D. Pedro I e a evolução administrativa 71

§1º.8.1 A Regência..71
§1º.8.2 A preparação da primeira Constituição..72
§2º   A Constituição de 1824 e os fundamentos do Direito
         Administrativo brasileiro..74
§2º.1   A definição e os contornos do Estado brasileiro..................................75
§2º.2   As regras de Direito Administrativo na Constituição de 1824..............77
§2º.2.1 Ensaios de descentralização e combate ao nepotismo........................78
§2º.2.2 D. Pedro I e função administrativa..80
§2º.3   A história do Direito Administrativo brasileiro: introdução................81
§2º.3.1 A primazia da bibliografia brasileira...81
§2º.3.2 A obra de Vicente Pereira do Rêgo...82
§2º.3.3 A obra de Pimenta Bueno...90
§2º.3.4 A obra do Conselheiro Ribas..93
§2º.3.5 Uma observação do Conselheiro Montezuma...................................98
§2º.3.6 Observações finais...99
§3º   A transição do Primeiro para o Segundo Império: critérios
         de nossa abordagem..100
§3º.1   Relembrando o cenário brasileiro que levou ao Ato Adicional
         de 1834...100
§3º.2   A obra do Visconde de Uruguai...106
§3º.2.1 A Administração Pública sob Pedro II..109
§3º.2.2 O Conselho de Estado...112
§3º.2.3 O Poder Moderador..114
§3º.3   O inevitável advento da República Federativa.................................117
§4º   A Constituição de 1891...125
§4º.1   A bibliografia administrativista do período......................................128
§5º   A expansão do Estado e do Direito Administrativo, de 1930
         a nossos dias...129
§5º.1   O Estado Novo e a Constituição de 1934...130
§5º.2   A Constituição de 1937...134
§5º.3   A transição para a reconstitucionalização...134
§5º.4   A Constituição de 1946...135
§5º.5   Uma longa jornada de um dia para dentro de uma longa noite........138
§6º   A Constituição de 1967/1969..140
§7º   O regime militar, o estado empresário e a tecnocracia:
         ascensão e queda..142
§8º   A Constituição de 1988: breves referências.....................................144
§9º   O Refluxo cleptocrático..147

§10º A bibliografia administrativa republicana 162
§11º A gênese ideológica do Direito Administrativo brasileiro 169
§12   Revisitando conceitos (segunda abordagem).
      Direito Administrativo e Função Administrativa. Por uma nova
      escola do pensamento brasileiro sobre Direito Administrativo 182

CAPÍTULO 4
A LEI NATURAL E O DIREITO ADMINISTRATIVO
BRASILEIRO 191
§1º   Direito Natural e Direito Administrativo 191
§2º   Os novos paradigmas do Direito Administrativo 194
§3º   Fechando o círculo conceitual 196

CAPÍTULO 5
TERCEIRA E ÚLTIMA ABORDAGEM:
DIREITO ADMINISTRATIVO E FUNÇÃO ADMINISTRATIVA 199
§1º   Conclusões 199

CAPÍTULO 6
FONTES DO DIREITO ADMINISTRATIVO 221

CAPÍTULO 7
PRINCÍPIOS DO DIREITO ADMINISTRATIVO BRASILEIRO 227
§1º   Boa-fé, confiança legítima e segurança jurídica 232
§2º   Devido processo legal 243
§3º   Dignidade humana 245
§4º   Economicidade 253
§5º   Eficiência 254
§6º   Igualdade, impessoalidade, imparcialidade 256
§7º   Moralidade administrativa, veracidade e exemplaridade pública ... 260
§8º   Interesse público 268
§9º   Razoabilidade e proporcionalidade 270
§10º Motivação 276
§11º Transparência 281
§12º Legalidade. Ou melhor, Juridicidade 288
§13º Reserva do possível 291
§14º Verdade material 292
§15º Informalidade. A liberdade das formas 293

§16º   Arremate 295
§17º   Ilustração jurisprudencial 296

CAPÍTULO 8
INTERPRETAÇÃO DO DIREITO ADMINISTRATIVO 301

REFERÊNCIAS 309

PREFÁCIO

O DIREITO ADMINISTRATIVO INDIVIDUALISTA

I

Sergio Ferraz, com a humilde, a ousadia e a ampla generosidade dos grandes intelectuais, daqueles verdadeiramente comprometidos com o franco debate de ideias, tendo em vista o engrandecimento do acervo do conhecimento humano, traz a público o primeiro volume (Parte Geral) de seu *Tratado de Direito Administrativo Brasileiro*. É uma obra magistral, no sentido próprio do termo, nascida como natural consequência da carreira de um legítimo mestre. Ao mesmo tempo, abre novos caminhos que o próprio mestre, seus interlocutores e as novas gerações que permanentemente está a formar seguirão trilhando.

Sim, pois quem conhece Sergio Ferraz – grupo no qual eu mesmo, que não fui seu aluno nos bancos escolares, tenho a alegria de incluir-me, com ele convivendo em diversas ocasiões nos últimos anos, na academia e em outras instituições do mundo jurídico – sabe que são notas marcantes de seu modo de ser, sempre expressando-se com a mais notável gentileza, rigor e brilho intelectuais; a clareza das ideias; o amor pelo debate e pelo conhecimento; a aceitação da divergência e o respeito ao argumento diverso; a dedicação à formação das novas gerações e o estímulo ao crescimento e à aquisição de independência por seus discípulos.

II

Como de início referido, é um feito ousado e generoso. Sergio Ferraz, deixando fluir com naturalidade os resultados de décadas de reflexão, de estudo e de ensino, apresenta conclusões que o tiram da margem de conforto do padrão usual da exposição formal e material do Direito Administrativo. Compartilha, assim, com a comunidade jurídica, sólidas ideias, que mesclam tradição e originalidade, de modo ancorado em firme base valorativa. Ideias ricas – nas suas próprias palavras – em "pensamentos abertamente divergentes de parte da doutrina dominante".

Este Tratado estabelece as bases de uma escola de pensamento contextualizada numa fase de maturidade de uma teoria do Direito Administrativo propriamente brasileira, lastreada no valor da individualidade humana: a *Escola Brasileira de Direito Administrativo Individualista*.

O valor do indivíduo humano permite a Sergio Ferraz não apenas reordenar o modo de apresentação dos tópicos de um livro sobre Direito Administrativo, mas, sobretudo, reformular a compreensão de diversos dos elementos que lhe dão substância, rompendo, justificada e respeitosamente, dogmas com frequência afirmados na doutrina administrativista brasileira.

III

Sergio Ferraz, sem rodeios, já na Apresentação do Tratado, esclarece:

> O viés da abordagem dos temas (vetor metodológico dos textos) e a finalidade (fundamento axiológico) que se buscará sem esmorecimentos, tudo isso se resume numa só palavra – INDIVÍDUO.[1]

---

[1] Neste prefácio, estou mantendo, nos trechos transcritos do Tratado, todos os destaques (maiúsculas e itálicos) empregados por Sergio Ferraz.

Com efeito, para ele:

[...] o *público*, o *social* e o *coletivo* são extrapolações que o indivíduo compõe, a partir de sua plena concretização no mundo, ou, pelo menos, de efetiva existência de condições para essa concretização.

Mais adiante, traz uma suma do espírito de sua obra – é longo o trecho para uma transcrição, mas, dada sua essencialidade, decidi aqui copiá-lo:

Foi premido por tais circunstâncias que propusemos uma nova visão do Direito Administrativo que desejamos ver consagrada. Em suma, um Direito Administrativo pela óptica do indivíduo, com a pessoa como protagonista, atuando o Estado como simples instrumento, utilizado pelo indivíduo, para a concretização das transformações necessárias. E aqui, sim, pretendemos inaugurar a escola brasileira de Direito Administrativo individualista. Não seremos repetitivos em sua definição, eis que já lançamos seus traços fundamentais nas páginas iniciais deste livro. Apenas repetiremos que a visão individualista do Direito Administrativo não constitui egocentrismo (não toma o próprio *eu* como centro de todos os interesses), egoísmo (nela não há amor excessivo a si mesmo), egolatria ou egotismo (tampouco nela existe sentimento excessivo ou idolatria do próprio *eu*).

Trata-se, tão apenas, de colocar o indivíduo no centro do sistema social, condutor, fiscalizador e controlador da atividade estatal, definidor da sua esfera de liberdade que só conhece os limites decorrentes da esfera da liberdade alheia e da lei. Daí decorre a igualdade entre o interesse particular e o tão decantado interesse público, cabendo, aliás, ao indivíduo, definir o que é o interesse público, o que se perfaz pelo princípio democrático da maioria. E não da maioria a todo preço, mas da maioria cuja prevalência não suprima ou exclua o interesse individual, impondo-se a utilização das vias compensatórias quando o sacrifício individual se mostrar excessivo. Em casos tais, o Estado, se posto a agir pelo indivíduo (ou por quem o represente, vocábulo aqui utilizado em lata acepção, não estritamente jurídica pois), pode comparecer como instância dirimente, atuando em prol do interesse individual que deva preponderar. Há que não esquecer: o indivíduo é uma realidade material; a sociedade é uma criação intelectual, partejada pelo indivíduo ou pelo conjunto de indivíduos. Em resumo: a sociedade existe em razão e para o benefício do indivíduo, não sendo aceitável que a criatura suplante sempre o criador.

Esse é o Direito Administrativo que desejamos. Essa é a Escola de Direito Administrativo Brasileiro que defendemos. Essa é a baliza legítima do exercício da função administrativa. Essa é a alternativa que brandimos, em oposição à escola da soberania do interesse público.

IV

Não haveria cabimento, neste prefácio, discorrer sobre o individualismo, se não for para apontá-lo como o núcleo do Tratado, o qual naturalmente já desenvolve o tema de modo necessário e suficiente. Todavia, não deixo de compartilhar uma conexão que me pareceu oportuna, da visão de Sergio Ferraz com um precioso texto da autoria de Émile Durkheim, escrito no ápice da polêmica em torno do caso Dreyfus, na França, na transição do século XIX para o século XX.

Durkheim – cujas ideias sociológicas, aliás, indiretamente integram uma fundamental linha de pensamento jurídico administrativista, por meio da *École du Service Public*, esta liderada por seu colega de vida acadêmica e amigo pessoal Léon Duguit – atuou frontalmente no grupo de intelectuais que defendeu a posição do Capitão Dreyfus, opondo-se à postura oficial do governo francês, em uma situação na qual, para além dos elementos do caso concreto, revelou-se um conflito entre, de um lado, a defesa de um indivíduo e dos valores humanos que encarna e, de outro, a "razão de estado" (ou, digamos, uma visão distorcida do que seja o "interesse público", corporificado por instâncias da administração estatal).

Naquela ocasião, Durkheim – pensador notoriamente associado à ideia da "coesão social" – publicou um texto intitulado *L'individualisme et les intelectuels*,[2] no qual, após afastar a confusão entre "individualismo" e "utilitarismo estreito" ou "egoísmo utilitário", afirma que "*non seulement l'individualisme n'est pas l'anarchie, mais c'est désormais le seul système de croyances qui puisse assurer l'unité morale du pays*".

Seguindo num paralelo com a religião enquanto elemento de coesão social – sendo certo que disputas em torno de religiões integravam o pano de fundo conflituoso do caso Dreyfus –, Durkheim conclui que a única "religião" apta a garantir a harmonia da sociedade era "*cette religion de l'humanité dont la morale individualiste est l'expression rationnelle*". Sim, pois

---

[2] As citações aqui feitas foram extraídas da edição bilíngue de "O individualismo e os intelectuais", organizada por Marcia Consolim, Márcio de Oliveira e Raquel Weiss (São Paulo: Editora da Universidade de São Paulo, 2016).

[...] *comme chacun de nous incarne quelque chose de l'humanité, chaque conscience individuelle a en elle quelque chose de divin, et se trouve ainsi marquée d'un caractère qui la rend sacrée et inviolable aux autres. Tout l'individualisme est là; et c'est là ce qui en fait la doctrine nécessaire.*

E, mais adiante, completa, mostrando a necessária consequência do individualismo também para o benefício da sociedade:

Ainsi l'individualiste, qui défend les droits de l'individu, défend du même coup les intérêts vitaux de la société; car il empêche qu'on n'appauvrisse criminellement cette dernière réserve d'idées et de sentiments collectifs qui sont l'âme même de la nation.

V

Desdobrando essa premissa valorativa fundamental – o individualismo –, Sergio Ferraz discorre, ainda, sobre outros valores com ela plenamente harmônicos. Destaco, nesse sentido, duas ideias principais, valendo-me de suas construções intelectuais. Em primeiro lugar, a *liberdade*:

O triunfo da ideia de liberdade individual pressupõe que se veja, no conceito de *liberdade*, um verdadeiro arquétipo. E *arquétipo* em dupla visão: não só como modelo ou padrão passível de ser reproduzido, mas também, e já aqui muito próximo da acepção original junguiana, como conteúdo perene do inconsciente coletivo.

Nesse sentido, prossegue mais adiante:

Não se trata, pontue-se, de explicar o livre arbítrio como um ato de fé ou um dogma: ele é conatural à própria existência racional do Homem que, sem ele, sequer esse nome mereceria. E, como tal, o livre arbítrio dispensa qualquer processo de demonstração racional de sua existência, tal como ocorre com a vida ou o ser. Vida, ser, homem, livre arbítrio, tudo isso é. São *axiomas*.

Prosseguindo o raciocínio, como ilustrado com o trecho reproduzido a seguir, Sergio Ferraz faz a conexão entre o valor da liberdade humana com outro elemento valorativo central do Tratado – elemento que, ao mesmo tempo, dá o eixo filosófico da obra: a adesão a uma visão *jusnaturalista*:

> E, porque são, existem, para além de qualquer prova ou demonstração, de resto inúteis e irrelevantes, dão tais realidades palpáveis que dão nascimento ao Direito e suas determinações normativas. Ou seja, a Liberdade não é fruto do Direito. É o Direito que se origina da Liberdade, condicionando, disciplinando e harmonizando o exercício desta. Ela existe, seja na sociedade mais sofisticada, seja na mais primitiva, e, até mesmo, numa hipotética sociedade de um só homem (exemplo: Robinson Crusoé, antes da aparição de Sexta-Feira). Não há, então, em nosso sentir, como escapar a essa constatação ontológica: a liberdade é um *arquétipo*. Assim é porque está na consciência individual e também no inconsciente coletivo. Existe no mundo real (como força imanente de cada ser), como realidade (e imposição) do mundo fenomênico (que sempre nos íntima a optar entre A e B), sendo apenas por ela própria, *liberdade*, disciplinada e limitada, até como exigência de sobrevivência dos humanos e de suas sociedades. Enfim, como traduziu Sartre, todo ser está condenado a ser livre. Nesse prisma, liberdade é autodeterminação, autocausalidade, condicionada à totalidade a que o homem pertence, totalidade essa que limita e disciplina as escolhas acenadas aprioristicamente pelo livre arbítrio.

Essa adesão filosófica ao jusnaturalismo é, com toda a honestidade intelectual,[3] explicitada por Sergio Ferraz:

> A profissão de fé anteriormente proclamada nos vincula obviamente a uma visão jusnaturalista do Direito Administrativo. Explicitando-a: mesmo em face de uma sociedade ainda não dotada de organicidade jurídica (por exemplo, as que emergem de conflitos internos ou guerras externas, as desmanteladas por catastróficos fenômenos da Natureza), têm os seres humanos neles arraigada, em seus espíritos e corações, a consciência de que lhes rege uma lei natural que rejeita e reprova tudo o que é injusto e desonesto, e que obrigatoriamente lhes prescreve a adoção de condutas justas e honestas. Essa lei independe de quaisquer convenções, normas ou aceitações individuais. E assim é a tal ponto que tal lei persiste cogente mesmo que os legisladores decretem sua abolição.

---

[3] E com todo respeito ao pensamento diverso sobre este ponto. Com efeito, concedeu-me a honra de prefaciar seu Tratado, ainda que sendo eu filosoficamente alinhado (no tocante à Teoria Geral) com a Escola de Viena e (no tocante ao Direito Administrativo) com a visão realista da Escola do Serviço Público francesa – e sempre igualmente defensor do valor primordial da liberdade humana.

VI

Ao lado dessa premissa axiológica do Tratado, Sergio Ferraz também apresenta premissas ontológicas e epistemológicas. Dada a precisão do texto, transcrevo aqui um trecho em que resume tais premissas (incluindo a menção à premissa axiológica, que aqui mantenho, apesar de já tê-la destacado anteriormente, por nunca ser demais enfatizar):

Em primeiro lugar, aqui se considera, a partir da experiência do Direito Administrativo brasileiro sobretudo, que a tendência contínua de expansão do poder estatal é verdadeira. Não se pode negar a permanente e progressiva ampliação da ingerência estatal em todos os aspectos da vida comunitária. Esta é a *premissa ontológica* do presente trabalho.

Em segundo lugar, aqui se considera, ao contrário de certas correntes do Direito Administrativo brasileiro, que tal expansão é nociva e deve ser combatida. A liberdade é um bem que deve ser prestigiado em sua máxima medida, e um Estado com amplos poderes é um mal. E mais: considera-se que, entre duas soluções jurídicas possíveis, o raciocínio do jurista deverá pender para a solução que faça prevalecer a liberdade, por mais que – repise-se – isso cause espécie a certas correntes autoritárias de nosso Direito Administrativo. Esta é a *premissa axiológica* da presente obra.

Terceiro: como já enunciado no início deste capítulo introdutório, o objeto do Direito Administrativo é a contenção do poder estatal em todas as suas múltiplas manifestações. Sem exceções ou pontos cegos. Com todo o respeito devido a posições divergentes, não se pode compreender o campo do direito administrativo meramente como a fixação formal de um *regime jurídico* peculiar, nem tampouco como a disciplina jurídica das atividades estatais destinadas à "concretização de direitos fundamentais", porque tais definições ou são neutras ou, pior ainda, fortalecedoras de posições que privilegiam a autoridade estatal em detrimento da liberdade. A tarefa do administrativista, e o verdadeiro critério de validade dos seus julgamentos, será, como ressalta Eduardo García de Enterría, "a conversão técnica" da liberdade como *mito* "em uma técnica jurídica operante e concreta".[4] Contenção do poder e garantia da liberdade são as *premissas epistemológicas* do presente *Tratado de Direito Administrativo Brasileiro*.

---

4   ENTERRÍA, Eduardo García de. *La lucha contra las inmunidades del poder*. 3. ed. Madrid: Cuadernos Cívitas, 1983. p. 15.

VII

Transitando da fixação dessas premissas para uma aproximação analítica do objeto de estudo do Direito Administrativo, Sergio Ferraz afirma serem "duas fundamentais pressuposições" do Tratado:

> [...] a certeza de que o Estado foi criado e existe para *servir* ao indivíduo; a convicção de que o princípio basilar, norteador de qualquer sistema jurídico, é o da dignidade da pessoa humana.

De modo coerente com essas pressuposições, é afastada a noção de supremacia do interesse público, tal como parte majoritária da doutrina a concebe. Com efeito, Sergio Ferraz rejeita a ideia de que o interesse público seja algo substancialmente diverso dos interesses privados (algo como "uma dimensão pública do interesse privado"). Em lugar disso, afirma sem hesitação:

> [...] *o interesse público é, sim, a soma dos interesses privados*, apurada segundo o democrático princípio majoritário, respeitando-se e garantindo-se sempre os direitos fundamentais da minoria, harmonizando-os na medida do possível, proporcional e razoávelmente, e, pois, os respeitando com o interesse coletivo.

Ao mesmo tempo, pondera que o agir da Administração Pública no tocante à realização dos interesses dos indivíduos reunidos em sociedade não é igual a um agir privado:

> Doutra banda, ao cidadão não interessa que a Administração se apresente, no exercício da função administrativa, com as vestes pomposas da autoridade ou com o simples trajar do direito privado: o que ele exige é que a Administração seja *eficiente* e realize a *melhor administração*. E, para tanto, muitas vezes, terá ela que abandonar sua pretensão de supremacia indeclinável. E haverá de fazê-lo mediante manifestação de vontade abdicativa, mesmo que em jogo o exercício de uma função administrativa. Apenas mentes totalitárias não podem ver tal realidade invencível!

O caráter público da conduta da Administração revela-se, então, não sob a forma de *"poder* discricionário (ou de uma *faculdade* discricionária)"*,* mas sim – segundo Sergio Ferraz – com

[...] o *dever* de exercitar, *da melhor forma*, uma *competência*. E tanto é assim que o exercício de tal competência se dá antes no campo da *objetividade* opcional, que da subjetividade psíquica. Com o que mais se afasta a indesejada categoria *discricionariedade*.

Corolário desse reposicionamento da abordagem que a doutrina tradicionalmente faz sobre a discricionariedade, é sua releitura sobre o dogma da distinção entre legalidade e mérito, em termos do controle dos atos administrativos:

> Não temos dúvida em afirmar que há muitas hipóteses em que o ato administrativo tem que ser examinado sob o prisma de sua legalidade, com uma inflexão ou uma reflexão sobre o seu mérito, visto este como *elemento intrínseco* da própria concepção de *legalidade*, já que ao administrador se impõe não apenas o *dever* da *boa administração*, mas o IMPERATIVO da *melhor administração*.

VIII

Com segurança sobre as premissas e os pressupostos anteriormente indicados, Sergio Ferraz, neste primeiro volume do Tratado, dedica-se a quatro temas essenciais de uma teoria geral do Direito Administrativo: função pública; fontes do direito administrativo; princípios do Direito Administrativo brasileiro e interpretação do Direito Administrativo.

A função administrativa, na visão de Sergio Ferraz, fornece o núcleo semântico da definição de Direito Administrativo:

> *Direito Administrativo é o ramo do jurismo que estuda a função administrativa, os instrumentos de sua ação, o controle do seu exercício e os pertinentes meios de defesa do administrado e de sua participação na definição das ações da Administração Pública.*

A noção de função administrativa, devidamente revista e conceitualmente adaptada às premissas da obra, é detalhadamente analisada, especialmente em três aproximações sucessivas, em distintos momentos da obra (Capítulo 3, parte inicial; Capítulo 3, §12; e Capítulo 5), de modo a acompanhar o desenvolvimento paralelo de outros temas, com eles harmonizando-se.

As fontes, os princípios e a interpretação – cada qual merecedor de um Capítulo próprio (6, 7 e 8) – são outros temas abordados com atualidade (ressalto, p. ex., uma revisão da interpretação do Direito Administrativo à luz das regras contidas na LINDB), visão crítica (destaco, p. ex., a crítica aos excessos com que visões neoconstitucionalistas tratam os princípios, ou mesmo "criam" alguns), originalidade (noto, p. ex., a análise feita quanto às fontes) e, sempre, em linguagem clara, elegante e precisa.

IX

O texto de Sergio Ferraz é erudito, contudo, ao mesmo tempo, despido – como ele próprio explicita – de "resenha bibliográfica e jurisprudencial". Antes de mais nada, segue a "opção existencial" de "*dialogar* com o eventual interlocutor ou leitor".

Não deixa de referir, generosamente, os nomes de autores que formam a doutrina contemporânea. E, em pontos específicos, debate ideias destacadas de autores individualmente identificados, concordando ou discordando, sempre com o mais cristalino espírito científico e respeito intelectual.

Presta ainda homenagem a clássicos fundadores da doutrina publicista brasileira, em especial, Vicente Pereira do Rêgo, Pimenta Bueno, Conselheiro Ribas e Conselheiro Brotero, cujas ideias são analisadas com profundidade e cuja atualidade de pensamento é devidamente enaltecida.

Ao mesmo tempo, é um texto riquíssimo em história – fundamental para que se compreenda o contexto político-institucional no qual o Direito Administrativo, como fenômeno social, realiza-se – e em referências contemporâneas à interface político-sociológica do direito (p. ex., posicionando-se em matéria de potenciais ameaças ao regime de liberdade no Brasil contemporâneo ou em matéria do "refluxo cleptocrático" infelizmente vivido em nosso País).

É um texto cativantemente entremeado de referências culturais diversas, notadamente do cinema e da literatura – pois, como afirma Sergio Ferraz,

> [...] pobre do jurista (com ou sem aspas) que somente lê obras jurídicas, abandonando a história, a sociologia e até mesmo a ficção. São iliteratos, em verdade.

X

Não bastassem as excepcionais lições de direito, perfeitamente conectadas às lições sobre a história e as instituições políticas brasileiras, Sergio Ferraz, no auge da capacidade intelectual e criativa, pleno de juventude, dá uma lição de vida ao empreender, aos 85 anos, o lançamento de seu *Tratado de Direito Administrativo Brasileiro*. E o faz mantendo a fidelidade à concepção de serem a produção doutrinária do Direito Administrativo e o exercício da função administrativa meios para a realização de um fim.

É mais uma brilhante realização de um mestre de tantas gerações, de um pensador comprometido com a liberdade do próprio pensar, de um cientista inspirado pela franca busca pela verdade, de um combatente incansável pelos valores do indivíduo – e que assim, leal a essa causa, tem conduzido sua vida intelectual e pessoal.

Recordo, aqui, a propósito, mais uma vez, Durkheim, em *L'individualisme et les intelectuels*:

> *Un organe de la vie publique, si important qu'il soit, n'est qu'un instrument, un moyen en vue d'une fin. Que sert de conserver avec tant de soin le moyen si l'on se détache de la fin? Et quel triste calcul que de renoncer, pour vivre, à tout ce qui fait le prix et la dignité de la vie.*
>
> *Et propter vitam vivendi perdere causas!*

Fernando Menezes de Almeida
Professor Titular da Faculdade de Direito da Universidade de São Paulo.

CAPÍTULO 1

APRESENTAÇÃO

Este livro, independentemente de sua eventual valia, é fruto de um parto custoso e suado. De início, nem nascer queria. Mas à pouca vontade do formulador desta apresentação se opuseram as exigências e incentivos, desde muito tempo, de sua mulher. A custo e suor, repita-se, o aqui expositor começou a meditar sobre a ideia de publicar um *Curso*. Obtida a aceitação íntima, de pronto instalou-se o litígio dialético interior: por que mais um *Curso* brasileiro de Direito Administrativo, quando tantos outros, alguns de boa qualidade, existem?. E, por que um livro dessa índole, se o autor, já há alguns anos, deixou de assumir aulas e classes regulares, limitando-se a palestras, aulas especiais, seminários, etc.?

Toda ação costuma despertar uma reação em contrário: o autor ainda não sabia que a semente da ambição de produzir uma alentada e inovadora obra já se localizara fundo em seu âmago. A ideia criou raízes e cresceu. Mas não só: à ambição somara-se a temeridade. E o autor não mais queria um adicional e alternativo manual para alunos. A partir de agora, sua intuição e pretensão floresceram e forjaram a deliberação: havia que ser escrita uma obra de fôlego, a qualquer risco, mas sem receios obstacularizadores.

Nessa nova fase, o projeto cristalizou-se como um *Tratado*. E não pela pompa que habitualmente reveste esse título. Mas pela simples e nada modesta lembrança de que um tratado, no rigor semântico do vocábulo, é nuclearmente um estudo ou obra exauriente sobre um circunscrito objeto. Ocorre que o autor desejava mais. Seu intuito era (e é) elaborar um alentado estudo sobre o conjunto das estruturas jurídicas relacionadas com a adequada visão que considera deva nortear nosso Direito Administrativo de hoje, sequer ignorando a conturbada ambiência política e institucional que envolve o país. E mais: esmiuçando o seu regime e propondo uma visão sistemática e sistêmica sobre o complexo dos temas a abordar. Este não é, entretanto, um texto com pretensões de exibição de erudição. Nele não se busque primordialmente, portanto, integral resenha bibliográfica e jurisprudencial, o que não significa que, *quando conveniente*, tais remissões não sejam apresentadas. Trata-se de um ensaio de maturidade (quando não de evolução intelectual, ao menos de décadas de vida e de magistério) e de abertura para o novo. Jamais houve, de parte do signatário, a preocupação de "fazer escola"; não por timidez ou por falta de vaidade (recôndita ou não). Mas por uma opção existencial: a de se dispor sempre a *dialogar* com o eventual interlocutor ou leitor. E esse é um dos seguros não arrependimentos que, com alegria se proclama, envolverão o tempo pessoal a ser ainda percorrido. Em suma, o propósito não é expor professoralmente, tampouco registra-se aqui um ideal de formar um séquito de discípulos conscientes ou de cegos admiradores. E quanto a despertar ocasionalmente a ira de detratores, tal eventualidade não suscita qualquer indício de preocupação.

Tal como em qualquer outra obra do gênero, aqui se dissertará sobre os mais relevantes segmentos e módulos temáticos encartados no Direito Administrativo brasileiro. Mas isso a nosso modo, expressão que envolve dois compromissos que devem desde já ser destacados:

– de lado ficará tudo o que não é essencial à compreensão do nosso Direito Administrativo (pilar epistemológico do trabalho): "igrejinhas" de citação de autores, dissertações sobre teorias e teóricos que servem apenas para "abrilhantar" o conceito que de si mesmo possa elaborar cada autor (mas que não se revelam servientes à formação do leitor) etc.;

– o viés da abordagem dos temas (vetor metodológico dos textos) e a finalidade (fundamento axiológico) que se buscará sem esmorecimentos, tudo isso se resume numa só palavra – INDIVÍDUO.

Em acabamento dessa apresentação: este é um estudo do Direito Administrativo brasileiro. Ou seja: cada um dos segmentos e módulos temáticos, componentes de capítulos apartados, será tratado sob a óptica da utilidade *individual* de seu conhecimento, com vistas à plena satisfação e realização das potencialidades de cada ser. O *público*, o *social* e o *coletivo* são extrapolações que o indivíduo compõe, a partir de sua plena concretização no mundo, ou, pelo menos, de efetiva existência de condições para essa concretização.

Com esta declaração/compromisso em mente é que será possível entender os propósitos do presente trabalho.

CAPÍTULO 2

NOTA METODOLÓGICA: FUNDAMENTOS ONTOLÓGICOS, AXIOLÓGICOS E EPISTEMOLÓGICOS DO DIREITO ADMINISTRATIVO

O Direito Administrativo tem por objeto nuclear a disciplina jurídica da função administrativa, necessariamente vergada à necessidade do melhor atendimento aos reclamos de cada um dos administrados (mais tarde voltaremos à dissecação deste vocábulo). Se este é o substrato conceitual do seu campo material de incidência, sua finalidade – isto é, o para-quê ele existe – não pode ser outra coisa senão a contenção do poder estatal. Afinal, sem a existência de um regramento do agir administrativo, exteriorizado em normas positivas, e sem a submissão do aparato estatal a tais normas, a própria existência do Estado de Direito ficaria comprometida, vulnerando-se a liberdade e as demais garantias individuais. Direito Administrativo é, portanto, em brevíssima síntese, *o direito da limitação dos poderes do Estado no desempenho da função administrativa*. Exatamente por tal razão é também *o direito da proteção dos indivíduos contra a autoridade*. Dizer uma coisa é dizer a outra. É o Direito do Indivíduo à vida digna. E é o Direito da Liberdade.

O Estado moderno é o resultado de uma progressiva concentração de poderes, o que certamente explica o surgimento do Direito Administrativo, ainda no século XIX, e uma verdadeira *hiperadministrativização* da atuação estatal a partir dos fins do século XIX. "Governos grandes", assinala Lawrence Friedman, "significaram governos cujo trabalho se dividiu entre especialistas e órgãos especializados".[1]

---
[1] FRIEDMAN, Lawrence. *A history of American law*. New York: Simon and Schuster, 1973. p. 384. (Tradução livre).

A urbanização crescente tornou necessária, por exemplo, a regulação do direito de construir e a imposição de regras de vizinhança; a instituição de serviços públicos (energia elétrica, gás encanado, telecomunicações etc.), provocou a criação de empresas estatais para a sua prestação ou de regimes contratuais para regular a sua execução por particulares (concessões e permissões); a imposição de monopólios estatais, justificada sob o reconhecimento de que certas atividades econômicas são de relevância estratégica para a coletividade, determinou a criação de órgãos públicos e empresas estatais para a sua exploração; o incremento da tributação, necessário para financiar as demais atividades, impôs a construção de grandes estruturas administrativas destinadas à fiscalização, ao lançamento e ao recebimento de tributos; a necessidade de proteção da ordem pública, sob os aspectos de tranquilidade, salubridade e segurança, impeliu a criação de limitações administrativas (poder de polícia) ao exercício das mais variadas atividades privadas. E como tais breves exemplos, muitos outros. Despiciendo dizer que todos se aplicam ao Brasil, país em que o Estado, mais do que a riqueza ou o conhecimento, é o objeto de cobiça do cidadão mediano, que dele quer fazer parte como servidor ou, mais gravemente, como integrante daquela categoria que Raymundo Faoro, a bom termo, denominou *estamento burocrático*.[2]

Feitas essas considerações introdutórias, cumpre mencionar em que elas se relacionam com o presente *Tratado*.

Em primeiro lugar, aqui se considera, a partir da experiência do Direito Administrativo brasileiro sobretudo, que a tendência contínua de expansão do poder estatal é verdadeira. Não se pode negar a permanente e progressiva ampliação da ingerência estatal em todos os aspectos da vida comunitária. Esta é a *premissa ontológica* do presente trabalho.

Em segundo lugar, aqui se considera, ao contrário de certas correntes do Direito Administrativo brasileiro, que tal expansão é nociva e deve ser combatida. A liberdade é um bem que deve ser prestigiado em sua máxima medida, e um Estado com amplos poderes é um mal. E mais: considera-se que, entre duas soluções jurídicas possíveis, o raciocínio do jurista deverá pender para a solução que faça prevalecer a liberdade, por mais que – repise-se – isso cause espécie a certas correntes autoritárias de nosso Direito Administrativo. Esta é a *premissa axiológica* da presente obra.

---

[2] Conferir: FAORO, Raymundo. Os donos do poder. *Globo*, Publifolha, SP, 2000.

Terceiro: como já enunciado no início deste capítulo introdutório, o objeto do Direito Administrativo é a contenção do poder estatal em todas as suas múltiplas manifestações. Sem exceções ou pontos cegos. Com todo o respeito devido a posições divergentes, não se pode compreender o campo do direito administrativo meramente como a fixação formal de um *regime jurídico* peculiar, nem tampouco como a disciplina jurídica das atividades estatais destinadas à "concretização de direitos fundamentais", porque tais definições ou são neutras ou, pior ainda, fortalecedoras de posições que privilegiam a autoridade estatal em detrimento da liberdade. A tarefa do administrativista, e o verdadeiro critério de validade dos seus julgamentos, será, como ressalta Eduardo García de Enterría, "a conversão técnica" da liberdade como *mito* "em uma técnica jurídica operante e concreta".[3] Contenção do poder e garantia da liberdade são as *premissas epistemológicas* do presente *Tratado de Direito Administrativo Brasileiro*.

---

[3] ENTERRÍA, Eduardo García de. *La lucha contra las inmunidades del poder*. 3. ed. Madrid: Cuadernos Cívitas, 1983. p. 15.

CAPÍTULO 3

HISTÓRIA DO DIREITO ADMINISTRATIVO BRASILEIRO. O QUE É DIREITO ADMINISTRATIVO? FUNÇÃO ADMINISTRATIVA: PRIMEIRA ABORDAGEM. OUTROS CONCEITOS FUNDAMENTAIS

Antes mesmo de se iniciar o exame dos pilares temáticos componentes do Direito Administrativo torna-se imperioso desenhar o ambiente em que vicejarão nossas ideias. Impõe-se destacar, particularmente, duas preocupações fundamentais, atinentes à classificação dos principais instrumentos conceituais aqui implicados: o que é Direito Administrativo? E o que é seu *habitat* basilar, a saber, a Administração Pública?

Doutra parte, igualmente impositivo guardar-se permanentemente em nossa visão analítica duas outras realidades que afetarão os principais instrumentos conceituais mais acima declinados. A primeira realidade: a Administração Pública brasileira debate-se desde sempre, mas com a força de um tornado imoral a partir de 2003, no lodaçal da mais corrosiva doença capaz de a destruir – a corrupção. A segunda realidade: desde sempre, mas com o ímpeto de um ciclone de analfabetismo de ideias políticas, o Direito Administrativo mais e mais se forra de um arsenal inconstitucional de valorização do coletivo e de desprezo ao indivíduo.

É a essas duas teratologias que este capítulo dedicará atenção.

Iniciemos com uma panorâmica do nascimento e desenvolvimento do nosso Direito Administrativo.

Não negaremos o óbvio: a corrupção é um mal endêmico da vida pública (mas não só desta) brasileira (em outras paragens também, o que, contudo, aqui não nos interessa), ora ostensivo, ora disfarçado. O Brasil ocupava, em 2017, um vergonhoso 79º lugar na escala decrescente de honestidade e transparência, elaborada em 2016 pela ONG Transparência Internacional, levando em conta 176 países. De lá para cá continuou a descer sua colocação, até hoje. Nessas últimas décadas, a desfaçatez se alargou e aprofundou, parecendo até assomar o papel de uma política pública! Pode-se, sem engano, falar em um vício (compulsão irresistível reprovável) brasileiro, consistente na prática (ativa/passiva) da corrupção. É claro que explicações há, muitas até, para tão desoladora constatação. Não nos esqueçamos, inclusive, de que, afora os autóctones (os indígenas que por aqui andavam já antes do "Descobrimento" de 1500), os primeiros habitantes, deixados no Brasil pelas pioneiras caravelas portuguesas chegadas a nosso país, eram condenados pela justiça lusa por delitos de vários calibres (em geral, crimes contra o patrimônio, é dizer, a ladroagem).

A partir de então, o oportunismo, a incultura, a cultura malsã, o cartorialismo, a burocracia excessiva, a penumbra das práticas estatais, a imoralidade política – tudo isso e muita coisa mais, todavia, por brevidade, fiquemos aqui – construíram esse mosaico complexo, desafiador, a um tempo rico e pobre, que é o Brasil. De toda sorte, sem que esses fatores apenas exemplificativamente citados refluíssem, temos presenciado alguns esforços para "lavar e limpar a casa", buscando nela introduzir padrões de conduta comprometidos com a moralidade, a honestidade, a probidade e a transparência. É uma luta tenaz e inconclusa (por exemplo: o "Mensalão" e o "Petrolão" mostram a pujança enraizada da desonestidade, da imoralidade, que, de tempos em tempos, como epidemias ominosas, voltam a nos acossar) que nos incumbe continuar a travar diariamente, em prol de um país que possa vir a ser realmente digno dos nossos descendentes. O Direito não tem faltado a este desafio, aqui e acolá instilando-se em nosso Direito Positivo parâmetros normativos que possam alicerçar uma futura Nação, em que o IDH ("Índice de Desenvolvimento Humano" da ONU) abarque, de mãos dadas, uma economia solidamente pujante e uma convicção de decência irrenunciável na vida de cada um e de todos.

Não negaremos o óbvio: há um número excessivo de leis (*lato sensu*) no Brasil, de diversas hierarquias e fontes de produção. E que isso não basta, para assegurar uma vida minimamente virtuosa, é suficiente abrir pela manhã as folhas de qualquer periódico, ligar o aparelho de rádio ou televisão, iniciar o diálogo virtual eletrônico de cada dia. Sem dar prioridade à educação, orientação e oportunidades à infância e à juventude, assistência aos carentes, inclusão social aos excluídos – enfim, sem formar uma autêntica Cultura nacional com C maiúsculo – o arsenal normativo dificilmente produzirá os frutos a que vocacionado. Porém, muito pior que a inflação legislativa é a anomia. Há que existir um balizamento de referências legais fortes e expressivas, a partir das quais se deverá tentar a mudança dos hábitos e costumes, ensinando a todos, desde a infância mesmo, quais são os valores que essa malha legal básica pretende consagrar como vetores da formação ética da cidadania. Mas que a inflação legislativa não leve à confusão legislativa! E isso é o que se dá quando, para uma mesma sorte de fenômenos, são paridos vários diplomas legais, semeando a incerteza sobre qual se aplica, onde, para quê e em que circunstâncias. De regra, acromegalias normativas como essas conduzem a um estado de insegurança jurídica, o que é danoso a qualquer um e a todos. Enfim, a formação de uma autêntica Cultura nacional, pouco antes reclamada, aplicada ao Direito, evitará a verborragia normativa, o que será, se evitada, uma conquista por certo. E mais: a formação de uma sólida Cultura nacional, aplicada à política, evitará o aparecimento dos funestos líderes messiânicos (Jango, Jânio etc.), bem como dos pseudo comandantes que amam posar de "super heróis" (seja à moda de ex-Presidente que ansiava fotografar-se a "pilotar" jatos de nossa Força Aérea, seja no figurino do cacique das passeatas motociclísticas ou equestres a desfilar com sua turba em meio à fatal pandemia que nos assola desde 2020).

A corrupção brasileira, repita-se, chegou a páramos insuportáveis. Mas o remédio não é a inflação normativa, nem a pluralidade de instâncias apuradoras e punitivas, como tampouco a sanha de tudo arrasar para tudo começar de novo (como se nos anos 2000 se pudesse reiniciar ou refundar um país nascido pouco mais de 500 anos antes).

A repressão raivosa não só pune os infratores – e se o faz, age bem. Se ela não se pautar pelo bom senso, pela razoabilidade e atenta à boa-fé dos agentes sociais protagônicos, ela corre o risco de destruir não só o mau e o bom (e o bem), mas também de gerar a paralisia da economia, o desmantelamento de um parque empresarial dificultosamente erigido, fechando as portas à livre iniciativa nacional, escancarando os portões a vícios alienígenas, exacerbando os poderes da máquina estatal e amesquinhando as sofridas conquistas das garantias constitucionais, individuais e sociais ainda vigentes.

No Brasil, o Direito Administrativo, seja nas normas que podem ser alocadas nesse campo, seja nas primeiras elaborações doutrinárias pertinentes ao tema, revela-se comprometido com a ideologia e a *práxis* do poder, em curso já então (isto é, ao tempo do nascimento do Direito Administrativo brasileiro) entre nós. Como fenômeno de estruturação e dinâmica do Poder, os diversos ramos do convencionalmente denominado Direito Público, com ênfase particular no Direito Administrativo, em sua natureza essencial de produto cultural, refletem a ideologia dominante, consistente na convicção da supremacia da autoridade na relação poder/indivíduo e assim condicionam a pragmática da execução de seus comandos. Por isso mesmo, na ambiência do Brasil Colônia e na arquitetura do sistema monárquico/imperial, remarca-se o regime jurídico administrativo da nota do senhorio, da contenção da esfera de ação individual, da preponderância ubíqua da Administração, do estranhamento absoluto à ideia de coparticipação. E é mesmo explicável esse panorama no plano lógico-histórico: até a vinda da família real, em 1808, o Brasil era apenas colônia, celeiro e depósito de riquezas a serem enviadas à Metrópole.

Sob D. João VI, o Brasil acusa uma tímida elevação de *status*: de colônia pura e simples passa a esconderijo do monarca, com a consequente redução do escoamento de suas riquezas (e, após a queda de Napoleão, com a retomada paulatina do ritmo anterior de drenagem de seus recursos naturais). Tanto D. João VI quanto D. Pedro I foram personagens nascidos e modelados na cultura da monarquia absolutista. E mesmo D. Pedro II, ao qual, com certa razão, se poderia aplicar o rótulo de soberano esclarecido, mantinha um feixe de poderes extraordinário em mãos, eis que, segundo a Constituição de 1824, influenciava no Legislativo, dava a última palavra ao Judiciário e ainda arbitrava as interrelações dos Poderes com a utilização do Poder Moderador. Com tais balizas a seu dispor, a atividade normativa estava inelutavelmente fadada a, tal qual espelho, reproduzir a concepção, praticamente aceita com tranquilidade, de supremacia do Estado. Mas não só: os primeiros autores de nosso Direito Administrativo (por exemplo, o Visconde do Uruguai), além de portarem títulos nobiliárquicos conferidos pelo monarca, integravam a máquina estatal, como agentes públicos, ministros, conselheiros etc. Soa assim estranho que alguns autores, quando historiam o surgimento e o desenvolvimento de nosso Direito Administrativo, invoquem, quase sempre trazendo à colação o Direito Inglês e o Francês, a matriz da contenção do Poder (ou do autoritarismo), como fonte geradora desse segmento do Direito (aliás, nem mesmo para o Direito Administrativo francês essa explicação se revela veraz. O que a Revolução de 1789 produziu foi, fortemente, a troca de mãos de quem acionava o açoite ou a lâmina, passando-a da realeza para as múltiplas e cambiantes instâncias revolucionárias segundo o ritmo frenético que a guilhotina ditava; bom que se diga: mesmo após a ultrapassagem do período frenético, a preponderância irrestrita do Poder continuou, somente invertendo-se as polaridades com o advento da República).

Não hesitamos em afirmar: mesmo após a Constituição de 1891, a legislação e a doutrina administrativistas brasileiras prosseguiram na consagração do princípio da supremacia do Poder, dedicando-se particularmente ao balizamento/contenção da liberdade individual em face do Estado e da Administração Pública. Daí que
– as leis administrativas têm, na época, como escopo básico, o estudo da formação e a descrição das instâncias do Poder e suas competências, bem como a delimitação assaz restritiva da atuação individual em face do Estado;
– a doutrina administrativista tem por foco a anatomia da Administração e a fisiologia de sua atuação. O administrado é personagem secundário, a inserir sua esfera de ação nas apertadas malhas da dinâmica estatal. Sintomático que o núcleo de nossa teoria jurídica, então, identifique-se no estudo do ato administrativo, ignorando-se quase o exame do necessariamente compartilhado processo administrativo.

O advento da República, nas suas primeiras décadas de existência, em verdade não alterou substancialmente o quadro antes esboçado. A influência do federalismo norte-americano, em Ruy e na Constituição de 1891, inegável por um lado, por outro não afetou o ranço do Estado unitário anteriormente vigorante. A própria dimensão territorial do país, aliada às dificuldades de transporte e comunicações da época, veio a dar substrato de verdade à consabida máxima da existência de vários Brasis. O mesmo se diga da implantação da república: muito de monárquico persistiu presente no cotidiano do país. As oligarquias dos donos do Poder (na clássica e aguda visão de Raymundo Faoro), a tutela militar, a prepotência dos mandatários fardados, os currais eleitorais, o sufrágio viciado e restrito – tudo isso tornou possível ver, numa dimensão histórica, que Presidentes como Deodoro, Floriano e Hermes da Fonseca eram verdadeiros continuadores dos titulares da precedente monarquia.

E mesmo os corretos Presidentes civis que então tivemos – por exemplo, Prudente, Campos Sales, Rodrigues Alves – somente conseguiram vingar, a despeito da contínua tutela do Exército, porque algumas circunstâncias da época se revelaram propícias ao país (os reflexos econômicos positivos, para a economia do país, das crises pré e pós-guerra de 1914/1918; a dramática conturbação russa, pré e pós-revolução comunista; o desmantelamento das instituições alemãs; o crescimento de grandes economias, às quais estávamos vinculados, é dizer, a da Inglaterra e a dos Estados Unidos, enormemente alavancadas pela Guerra; a expansão da agricultura paulista etc.). Sintomático que, a partir do momento em que os ventos da bonança começam a amainar para nós, o quadro político se instabiliza e o Brasil velho começa sua sombria caminhada para o "Estado Novo".

O Direito Administrativo brasileiro dessas décadas (da República ao Estado Novo), por óbvio, não poderia deixar de refletir, tal como ocorrera no Império, uma clara propensão pela incontestada supremacia do Poder e pela "ordem unida" ao indivíduo. Claro que houve nomes, todavia sempre exceções, com visão distinta. Frise-se: o caldo cultural, nacional e internacional não inspirava liberalmente o Direito Público em nosso país. Pelo contrário: o totalitarismo e o fascismo, à direita e à esquerda, pareciam ter chegado para ficar. Na Itália e na Rússia (bem como no México), com diferentes matizes, essa era a lição. E de onde poderia ter vindo a luz, nada se acendeu: os Estados Unidos se encolhiam num isolacionismo que só terminaria com a surpresa de *Pearl Harbor*; o Império Britânico se ocupava com sua sobrevivência, para tanto tolerando todas as prepotências fora de seu imenso território original insular; a França iniciava um pertinaz processo de decadência que a levaria às trevas do colaboracionismo, delas só saindo com a aparição messiânica, pós-Segunda Guerra, de De Gaulle. E no Brasil?

Em 1930, com a artificial e fabricada aparência de se tratar de uma transição para padrões realmente democráticos, Getúlio Vargas comanda um golpe de estado. O anúncio mistificador de novos tempos decai para o engodo, com a superveniência da Constituição de 1934: o espírito caudilhesco, abrigado pela tutela dos Generais, logo mostrou sua cara. Estava armada a cena para a primeira ditadura republicana, que por quinze anos imporia o seu jugo. A par dessa penosa realidade desenvolveu-se, contudo, paradoxalmente, um surto de racionalização e desenvolvimento estrutural. O país conhece sua primeira alavancagem industrial e empresarial consistente (mas com o capital apoiando o ditador), surge um estatuto tuitivo do trabalhador – a CLT – (mas a força de trabalho é domada num sindicalismo a serviço do Estado), a máquina administrativa incorpora conhecimentos recentes de gestão pública (mas em benefício precípuo do Estado-gestor, raramente em prol do cidadão-administrado). Nessa quadra vicejam alguns nomes de nosso jurismo publicístico que até hoje projetam suas luzes sobre nós (uns mais dedicados à explicação/legitimação/reforço do Poder; outros, primando pela busca do equilíbrio; alguns já prenunciando uma nova etapa que ainda tardaria um pouco, mas viria). Só para citar alguns como exemplos, com nossa gratidão por tudo o que nos ensinaram: Themístocles Cavalcanti, Ruy Cirne Lima, Oswaldo Aranha Bandeira de Mello, Carlos Medeiros Silva, Carlos Maximiliano, Victor Nunes Leal, Pontes de Miranda, Francisco Campos, Meirelles Teixeira, Caio Tácito, Hely Lopes Meirelles.

A luta mundial em alinhamento com a democracia contra as arquiteturas totalitárias do Eixo tornou a ditadura estadonovista um anacronismo insustentável. Com isso conquistamos, em 1946, com uma Constituição aparentemente modelar para a época, um tempo diferente. A ditadura cai, o Estado de Direito se afirma.

Tanto o texto constitucional quanto a doutrina publicística daí originada enfatizaram sua clara motivação. Tratava-se da procura da realização plena dos ideais da Constituição norte-americana, mas com uma leitura mais aberta do que a de Ruy Barbosa. Buscava-se, assim, estruturar uma Administração Pública dedicada a realizar os anseios de modernidade e os reclamos do interesse coletivo, equilibrando na balança pratos equipotentes: o Estado e a Sociedade, com instituições (particularmente o Judiciário) encarregadas de velar pela simetria em tela. Nessa conjuntura, nosso Direito Público orquestrou uma sinfonia em que o Estado continuou a gozar de alguns apanágios que ainda lhe assegurariam uma estatura protagônica: discricionariedade, presunção de legalidade, sindicabilidade jurisdicional limitada ao exame da legalidade formal, relação estatutária com seus agentes, *in dubio pro* Administração, supremacia do interesse público (como interpretado e revelado pelo Estado/Administração).

Na contraface, à sociedade se reconhecia o direito de petição (mas sem instrumentos de coerção, praticamente) e o acesso ao Judiciário (mas com limites à investigação jurisdicional, já que resguardada a província da discricionariedade). A liberdade é, contudo, um elixir poderoso que, uma vez provado, não mais pode ser posto de lado e, bem ao contrário, reclama sempre parcelas mais amplas e mais profundas de fruição. O que, por outro lado, desperta o medo e a reação dos cultores da autoridade. Se a consciência democrática estiver madura, no polo do Estado e no polo da Sociedade, os embates se resolvem dentro do sistema. Mas 1946 era ainda uma débil experimentação democrática. Foi ótimo, enquanto durou. Nossos publicistas, aqueles mesmos surgidos na década de 30 e muitos outros novos que desabrocharam a partir dos 50, tentavam fundar uma nova concepção do "regime jurídico administrativo". No entanto, o amadurecimento pansocial da consciência democrática não se perfizera dentro do país. O estamento político, qual biruta aeroportuária balançando para todos os lados, vergava-se nos mais disparatados sentidos. Nossa casta militar, acossada e apavorada com a bipolaridade ideológica da Guerra Fria (instaurada em fins da década de 40, porém maximizada nos últimos anos da década de 50), entreviu nas contradições da crise de amadurecimento do país um risco (que não existia de fato, na oportunidade), uma vulnerabilidade à implantação do comunismo, e reagiu como sabe: com a força. Só que, agora, com a força desmedida: em 1964, após um breve interregno democrático institucional de apenas 18 anos, mergulhamos na mais negra etapa da ditadura que nossa história conheceu, ditadura sem quartel e sem limite, totalitária mesmo (já que o dogma da separação, interdependência e controle dos Poderes só existia no papel, e no papel mesmo era desmentida pelos Atos Institucionais). E dela levaríamos mais de 20 anos para emergir.

O dado mais marcante a enodoar a longa noite autocrática, iniciada em 1964, foi o total desrespeito à pessoa, em seus atributos singulares, em sua personalidade essencial. Então o indivíduo era perseguido por suas ideias (ou pela suspeita governamental a esse respeito), desde que a casta dominante não as aceitasse. Aprisionado nas malhas da intolerância, perdia o indivíduo sua condição de unidade existencial *per se*, possuidor e proprietário de prerrogativas e atributos invioláveis, porque culpado (ou como tal visto) de professar crenças ou de agir em contraste a ideias ou ações "permitidas" pelo regime. Fosse ele, em tal situação ou transe, um só ou integrante de um grupo, perdia a garantia de sua viabilidade, de sua integridade física ou moral, ou mesmo da titularidade de seus bens e até de sua vida – tudo isso patrimônio único, indelével, indeclinável, inapropriável por outrem. O Poder via na pessoa que não só agisse, mas que pensasse, segundo ditames não ditados por ele, um inimigo a imobilizar, a invalidar, a eliminar. Mas saímos desse pesadelo. Como isso se deu? Ainda uma vez, segundo cremos, pela conjugação da problemática interna com os reflexos da ambiência internacional (como já se dera quando da adoção da República e, mais ostensivamente, em 1930, 1946 e 1964). No plano interno, o desgaste dos governos militares: desprovidos que eram de reais mensagens de renovação do país, apenas ecoando o comando de extinção ou anulação dos contrários, revelou-se sua oca arquitetura, inclusive com destaque inequívoco à sua ineficiência e sua incapacidade de dar respostas construtivas. No plano externo, a partir da assunção do poder, na União Soviética, por Gorbatchov, prenunciou-se o paulatino e incoercível desmantelamento do sistema comunista, assumindo então significado intenso a queda do muro de Berlim (1989) e a dissolução da própria União Soviética (1991 e 1992); esses seminais eventos foram os pináculos do desarme da bipolaridade militar e ideológica mundial, tal como um turbilhão acelerado na década de 90, tornando obsoleta, para o ocidente desenvolvido ou em desenvolvimento, qualquer justificativa teórica que se quisesse formular de reforma estatal, baseada, como sempre antes ocorrera, na prevalência de qualquer mítico coletivo sobre a obviamente inafastável primazia real da pessoa.

Foi nesse panorama de substancial transformação que se instalou, no fim da década de 80, a Assembleia Nacional Constituinte do Brasil. Os que participaram, a qualquer título, de seus trabalhos, podem testemunhar a ideia-força que esteve na base do Texto Maior de 1988: o indivíduo livre. Individualidade e Liberdade, esses os faróis que guiaram a feitura do documento. Faróis que as trevas de 1964 tinham apagado, causando sofrimentos insuportáveis, que agora competia ao constituinte, com as ferramentas do Direito, extirpar de vez. Daí a imagem de remoção do entulho autoritário, expressão desde então utilizada reiteradamente, como desafio à virada de uma página histórica que teria que ser vencida e desmantelada, para que se construísse, afinal, um real Estado Democrático de Direito. Como as marcas eram profundas, as cicatrizes muito visíveis, os sofrimentos ainda não esquecidos, os juristas na/da Constituinte 88 tiveram sempre em mente esses dois vetores: o novo documento-pacto seria uma carta de alforria e um código de direitos fundamentais.

A retomada da normalidade institucional, como toda etapa de mudança, traz o bom e o ruim. O bom: a reconstrução da solidez das instituições públicas e privadas, a consolidação de uma arquitetura de funcionamento regular dos Poderes, a ambiência de liberdade individual, o desenvolvimento dos pilares da economia brasileira. O ruim: o aparecimento dos aproveitadores e aventureiros (corruptos e corruptores), sua infiltração nos Poderes, a cultura da troca de favores e do pagamento por vantagens indevidas, a ascensão de políticos e partidos políticos ávidos pelo enriquecimento rápido e fácil; com tudo isso, dá-se a ressurreição da atávica predisposição à trapaça, à propina, à troca dos espelhinhos por preciosidades introduzidas no país pelos primeiros brancos que aqui aportaram.

E, no entanto, a Constituição de 1988 oferece terapias preventivas ou curativas para todas essas moléstias.

Por vez primeira, na história do constitucionalismo pátrio, uma Lei Magna concretizou e ditou uma pauta axiológica. E conquanto ela esteja disseminada por todo o seu longo texto, concisamente ela se consolida no artigo 5º (e seus parágrafos), no artigo 37, no artigo 70, no artigo 92 e, ainda, no artigo 170.

Muito mais que *princípios*, na acepção exata deste vocábulo, o que temos, nesses preceptivos, é uma *agenda* de VALORES PÚBLICOS. E como o Direito Administrativo também é a concretização do Direito Constitucional, temos que nosso Direito Administrativo brasileiro já deixou para trás a nebulosa, polêmica e mesmo anacrônica matriz do "interesse público", para atrelar-se, com vistas a concretizá-las, às metas dos *valores públicos*. Esse é o Direito Administrativo de hoje, esse é o Direito Administrativo do futuro. Tais valores públicos engendram *Políticas Públicas*; e sua concretização é a própria razão de ser da existência do Estado. Por isso, as políticas públicas *têm que ser* realizadas. O princípio da legalidade há de cingir-se à delimitação das competências e à escolha das finalidades das atividades estatais. Seja no modelo gerencial, seja no modelo burocrático, a Política Pública é um compromisso indeclinável. Seu atingimento perfaz o cumprimento do princípio da eficiência e instala o primado do princípio da segurança jurídica, com atenção irremovível ao princípio da moralidade.

Daí que é obrigatório pautar-se a atuação administrativa, seja a própria (isto é, a desempenhada pela própria Administração), seja a delegada (aquela realizada mediante particulares ou pelas vias contratuais), pelo postulado da *liberdade das formas*. O controle da Administração Pública, nessa nova quadra, terá que concentrar-se na verificação da competência dos agentes, na legitimidade das finalidades, na eficiência dos resultados, respeitando o postulado da liberdade das formas de realização. Tudo em prol da melhor administração ou, ao menos, da boa administração. É que, ao contrário do que supunha o notável e saudoso Seabra Fagundes, administrar *não* é só aplicar a lei de ofício: administrar é *criar*, com plasticidade nas formas de agir, a melhor solução, que conduza à plena efetivação dos valores e utilidades públicos e à efetiva e integral consecução das aspirações individuais.

A responsabilização dos agentes confina-se aos limites da moldura agora traçada. Ultrapassados os marcos competenciais e finalísticos, a mão sancionatória há de funcionar, com o peso que o caso concreto requeira. Mas sem os exageros que possam inviabilizar as balizas da ordem econômica prescritas pela Constituição, sem causar a paralisia das atividades empresariais, sem originar inseguranças jurídicas que poderão provocar até a recusa generalizada à assunção de encargos estatais ou administrativos, sem tolher, por fim, a meta da coparticipação do administrado nos desempenhos estatais (meta tão encarecida pela Constituição Cidadã).

Como sabemos, a valorização da coparticipação da cidadania nos cometimentos estatais é uma aspiração que há bem mais de vinte anos vem sendo preconizada. Claro, ela não é uma panaceia, ou tampouco uma solução para todas as tarefas do Estado, eis que algumas delas só a este competem. Mas, na escolha das políticas públicas e na realização das metas de significação econômica, a Constituição não só a deseja, como até abre a preferência à iniciativa privada. E é nesse universo de ideias que as figuras do *processo administrativo* e do *contrato administrativo* adquirem supina importância, pois se trata de modelos que unem Administração, Indivíduos e Empresa Privada, com vistas à concretização de interesses que a comunidade dos administrados reclama.

Não se obscurece, é claro, que a coparticipação pode ser deformada, pela cooptação viciosa ou pela corrupção, funcionando então, até mesmo, como instrumento de aparente legitimação popular aos desvios e vícios administrativos. Mas, para coibir tais teratologias há instrumentos jurídicos adequados que coíbem ou previnem os males.

Todas essas verdades se viram, desde há pouco mais de quinze anos, profundamente perturbadas pela avassaladora irrupção da epidemia da corrupção administrativa, cujas dimensões gigantescas hoje são metrificadas assustadoramente por investigações aprofundadas, com relevante (conquanto às vezes deformada) participação do Judiciário, do Ministério Público e da Polícia Federal. A tal ponto esse panorama ominoso se projetou espantosamente que, por vez primeira, em nossa história, conceituados institutos de pesquisa constataram que a corrupção passou a ser a maior preocupação do povo brasileiro,[4] maior mesmo que a segurança pessoal, a saúde, a educação e o emprego.

---
[4] 34% da população ouvida, em 2016, segundo o "Datafolha". Pesquisa, contudo, anterior ao desastre pandêmico da COVID-19.

Concomitantemente, a FIESP (Federação das Indústrias do Estado de São Paulo) estimou, ainda em 2016, em 40 (quarenta) bilhões de reais/ano o preço da corrupção, percentual que equivalia então a 45% (quarenta e cinco por cento) dos recursos orçamentários dedicados à saúde e à educação.

Nesse cenário, a revolta popular se acentua, o clamor punitivo se exacerba, a ponderação e a proporcionalidade se esvaem, o exercício da defesa dos envolvidos em apurações passa a ser visto como cumplicidade ou traição (até mesmo pelo Ministério Público e pelas autoridades policiais!). E, dentro deste círculo, o advogado ou o parecerista, em prol de pessoa natural ou jurídica apontada como transgressora, passa a correr riscos individualmente: riscos de desestima social e reprovação midiática e popular; riscos de se ver arrastado nas investigações judiciais e policiais como partícipe ou beneficiário na/da suposta delinquência de seus clientes. NADA DISSO PODE ATEMORIZAR O OPERADOR DO DIREITO!

Aliás, a Lei Fundamental da Advocacia (Lei nº 8.906/1994) assim determina, em lapidar comando contido no parágrafo 2º de seu artigo 31: nenhum receio de desagradar a magistrado ou a qualquer autoridade, ou de incorrer em impopularidade, deve deter o advogado no exercício da profissão. E isso teremos em mente, como compromisso inafastável e comprometimento permanente. Bem a propósito, aliás, oportuno lembrar recente película, exibida em diversas salas de cinema no país. Trata-se da adaptação do famoso livro "Uma Ponte Entre Espiões", já de há muitos anos publicado (1964), em que o eminente advogado norte-americano James Donovan, assistente da promotoria nos notórios julgamentos de Nuremberg pós Segunda Guerra Mundial, relata sua defesa (por designação judicial e da Associação dos Advogados do Brooklyn) de graduado espião soviético (Coronel Rudolf Abel), no final da década de 50, em momento no qual a opinião pública de seu país, em razão do seu desempenho como advogado de defesa (afinal bem sucedido), o via como autêntico réprobo. Em riscos pessoais e familiares se viu Donovan tragado, tão apenas por cumprir bem o seu papel (não nos esqueçamos do momento histórico em que inserido o citado julgamento: eram recentes os lançamentos do primeiro satélite artificial da Terra pelos soviéticos – o Sputnik –, o levantamento do muro de Berlim, a execução do casal Rosenberg, a fúria inquisitiva do Senador McCarthy, a construção de um poderoso arsenal bélico atômico soviético). Nossa posição, agora, não se reveste de tal dramaticidade.

Mas se despertarmos eventualmente a ira de alguns, tal como Leônidas nas Termópilas, combateremos à sombra das chuvas de setas.

Dando assim cabo das considerações históricas iniciais e das colocações jurídicas propedêuticas e preliminares, que têm a função de introduzir nossa abordagem dos questionamentos próprios a uma obra da natureza da presente, procederemos, a partir de agora, ao início da caminhada pelas palpitantes sendas a cujo trilhar fomos impelidos. Mãos ao trabalho.

Mas, antes de iniciá-la, imperioso fixar algumas premissas, conceituações e definições.

Para começar: o que entendemos como Direito Administrativo? Uma observação preliminar se impõe, contudo.

Talvez seja útil uma "declaração de princípios" para fixar nossa acepção a respeito do que é Direito.

Em toda a longa evolução da organização social, desde os mais remotos tempos em que os homens passaram a viver em grupos, várias respostas poderiam ser expostas a partir do exame de tais coletividades.

A início Direito é força pura, sem sofisticações ou apodos (por isso afirmamos, com tranquilidade, que era incompleta, desde sua origem, a visão de Ihering). Força bruta, força física, traduzida no poder efetivo de dar ordens e fazê-las acatadas, estabelecer permissões e vedações escudado em *instituições*, mais complexas ou menos complexas, determinantes da observância do preceito ou de sancionamento aos desvios. Por aí já anunciamos o retorno que faremos, bem mais adiante, no momento próprio, às ideias de Hauriou, Georg Jellinek e Gierke, entre outros.

A primeira grande virada de rumo, na ampla panorâmica ora traçada, se dá quando a pura força se alia, até mesmo como justificativa e reforço, aos recursos religiosos da transcendência. Ingressa-se então no que poderíamos denominar "direito divino". Nas suas exteriorizações mais diretas, o soberano (vocábulo aqui usado para qualquer tipo de mandante historicamente registrado, individual ou coletivo/corporativo) afirma sua supremacia ou por ser ele mesmo uma divindade, ou por ser ele ungido e inspirado pela divindade, ou por ele representar na Terra a divindade. A essa simbiose, de muitos séculos de existência (e que o iluminismo prestigiou) e ainda encontrável sobretudo em países de predomínio islamita, se acostou a sofisticada construção, que tem suas raízes mais excelsas na filosofia greco-romana e na afirmação e difusão do cristianismo, da existência de *direitos naturais* ao homem, que derivam de sua simples geração.

A resultante de tais evoluções, aqui expostas à *vol d'oiseau*, é a existência, na formação histórica da ideia de Direito, de uma conjugação de três matrizes: um Direito Transcendental (ora inspirado, ora ditado, pela divindade), um Direito Positivo (encarnado no soberano, a quem cabe ditar, por poder próprio e suposta inspiração transcendente, as regras de convivência social e composição de conflitos) e um Direito Natural (composto por um conjunto de valores e atributos culturalmente reconhecidos como inerentes ao homem, e que seriam ou deveriam ser tomados em conta na formação do ordenamento jurídico). Apenas a título de exemplificação, refira-se que esse Direito Natural está na raiz dos documentos fundamentais da *common law* (Magna Carta, Petição de Direitos etc.), tão forte que a ele não se conseguiu opor a Coroa britânica.

A Revolução Francesa quebrou esse padrão. Laica por origem e conformação, baniu a transcendência para o Direito Canônico, que desde aí passa a ter uma existência autônoma, com um particular campo de incidência. E doutra parte o ideário revolucionário acreditou-se legitimado a redefinir os direitos do homem, lançando também ao oblívio o Direito Natural. Reservou-se então a esfera jurídica ao Direito Positivo.

Os tempos de hoje são outros. A conjunção dos vetores fundamentais da democracia e do estado de direito (*rule of law*), a ampliação do conteúdo do Direito (o Direito não se esgota na norma. A norma é um produto do Direito ou, quando muito, uma de suas formas de revelação) extraído ao delimitado campo da mera produção normativa, a reconquista pelo homem de sua *humanidade* com a garantia dos direitos e valores a ela inerentes (e o consequente renascimento do Direito Natural), tudo isso, enfim, é que compõe a devida, efetiva e sempiterna concepção de Direito. Não mais cabem, em nossos dias, as três "pragas do Egito" que ameaçam qualquer ordenamento: a *invocação do divino* como único padrão do agir social, o que, na sua expressão máxima, legitimou até a Inquisição; a *esquizofrenia do culto cego* à *norma*, o que levou à tragédia de um cego positivismo jurídico, e, na sua expressão máxima, legitimou e legitima todos os nefandos autoritarismos do mundo; a *lassidão da submissão e reverência* única *aos princípios*, ideias nobres na origem, mas que, pela banalização de sua adoção, passam a justificar e a fundamentar qualquer decisão – ou seja, por amor desmesurado a um conceito relevante, chegamos a um estado em que, pretendendo tudo dizer e fundar, os princípios pouco dizem ou produzem, além de um espantoso estado de insegurança social e jurídica.

Essa última focalização configura a falácia do tão decantado neoconstitucionalismo. Com esse título o que se teve, na origem, foi o pensamento (correto) de que a Constituição seria uma normativa *diretamente* operante. No desenvolvimento da escola, porém, o que se teve, e o que se tem, é a judicialização da política, bem como a minimização do Poder Legislativo, porque os cultores do neoconstitucionalismo, com ou sem vestes talares ou relevantes cadeiras judiciais, não só ultrapassam o texto constitucional como paradigma de sua atividade interpretativa, como também, e ainda mais, "incluem" no próprio texto constitucional (e nos infraconstitucionais também) seus juízos e entendimentos *personalíssimos*, de augustos e incontestáveis intérpretes!

Nada disso teria ocorrido se nossos neoconstitucionalistas e neoadministrativistas se tivessem dado ao trabalho de pesquisar e ler o primeiro livro de Direito Administrativo brasileiro, a saber, o "Elementos de Direito Administrativo Brasileiro" de Vicente Pereira do Rêgo:

> Finalmente, os princípios gerais do Direito Administrativo, como todos os verdadeiros princípios de Direito, são fundados na razão, justiça e equidade, independentemente da utilidade pública.
>
> Mas, logo que há uma Lei direta e positiva, a Administração faz dela aplicação geral com uma rigorosa racionalidade.[5]

Quanta clareza nessa vetusta citação! Só por desconhecimento dela é que o delírio dos "neos", anteriormente apontados, pode ousar criar a seu talante, ou segundo suas conveniências ou suas esquisitices, esdruxularias como o indigente "princípio" da vedação ao retrocesso...

Em relação especificamente à vedação ao retrocesso, releva assinalar alguns graves problemas de origem, naqueles que impensadamente sustentam sua existência, eis que:

a) supõem eles, numa visão verdadeira panglossiana, que a realidade sempre caminha para o melhor, o que vedaria qualquer retrocesso individual e coletivo. A realidade está, porém, muito longe desse cego determinismo;

b) ignoram eles, muitas vezes, que a política pública, circunstancialmente provocadora do alegado retrocesso, foi consagrada pelo voto popular que sufragou o nome de quem a ditou, em confirmação à sua expressa e pública plataforma eleitoral. E, ao ignorá-lo, contrariam o princípio democrático, traduzido na vontade dos eleitores;

---

[5] RÊGO, Vicente Pereira do. *Elementos de Direito Administrativo Brasileiro*. 2. ed. Recife: Typographia Commercial de Geraldo Henrique de Mira e Cia, 1860. p. 10.

c) mesmo os chamados direitos fundamentais podem ser relativizados, pois que às vezes, em sua aplicação prática, podem configurar colidências, o que obrigará o julgador não a um cego compromisso com a vedação ao retrocesso, mas a um sopesamento de razoabilidade e proporcionalidade, de sorte a proteger primordialmente os interesses individuais e os coletivos em questão, ainda quando ocasionadores de supostos retrocessos.

É nessas coordenadas que fixamos as considerações a serem em sequência expostas. Em suma, o *Direito é o código de validação da existência do indivíduo*, da sua harmonização no conjunto de suas relações sociais, revelado em regras escritas ou não (estas gozando de ampla aceitação coletiva), protegendo cada um contra abusos e desmandos (de outros indivíduos, da coletividade, do Poder) e sancionando os desvios eventualmente constatados.

Assim desenroladas tais conclusões vestibulares, retornemos ao exame do que seja Direito Administrativo.

Se formos perlustrar os inúmeros compêndios e manuais brasileiros, sobre esse ramo do jurismo, encontraremos sempre uma linha uniforme, que nada tem a ver com as premissas ontológicas, axiológicas e epistemológicas por nós desde a Introdução declinadas. Tome-se, por todos, um exemplo adotado por expressivo número de autores, para os quais: Direito Administrativo é o ramo do direito público que disciplina a função administrativa, bem como as pessoas e órgãos que a exercem. E de regra adita-se que esse "ramo do direito púbico" se estampa num "conjunto de normas (princípios e regras)". A toda evidência, eis um discurso logicamente insuficiente, axiologicamente prepotente, cientificamente equivocado e pragmaticamente inútil. Demonstremo-lo, com o exame dos elementos caracterizadores dessa fórmula tão repetida em alguns cursos e manuais.

Nem se trata aqui da celeuma quanto à validade ou invalidade da dicotomia (de tradição histórica, mas logicamente inaceitável) direito público/direito privado. Aceitemo-la por mera comodidade.[6]

Feita a objeção, cabe o risco de enfrentar o problema. Para começar: o que é *função administrativa* para alguém, como nós, que também rejeita o critério residual (ainda sustentado por poucos autores)?

---

[6] Tal como se fez no clássico *Tratado de Derecho Civil* (ENNECCERUS, Ludwig; KIPP, Theodor; WOLFF, Martin. *Tratado de Derecho Civil – Primeiro Tomo, Parte Geral I*. Barcelona: Bosch, 1944. p. 131).

Vemos como função administrativa o exercício de competências estatuídas pelo Direito, para concretamente, sem prejuízo de controles (autônomos e/ou heterônomos), a Administração Pública promover a utilidade geral e garantir, de ofício ou mediante solicitação, os interesses de cada indivíduo e seus direitos fundamentais.

Na fórmula aqui declamada temos, devidamente caracterizada, a *autonomia conceitual* da função administrativa, eis que ela:
a) estratifica-se de regra em atos *concretos* (o que afasta a ideia de *legislação*), ressalvada a hipótese dos regulamentos autônomos, de que trataremos no momento próprio;
b) pode e mesmo deve ser atuada de ofício e independentemente de controvérsias, sem *final enforcing power* (o que afasta a ideia de *jurisdição*) entretanto;
c) exterioriza-se mediante pautas que o *Direito* impõe (o que exclui qualquer discussão tormentosa e fátua sobre normas, regras, princípios etc.);
d) consagra o valor máximo prescrito pela Constituição: a dignidade e a liberdade de cada indivíduo.

A isso aditamos que:
I a função administrativa está sujeita a controle de legalidade pelo Poder Judiciário, mas não só; o controle de tal função *não* é só de legalidade e tampouco incumbe apenas ao Poder Judiciário (aliás a função normativa e a jurisdicional também estão sujeitas a específicos controles de validade, existência e efetividade, segundo será visto em outros segmentos);
II dizer que o Direito Administrativo – como fazem os citados conceitos e definições que não aceitamos – estabelece o estatuto de "pessoas e órgãos" que exercem a função administrativa é um grave deslize lógico, comissivo e omisso, pois:
– *comissivo*, porque órgãos atuam mediante pessoas, ainda quando o fazem *coletivamente*. Então, qual a diferença eidética entre órgãos e *pessoas*? O que há são sempre *agentes administradores*, que poderão ser singulares ou plúrimos. Assim, para "consertar" a fórmula sob exame, haveria que se dizer que, além da função administrativa, o Direito Administrativo conforma a disciplina jurídica dos agentes que exercem a função administrativa;
– *omissivo* – e aqui o pecado é tão grave que o focalizaremos na imediata sequência, em item apartado, com *dois* focos.

Em primeiro lugar: se a função *administrativa*, item gravitacional do conceito de Direito Administrativo, está sempre submissa a *controle*, essa característica, por sua *densidade* identificadora, teria que estar presente e expressa na "carteira de identidade" do próprio *conceito* de Direito Administrativo.

Em segundo lugar: a fórmula ora criticada oculta – talvez por preconceito ideológico – a mais notável conquista conceitual dos estudiosos da fórmula "Direito Administrativo" (e é estranho que o faça, já que se trata de conquista já de muitas décadas, como se pode ver, para simples exemplo, no volume primeiro do "Tratado de Direito Administrativo" de A. Gordillo): *compõe o conceito* de Direito Administrativo o estudo dos meios de defesa do Administrado em face dos excessos, desvios, ausências e quaisquer outras modalidades de vícios que possam conotar o exercício (ou sua omissão) da função administrativa. E nessa advertência tem-se a culminância de tudo quanto antecedentemente expusemos, fundamentadamente, relativamente ao nascimento autoritário do Direito Administrativo. É que a fórmula conceitual que estamos a combater faz tábula rasa da imprescindível índole tuitiva do indivíduo, que deve conotar o Direito Administrativo, traço essencial à compreensão do que seja Estado de Direito Democrático (expressão muito mais rica do que a tradicional Estado Democrático de Direito).

Como corolário de toda essa polêmica, propomos: *Direito Administrativo é o ramo do jurismo que estuda a função administrativa, os instrumentos de sua ação, o controle do seu exercício e os pertinentes meios de defesa do administrado e de sua participação na definição das ações da Administração Pública*. Aliás, assemelha-se nossa proposta à do clássico e pioneiro Vicente Pereira do Rêgo, ao pontificar com extremo acerto:

> O Direito Administrativo é a ciência da ação e competência do poder central, das administrações locais, e dos tribunais administrativos *em suas relações com os direitos e interesses dos administrados*, e com o interesse geral do Estado.[7] (Nossos os grifos).

Essa fórmula, sucinta e iluminada, refletia a lição fundamental do artigo 1º, da Constituição então vigente (1824):

> Art. 1º – O Império do Brasil é associação política de *todos os cidadãos brasileiros*. (Ainda nossos os grifos).

---

[7] RÊGO, Vicente Pereira do. *Elementos de Direito Administrativo Brasileiro*. 2. ed. Recife: Typographia Commercial de Geraldo Henrique de Mira e Cia, 1860. p. 6.

Possivelmente mais sábios, os publicistas de então, pela voz do pioneiro, já haviam concluído que interesse público, predominância do coletivo, supremacia da Administração – que tanto prestígio ganhariam dos albores da República até nossa doutrina presente –, não é mais que cegueira, ideológica ou não, em relação ao âmago da ideia suprema do Direito: o *indivíduo*, o administrado.

Uma das grandes razões da crise – e há – que sufoca, no Brasil, o progresso real dos estudos do Direito Administrativo (e do Direito em geral), repousa na leviana convicção de boa parte dos autores de que o conhecimento decorre da iluminação inspiradora, da intuição criativa, do gênio de quem escreve, tudo culminando numa geração espontânea do saber (esquecidos de que Pasteur, há mais de um século, já provara que geração espontânea, também nas ciências biológicas, não passa de mito desmoralizado). E, se é assim, não há razão de consultar os clássicos e os precursores!

Assinale-se, tão apenas, que a expressão "ramo do jurismo" não tem, a rigor, justificação científica, pois o Direito é uno. Mas aqui é utilizada como simples ferramenta metodológica, para apartar da totalidade da Ciência Jurídica o conjunto conceitual em que encartada a função administrativa.

Alguns objetariam, sem razão embora, que o conceito por nós proposto também seria inaceitável sob a disciplina lógico-formal pertinente, eis que abarcaria instrumentos aptos à conceituação de outro segmento da ciência jurídica: o Direito Processual (o que ocorreria pela nossa enunciação "pertinentes meios de defesa do administrado"). Rotundo equívoco. Na forma da sabedoria popular: cada macaco no seu galho. Ao Direito Administrativo incumbe assegurar ao indivíduo os meios de defesa do administrado ante os desvios ou excessos do poder administrativo. Daí constituir campo inerente e diretamente conectado à função administrativa a disciplina de tais meios em sede administrativa, o que põe em relevo, de pronto, o estudo do processo administrativo. Mas também constitui, por seus reflexos inevitáveis na avaliação da atividade administrativa, campo do Direito Administrativo a *indicação* e *identificação* dos meios jurisdicionais de defesa do administrado atingido pelos referidos excessos e desvios, competindo doutra parte ao Direito Processual a instrumentalização, o manual do usuário, correspondente a tais meios cujo exercício se dá no seio do exercício da jurisdição. Há, pois, no fenômeno aqui retratado, uma interpenetração conceitual, de resto encontradiça no mundo do Direito com frequência, em confirmação, aliás, à nossa assertiva de que o Direito é uno.

Acrescente-se, como fator até de complexidade, que nosso direito positivo acolhe a composição de litígios, mesmo na esfera do Direito Administrativo, mediante arbitragens, mediações e conciliações, promovidas por agentes não estatais.

Como decorrência da proposta conceitual delimitada em parágrafos anteriores, indispensável ainda fixar algumas advertências.

Verdadeiro "cavalo de batalha" tem sido brandido, por alguns administrativistas, sobre a existência e conteúdo (e consequente valia primordial) que tem o que denominaram "regime jurídico-administrativo".

Que *qualquer* e *toda* disciplina jurídica, que se possa particularizar (por critérios legais, didáticos, metodológicos, comodísticos etc.), E NÃO SÓ O DIREITO ADMINISTRATIVO, tenha um regime jurídico próprio não passa de um truísmo. A questão não está aí. Mas sim em o que seria a essência do tal chamado "regime jurídico-administrativo".

A esfinge devoradora, aqui, repousa na afirmação dos que se batem pela peculiaridade absoluta de tal "regime", na afirmação de dois axiomas (para eles) que seriam pautas inafastáveis: o estudo das temáticas do Direito Administrativo estaria sempre balizado pela 1) supremacia do interesse público sobre o particular e pela 2) indisponibilidade do que seria (para eles) interesse público. E essa díade, na acepção extravagante de alguns autores, seria inafastável em todo o tipo de relação jurídica em que presente a Administração Pública. O paroxismo da *publicatio*: a glorificação insensata do "toque de Midas" (tudo que a Administração Pública toca se publiciza!). Sua consequência maior, no plano teórico, situa-se numa sequência encadeada de máximas, cujo despautério se constata de plano, com até mesmo uma olhada ligeira. Assim: a) a Administração Pública define o que é interesse público; b) uma vez como tal definido, o interesse é indisponível; c) assim a Administração jamais pode abdicar de sua posição de supremacia, até porque onde há função administrativa, não há autonomia da vontade.

O anacronismo e o autoritarismo de tais proposições têm marcado, até hoje, boa parte de nossa bibliografia administrativista. Na base de tudo, o erro fundamental: a Administração Pública, à qual incumbiria definir o que é interesse público, sempre deveria identificá-lo não como o somatório simples dos interesses privados, mas como "a dimensão pública do interesse privado". Aí a falácia indefensável: *o interesse público é, sim, a soma dos interesses privados*, apurada segundo o democrático princípio majoritário, respeitando-se e garantindo-se sempre os direitos fundamentais da minoria, harmonizando-os, na medida do possível, proporcional e razoavelmente, com o interesse coletivo. Doutra banda, ao cidadão não interessa que a Administração se apresente, no exercício da função administrativa, com as vestes pomposas da autoridade ou com o simples trajar do direito privado: o que ele exige é que a Administração seja *eficiente* e realize a *melhor administração*. E, para tanto, muitas vezes, terá ela que abandonar sua pretensão de supremacia indeclinável. E haverá de fazê-lo mediante manifestação de vontade abdicativa, mesmo que em jogo o exercício de uma função administrativa. Apenas mentes totalitárias não podem ver tal realidade invencível!

É em tais visões unidimensionais do mundo que se encastelam aqueles que se perdem no exame dos chamados *poderes* da Administração (e até os elencam: por exemplo, o hierárquico, o de polícia, o disciplinar, o regulamentar etc.). Voltaremos, é claro, em outro ponto desta obra, à temática em destaque. Mas, desde já, sejamos taxativos: não há poderes da Administração, e sim *deveres*. Melhor ainda, o que há são *competências* que o sistema jurídico capitula, para que a Administração, atenta à Constituição (particularmente seus artigos 1º, 3º, 5º e 37) cumpra sua própria razão de existir: realizar não só a *boa administração*, mas a *melhor*. Ou seja, ditos poderes são apenas dados finalísticos e instrumentais para o cumprimento de deveres.

Daí as ressalvas que de há muito levantamos quanto à existência de um *poder discricionário* (tanto para o administrador quanto para o juiz). No nosso sentir, em face de situação para a qual se apresentem várias soluções possíveis, todas elas albergadas no sistema jurídico, nem aí há liberdade de escolha. O administrador ou o juiz só deve optar pela *melhor*, isto é, aquela que mais apta se revele à ótima satisfação dos interesses individuais envolvidos. E pouco importa que a problemática a enfrentar seja de complexidade técnica ou de intrincada compreensão: administrador e juiz sempre poderão servir-se (com mais ênfase ainda a partir do Código de Processo Civil de 2015) da "expertise" de quem conheça o assunto, para bem aconselhá-los (observando-se sempre o postulado da duração razoável). Numa situação desse jaez, a opção, obrigatoriamente *motivada* de modo suficiente, por uma *boa* solução, que não seja, contudo, a *melhor*, pode sim levar ao desfazimento do ato (o controle não é só de legalidade, mas também de mérito), mas não à responsabilização, de qualquer natureza, ao decisor, desde que sua escolha tenha recaído em opção que o regime jurídico agasalhe. Nessas coordenadas é que afirmamos a quase absoluta inexistência de discricionariedade. O que existe é uma dramática tensão dialética a envolver o dever de decidir – inadmissível o *non liquet* – e o objeto finalístico da decisão. Mas isso é da vida. E nem sequer se trata de uma dificuldade própria do Direito Administrativo. Também no nosso cotidiano, nas relações privadas, de conteúdo econômico ou não, as pessoas têm que tomar decisões: o gestor privado de uma empresa, por exemplo, sempre há de buscar a *melhor* alternativa (e, às vezes, nem com a *boa* alternativa sua conduta é aplaudida). O que aqui está em jogo, tal como se dá na decisão do administrador público, não é um *poder* discricionário (ou uma *faculdade* discricionária), mas o *dever* de exercitar, *da melhor forma*, uma *competência*. E tanto é assim que o exercício de tal competência se dá antes no campo da *objetividade* opcional, que da subjetividade psíquica. Com o que mais se afasta a indesejada categoria *discricionariedade*.

Aliás, é com base em tais considerações de *eficiência*, aliadas às exigências da *moralidade*, que empreendimentos públicos e privados cada dia mais se dedicam à adoção de mecanismos de *compliance*. E por *compliance* aqui se entenda um conjunto de métodos, meios, instrumentos, padrões, determinações, estruturas e técnicas, destinadas ao controle prévio, concomitante e *a posteriori*, com a consequente responsabilização, da observância de uma cultura de eficiência e moralidade, na atividade de qualquer agente, administrador ou gestor, público ou privado.

No panorama aqui esboçado a celeuma interesse público *vs.* interesse privado, definidos aqueles pela Administração Pública (ou por seus dedicados, mas cegos, de boa ou má-fé, teóricos), perde qualquer significado. E de roldão vão as balizas, rio para baixo, da supremacia e da indisponibilidade do interesse público. Essas fórmulas altissonantes, introjetadas na mente de ingênuos e não ingênuos, constituem as causas psicológicas da loucura política que tanto infelicitou, sobretudo de 2003 em diante, a vida brasileira. Em princípio, não há distinção hierárquica entre o chamado interesse público e o interesse individual. Estes nefastos anos foram marcados pelo patrimonialismo de um partido político e de um rebanho coletivistas, empenhados em adotar programas meramente assistencialistas, com porta de entrada, mas sem porta de saída para os "assistidos". Usando a sabedoria popular: dava-se o peixe, mas não se ensinava a pescar. E assim alienava-se o crescimento da pessoa, do indivíduo, em prol de marota coletivização, a que se apodava, falsariamente (além de falsamente), *inclusão social*. Liberdade para quê, se o cartão do bolsa x ou y enchia um pouco a barriga? Lyle Rossiter, médico e psiquiatra formado pela Universidade de Chicago, propicia um retrato extraordinariamente fiel, verdadeiro painel de Bosch dessa trapaça política:

> Se o cidadão insistir numa vida de liberdade através da autoconfiança e cooperação, ele resistirá ao convite do Estado de se tornar sua criança. Se ele ansiar pelo regresso em seu medo de liberdade e crendo nas promessas ilusórias do esquerdismo, a agenda esquerdista o acomodará. No final, a natureza do governo reflete a vontade das pessoas, sua sanidade ou sua loucura.[8]

Só que...
Só que não é essa absorção do Indivíduo que a Constituição de 1988 consagrou! Em seu Preâmbulo (cuja força normativa a ninguém é dado ignorar), em seu artigo 1º (incisos II e III), em seu artigo 3º (IV), em seu artigo 5º (por todo ele), em seu artigo 31 (§3º), para citar apenas alguns exemplos, a integridade e a intangibilidade dos *direitos individuais* estão petreamente codificadas, para além de qualquer dúvida. Aos juristas, ou aprendizes de juristas, que amam rótulos, diremos que essa é a "ideologia da Constituição". E é essa "ideologia" que mostra quão obscuras e anticientíficas são as concessões teóricas esquerdizantes (tolas, mas ainda dotadas de certa popularidade... pois não passam de populismos) dos que: a) combatem medidas adotadas para que o Estado não gaste além de seus recursos; b) sustentam o descompromisso entre os direitos sociais (justiça social) e a *realidade* orçamentária. Em verdade corrijamo-nos: aqueles que assim proclamam são, antes que reais juristas, aprendizes de mágicos.

Fechando então o círculo: há, sim, um regime jurídico que desenha a continência e o conteúdo do Direito Administrativo. *Mas o núcleo que imanta essa célula é o Indivíduo (bem como as instituições e organizações que ele crie ou provoque sua criação, na forma da lei, pela autoridade competente) e sua gama de direitos (e de deveres também, é claro)*. Só mesmo com os erradíssimos, deformantes e anacrônicos prismas visuais da óptica da esquerda é que se pode tentar "ensinar" diferentemente a essência e a significação do Direito Administrativo. No devido momento, trataremos das chamadas excepcionalidades administrativas e mostraremos como elas se albergam nos traços doutrinários até aqui desenvolvidos.

A muitos pontos aqui enfrentados, regressaremos em capítulos posteriores, desde já colocando em absoluto destaque o retorno ao

---

[8] ROSSITER, Lyle. *A Mente Esquerdista*. São Paulo: Vide Editorial, 2016. p. 320.

enfrentamento conceitual de função administrativa. Não se trata de ideia fixa tal reiteração. O que há é uma necessidade imperiosa de tratar os conceitos mais iniciais e inauguradores da ciência jurídica com total afinco, já que a Universidade não mais vem cumprindo o seu papel, nem aparentemente está nisso interessada. A Universidade brasileira foi, quase totalmente, cooptada por ideologias, partidos políticos, corporativismos dos professores, despreparo elementar dos acadêmicos e ocupação pelos Sindicatos. Claro que, em tal ambiência, o trabalho dos tratadistas fica enormemente ampliado. Tal desafio não pode atemorizar quem se preocupa com a melhoria do ensino. Daí nosso ânimo de prosseguir, apesar de todo e qualquer obstáculo que se oponha. E não se confunda *obstáculo* real com *circunstância* ou *contingência*, por mais árduas que elas se apresentem. No tempo em que se produz a revisão final deste trabalho vivemos um interlúdio tenebroso. De um lado, uma guerra contra uma pandemia, uma luta ainda repleta de incertezas contra um exército virótico. De outro, um embate exaustivo contra uma Administração que conseguiu empalmar características que não se podia supor que admitiam ser amalgamadas: o agir freneticamente ridículo de um inspetor Clouseau (dos filmes da franquia "Pantera Cor de Rosa"), a gatunagem de políticos que não cansam de roubar, a pétrea ignorância e/ou oportunismo de mandatários que seguem o tosco figurino da "burrice" esperta do matuto genialmente desempenhado pelo saudoso ator cômico Mazaropi. Enfim, convivemos com pessoas públicas dos três Poderes, tão caricatas e incompetentes quanto o "grande ditador" de Chaplin. Situações tão opressivas, onde faltam empatia e inteligência, mas sobram atos e palavras desqualificantes e desqualificadas, têm instrumentos corretivos na Constituição. Só é necessário que, em algum momento de amadurecimento, a consciente e responsável irresignação individual e coletiva desperte, para mudar nossos destinos. Enfatize-se, porém: a partir da consciência de cada um de nós, sem apelos a inaceitáveis construções teóricas sobre o artigo 142 da Constituição, para atribuir (mais uma vez!) ao Exército o anacrônico papel de Poder Moderador. A atuação das Forças Armadas ali descrita NUNCA é exercida *de ofício*. O Poder (ou Poderes) da República, ameaçado(s) por outro(s), FUNDAMENTADAMENTE, mediante ATO FORMAL, sujeito a *controle de constitucionalidade*, convoca o funcionamento previsto no artigo 142 constitucional. E, apesar de óbvio, convém referir, tal convocação JAMAIS pode ser deflagrada pelo próprio Poder que perturba a ordem pública, como insistentemente, nos tempos atuais, ameaçam fazer circunstanciais Presidentes de nossa sofrida República.

A tudo isso retornaremos mais adiante, ao abordarmos as questões da emergência administrativa e do estado de defesa.

§1º História da Administração Pública brasileira e do Direito Administrativo do Brasil: primórdios

No princípio era o verbo... Há que adaptar o fundamental esclarecimento bíblico à realidade do nosso país. Assim, e aqui, no princípio era a verba...

De fato: em implementação ao Tratado das Tordesilhas, impunha-se ocupar a porção destinada a Portugal e de lá drenar os recursos necessários ao preenchimento dos cofres reais. Daí o "descobrimento" de 1500.

Quando aqui aportaram os lusos não tínhamos entre nós, ao que a pesquisa histórica até agora demonstra, civilizações sofisticadas autóctones como as da América Espanhola (maias, incas, astecas etc.). O que havia era: indígenas solitários ou em grupos inorgânicos; limitados clãs e tribos, alguns mais restritos, outros mais complexos e mesmo mais populosos e com algum grau de conquistas culturais. Provavelmente, nos grupos menores o que existia era a relação de força (de fundamento físico, místico ou uma mistura de ambos os tipos). Já nos mais amplos segmentos uma certa organização se consolidava, ágrafa até, talvez, mas de toda sorte, um dado precursor de alguma organização administrativa e até, quem sabe, de um primitivo Direito Administrativo.

Todavia, os portugueses lançaram âncoras como colonizadores, descomprometidos com qualquer estrutura ou regramento anterior. A relação era de pura e simples dominação e espoliação. E, em caso de alguma resistência, de extinção mesmo do opositor, singularmente ou em massa. A escravidão indígena é fruto dessa equação.

Com esse introito o que queremos firmar, e afirmar, é a impossibilidade de se falar, nos primeiros tempos do Brasil, de um Direito Administrativo. É dizer, inexistiu, nos primórdios, um Direito Administrativo brasileiro, desenhando e dirigindo uma administração brasileira. Deu-se exatamente o contrário: instaurou-se uma administração *no* Brasil, que, só com muito tempo de maturação e vicissitudes históricas, inspiraria o surgimento do Direito Administrativo brasileiro.

Essa é a justificação para, antes de adentrarmos o histórico do Direito Administrativo brasileiro, ensaiarmos os traços evolutivos da história administrativa do Brasil. De toda sorte, uma pontuação: por não ser a sede própria, não se vai aqui elaborar uma exauriente história da administração pública do país. Tampouco, porém, haverá superficialidade ou preocupação de ser sucinto. Abordaremos o tema na extensão que se revele útil, mais adiante, à compreensão do nosso Direito Administrativo.

Retomando o quanto posto nas partes anteriores desta obra, não nos interessa a exibição retórica de geral erudição. Mas, no quanto alusivo à matéria estritamente jurídica – e como tal encaramos a história do Direito Administrativo brasileiro –, aí sim, adotaremos uma abordagem a mais completa possível, para provocar e incitar eventuais leitores à formação de sua própria erudição, em tais campos do conhecimento.

§1º.1 O que é Administração Pública? Primórdios da Administração Pública no Brasil

Em capítulo precedente, a que agora nos reportamos, conceituamos *função administrativa* e *Direito Administrativo*. Convém, agora, não só em acabamento à tríade fundamental de nossa disciplina, mas também para dar lógica abertura a este segmento, conceituar *administração pública*. E sem que nos preocupemos em divergências ou celeumas, assentaremos que, com essa expressão, entendemos o conjunto de órgãos, pessoas (naturais ou jurídicas) e agentes incumbidos do exercício da função administrativa. Sempre lembrando que, conquanto majoritariamente encarnado no chamado Poder Executivo, aos três Poderes constitucionalmente elencados, bem assim às estruturas constitucionais não alocadas nos Poderes (Ministério Público, Tribunais de Contas etc.), incumbe, na forma disposta no sistema jurídico, o desempenho de atividades administrativas.

No Brasil, mesmo nas mais elementares e temporalmente recuadas de suas estruturas sociais, sempre se poderá falar, em um certo grau, de Administração Pública, embora de Direito Administrativo brasileiro somente se deva cogitar a partir da independência.

É verdade que, de início, pouca importância D. Manuel atribuiu à sua nova possessão, muito mais fixado que estava na riqueza da Índia. Por isso, o primeiro resquício de administração pública aqui constatável se deu com a nomeação de capitães-vigias da costa, encarregados de repelir as incursões de piratas (alguns até mesmo portugueses) e o saque de nossas riquezas, bem como de providenciar a remessa de escravos (índios) para a metrópole. Nesse mesmo propósito, em alguns pontos mais importantes da orla marítima foram instaladas algumas feitorias, consistentes em concentrações militares mais robustas, em razão da maior concentração de interesse econômico da Coroa em certas áreas. Aí se afirmavam os primeiros esboços brasileiros do que podemos considerar administração pública. Talvez a mais notável dessas feitorias tenha sido a que doada em 1504 a Fernando de Noronha, numa ilha que até hoje leva o mesmo nome de seu donatário. Mas, outras iniciativas desse jaez fracassaram redondamente, como se deu, por exemplo, com o forte levantado por Gonçalo Coelho, em 1503, na baía de Guanabara, prontamente conquistado e demolido por uma tribo de tamoios.

A realidade é que o modelo, por sua precariedade e sua ínfima aparelhagem, logo se comprovou inútil. A partir dessa constatação é que se passou ao modelo seguinte: a instituição das muito conhecidas capitanias (inicialmente, concessões a prazo determinado) e a multiplicação de expedições marítimas oficiais para reconhecimento e exploração de diversos pontos da extensa costa brasileira.

Na forma dos documentos de nomeação ou de concessão, os capitães de vigia, os feitores e os donatários primitivos recebiam ajuda de custo (para instalar e desenvolver, na terra brasileira, cultivos agrícolas), soldados, armamento, munição e levas de degredados (prisioneiros em Portugal) e de aventureiros voluntários. Aqui, os primitivos administradores deveriam levantar algum tipo de fortificação e edificar rudimentar casario para as populações deslocadas. Eram também estimulados a estabelecer alianças com os silvícolas, criar animais (a início trazidos da metrópole), instalar cultivos e criação de gado, estender a ocupação dos espaços com o plantio de sementes (inclusive trazidas de Portugal) e dar o atendimento possível à população importada (o que também significava defendê-la de bucaneiros, índios hostis e animais ferozes). Na medida em que pudessem obter sucesso, as feitorias deveriam expandir-se em aldeamentos, vilas e cidades, com o que o casario se derramaria, inclusive com a construção de edifícios públicos (casas administrativas, cadeias, coletorias, sedes da justiça, alojamentos militares etc.). A complexidade gradativamente maior da diferenciação das funções públicas consolidava um aparelho administrativo dotado de autoridade e de poder de coerção e punitivo.

Com pouco tempo, surgiram também os primeiros ensaios de instalação de Câmaras Legislativas. Ainda assim, contudo, o que havia não bastava às necessidades dos colonos ou à efetividade da defesa das riquezas contra os muitos estrangeiros que continuavam a piratear as riquezas do Brasil primitivo.

Por tudo isso, e ainda antes da criação do sistema das capitanias hereditárias, Portugal, já aí sob o reinado de D. João III, fez uma nova experiência: designou o fidalgo Martim Afonso de Souza (em 1530) para conhecimento de toda a extensão do Brasil, devendo dar início à sua efetiva colonização. A numerosa frota então formada, com representantes de vários setores da sociedade (artistas, soldados, agricultores, religiosos etc.) e carregando substancioso sortimento de sementes de plantas europeias e africanas, durante um ano percorreu a costa brasileira do Oiapoque ao Chuí, penetrou rios em direção ao interior e chegou mesmo ao Prata. Mas, talvez, sua maior realização tenha sido a criação, em 1532, da primeira e verdadeira cidade do Brasil, a Vila de São Vicente, no litoral paulista. Mais notável que isso, porém, ao menos para os propósitos da presente obra, é destacar que, com a fundação de São Vicente, passa a ser possível falar, verdadeiramente, em administração pública devidamente aparelhada em nosso país.

Isso porque, ao decidir pelo envio de Martim Afonso de Souza, D. João III lhe outorgara três cartas régias, pelas quais:
- era ele autorizado a tomar posse das terras que conquistasse, podendo, inclusive, transmiti-las a quem disso julgasse digno;
- deveria organizar na colônia governo, administração civil, estrutura militar, oficiais de justiça e serviços públicos, preenchendo os seus cargos;
- detinha ele, irrecorrivelmente, plena justiça cível e criminal (aplicando as Ordenações), podendo até mesmo impor a pena de morte (salvo se o réu fosse fidalgo, caso em que seria enviado a Portugal para julgamento).

§1º.2 Capitanias hereditárias

Tão bem sucedida foi a experimentação que, em 1533, D. João III, a exemplo do que aliás exitosamente antes ocorrera em possessões portuguesas na África, decidiu adotar o sistema das capitanias hereditárias, que, dentre outras vantagens para a Coroa, tinha a de que se grandes eram os benefícios para os donatários, a eles também cabiam todos os encargos de instalação e desenvolvimento da concessão. O donatário, geralmente intitulado capitão-mor, recebia a terra em enfiteuse. Em troca de suas obrigações de desenvolvimento e defesa das terras, tinha ele amplos poderes de administração e jurisdição, na forma das Ordenações Manuelinas, podendo tributar os colonos no limite do que lhe era permitido nas cartas de aforamento (a Coroa se reservava a alguns dízimos e monopólios de certos materiais, como, por exemplo, o pau-brasil). Nas vilas-sede das capitanias cristalizava-se, assim, o primeiro experimento total do país de uma administração pública. Repita-se que as capitanias passaram a ser senhorio hereditário, mas eram inalienáveis. Destaque-se que, ao contrário do análogo experimento na África, as capitanias brasileiras eram de dimensões imensas e ficavam distantes da metrópole. Dessa forma, precária era sua defesa contra agentes externos (exploradores e piratas) e internos (tribos selvagens e conflitos entre colonos).

O corolário se fez sentir; apenas duas capitanias prosperaram: a de São Vicente (que Martim Afonso de Souza passara, *de facto*, a seu irmão Pero Lopes de Souza) e a de Pernambuco (titulada em nome de Duarte Coelho Pereira).

Esgotado o modelo, impunha-se sua reformulação. Mas antes de passarmos a este novo estágio, uma ponderação: aqui não se fez menção à estreita união entre a Igreja e a Monarquia lusitana, porque a interpenetração desses dois monumentos institucionais dizia respeito, sobretudo: a) a obrigações de caráter econômico em benefício da Igreja (Roma e Brasil) e da poderosa e influente irmandade eclesial da Ordem de Cristo; b) à separação das prerrogativas temporais e espirituais, sempre ressalvada a esfera jurídica competencial do Estado na fundação, instalação, desenvolvimento e administração das colônias ultramarinas. Daí termos abstraído até aqui tal relacionamento, não desconhecendo embora suas profundas repercussões na vida da Coroa lusa: por exemplo, no país recém descoberto, a administração era, no período já abordado, uma atribuição de prepostos do Rei; a evangelização, a construção de edifícios religiosos e a manutenção dos clérigos (nessa época, sobretudo os jesuítas) era um ônus do Trono português, custeado sobretudo pelos dízimos arrecadados aos colonos e pelas atividades econômicas aqui em funcionamento. Mas, o vínculo administrativo entre os habitantes e os gestores não se fazia com mediação da Igreja. Eis a razão de nesse ponto histórico da administração brasileira não fazermos mais detidas referências às autoridades, instituições e normas eclesiásticas.

Retomemos, agora, o anunciado curso e passemos ao exame do novo modelo administrativo implantado em nosso país, após a frustração da política das capitanias hereditárias.

§1º.3 Governo Geral

Não obstante o fracasso da fórmula jurídica, as capitanias foram, cada uma a seu ritmo, povoando-se. A semente das primeiras vilas e cidades do Brasil estava, de toda sorte, lançada.

Em 1548, D. João III decidiu uniformizar a administração no Brasil, criando o 1º Governo-Geral do país. Da providência tomada não decorria automaticamente a extinção das capitanias, mas de imediato se procedeu a uma forte redução nas competências dos donatários. De notar que, no momento do surgimento do Governo Geral:
- já havia 14 (quatorze) vilas no Brasil, com destaque para Olinda, Porto Seguro, Ilhéus, São Vicente e Santos;
- a primeira cidade só virá a ser criada em 1549 (Salvador), depois da chegada do primeiro Governador-Geral (pouco depois, viriam São Paulo e Rio de Janeiro).

A isso se acrescente que o processo de reversão das capitanias ao Rei foi paulatino, somente encontrando seu fecho no século XVIII (por abandono, confisco, desistência e mesmo "recompra" pela Coroa).

A escolha do primeiro Governador-Geral recaiu em Tomé de Souza, fidalgo da Corte, com serviços prestados em diversas possessões e reputação sólida, inclusive como administrador.

O documento real de investidura de Tomé de Souza conferia-lhe consideráveis poderes, inclusive de ascendência sobre os donatários, mas também lhe concedia apreciáveis recursos materiais e humanos, inclusive ampla comitiva jesuítica. Às competências dilatadas de Tomé de Souza no campo da administração, aí inseridas as de cunho fiscal e militar, aliavam-se ainda, por exemplo, a supervisão dos capitães-mores e a determinação de providências a serem por eles tomadas, a defesa externa de todo o território brasileiro, o relacionamento com os índios, a descoberta e exploração de novas terras etc. A isso se somava a jurisdição de primeiro grau até então delegada aos donatários. No desempenho de tão difuso leque competencial contava o Governador-Geral com o auxílio de um Provedor-mor (com atribuições sobretudo ligadas ao controle das atividades administrativas, fiscais e orçamentárias, mas também devendo atuar jurisdicionalmente em apelações e agravos de pequeno valor e originariamente nas causas de interesse da Fazenda) e de um Ouvidor-Geral (autoridade suprema do Judiciário e juiz natural originário para causas criminais). Formalmente e independentemente de suas competências específicas, essas três autoridades deveriam agir em conselho e unânime deliberação na forma do Regimento instituidor do Governo-Geral.

Atendendo a insistentes pedidos de Tomé de Souza, que alegava idade avançada e cansaço, o Rei designou-lhe substituto, na pessoa de Duarte da Costa, que aqui se empossou em 13.07.1553. Ao contrário de Tomé de Souza, eficiente e benquisto administrador, seu sucessor revelou-se ineficaz gestor, de índole autoritária, belicosa e geradora de insatisfações gerais.

Por tudo isso, em 23.07.1556, D. João III nomeou o terceiro Governador-Geral do país, recaindo a escolha em Mem de Sá.

Conforme já antes declaramos, este não é um livro de história. Por isso não detalharemos o que fez de excelente, para o Brasil, a administração de Mem de Sá. Talvez possamos resumi-la na indicação de um simples marco: deve-se a ele a consolidação da fundação da cidade do Rio de Janeiro. Tal como se dera com Tomé de Souza, também Mem de Sá requereu insistentemente em que lhe dessem substituto. Afinal, a Coroa o atendeu com a designação de um substituto, D. Luiz Fernandes de Vasconcellos. Mas o novo Governador-Geral não chegou a assumir o encargo, já que a frota em que para cá viajava foi assaltada por piratas que executaram toda a comitiva. Indicou-se então um outro titular: D. Luiz de Brito e Almeida, em 02.03.1572 chegado à Bahia.

A partir daqui, abre-se uma cesura na colonização do país e, pois, em sua história administrativa. Mas, reitere-se: até então não há que se falar em Direito Administrativo brasileiro, eis que vigentes apenas as Ordenações e atuantes somente agentes públicos impostos pela monarquia absolutista lusitana.

§1º.3.1 A divisão do Governo Geral

A imensidão do Brasil, contudo, pareceu à Coroa incompatível com a solução do Governo-Geral. A preocupação se centrava particularmente na região norte da colônia, de rarefeita colonização e difícil desenvolvimento.

Por essas razões, em 10.12.1573, D. Sebastião dividiu o Brasil em dois Governos-Gerais: um, indo de Porto Seguro até o extremo setentrião, restou confiado ao mencionado Luiz de Brito e Almeida; e o outro, bem mais próspero, de Ilhéus para baixo, teve como Governador-Geral Antônio Salema.

Ocorre que o experimento não teve resultado positivo. Por essa razão, já em 1577 reunificou-se o Governo-Geral, confiado então a Lourenço da Veiga.

A partir daí, contudo, e também sob o influxo da unificação das Coroas espanhola (dominante) e lusitana, em 1580, houve uma série alentada de tentativas de racionalização territorial-administrativa da colônia. Registre-se, por exemplo, a curiosa criação, em 1621, do Estado do Maranhão, independente do resto da colônia.

Nesse período de união Espanha/Portugal, o Brasil, que juridicamente se regera, sucessivamente, pelas Ordenações Manuelinas e as Afonsinas, passou a ser alvo da normativa das Ordenações Filipinas promulgadas em 1611. Mais uma vez, portanto, a regulação da atividade administrativa e o relacionamento Administração/Administrado permaneceu no campo reservado à regulamentação alienígena. Claro que, a essa altura, a estrutura de tais relações era bem mais complexa, com instituições administrativas, legislativas e judiciárias. Mas Direito Administrativo brasileiro ainda inexistia. Houve, então, uma série de tipos de agentes públicos de que a história registra a denominação, e que até mesmo alguns persistiram existentes depois da independência do Brasil. São, por exemplo, os alcaides, os procuradores, os almotacéis, o juiz de fora, o promotor, o escrivão, o síndico, o tesoureiro, o corregedor, o chanceler, o contador. Adiante reencontraremos alguns desses personagens. Mas deve-se consignar um fato histórico que, por sua significação cultural, haveria de projetar luzes relevantes na formação do nosso Direito Administrativo: a chegada a Recife, em 1637, na cauda das invasões holandesas, de Maurício de Nassau. Graças a ele, Recife, de 1637 a 1644, conheceu um período administrativo e econômico modelar. Claro, ainda aí não havia um Direito Administrativo brasileiro. Mas os hábitos e usos administrativos implantados por Nassau, absolutamente excepcionais em nossa experiência histórica de então, tornaram-se padrões do que uma boa administração há de significar. Aplicou ele, Nassau, em seu cotidiano administrativo, a prática da impessoalidade e da igualdade; incrementou a difusão da cultura e das artes; regeu com prudência e tino os recursos públicos; deu voz aos moradores na definição das obras públicas por eles desejadas (destaque-se, no particular, a beleza do casario do Recife antigo, alguns palácios e a notável arborização da cidade); agiu com eficiência e transparência; tomou a iniciativa de mandar construir, em caráter pioneiro nas Américas, no que é hoje o centro histórico de Recife, o primeiro edifício com fundações protetivas de qualquer abalo sísmico. Num apertado resumo, constata-se que Nassau, em realidade, antecipou de muito o ideário axiológico do *caput* do artigo 37 da Constituição brasileira de 1988. Mas não só isso, o que já seria muito. Com Nassau enriqueceu-se o próprio conceito de *administração* no Brasil. As linhas mestras que marcavam tal conceito entre nós, até então, resumiam-se à coleta de tributos e à autorização do exercício dos ofícios, além de alguns serviços registrários e de segurança pública. As fundamentais atuações no campo da saúde e do ensino eram atribuições religiosas, com destaque para o trabalho dos jesuítas e dos franciscanos e, mais à frente, também dos dominicanos e dos capuchinhos – tudo isso, sem dúvida, serviços públicos, prestações administrativas, mas inteiramente regidas pelos regulamentos das Ordens religiosas, empenhadas em tais misteres. Nessa dimensão pode-se até mesmo dizer que a primeira atuação administrativa no Brasil Colônia sequer esteve a cargo do Poder Público: trata-se da catequese, dirigida e ministrada intelectualmente pela Ordem de Cristo, afora os esforços, tanto individuais quanto organizacionais, da Companhia de Jesus. Interessante também mencionar os experimentos administrativo-econômicos dos diversos monopólios da Coroa portuguesa – com formação jurídica muito assemelhada à das atuais empresas públicas –, bem como das atividades desempenhadas (a início licitamente, mas como pirataria depois da eclosão da guerra entre Holanda e Espanha) por autênticas sociedades de economia mista no país, é dizer, as holandesas Companhia das Índias Orientais e Companhia das Índias Ocidentais. Com Nassau o exercício da verdadeira administração pública consolidou-se. Mesmo assim, contudo, inexistia Direito Administrativo brasileiro em jogo, partindo toda a regulação de Nações europeias que aqui viam mercados consumidores ou geradores de riqueza. No tópico de tais riquezas, impende lembrar (sempre pensando nas que de maior significação econômico-financeira representavam), primitivamente, a mão de obra escrava (indígenas) e, com o início e o desenvolvimento das bandeiras, os minérios e as pedras preciosas.

Os dados históricos, aqui resumidos a mais ver, salientam, contudo, o quinhão de contradições presente na formação administrativa do Brasil. O Portugal das ciências, que havia viabilizado as grandes navegações e o nosso descobrimento, foi, no século XVI, sufocado pela visão humanista e retórica típica da Companhia de Jesus. Aqui, entretanto, terra de gentios, colonos rudimentares e negros (trazidos já com as primeiras naus de exploração do pau-brasil), os jesuítas abriam o caminho da luz da cultura (sem, contudo, abrirem mão de seus interesses econômicos; em verdade, os aventureiros e os jesuítas foram os primeiros empresários do Brasil). E mais: no Portugal das aventuras marítimas impunha-se o imperativo da própria sobrevivência – empobrecidos os cofres reais, a riqueza teria que ser drenada das colônias, com o que o modelo administrativo era o da simples e ilimitada exploração (de que epítomes os monopólios reais); já na administração holandesa de Nassau, o que se tinha era não só um dirigente verdadeiramente precursor do futuro iluminismo, como também um país com suas necessidades e estruturas básicas consolidadas e arejadas, acostumadas ao fenômeno da convivência harmônica entre Administração e Administrado. Enfim, um Portugal decadente e uma Holanda florescente.

Adite-se que as riquezas defluentes do ciclo da mineração, o retorno ao Brasil de letrados formados em Coimbra e diretamente expostos ao pensamento europeu, a influência crescente (e dominante mesmo) da Inglaterra sobre Portugal, a eclosão no exterior de movimentos libertários, enfim, todo um mundo novo que estava a ser forjado, alterara fortemente a percepção colonial dos modelos administrativos e econômicos aqui praticados. A sociedade brasileira vai enfim se compondo, mais complexa, com novos anseios e necessidades. O ciclo da mineração estava partejando o surgimento, entre nós, de um incipiente capitalismo, o que tornava obsoleto o regime dos monopólios e privilégios. Estavam lançadas as bases para uma outra rodada no círculo histórico da formação administrativa do país.

§1º.4 O Vice-Reinado

A partir do século XVII, especificamente da nomeação como Governador-Geral de D. Jorge Mascarenhas, Marquês de Montalvão, a esse tipo de agente foi acrescentado o título "Vice-Rei". Na prática das relações políticas, civis e administrativas, a titulação, cujo uso era aliás facultativo e nem sempre foi adotado por alguns dos Governadores-Gerais, pouco alterou o estado de coisas vigentes. As pautas jurídicas fundamentais de seus misteres administrativos, financeiros, tributários, políticos, militares e jurisdicionais eram as Ordenações, os Regimentos de delegação e nomeação do Governador e algumas leis (portuguesas) extravagantes complementares (tais diplomas dispunham sobre suas competências, atribuições, deveres e proibições). Os seus poderes eram indelegáveis e estavam eles, até 1763, obrigados a morar na

Bahia (curioso notar que não poderiam trazer para o Brasil os "filhos moços", vedação adotada depois das arbitrariedades e desmandos aqui praticados pelo filho do segundo Governador-Geral, Duarte da Costa; igualmente interessante assinalar que deveriam sair do Brasil no mesmo navio que trouxesse o novo Governador-Geral).

No curso do tempo, pelos séculos 17 e 18, diversas instituições e órgãos foram sendo criados, à vista da complexidade sempre crescente da sociedade brasileira. A tais órgãos foram desviadas, total ou parcialmente, algumas atribuições dos Vice-Reis. E daí não poucos foram os conflitos e impasses registrados, sobretudo relativamente às Juntas Gerais (espécie de Conselho de Estado) e o Senado da Câmara. Provocado a dirimir, o Conselho Ultramarino, em Portugal, de regra reconhecia a precedência e a primazia das competências do Vice-Rei, com o que aos poucos estas faixas litigiosas se viram aplacadas.

Com a restauração, em 1640, da independência portuguesa frente à Espanha, o próprio Brasil foi alçado à dignidade de Vice-Reino. Anote-se, ainda, a transferência de sede do Governo-Geral para o Rio de Janeiro, em 1763, após a morte de um dos mais notáveis titulares do cargo: Gomes Freire de Andrade, o Conde de Bobadela. Gomes Freire acumulara várias funções à de Governador-Geral, dentre elas, a de Capitão-Geral da capitania do Rio de Janeiro. E aí executou uma brilhante administração, com obras públicas de relevo, dentre as quais o Aqueduto dos Arcos da Carioca e a implantação da primeira tipografia no país.

Na sequência dos Vice-Reis, e com o pensamento na nova capital – o Rio de Janeiro – convém ainda destacar o terceiro titular, o Marquês de Lavradio (D. Luiz de Almeida Portugal d'Eça Alarcão Mello). Deve-se a esse nobre lusitano a instauração no Rio de diversos empreendimentos agrícolas, arruamentos na cidade e higienização de locais ameaçadores à saúde pública.

Mas estávamos realmente no crepúsculo de uma era: sendo ainda Governador-Geral D. Marcos de Noronha e Brito, Conde dos Arcos, aporta aqui a Família Real portuguesa, em 22.01.1808, em razão da invasão de Portugal pela tropa francesa comandada por Junot, em cumprimento a ordens de Napoleão.

§1º.5 Uma digressão: houve uma cultura jurídica no Brasil quinhentista?

Aqui breve, mas útil e conveniente digressão.

Flui claramente, de toda a precedente exposição, que somente consideramos existente um Direito Administrativo brasileiro após a afirmação soberana do nosso país, criando e impondo suas próprias leis. Dá-se, porém, que Ibsen Noronha, em sua importante obra "Aspectos do Direito no Brasil Quinhentista",[9] aborda o que denomina duas manifestações precoces de cultura jurídica no Brasil. A seriedade do estudioso e de seu trabalho justifica que aqui nos detenhamos agora.

O *primeiro* desses módulos estaria estampado numa tentativa de regularização da situação de índios catecúmenos, no tocante a seu estado conjugal. Em carta de 10.08.1549, o eminente Padre Manuel da Nóbrega escreve a seu ex-professor (em Salamanca e Coimbra), Dr. Azpilcueta Navarro. Em seu texto, Nóbrega expõe que o aborígene brasileiro, ao contrário do africano, escolhe uma mulher sem a intenção de tê-la para sempre. Em decorrência disso, conclui que, ao contrário do que se dava na África, aqui não havia um "contrato" de casamento, mas simples mancebia. E arremata propondo que os índios deveriam sempre ter um lar monogâmico, tomando como esposa a que convivente no momento da conversão. Inexistente essa, ou não se lembrando mais quem era ela, deveria contrair matrimônio com a que escolhesse, com renúncia da poligamia.

Deve-se ainda a Nóbrega a obtenção, do Papa Pio V, do breve *Cum gratiarum omnium*, de 1567, pelo qual os índios convertidos ficavam isentos dos impedimentos matrimoniais de consanguinidade. Isso era importante para a Igreja, que assim podia aumentar a aceitação do casamento cristão, tendo em vista que era corriqueira entre os índios brasileiros a união entre tios e sobrinhas.

O *segundo* desses momentos precursores de nossa cultura jurídica diria respeito à liberdade dos índios, tema sempre controverso e de extrema delicadeza na colônia. De novo coube a Nóbrega a provocação, em documento datado de 1567. O cerne da questão estava em que o bispo do Brasil (D. Pedro Leitão) sustentava que poderiam ser feitos escravos todos os gêneros de indígenas, do que Nóbrega discordou, resolvendo então pedir a orientação do já mencionado

---

[9] NORONHA, Ibsen Jose Casas. *Aspectos do Direito no Brasil Quinhentista*. São Paulo: Almedina Brasil, 2005.

Professor Navarro. A matéria acabou chegando ao conhecimento do rei D. Sebastião. E este decidiu solicitar a opinião do Tribunal da Mesa da Consciência (de que voltaremos a tratar, ainda que sucintamente, mais adiante). De seu turno, o Tribunal, de certa maneira apoiando Nóbrega, determinou a apreciação final da matéria por uma junta composta pelo Governador Mem de Sá, o referido bispo D. Pedro Leitão, dois ouvidores e três jesuítas. Nóbrega redigiu dois alentados memoriais (um dos quais se perdeu no curso da História documental do Brasil) em sustentação do combate à escravidão indígena, ao menos daqueles catequisados e dos que vivessem em aldeamentos indígenas. E nesse sentido encaminhou-se, aparentemente por maioria apenas, a citada Junta. Claro: tal decisão pode ter solucionado um caso concreto, mas a temática da escravidão indígena perduraria viva por muito tempo (incentivada a servidão pelas múltiplas bandeiras Brasil a dentro) e só cederia passo a partir do momento em que, por argumentos que aqui não cabe abordar, inclinou-se a produção econômica pela escravidão de africanos.

O memorial sobrevivente de Nóbrega, ainda disponível, está transcrito na sua íntegra por Ibsen Noronha, em sua valiosa obra por nós citada, nas páginas 215 a 231. Trata-se de trabalho erudito, com inúmeras citações de autores e ampla argumentação apoiada no Direito Natural, mas também no Direito Canônico e nas lições de filósofos e civilistas. Santo Tomás de Aquino e o Codex de Justiniano são em várias passagens trazidos em arrimo das alegações de Nóbrega. E a tese central do jesuíta nos é especialmente cara: a liberdade é um direito natural e, por isso, só pode ser perdida em razão de outra injunção de direito natural, jamais por supressão da vontade de seu titular ou por imposição da tirania.

Não temos dúvida em afirmar não só a beleza e a relevância excelsas dessas duas discussões jurídicas provocadas por Nóbrega. E tanto é assim que fizemos a digressão ora em vias de conclusão. Mas não é possível obscurecer que as situações aqui focalizadas configuram, sim, duas manifestações de elevada cultura jurídica, mas não *do Brasil*. São polêmicas oriundas, por certo, de matéria fática aqui ocorrida, mas trazida ao proscênio e deliberada sem aplicação de qualquer regra brasileira de Direito. Daí mantermos íntegra nossa assertiva de que, no momento histórico visitado, ainda inexistia Direito Administrativo (ou qualquer outro, com ressalva óbvia do direito natural, que é atemporal e despido de limitação espacial) brasileiro.

§1º.6 O Tribunal da Mesa da Consciência

E mais outra digressão.

Há pouco referimos o Tribunal da Mesa da Consciência. Tratava-se de um órgão de controle da atividade pública, pelos prismas da teologia e da ética. Criado por D. João III, em dezembro de 1532, dizia-se destinado, no ato real de sua instituição, a decidir os casos que "tocavam à obrigação de sua consciência". É notável, e merece destaque, não só o fato de se tratar de um autocontrole criado por um monarca absolutista, como também o de que o princípio da moralidade – tão mais tardiamente consagrado entre nós – era alçado à estatura de pilar das discussões da Coroa e do Tribunal. Esta Corte (que em abril de 1808 D. João VI também estabeleceria no Brasil; mas que foi extinta por D. Pedro I em 1828; e em Portugal, pelo mesmo D. Pedro I, lá D. Pedro IV, em 1833) era composta por teólogos, juristas e prelados, que se manifestavam a respeito da licitude moral e religiosa dos atos governamentais (daí, talvez, a ampla competência do Tribunal em questões de toda natureza, relativas aos cativos).

Ibsen Noronha afirma,[10] com acerto acreditamos, que não havia conflito entre o fato de ser a monarquia absoluta e a criação de um Tribunal como a Mesa da Consciência. É que, segundo ele, o soberano, desde o medievalismo, era fonte da lei civil, mas estava submetido à lei natural e à lei divina. Transcrevemos importante achega de Ibsen Noronha:

> Não parece haver dicotomia entre o espiritual e o temporal no ultramar português, enquanto Estado ultramarino. Há, isto sim, uma hierarquização dos fins almejados. É a sequência de uma tradição documentada, que temos vislumbrado desde o início das navegações.
>
> Os problemas de consciência que se apresentavam naturalmente ao rei, devido às novas situações que inevitavelmente ocorriam nestes tempos especialmente caracterizados pelas transformações que foram o motivo primeiro da criação do Tribunal, geraram o costume da convocação de teólogos e juristas para a sua resolução. Estes manifestavam as suas opiniões fundamentadas a respeito do problema, e havia livro próprio onde se inscreviam os assentos.
>
> Claro está que justamente às responsabilidades governamentais, impulsionadas sempre por uma intenção política, os soberanos portugueses

---

[10] NORONHA, Ibsen Jose Casas. *Aspectos do Direito no Brasil Quinhentista*. São Paulo: Almedina Brasil, 2005. p. 71 e seguintes.

aliavam as responsabilidades pela dimensão humana e religiosa da expansão, propondo fazê-la acompanhar da evangelização das terras descobertas [...].[11]

E conclui com esta percuciente observação:

[...] para além dos animais que foram introduzidos no Brasil através destas viagens; para além das tantas outras coisas, é preciso destacar que aquelas embarcações traziam um Direito que seria transplantado para o Brasil, após a sua lenta e longa formação ao longo da Idade Média. Vinham os costumes, os textos de lei e magistrados de Portugal. Vinham sujeitos de direito que iriam organizar-se e ter relações com os aborígenes, também eles, por sua vez, sujeitos de direito. Este encontro é um fenômeno que marca a gênese do Direito brasileiro.[12]

Em arremate dizemos que essa inovação jurisdicional, em realidade de existência surpreendente, acaba fenecendo, tanto em Portugal quanto no Brasil, não apenas (como parece a Ibsen Noronha)[13] pelo crescimento do pensamento liberal e o gradual desaparecimento do absolutismo, mas também pela vida dissoluta que marcou a trajetória de D. Pedro I (e IV de Portugal).

§1º.7 A chegada de D. João VI

Findas as digressões, retomemos o fio da meada. Como se há de recordar, interrompemos o trajeto com a chegada de D. João VI e sua Corte à Bahia, em 22.01.1808. Prossigamos então a jornada.

Narram os historiadores que D. João VI assumira o trono a contragosto, e a tanto obrigado pela interdição de sua mãe (D. Maria I, "a Louca").

Pelos desmandos e incompetência dos regentes que governaram até a interdição da Rainha, registrava-se total desordem administrativa e financeira no Reino, agravada pelo terremoto de 1755 em Lisboa.

---

[11] NORONHA, Ibsen Jose Casas. *Aspectos do Direito no Brasil Quinhentista*. São Paulo: Almedina Brasil, 2005. p. 81-82.
[12] NORONHA, Ibsen Jose Casas. *Aspectos do Direito no Brasil Quinhentista*. São Paulo: Almedina Brasil, 2005. p. 83.
[13] NORONHA, Ibsen Jose Casas. *Aspectos do Direito no Brasil Quinhentista*. São Paulo: Almedina Brasil, 2005. p. 59-60.

A tudo isso foi aditada a ameaça (afinal consumada) de Napoleão, de invadir Portugal. Daí a decisão da vinda para o Brasil, em uma comitiva de cerca de 15.000 (quinze mil) pessoas.

A transferência da Corte foi, efetivamente, auspiciosa para o Brasil, automaticamente alçado ao patamar de Metrópole. Seu primeiro ato administrativo foi a decretação da abertura dos portos (Carta Régia de 28.01.1808). Seguiu-se uma série de outros relevantes atos administrativos, ainda durante a permanência de D. João VI na Bahia. Dentre eles, destaquemos, por sua importância magna: a criação de serviços de saúde pública, do ensino médico e da primeira companhia de seguros; a autorização para instalação de fábricas (inclusive de pólvora), a abertura de estradas e a construção de inúmeras fortificações.

Não obstante as reiteradas solicitações de que se fixasse definitivamente na Bahia, D. João VI seguiu para o Rio de Janeiro, aí chegado a 07.03.1808, em meio a festivas recepções, aclamações e cerimônias de júbilo (tanto religiosas como populares).

A obra administrativa de D. João, no Rio de Janeiro, revestiu-se de extraordinária significação, com registros que todos os livros de história consignam. Basta lembrar: construção da Fábrica de Pólvora da Lagoa Rodrigo de Freitas, inauguração do Jardim Botânico, criação da Imprensa Régia, lançamento da Gazeta do Rio (primeiro periódico do país, aqui impresso), instalação da Junta do Comércio e do Banco do Brasil, bem como da Biblioteca Nacional e de inúmeras fábricas. Registre-se, ainda, a fundamental promoção da vinda da "Missão Artística de 1816", que para cá trouxe intelectuais da estatura de Debret, Taunay e Grandjean de Montigny, dentre outras figuras notáveis.

Sem dúvida, os 13 (treze) anos em que aqui permaneceu D. João VI foram de excepcional importância para o nosso país. Mas cabe ressaltar: tudo isso se fez sob um regime absolutista e com aplicação de leis portuguesas (afora uma pesada carga tributária para os brasileiros). Não há, então, como nos iludirmos: de muito progrediu nossa vida administrativa, mas de Direito Administrativo brasileiro ainda não se há de cogitar até então.

Em 26.04.1821 retornou D. João VI a Portugal, a tanto levado, sobretudo, pela desordem administrativa reinante na antiga Metrópole; mas também pelas insurreições que começaram a ocorrer no Brasil, não só em razão do peso da sustentação dos gastos da monarquia, mas também pelo abandono geral do país, ressalvados o Rio de Janeiro, São Paulo e a Bahia. Ao partir, legou o governo e a administração do Brasil a seu filho D. Pedro de Alcântara, mais tarde D. Pedro I do Brasil.

§1º.8 D. Pedro I e a evolução administrativa

Chega então a vez de focalizar, como fecho deste segmento histórico, a evolução administrativa do Brasil, a partir do comando de D. Pedro I.

Aqui, algumas observações preliminares:
- vamos ater-nos, sobretudo, à moldura que prepara o surgimento, a partir de 1824, do Direito Administrativo brasileiro;
- fincados neste referido surgimento, nossa dedicação será nuclearmente dirigida à história de nosso Direito Administrativo, passando a história da Administração Pública à dimensão de simples pano de cena para a evolução de nossa cultura jurídica administrativista.

§1º.8.1 A Regência

A início, D. Pedro I foi nomeado Regente. Contava 23 (vinte e três) anos, estava casado e era pai de um casal de filhos. Deparou-se de pronto com as agruras da situação econômica do Brasil, a insatisfação insurreta de boa parte da população e as intrigas internas da vida administrativa. Doutra parte, a passagem de colônia a Metrópole acendera, irremediavelmente, o ideal de independência. Soma-se a tudo isso o temperamento irrequieto, irritadiço e instável de D. Pedro, assim obtendo-se uma clara panorâmica do que estava por vir. D. João deixou os cofres quase vazios e o Banco do Brasil quase falido. Eis aí um cenário claramente crítico.

D. Pedro começou como podia e devia: decretando redução ou supressão dos excessos fiscais e estrita contenção de despesas administrativas. No que toca aos interesses dos administrados, mas sempre com a aplicação da legislação lusa, algumas medidas importantes foram tomadas, tais como, por exemplo:
- decretou-se que a desapropriação por utilidade pública exigia indenização, previamente ajustada com o proprietário;
- em outro decreto, determinou-se que ninguém poderia ser preso senão em flagrante delito, cabendo aí a qualquer do povo executar a medida;
- o abuso de autoridade justificaria perda do cargo ou emprego e até mesmo a inabilitação perpétua.

Pressionado pela Corte portuguesa e pelas guarnições militares aqui deixadas, D. Pedro jurou observar a Constituição de Portugal (cujas disposições liberais da cidadania não eram, contudo, estendidas ao Brasil). Ademais disso, a Coroa portuguesa passou a exigir o retorno imediato de D. Pedro, receosa da proclamação de nossa independência.

Nesse transe e impasse, nomes ilustres, como os de José Bonifácio e José Clemente Pereira, colhendo inclusive o apoio formal de milhares de brasileiros, instaram o príncipe a que não se retirasse do Brasil. Daí o famoso Dia do Fico, com o que acatados tão ingentes pedidos. A escalada das exigências da Metrópole não cessou, com isso acabando por conduzir D. Pedro à proclamação histórica de 07 de setembro de 1822, às margens do Ipiranga, em São Paulo. Na sequência, a 12 de outubro, em ato solene no Rio de Janeiro, no Campo de Santana, foi ele reconhecido como "Imperador Constitucional e Defensor Perpétuo do Brasil". Na mesma oportunidade, prometeu adotar e cumprir a Constituição Brasileira a ser elaborada por Assembleia Constituinte e Legislativa, com a funesta ressalva: se *digna dele* e do Brasil.

Note-se que nem mesmo assim a paz predominou. Ao contrário, portugueses de ultramar e portugueses (e seus aliados) no Brasil continuaram a turbinar o desassossego político. O panorama refletiu-se na Assembleia Constituinte (e também legislativa), que nada produzia de relevante. O desenlace não durou: a 12.11.1823, o Imperador dissolveu a Assembleia e, no mesmo ato, convocou outra. Por deliberação de 26 dos referidos mês e ano, compôs uma comissão para redigir a Constituição brasileira. E pelo Aviso 179 de 17.12 remeteu à referida Comissão as bases que deveriam nortear o seu trabalho.

Para além das insurreições que espocaram pelo país, em razão da drástica dissolução da Constituinte, por fim alguma paz se atingira, particularmente com a outorga da Constituição a 25.03.1824 e a assinatura em Portugal, por D. João VI (em 29.08.1825), do reconhecimento da Independência do Brasil.

§1º.8.2 A preparação da primeira Constituição

Os fatos sumariamente resenhados neste segmento contêm o *quantum satis*, para afinal iniciarmos o estudo de um verdadeiramente brasileiro Direito Administrativo. Funda-o, repitamo-lo, a outorga da primeira Constituição do país, em 1824. Mas as intrigas palacianas, as influências da maçonaria, os conflitos entre os Andradas e os grupos de saudosistas cortesões portugueses que se instalaram junto a D. Pedro logo haveriam de produzir maus feitos.

Como breves introduções ao mergulho no documento instaurador, no país, de nossa disciplina jurídica, oportuno parece acrescentar algumas considerações históricas relevantes.

A primeira versão do projeto da Lei Maior, afinal arrematado pela primeira Constituinte, em 01.09.1823, de cunho marcadamente liberal, era sobretudo da pena de um Andrada, o eminente Antônio Carlos (discute-se, ainda hoje, se de sua iniciativa pessoal a introdução do Poder Moderador). De resto, a descrição das atribuições do Imperador fora por este bem aceita (de notar, inclusive, que o texto de Antônio Carlos, com alguns retoques, viria afinal a consagrar-se na Constituição de 1824), aí desenhando-se nitidamente o modelo de uma monarquia representativa constitucional. Mas os focos de intrigas já antes referidos, aos quais somada a onda crescente de um incontrolável nativismo e o ímpeto carbonário de uma nascente e agressiva imprensa, levaram celeremente os dissídios entre D. Pedro e a Constituinte a um previsível ponto de desenlace: a decretação, em 12.11.1823, da dissolução da Assembleia com a imediata convocação de outra, que trabalharia a partir de projeto que o próprio Imperador redigiria ("que será duplicadamente mais liberal do que a extinta Assembleia acabou de fazer", segundo expressões textuais do próprio ato de dissolução). ESTE, SIM, FOI UM AUTÊNTICO GOLPE DE ESTADO (o primeiro do Brasil), digamo-lo sem rodeios.

Desde já, para espancar cautelarmente alguma dúvida: a proclamação da Independência não fora um golpe, porque, ao romper totalmente uma ordem jurídica até então vigente, deu a lume um *novo* Estado, com poder constituinte autônomo e originário. Compare-se essa situação com a simples hipótese de que, em um certo país democrático constitucionalizado, uma minoria política e parlamentar, usando uma *prévia* normatividade constitucional e infraconstitucional, deflagrasse o impedimento de um presidente regularmente eleito, sob a acusação de ter praticado certos delitos que, na previsão constitucional, podem conduzir ao afastamento do mandatário. No prosseguimento, *todos* os trâmites e etapas constitucionais, legais e regimentais são observados, aí incluído o amplo direito de defesa e de prova. A isso se acrescente que todas essas etapas são constitucionalmente judicializadas, perante uma Corte Suprema, em livre exercício. Adite-se até, para simples argumentação, que, para alguns, as acusações parecessem confusas.

E caminhe-se para o julgamento perante o órgão legislativo constitucionalmente competente, presidido na forma da mesma Constituição pelo Chefe Supremo do Poder Judiciário. Desse julgamento, pelo *quorum* constitucionalmente estabelecido, sai o decreto de impedimento do(da) Presidente eleito(a) popularmente por alguns milhões de votos. GOLPE? Só na cabeça de ignorantes ou de agitadores!

Mas retomemos o fio da meada.

A nova Constituinte, ao que tudo indica, partiu, como dissemos, do projeto de Antônio Carlos. Mas até hoje controverte-se a respeito dos que podem ter mais decisivamente influenciado no desenho final do texto. De toda sorte, há documentação que evidencia a colaboração frequente de José Joaquim Carneiro de Campos (Marquês de Caravelas) e a participação pessoal do próprio Imperador. Aliás, a Constituinte reunia-se quase diariamente, e também quase sempre sob a direção de D. Pedro. Mas as dúvidas históricas, existentes apesar da ampla documentação guardada daqueles momentos e trabalhos, teimosamente perduram. Por exemplo: a quem atribuir a inovação do Poder Moderador? A ideia primária, esboçada, mas não acabada, remonta a Benjamin Constant, autor lido correntemente no Império. De toda sorte, no seio da Constituinte, parece ter sido mesmo Carneiro de Campos o primeiro a invocar a matéria, que teve o beneplácito irrestrito de D. Pedro.

Por fim, a 25.03.1824, em missa solene na Catedral do Rio, foi o texto constitucional lido na íntegra e jurado pelo Imperador, que assim o outorgava. O que se segue (por exemplo: a insurreição pernambucana com o fuzilamento de Frei Caneca, a tumultuosa vida amorosa do Imperador) pertence antes à História do Brasil, que à história do Direito Administrativo brasileiro. Por isso, aqui interrompemos a elaboração da moldura fática em que se insere o estudo de nossa disciplina e anunciamos o que fatalmente há de seguir: o exame da Constituição de 1824 como berço do pensamento administrativista brasileiro.

§2º A Constituição de 1824 e os fundamentos do Direito Administrativo brasileiro

Em segmentos anteriores, reiteradamente afirmamos, fundamentadamente, a inexistência de um Direito Administrativo brasileiro antes da Constituição de 1824. É chegado o momento de examinar esse seminal documento de nossa história jurídica.

§2º.1 A definição e os contornos do Estado brasileiro

A Constituição outorgada pelo Imperador D. Pedro I, a 25.03.1824, definia o Brasil como: Império unitário (art. 1º); governo monárquico, hereditário (dinástico), constitucional e representativo (art. 3º); e oficialmente católico apostólico romano (art. 5º). No seu artigo 10, a Carta de 1824, ao elencar os poderes políticos, enunciou, a par dos tradicionais Legislativo, Executivo e Judicial, o Poder Moderador. O Legislativo tinha composição bicameral (Câmara dos Deputados e Câmara dos Senadores ou Senado).

Alguns historiadores dos primeiros tempos do Império pretendem ver na conformação do Estado nascente um regime parlamentar. Em nosso sentir, trata-se de um equívoco que pode ser afastado com o exame da própria Carta em questão. A impressão enganosa, antes mencionada, solidificou-se em muitos autores de escol pela *práxis* da convivência entre D. Pedro II, seus Ministérios e seu Conselho de Estado. Homem probo, amante das artes e das ciências, cultor do exercício harmônico dos Poderes, D. Pedro II, cioso embora de suas superiores atribuições, buscava sempre o consenso e o diálogo. E desse hábito de décadas surgiu a impressão de uma vivência parlamentarista em nosso segundo Império. Mas tanto D. Pedro I quanto seu filho governaram com base numa estrutura monárquica em que a supremacia do Soberano afastava qualquer veleidade de quem desejasse comparar o Reinado brasileiro com, por exemplo, o Reinado britânico. Basta, para a tanto se chegar, considerar uns poucos preceitos da Carta Imperial, como, por exemplo:

- ao Legislativo cabia, nuclearmente, desempenhar o processo legislativo ("fazer leis, interpretá-las, suspendê-las e revogá-las" – art. 15, §9º) e a fixação anual das despesas públicas (art.15, item 10); atribuições de caráter nitidamente do Poder Executivo somente lhe eram previstas no caso de menoridade do Imperador sucessor (art. 15, itens 1º a 7º); afora isso, lhe eram deferidas atribuições administrativas, e na hipótese de assuntos de caráter regimental (arts. 20 e 21), ou seja, matérias *interna corporis*;
- o "Governo" do país era concentrado na figura do Imperador, cabendo a participação da Assembleia apenas para lhe autorizar a contratação de empréstimos (art.15, item 13);
- o Imperador era o chefe do Poder Executivo (art.102), incumbindo-lhe todos os atos de representação interna e externa do

Estado, além da promoção de sua atividade administrativa (os vários itens do art. 102), a nomeação e remoção livres dos Presidentes da Províncias (art. 165), o uso privativo das forças armadas (art. 148) e a expedição de decretos regulamentares das Leis (art. 102, item 12);
- por último, mas não menos importante, o Imperador, "como Chefe Supremo da Nação e seu primeiro representante" (art. 98), detinha privativamente o Poder Moderador, constitucionalmente definido como "a chave de toda a organização política" (art. 98). Por força do exercício do Poder Moderador, ao Imperador cabia velar pela independência e harmonia dos Poderes, arbitrando eventuais conflitos e avocando mesmo competências tipicamente legislativas e judiciais, em casos especiais (art. 101). Soma-se a tudo isso que o Conselho de Estado, conquanto importante órgão, tinha competências estritamente consultivas (art. 142), muito embora reputadas valiosas suas observações; a observar que, para ser Conselheiro, eram exigidas as mesmas qualificações postas para os candidatos ao Senado, a saber:
a) ser cidadão brasileiro, no gozo dos direitos políticos;
b) ter idade mínima de 40 (quarenta) anos;
c) gozar de reputação de ser detentor de saber, capacidade e virtudes, com preferência aos que tivessem prestado serviços à pátria;
d) comprovar renda mínima anual, por bens, indústria, comércio ou emprego, de 800.000 réis (Constituição, arts. 140 e 45).

A sublinhar, ainda, que cidadão brasileiro era não só o nascido no país (desde que o pai não fosse estrangeiro aqui domiciliado em razão de serviço à sua nação), mas também: os filhos estrangeiros de pais brasileiros que para cá transferissem o seu domicílio; os filhos estrangeiros de pai brasileiro, a serviço do Império no exterior, ainda que não voltasse a ter domicílio no Brasil; os nascidos em Portugal e suas possessões, que aqui estavam à época da proclamação da Independência e que tivessem decidido aqui permanecer; os estrangeiros naturalizados (Constituição, art. 6º).

Por tudo isso, não há como divisar, na existência do Império brasileiro, um regime verdadeiramente parlamentarista.

§2º.2 As regras de Direito Administrativo na Constituição de 1824

Insta agora examinar as principais regras de Direito Administrativo que podemos colher do exame da Carta de 1824, para além das já referidas concernentes à superior direção da administração pública. Repetimos: destacaremos somente alguns núcleos temáticos, que consideramos os mais relevantes para o indivíduo brasileiro, de tal forma pondo em relevo como o direito positivo administrativo se encontrava balizado na era imperial.

É verdade, sim, que à Câmara dos Deputados cabia, dentre outras tarefas, exercer o controle administrativo ("o exame da administração passada e reforma dos abusos nela introduzidos" – art. 37 §1º, mais adiante revisto pelo Senado, segundo o art. 47). Mas cabe não olvidar: o Imperador não estava sujeito a responsabilidade alguma (art. 99), o mesmo se dando com os Regentes na menoridade ou impedimento do Imperador (art. 129). Curiosamente, contudo, os Conselheiros de Estado poderiam ser responsabilizados pelos maus conselhos que dessem ("opostos às leis e aos interesses do Estado" – art. 143). Igualmente responsabilizáveis por seus atos eram os Ministros de Estado (art. 133) e os magistrados (por abusos e prevaricações – art. 156).

Os bens públicos tinham sua regulamentação disposta mediante Lei (art. 15, item 15º).

Os cargos públicos (bem como sua remuneração) eram criados ou suprimidos pelo Legislativo (art. 15, item 16º), mas providos pelo Imperador (art. 102, item 4º), a quem também incumbia nomear bispos e prover os benefícios eclesiásticos, nomear Magistrados, Comandantes das Forças Armadas e Agentes Diplomáticos. Observe-se que embora assegurada a livre acessibilidade aos cargos públicos, inexistia qualquer regra alusiva a concursos (art. 179, item 14º). Ainda no tema dos cargos públicos convém referir que não se admitia a acumulação dos cargos de Deputado com o de Ministro ou Conselheiro de Estado (art. 29), o de Deputado com o de Senador (art. 31), o de Ministro ou Conselheiro de Estado com qualquer emprego (art. 32).

O capítulo constitucional relativo aos direitos e garantias individuais (arts. 173 a 179), que sempre funcionaram como verdadeiras balizas de contenção ao exercício das atividades do Poder e da Administração Pública, revela-se muito assemelhado, guardadas as características históricas de cada momento, aos análogos que nesse desiderato foram plasmados em todas as Constituições do Brasil:

liberdade de pensamento e expressão, princípio da legalidade, irretroatividade das leis, inviolabilidade do domicílio e da correspondência, liberdade de locomoção, proteções contra a prisão, princípio do juiz natural, isonomia, individualidade das penas, direito de propriedade, liberdade de trabalho, direito de petição, vedação ao confisco de bens etc. Mas este Título da Constituição de 1824 consagra algumas regras bem representativas de sua época, vetoriais também para o exercício das funções administrativas, que por suas particularidades justificam a evidência aqui adotada. Assim, no artigo 179:

– a liberdade religiosa era assegurada, desde que o administrado respeitasse a religião do Estado e não ofendesse a moral pública. Importante relembrar que a religião católica apostólica romana era oficial, com a seguinte consequência relevante, estatuída no artigo 5º:

> Todas as outras religiões serão permitidas com seu culto doméstico ou particular em casas para isso destinadas, sem forma alguma exterior de templo!

– ficaram abolidos "os açoutes, a tortura, a marca de ferro quente, e todas as mais penas cruéis" (item 19);
– "as Cadeias serão seguras, limpas, e bem arejadas, havendo diversas casas para separação dos réus, conforme suas circunstâncias, e natureza de seus crimes" (item 21);
– como consequência da liberdade de trabalho, foram abolidas as corporações de ofícios (item 25);
– os servidores públicos eram responsabilizáveis pelos abusos e omissões no exercício de suas funções (item 29);
– a educação primária seria gratuita para todos os cidadãos (item 32).

§2º.2.1 Ensaios de descentralização e combate ao nepotismo

As dimensões continentais do Império, a isso aliando-se o modelo governamental unitário, fizeram com que cedo se pusessem em pauta as dificuldades de ditar comandos concretos, em uma Constituição Nacional, para a miríade de peculiaridades e particularidades das administrações provinciais.

Com tudo isso em mente, D. Pedro I, já em 1º de outubro de 1828, editou importante Lei, criando, em cada cidade e vila do Império, Câmaras Municipais. A parte que mais nos interessa no diploma em questão é aquela que fixa claras diretrizes administrativas provinciais, detalhando com apurado nível de clareza o conteúdo de inúmeras funções administrativas. A isso daremos doravante ênfase.

O artigo 23 pode ser apontado como o precursor talvez, entre nós, do combate ao nepotismo. Ali se estipulava que não poderiam servir conjuntamente, no mesmo ano, e na mesma cidade ou vila, pai, filho, irmãos ou cunhados (enquanto durasse o cunhadio), assegurando-se o mandato tão apenas daquele que houvesse obtido o maior número de votos.

O Título II da Lei sob comento estampava o significativo epíteto "Funções Municipais". O que se tem, neste segmento, é, com maior nível de detalhamento, um elenco de funções administrativas de incumbência do governo imperial, transplantado para o âmbito e agentes de municípios e vilas. Insta destacar, na competência administrativa municipal, desenvolvida pelas Câmaras (eleita por voto popular, com obrigatoriedade de seu exercício) sob supervisão dos Presidentes das Províncias:

– construção e manutenção (e correção de eventuais ilegalidades no processo) de bens e obras (art. 41);
– atos de disposição do patrimônio público, com autorização dos Presidentes das Províncias e, dependendo das características e situação do bem, do Ministro do Império com competência na matéria (arts. 42 a 45 e 47);
– prestação anual de contas, a serem submetidas ao Presidente da Província (art. 46);
– tombamento de bens públicos, com a chancela dos Juízes territoriais (art. 51).

Igualmente de intensa expressividade o Título II (designação errada, mas consagrada pelo tempo, pois deveria ser Título III, com renumeração dos subsequentes), denominado "Posturas Policiais". Advirta-se que "policial", aqui, tem sentido diretamente conectado ao histórico etimológico, significando *assuntos relativos* à *administração* das cidades, vilas, povoados e aglomerações. Por isso, com o mesmo binômio competencial Câmara/Presidentes de Províncias, refere-se nos artigos 66 a 73 serem atribuições administrativas típicas:

- alinhamento, limpeza e conservação de ruas, estradas, cais, praças, muralhas, calçadas, pontes, fontes, chafarizes, postos, tanques e quaisquer outros implementos ou instalações em benefício dos habitantes;
- cemitérios, currais, pântanos, alagados, matadouros, curtumes, e depósitos de lixo, com especial atenção à questão da saúde pública e da salubridade ambiental;
- vigilância de incêndios e de edifícios ruinosos, escavações e precipícios;
- restrição à circulação de loucos, embriagados, animais ferozes e desordeiros;
- repressão ao ruído excessivo, de gentes ou de máquinas, sobretudo em horas a serem estabelecidas como de silêncio;
- disciplina das pastagens e guarda de gado;
- localização de feiras e mercados, só se admitindo o depósito e a venda de explosivos fora das zonas povoadas;
- autorização para realização de espetáculos em logradouros públicos, mediante módica remuneração à Administração local e com o resguardo da moral pública;
- estabelecimento e conservação de casas de caridade e asilos, em prol dos necessitados e de sua saúde e educação;
- vacinação pública;
- inspeção das escolas;
- tranquilidade e segurança dos habitantes;
- asseio e conservação dos logradouros.

Anote-se que o cidadão atingido por qualquer medida repressiva, conectada com a observância das posturas municipais, poderia recorrer da decisão, com possibilidade inclusive de alçar a matéria à esfera Imperial.

§2º.2.2 D. Pedro I e função administrativa

A exemplo do que fizemos para o período pré-Império, mas agora com maior sentido, pois já aqui se pode falar em função administrativa brasileira, arrolaremos algumas das realizações importantes de D. Pedro I incidentes no conceito de administração pública. Nesse sentido, destaque para:

- atribuição à Faculdade de Medicina do Rio e à da Bahia, por Lei de 09.09.1826, do privilégio de diplomar médicos e cirurgiões (tais títulos antes tinham que ser obtidos em Coimbra);
- ampliação do Museu Nacional, com destaque para a recuperação de coleções doadas por Langsdorff e Saint-Hilaire, dentre outras notáveis figuras colaboradoras;
- ampliação da Biblioteca Nacional, inclusive com a aquisição de preciosa coleção de quase 1.600 (livros) e alguns manuscritos raros, da coleção do sábio Francisco de Mello Franco;
- ampliação e dinamização da Academia de Belas Artes, com menção à intensa participação, em aulas, de Debret e Grandjean.

Independentemente de tudo isso, à impopularidade crescente do Imperador, em grande parte alimentada por seu temperamento instável e suas frequentes decisões imprevisíveis, não planejadas (muitas delas realmente conflitantes com o interesse da nacionalidade recentemente formada), juntaram-se eventos críticos na corte portuguesa, a reclamarem a concentrada atenção de D. Pedro. Estava lançado o panorama que tornou inevitável a partida de Pedro I e a ascensão de D. Pedro II, fatos a que regressaremos mais adiante.

§2º.3 A história do Direito Administrativo brasileiro: introdução

É chegado o momento de se voltar este trabalho à história da doutrina do Direito Administrativo do Brasil (mas sem abandonar a sumária história da própria Administração no Brasil à qual retornaremos frequentemente). Lançado seu pilar fundamental – a Constituição de 1824 –, levado à prática profusa o exercício brasileiro da função administrativa, criados estavam os suportes imprescindíveis para que a Ciência do Direito no Brasil voltasse seus olhos para esse novo e promissor campo específico. Essa é uma notável aventura que deveria continuar a empolgar nossa contemporaneidade.

§2º.3.1 A primazia da bibliografia brasileira

A abordagem mais fecunda e mais rigorosamente sistemática de procedermos à tarefa agora iniciada repousa, sem dúvida, no exame da produção de nossa literatura jurídica administrativista, a partir da Independência.

Em precioso esforço de pesquisa histórica, o eminente e saudoso Caio Tácito, no volume 27 da *Revista de Direito Administrativo* (páginas 428-429), contesta uma afirmação do (também destacado) jurista argentino Benjamin Villegas Basavilbaso em seu justamente festejado "Tratado de Direito Administrativo", no sentido de que o primeiro livro de ensino do Direito Administrativo no nosso Continente seria o "Principios Elementares de Derecho Administrativo Chileno", publicado em 1859, de autoria de Santiago Prado. Invocando a autoridade do Conselheiro Ribas (Antonio Joaquim Ribas), em seu "Direito Administrativo Brasileiro",[14] Caio Tácito expõe que, como efeito da criação, em 1851, da cadeira de Direito Administrativo, já em 1857 vieram a lume os "Elementos do Direito Administrativo Brasileiro, comparado com o Direito Administrativo Francês, segundo o método de P. Pradier-Foderé", da lavra do Professor Vicente Pereira do Rêgo, encarregado da regência da matéria na Faculdade de Direito do Recife. Afirmada a primazia, é por aqui que devemos iniciar nossa jornada pela história do Direito Administrativo brasileiro.

§2º.3.2 A obra de Vicente Pereira do Rêgo

A obra de Vicente Pereira do Rêgo foi inicialmente editada em dois volumes, contando o primeiro com 228 páginas e o segundo, com 219. Conheceu ela, ainda no século 19, mais duas edições, corrigidas e ampliadas. A segunda edição datava de 1860. A terceira edição, posta em circulação em 1877, teve o seu título alterado, passando a denominar-se "Compêndio ou Repartições Escritas sobre os Elementos de Direito Administrativo para Uso das Faculdades de Direito do Império".

O "Elementos" de Vicente Pereira do Rêgo era uma obra de fins essencialmente didáticos, pretendendo muito mais oferecer uma visão objetiva e sucinta dos conhecimentos sobre a matéria então existentes, que apresentar profundas meditações. Desdobrava-se o trabalho em três partes: uma primeira, em que expostos o conceito de Administração e sua estrutura; uma segunda, em que a atenção do autor se voltava ao contencioso administrativo e os meios de sua dirimência; e uma

---

[14] RIBAS, Antonio Joaquim. *Direito Administrativo Brasileiro*. Brasília: Ministério da Justiça, 1968. p. 11.

terceira, correspondente ao que hoje se costuma identificar como Direito Administrativo Especial, sobretudo dedicada às funções administrativas, aos bens públicos e às finanças estatais. Assim delineado o livro em suas linhas gerais, passemos ao exame de algumas de suas feições mais interessantes.

Uma observação desde já se impõe, até mesmo em razão do título original da obra: Rêgo, seguindo o padrão então em voga, inspira-se no direito francês (mais especificamente, no "Resumo de Direito Administrativo Francês", de P. Pradier-Foderé). E embora reconhecendo expressamente tal influência, diz-se animado a empreender o seu trabalho, tendo em vista a necessidade de analisar o direito positivo brasileiro (com o que, como evidente, não se preocupara Foderé).

A obra primeira, do Professor Doutor Vicente Pereira do Rêgo, Lente da Cadeira de Direito Administrativo na Faculdade de Direito do Recife, somente chegou ao nosso conhecimento pessoal na segunda edição, datada de 1860, com a curiosa anotação "mais correta e consideravelmente alterada", já portando, ademais, seu título final (repetido na 3ª edição): "Elementos do Direito Administrativo para uso de Faculdades de Direito do Império".

O trabalho se divide, como antes anunciado, em três partes:
– A primeira parte, segmentada em seis capítulos, de seu turno subdivididos cada qual em várias seções, é uma descrição do Estado e do Governo brasileiros. Bom é que se diga: não se espere do texto grandes voos. De regra, o livro é de cunho sobretudo descritivo. Nessa linha sucinta, Rêgo afirma que o Governo se ampara sobre dois Poderes: o Legislativo (o Poder que ordena) e o Executivo (o Poder que aplica).

De seu turno, o Executivo se bifurca no Poder Administrativo (que "dispõe e obra sem ser provocado; e tendo por fim somente a utilidade social, pode dar todas as providências que interessam à universalidade dos cidadãos") e no Poder Judiciário (que atua apenas mediante provocação de um "indivíduo determinado, e não interessa à sociedade senão secundariamente, pela sua influência sobre a ordem pública"). Para todas essas referências, obra citada, páginas 4 e 5. E daí extrai Rêgo uma conceituação de cunho nitidamente residual, que até hoje alguns doutrinadores repetem (sem razão, cremos): "a Administração é, pois, o Governo do país, menos a fatura das leis, e a ação da justiça entre os particulares".

As considerações imediatamente seguintes têm uma utilidade muito mais histórica que científica, até porque vazadas também em face da dualidade de jurisdição então imperante. Mas, mesmo aqui, Vicente Pereira do Rêgo lança, num ou noutro ponto, algumas formulações que, conquanto por ele não desenvolvidas, são relevantes para a indagação jurídica da atualidade. Daremos a esse respeito, por todo este segmento, alguns destaques desse gênero. Assim, por exemplo, suas proclamações de que a coisa julgada administrativa é contingencial, de que o princípio *non bis in idem* se aplica à Administração, de que as decisões administrativas são recorríveis e de que os princípios gerais do Direito Administrativo são fundados na razão, justiça e equidade.[15]

Em outros capítulos, trata o autor das atribuições do Imperador, do Conselho de Estado, dos Ministros, da Administração Provincial e Municipal, das Assembleias Provinciais e das Câmaras Municipais, da Organização Judiciária bem como da Militar e da Eclesiástica. Em todos esses tópicos, porém, o que há é a enunciação das regras constitucionais pertinentes e, eventualmente, a referência ao direito positivo infraconstitucional.

– A segunda parte, dedicada à Justiça Administrativa, tem, por certo, sabor meramente histórico (voltada que é a cuidar do Conselho de Estado). Há aqui, contudo, uma curiosidade: encarta-se na Justiça Administrativa o Tribunal do Tesouro Público Nacional, assemelhado aos atuais Tribunais de Contas, mas, como bem adverte o autor, exercente de uma *jurisdição atípica*, simplesmente administrativa e restrita ao manuseio das contas e verbas públicas:

> O Tribunal das contas é uma instituição judiciária pelo seu nome, pela sua divisão em câmaras ou seções, pelas habilitações de seus membros; e principalmente por sua inamovibilidade. Apesar de todas essas analogias, não deixa de ser pelo seu objeto e por sua natureza uma jurisdição de ordem administrativa. A sua forma é judiciária; mas a sua essência é administrativa.[16]

---

[15] RÊGO, Vicente Pereira do. *Elementos de Direito Administrativo Brasileiro*. 2. ed. Recife: Typographia Commercial de Geraldo Henrique de Mira e Cia, 1860. p. 9-10.
[16] RÊGO, Vicente Pereira do. *Elementos de Direito Administrativo Brasileiro*. 2. ed. Recife: Typographia Commercial de Geraldo Henrique de Mira e Cia, 1860. p. 96.

– Chega-se então à terceira parte. E aqui, embora a denominação nos desperte imediata atenção – "Matérias de Direito Administrativo" – a frustração que seu estudo nos traz é inevitável. Mas encetemos a jornada.

Em verdade, o que no Título se contém é uma simples enunciação de pouco mais de dez temas, todos eles consistentes em diferentes graus de intervenção do Estado na esfera do direito subjetivo dos administrados, nem todos configurando, porém, o que hoje entendemos como função administrativa. Mas vale, quando mais não seja por curiosidade, percorrer tais terrenos, a saber:
– Agricultura
O autor, após expender considerações sobre a importância fundamental da agricultura para a sociedade e a economia (não olvidemos que o Brasil era um país então essencialmente agrícola) só deixa como mensagem principal (de cunho não jurídico, ressalte-se) sua opinião (além de ponderar que a produtividade agrícola melhoraria sem mão de obra escrava) no sentido de que, não obstante tenha o proprietário, em princípio, liberdade de escolher a cultura que prefira, aconselhável será que opte por produtos que se afeiçoem às necessidades da sociedade.
– Alinhamento
Conceito urbanístico, que Rêgo propicia, muito próximo do atual: alinhamento é a fixação, pelo poder público, do limite que separa a propriedade privada (com todo o seu leque de modalidades de uso) da via pública. Ele afirma, ainda, que a disciplina jurídica do alinhamento compete às autoridades provinciais.
– Caça
Rêgo aqui se limita a indicar algumas normas provinciais e definições do Código Criminal.
– Esgotamento de pântanos
Nesta seção o autor aponta as normas provinciais que, em benefício da saúde e da higiene, impõem ao proprietário atividades de esgotamento.
– Desapropriação por utilidade pública
O administrativista pioneiro situa o tema à luz do preceito constitucional pertinente (art. 179 §22), debruçando-se ainda sobre as Leis nacionais específicas de 1826 e de 1845, que

elencam os casos configuradores de utilidade pública (além de alguns decretos regulamentares, especialmente o Decreto Regulamentar nº 1.664 de 27.10.1855, concretamente endereçado às desapropriações para construção de estradas de ferro).
– Servidões Militares
Seção apenas descritiva, não se detectando diferenças conceituais quando comparadas as condições ali expostas ao que se tem hoje sobre a matéria.
– Minas, mineiras, pedreiras
O capítulo IV deste Título III agrupa os três assuntos anteriormente nominados, cada qual alvo de uma seção autônoma.
No que diz respeito às minas, Rêgo se reporta às Ordenações lusas e a um Decreto nº 374 de (24.09.1845, que dispôs sobre o arrendamento pelo Governo da exploração de terrenos diamantinos). No mais, o autor enfatiza a necessidade de se estabelecer uma ampla legislação minerária, invocando precedentes adotados na França.
As mineiras (ou minares) são terras próximas à superfície, que contêm minerais economicamente valiosos. A recomendação de Rêgo, aqui, é pela formação de uma legislação própria.
Por último, as pedreiras. O conceito aqui é desnecessário recordar. E a recomendação de Rêgo se alinha às precedentes: necessidade de legislação adequada.
– Pesca
Vicente Pereira do Rêgo começa por afirmar que a pesca em alto mar e a nos lagos não são reguladas, nem devem ser regradas. O que para ele interessa é a pesca fluvial e a costeira. Quanto à fluvial, invoca, em verdade, a legislação civil lusa, que trata da extensão da propriedade dos proprietários ribeirinhos. Já quanto às costeiras tem como essencial a *autorização* pela Administração, mas reconhece a ausência de normas sobre a matéria, que considera, porém, imprescindíveis para a prevenção de conflitos e para o abastecimento adequado dos mercados. Mais uma vez a experiência francesa é trazida à colação.
– Águas, florestas e matas
Essa a denominação do capítulo VII, que dispõe de uma seção para cada qual desses segmentos.
Em relação às águas, as pluviais, as subterrâneas, os poços e as cisternas, são tidas como regidas pelo Direito Civil ou pelos

regulamentos locais. Os rios, esses sim, é que integrariam a província do Direito Administrativo. Os rios navegáveis comporiam o domínio público, sendo, contudo, devida indenização aos proprietários ribeirinhos (que teriam propriedade sobre as margens) pela servidão de navegação. Os rios não navegáveis seriam, contudo, objeto de controvérsia, considerando-os alguns como propriedade privada; e outros, como *res nullius*. De uma forma ou de outra seriam eles inspecionáveis pela Administração, não só por condições de segurança, mas também pelos interesses da agricultura e da indústria. Importantíssimo destacar que as conclusões de Rêgo, quanto aos rios não navegáveis e quanto aos canais (abertos pelos interesses da agricultura e da indústria e, por isso, de propriedade privada) são plasmadas com base nas Ordenações e, no silêncio destas, pelo direito francês.

Quanto às florestas e matas, depois de breves considerações sobre a importância da conservação das florestas (sejam elas públicas ou privadas), faz o autor menção às Leis, Circulares e Alvarás pelos quais, em razão do interesse público e mesmo da construção de embarcações da Marinha, certos cortes são vedados. Mas nada é dito quanto a compensações aos proprietários, quando as árvores integrassem mata privada.

– Vias de comunicação

As estradas de regra constituíam patrimônio público. Aos proprietários limítrofes incumbia destruir árvores que estorvassem a visão ou a passagem, bem como a plantação de outras ao longo das vias (inclusive das vicinais). No caso de a derrubada ou a plantação ser realizada pela Administração, a ela caberia a propriedade das árvores. Ainda aqui o autor frequentemente se reporta, como razão de opinar, ao direito luso (anterior à Independência) e ao francês. Mas já aborda o jurista pátrio a questão dos pedágios nas estradas públicas (então denominados *barreiras*), devidos por pedestres, cavaleiros e quaisquer outros veículos. Não faz, contudo, qualquer reflexão jurídica a respeito, limitando-se a citar a legislação (Leis de 29.08.1828, de 25.10.1831 e de 03.11.1832, bem como seus regulamentos) aplicável à matéria; o que também faz com referência às estradas de ferro, que eram objeto de *concessões*, embora falte igualmente aqui um exame mais detalhado da figura em questão.

- Aprendizado – Fábricas perigosas, insalubres ou incômodas
  Sob essa intitulação, Vicente Pereira do Rêgo enfoca alguns aspectos da produção industrial. Outra vez, advirta-se: o capítulo é fundamentalmente descritivo do direito positivo, sem maiores indagações teóricas. Começa ele por abordar o contrato de aprendizado celebrado entre a indústria (ou mesmo seus empregados mais experimentados) e alguém que deseja aprender um ofício. Não conseguimos divisar, na explanação do autor, onde entraria aqui o Direito Administrativo, em exclusão ou adição ao Direito das Obrigações. Já no que concerne à classificação dos empreendimentos industriais, segundo os transtornos que possam causar ao interesse público ou mesmo aos obreiros ou aprendizes, Rêgo indica o direito positivo, de cunho interventivo (Direito Administrativo) existente, restringindo-se, contudo, a apontar, sem glosas, suas mais interessantes prescrições.
- Patentes de invenção – Desenhos e marcas
  Este capítulo envolve matéria que se enquadra nitidamente em outros ramos do jurismo. O autor destaca, a respeito, o artigo 179 §26 da Constituição e a Lei de 28.08.1830. Não cremos necessário que nos detenhamos aqui.
- Monopólios do Estado
  Praticamente o que há, no capítulo supra identificado, é um rol dos monopólios industriais e comerciais do Estado, ausente, porém, meditação teórica. De toda sorte, é curioso citar os monopólios anotados pelo jurista: a cunhagem e impressão da moeda, o fabrico da pólvora, a produção e venda de cartas de jogar e os correios.
- Encargos do Estado
  Num "capítulo-miscelânea", sobretudo apenas descritivo, Vicente Pereira do Rêgo aborda superficialmente diversos aspectos da atividade estatal, alguns dos quais dificilmente encartáveis no Direito Administrativo. Arrolemo-los: dívida pública (flutuante, inscrita e exigível), cauções e fianças fiscais, benefícios previdenciários, remunerações, socorros públicos – asilos, casas pias, caixas econômicas, montepios (que denominava montes-pios), hospitais, hospícios etc. Nada a comentar.

– Sistema Tributário
Capítulo historicamente interessante, mas estranho aos objetivos de nosso livro.
– Domínio Público
O capítulo em questão desperta curiosidade sobretudo por seu valor informativo.

Reportando-se ao direito francês (particularmente a partir da Revolução de 1789), e às Ordenações, o jurista ora sob estudo distingue o domínio da Coroa do domínio do Estado.

Quanto ao da Coroa, o autor remete-se aos artigos 107 a 114 da Constituição, que tratam de diversas modalidades de dotações devidas aos membros da família imperial, nas circunstâncias ali apontadas. E também ao artigo 115 que se refere ao patrimônio imobiliário da Coroa.

Quanto ao domínio do Estado *não régio*, Vicente Pereira do Rêgo faz a distinção clássica entre bens dominicais (ou seja, os que correspondem ao perfil comum do direito de propriedade) e bens do domínio público em senso amplo (estradas, rios navegáveis, praias, florestas, terras devolutas, ilhas, terrenos de marinha, bens vagos etc.). Nota-se que o jurista, para afirmar a dominialidade pública em alguns tipos de bens, novamente apoia-se no direito francês ou nas Ordenações, salientando, com algum incômodo visível, que a legislação brasileira ainda era defectiva no particular, inclusive contendo a Constituição, em seu artigo 15 §15, uma presunção de ampla dominialidade dos bens nacionais. Mas cita legislação nacional relativa às terras devolutas (Lei nº 601/18.09.1850) e alguns regulamentos posteriores à Independência, nitidamente de cunho executivo do direito lusitano (para tanto tido como recebido entre nós).

Merece transcrição, pelo sabor anedótico e histórico, a referência de Vicente Pereira do Rêgo a uma categoria de bens públicos que hoje é só uma velharia constitucional:

BENS DO EVENTO – Taes são os escravos ou bestas, achados sem se saber do senhor ou dono a quem pertençam; cujo producto liquido deve ser recolhido á Recebedoria no município da Côrte, e às Thesourarias nas provincias (Reg. cit. arts. 44 e seguintes; dito nº 2,433, art. 85).

A Lei nº 586 de 6 de setembro de 1850, art. 14, dispoz, que o rendimento do evento ficava pertencendo á receita provincial.

O rendimento dos bens do evento ou vacantes consiste no producto de todos os bens de que se não sabe o dono (Ords. Liv. 2º Tit. 20 §17, Liv. 3º Tit. 94, e Av. nº 245 de 10 de novembro de 1853).[17]

Sigamos em nossa viagem.

§2º.3.3 A obra de Pimenta Bueno

Impõe-se, no prosseguimento da caminhada, destacar agora o nome de José Antonio Pimenta Bueno. Sua obra "Direito Público Brasileiro", editada em dois volumes no Rio de Janeiro, em 1857, tem não só ambição, mas também concretização bem mais ampla da que analisamos precedentemente. Em realidade, o trabalho de Pimenta Bueno não se limita a um propósito unicamente didático. Tampouco se circunscreve ao Direito Administrativo. Dele trata, e com proveito e oportunidade, mas igualmente se dedica ao Direito Constitucional, lançando-se inclusive a comentários fecundos sobre a Constituição de 1824. E isso tudo, é bom que se diga, com qualidade excelsa, argumentativa e descritiva, mas também com preciosas visões de direito comparado. Por todas essas características, à obra de Pimenta Bueno somente se pode apontar, como concorrente de vulto, o posterior "Ensaio sobre o Direito Administrativo" do Visconde do Uruguai, que mais à frente analisaremos.

Anote-se, contudo, que a modéstia timbra a "Introdução" redigida por Pimenta Bueno, na qual ele destina seu estudo não "às inteligências superiores familiarizadas com as ciências sociais", mas aos acadêmicos do Direito, "que não têm ainda, ao menos que saibamos, um expositor nacional dos princípios fundamentais de nossas leis e liberdades pátrias".

Dividida em nove Títulos (de seu turno subdivididos em Capítulos e Seções), a obra de Pimenta Bueno será por nós focalizada naquilo que guarde estreita relação com o Direito Administrativo. As referências a seus textos, dedicados à Teoria Geral do Direito ou ao Direito Constitucional, por nós apenas serão abordadas quando respeitantes ao objetivo nuclear deste livro.

---

[17] RÊGO, Vicente Pereira do. *Elementos de Direito Administrativo Brasileiro*. 2. ed. Recife: Typographia Commercial de Geraldo Henrique de Mira e Cia, 1860. p. 202 (mantida a grafia original).

No Título Preliminar, Pimenta Bueno conceitua Direito, divisa suas "diversas espécies", as "diversas espécies de lei" e volta a atenção, em alguns pontos, ao Direito Administrativo.

Nas subdivisões do Direito Público, o autor enfoca o Direito Administrativo, que afirma poder ser visto como ciência e como direito positivo.

Como ciência, identifica-o como "a ciência da administração, a teoria racional da competência e da ação do poder executivo, e de seus agentes, em sua gestão *e relações com os direitos e obrigações dos administrados*...".[18] Não nos esqueçamos de que estamos em 1857. E com essa data em conta, o conceito de Pimenta Bueno nos parece de inequívoca utilidade e proveito até nossos dias. Como direito positivo, trata-se de "complexo dos princípios e leis" nacionais, reguladores da competência e da gestão dos direitos, obrigações e interesses administrativos.

Continuando seu estudo, Pimenta Bueno dedica o Título I à "Nação, Soberania e Poderes Políticos"; os Títulos II e III, ao Poder Legislativo (inclusive o Provincial); e o Título IV às Eleições. Estamos aqui, sobretudo, no terreno do Direito Constitucional. Por isso não voltaremos nossa atenção a esses pontos.

Já o Título V é de grande relevância para nós: trata-se do segmento dedicado ao Poder Moderador do Imperador. Essa matéria tem a natureza, a um só tempo, de Direito Constitucional e de Direito Administrativo. Por isso dedicaremos a ela concentrada atenção. Mas não agora. E justificamos: o auge da *ratio* e do exercício do Poder Moderador vai ocorrer no império de D. Pedro II. Por isso, quando lá chegarmos, não nos esqueceremos da consulta a Pimenta Bueno (e a vários outros eminentes juristas que sobre a temática se debruçaram).

Os Títulos VI a VIII exigirão nosso foco analítico e serão separadamente estudados.

Anote-se, por último, nessa apresentação da estrutura do trabalho de Pimenta Bueno, que ainda contém ele um rico apêndice, com um índice referencial entre os Títulos e os artigos da Constituição, o texto da Carta e do Ato Adicional de 1834 e de várias leis e decretos relevantes para a compreensão do pensamento do eminente jurista.

---

[18] BUENO, José Antonio Pimenta. *Direito Público Brasileiro*. Rio de Janeiro: Typographia Imperial e Constitucional de J. Villeneuve, 1862. p. 11 (grifos nossos).

O Título VI trata do Poder Executivo identificado por Pimenta Bueno, desde a "Introdução", como o Poder eminentemente administrativo, do Estado brasileiro. Na Constituição de 1824, o Poder Executivo é regulado nos artigos 102 a 104.

Conforme bem assinala Bueno, ao Poder Executivo, cuja chefia compete ao Imperador, correspondem, fundamentalmente: a superior gestão do aparelho administrativo; o comando da segurança, soberania e representação externas; a promoção e guarda da segurança interna (Constituição, art. 102, §15); a expedição de decretos regulamentares das leis (e, como tal, o papel de efetivo fiscal da execução das leis). O exercício dessa Chefia é desempenhado em conjugação com os Ministros de Estado (que "referendarão ou assinarão todos os Atos do Poder Executivo, sem o que não poderão ter execução" – Constituição, artigo 132). Mas cabe lembrar que a nomeação e demissão dos Ministros de Estado são atos de livre iniciativa do Imperador (Constituição, art. 101, §6º). Importa ainda referir, dentre as atribuições administrativas do Executivo, a competência para prover empregos (art. 102, §4º) e conceder títulos e honrarias (art. 102, §11). Eis um resumo feliz que Pimenta Bueno formula, da função administrativa:

> A administração é o coração do Estado, é sua mola central, dele deve partir a vida, a energia para animar todos os meios do bem-ser público; deve para isso recolher todos os esclarecimentos necessários, organizar os elementos de sua ação, circundar-se de coadjuvações prestantes, *enfim desempenhar em grau elevado o que faz um bom administrador particular quando quer e sabe desempenhar seu encargo*, nada olvidar, tudo prover, reprimir quanto é nocivo, promover, secundar, realizar tudo que é útil. (Nosso o grifo, para salientar a atualidade do pensamento de Pimenta Bueno).[19]

Insta outra vez lembrar: o Imperador não estava sujeito a responsabilidade alguma (Constituição, art. 99), o que todavia não se aplicava aos Ministros (art. 133). Relevante ainda referir que sobre todos os pontos temáticos aqui enunciados, Pimenta Bueno desenvolve extensas dissertações com minudências imprescindíveis a quem se interesse não por meramente fazer um resumo histórico, como é o nosso caso aqui e agora, mas a quem se dedique a desenvolver análise monográfica aprofundada do Direito Público imperial brasileiro.

---

[19] BUENO, José Antonio Pimenta. *Direito Público Brasileiro*. Rio de Janeiro: Typographia Imperial e Constitucional de J. Villeneuve, 1862. p. 257.

O Título VII é reservado ao Poder Judiciário. Transita o preclaro autor nas províncias pertinentes do Direito Constitucional. E o faz, reconheça-se, com exaustão e primor. Mas, pelas razões já expostas, desse relevante Título não iremos aqui cogitar.

Por último, o Título VIII é o código "dos direitos dos Brasileiros". Apresenta-se este "código" segmentado em três capítulos, dos quais dois (direitos civis e direitos políticos) não cabe aqui examinar. O mesmo não se diga, contudo, dos direitos individuais (Constituição, art. 179); mas a essa fundamental capitulação já dedicamos meditação, no §2º.2 do Capítulo 3 deste trabalho, ao qual agora nos reportamos, salientando outra vez a imprescindibilidade da leitura do primoroso texto de Pimenta Bueno sobre essa fundamental matéria. Com um destaque, entretanto, com o fito de mais outra vez salientar a profundidade e a acuidade do conhecimento jurídico enciclopédico do autor notável: no seu capítulo alusivo à matéria,[20] Pimenta Bueno encima-o com a denominação "Dos Direitos Individuais *ou Naturais*".[21] Para o autor do presente "Tratado", cultor e batalhador do Direito Natural, a referência de Bueno enfatiza quanto se empobreceu, nos tempos mais recentes, a cultura jurídica brasileira.

§2º.3.4 A obra do Conselheiro Ribas

Nesta incursão pelo mundo de nossos administrativistas pioneiros, cuidemos agora da relevante figura de Antonio Joaquim Ribas.

A ele fizemos anteriormente referência, quando lhe tributamos o registro da primazia autoral, em nossa disciplina, em favor de Vicente Pereira do Rêgo. Ainda dele colhemos a preciosa memória de que a Lei de 11 de agosto de 1827, que criara os cursos jurídicos em São Paulo e Olinda, não contemplava o Direito Administrativo, o que só viria a ocorrer em 1851.

---

[20] BUENO, José Antonio Pimenta. *Direito Público Brasileiro*. Rio de Janeiro: Typographia Imperial e Constitucional de J. Villeneuve, 1862. p. 390 e seguintes.

[21] Nosso o grifo.

O Conselheiro Ribas, carioca de nascimento, assumiu já em 1855, na Faculdade de Direito de São Paulo, a cadeira em questão. Dá conta de sua excepcional vocação o eminente Alberto Venâncio Filho,[22] ao informar que ali formava ele uma "trindade expressiva de conselheiros", ao lado do Barão de Ramalho e do Conselheiro Crispiniano. Também assim o exalta Jorge Americano,[23] salientando a alta consideração em que era tido pelos outros mestres e pelos acadêmicos.

Seu "Direito Administrativo Brasileiro", conquanto redigido em 1860, somente veio a ser publicado em 1866,[24] com a curiosa nota, dos próprios editores, de que a demora ocorrera "por motivos independentes da vontade do autor".

Já em seu prefácio, Ribas expõe as amarras metodológicas que ancoram seu ensaio, cabendo, a propósito, destacar algumas delas, a saber:

- as teorias formuladas por jurisconsultos estrangeiros, ou pelo direito positivo alienígena, embora constituam valioso referencial, devem ser lidas pelo administrativista brasileiro com cautela, já que de regra debruçadas sobre o direito positivo de seus países;
- nem por isso o direito positivo brasileiro deve ser visto como o referencial único do nosso jurista. Por isso salienta ele a relevância do esforço teórico e a insuficiência do conhecimento do mero texto legal. E diríamos nós: nesse texto do século 19 já está antecipado o critério "culturalista" que há de presidir qualquer estudo de direito comparado. E por perspectiva "culturalista" queremos significar nas passadas de Pierre Legrand,[25] um mergulho sem pré-conceitos, uma investigação que leve em conta todos os dados culturais que conduziram à produção do Direito não brasileiro, mas que podem enriquecer a visão e a compreensão do nosso direito positivo.

Soa ainda inteiramente atual sua (i.e., de Ribas) conclamação de arremate:

---

[22] VENÂNCIO FILHO, Alberto. *Das Arcadas ao Bacharelismo*. 2. ed. São Paulo: Perspectiva, 1982. p. 123.
[23] AMERICANO, Jorge. *O Conselheiro Ribas*. São Paulo: Faculdade de Direito da USP, 1944.
[24] Tipografia de Pinheiro e Cia., Rio de Janeiro.
[25] LEGRAND, Pierre. *Como Ler o Direito Estrangeiro*. São Paulo: Ed. Contracorrente, 2018.

Façamos, porém, sério e leal estudo do espírito de nossas instituições políticas e administrativas; elevemo-nos aos princípios geradores do nosso Direito Administrativo, e possuiremos a bússola, que nos guiará com segurança na senda providencial do progresso.

No regime representativo a ciência e o Direito Administrativo não devem ser arcanos eleusinos, somente revelados a privilegiados adeptos.

A administração trata dos interesses de todos e responde pelos seus atos. Todos devem, pois, habilitar-se para julgar estes atos e conhecer a extensão dos seus direitos e deveres para com a administração. Assim, podia-se inscrever neste livro a epígrafe: *vestra res agitur.*

É do interesse da mesma administração, que a opinião pública se esclareça sobre as questões administrativas, a fim de que não sirva de cego instrumento a interesses ou paixões ilegítimas, e sejam sempre ditadas pela sabedoria suas soberanas sentenças.[26]

Como temos por indispensável, para o real estudioso do país, a leitura do trabalho do Conselheiro Ribas, aqui, neste resumo, iremos limitar nossa exposição a alguns dos aspectos que nos parecem dignos, ainda hoje, de uma ênfase particular.

No Título I de sua obra ("Da Ciência do Direito Administrativo"), após um histórico das origens do Direito Administrativo, que remontariam ao Direito Romano, Ribas faz detença valiosa na Revolução Francesa e fixa nas "Instituições de Direito Administrativo Francês", de De Gerando, o nascimento, naquele país, do Direito Administrativo. O escorço histórico é finalizado com uma brevíssima referência à instituição da disciplina no Brasil, tendo como fecho a assunção, pelo autor, da cadeira em questão, na Faculdade de Direito de São Paulo (1855).

Na etapa seguinte, já aqui com ampla utilização do direito comparado e de intentos conceituais de alguns brasileiros, Ribas se propõe à tarefa de definir Direito Administrativo. E termina por abraçar uma dupla visão: em sentido restrito, o Direito Administrativo "é a ciência dos direitos e deveres recíprocos da administração e dos administrados"; e, em sentido amplo, "é a ciência que ensina a organização administrativa".[27]

Depois de dissertar sobre as "ciências auxiliares" do Direito Administrativo (que seriam a Ciência da Administração, o Direito

---

[26] RIBAS, Antonio Joaquim. *Direito Administrativo Brasileiro.* Brasília: Ministério da Justiça, 1968. p. 15.
[27] RIBAS, Antonio Joaquim. *Direito Administrativo Brasileiro.* Brasília: Ministério da Justiça, 1968. p. 29.

Público Positivo e o Direito Privado), Ribas enuncia quais, a seu juízo, seriam as fontes do Direito Administrativo, oferecendo ademais uma interessantíssima bibliografia do Direito Administrativo (arrolando, inclusive, os brasileiros Visconde de Uruguai, Vicente Pereira do Rêgo, Furtado de Mendonça, Pimenta Bueno e Silvestre Pinheiro).

Dando partida ao Título II (Da Administração), segue-se então uma extensa incursão pelo Direito Constitucional. Aqui Ribas estuda a natureza das *funções* do Estado ("o poder divide-se, pois, em legislativo e executivo"),[28] e suas divisões funcionais.

A esta altura convém uma análise mais minuciosa: é que Ribas propõe a existência de dois *poderes*: o Legislativo e o Executivo. E para o Executivo apresenta uma subdivisão: governamental (que seria o Estado em sua feição política), administrativo (que comportaria não só o exercício da "gerência prática dos interesses públicos"[29] e as relações administração/administrado, mas também o relacionamento com as potências estrangeiras) e judiciário. Como fecho, procura Ribas encartar seu conceito na estrutura quadripartite da Constituição de 1824.

Nos capítulos sequenciais, o Conselheiro Ribas expõe seu pensamento sobre a organização administrativa brasileira, à lume da Constituição e das várias leis e decretos respeitantes ao tema.

Insere-se, aqui, uma discussão extremamente instigante sobre centralização e descentralização administrativa. Por enquanto vamos limitar nossa observação à menção ora feita, eis que, sobre o tema mais adiante regressaremos, oportunidade em que as visões de Ribas serão revisitadas.

Alcança-se, no momento seguinte, um conjunto de capítulos dedicados à função administrativa. Diga-se, de plano, que o autor não se esforça em conceituar função administrativa, encarando-a, pura e simplesmente, como o conjunto das práticas desempenhadas pela Administração. No desdobramento, examina as várias categorias de servidores públicos, mas em vista do já copioso direito positivo pertinente então existente. Cremos ser restrita a utilidade, presentemente, de tais considerações, salvo por seu caráter histórico, este sim de relevância. Porém, desperta até entusiasmo, à vista do recuado momento histórico em que declinado, o conceito de Ribas sobre serviço público:

---

[28] RIBAS, Antonio Joaquim. *Direito Administrativo Brasileiro*. Brasília: Ministério da Justiça, 1968. p. 50.
[29] RIBAS, Antonio Joaquim. *Direito Administrativo Brasileiro*. Brasília: Ministério da Justiça, 1968. p. 51.

Serviço público é a utilidade que por meio de seus atos alguém presta à sociedade ou a parte dela.[30]

Demoradamente, após esses tópicos, debruça-se o administrativista sobre o contencioso administrativo, matéria que se revela de pouco interesse na atualidade de nosso Direito Administrativo. Também de rarefeita importância atual são os capítulos alusivos à hierarquia administrativa, vez que se limita o mestre ao exame descritivo dos diferentes graus de hierarquia administrativa na Constituição de 1824, partindo do Imperador e descendo até os agentes administrativos locais. O Título II se encerra com o estudo das "fórmulas dos atos administrativos". Neste ponto, caminha Ribas pelas regras que pautam a edição das leis, alvarás, provisões, regimentos, resoluções e decretos (individuais e regulamentares). O Título III apresenta-se com a sugestiva denominação "Dos Administrados". Aqui, contudo, muito não há a colher do Conselheiro Ribas, para o nosso atual Direito (ressalvado, é claro, o grande interesse histórico que a obra, mesmo nesse ponto, revela). É que os direitos individuais fundamentais e os direitos políticos, conferidos aos administrados, já se encontram codificados na Constituição de 1824. Com isso, a preocupação central de Ribas, neste Título III, centra-se no exame das condições jurídicas dos estrangeiros e dos escravos, em face do referido elenco garantista constitucional. O capítulo respeitante aos escravos é, aliás, de grande valia histórica, procurando evocar a origem do escravagismo e seu regime jurídico no tempo, desde a Roma antiga até os dias de nosso Império. Ribas finda o seu trabalho com uma formulação de esperança em que a escravatura chegue a termo entre nós, sublinhando, porém, expressamente, que se há de produzir uma imediata ampliação das garantias dos escravos no que conectado às relações e direitos de família. Vale a transcrição do texto final:

> Confiados na lei divina do progresso histórico e certos de que o dia que a Providência marcou há de chegar, esperemos que esta instituição, eminentemente pagã, se irá transformando até desaparecer de entre nós, como desapareceu das nações civilizadas da Europa, e que a legislação brasileira há de afinal sancionar todos os consectários jurídicos da doutrina evangélica.[31]

---

[30] RIBAS, Antonio Joaquim. *Direito Administrativo Brasileiro*. Brasília: Ministério da Justiça, 1968. p. 79.
[31] RIBAS, Antonio Joaquim. *Direito Administrativo Brasileiro*. Brasília: Ministério da Justiça, 1968. p. 379.

§2º.3.5 Uma observação do Conselheiro Montezuma

A título de curiosidade, e mesmo como arremate deste ponto do §2º, ganha relevo citar alguns tópicos do discurso que o Conselheiro Francisco Gê Acaiaba de Montezuma proferiu no Instituto dos Advogados Brasileiros, em 07 de setembro de 1848.

Como há de ser recordado, o baiano Montezuma foi um eminente homem público do Império. Formado em Coimbra, foi membro da Assembleia Constituinte de 1823. Dissolvida esta por Pedro I, partiu para o exílio. Regressando ao Brasil, foi mais tarde, sob Pedro II, Ministro da Justiça, Ministro Plenipotenciário na Inglaterra, Conselheiro de Estado e Senador. E, o que nos é pessoalmente muito caro, foi um dos fundadores e o primeiro Presidente do Instituto dos Advogados Brasileiros (entidade que, décadas mais tarde, daria nascimento à Ordem dos Advogados do Brasil), grêmio mais que sesquicentenário, vivo e pujante como centro excelso de debates sobre a cultura jurídica (e que o aqui autor teve a honra de presidir).

Em seu discurso, Montezuma sustenta a importância e a necessidade do estudo do Direito Administrativo. Em certa passagem, assaz inspirada, Montezuma afirma que o Direito Administrativo dimana do Direito Natural, e continua a com ele guardar estreita intimidade, porque este "ensina o que deve ser", enquanto aquele procura fazer realidade o dever natural, buscando entranhá-lo nas instituições administrativas e no cotidiano da administração. Vale transcrever dois parágrafos esclarecedores de seu pensamento:

> Com o estudo, porém, do direito público e administrativo, além das ideias do bom e do justo, aprende-se sua utilidade prática, compenetra-se o cidadão de sua própria dignidade, familiariza-se com as questões que fazem da política uma ciência difícil e talvez conjetural, aprende a avaliar os atos da administração, comparando-os com as leis fundamentais do Estado, torna-se o amigo sincero de seus deveres, ama finalmente o país, não tanto porque nasceu nele; mas muito principalmente pelos direitos que goza, e a parte que lhe é dado tomar na pública administração.
>
> [...]
>
> Para vos fazer ver ainda mais claramente a importância do assunto, com que julguei dever ocupar hoje a vossa atenção, peço-vos, Senhores, que reflitais um instante na grande vantagem que resulta para o país de conhecer quando a administração se deve considerar no seu modo de obrar discricionária, deliberativa ou contenciosa. Que dúvidas importantes não se solverão? Quão terríveis, custosas, e perseguidoras

contestações não serão evitadas? Que dificuldades não serão suplantadas em benefício da indústria e da riqueza nacional, que depende sempre da formação, e acumulação da riqueza particular?[32]

Na conclusão de seu discurso, Montezuma conclama o Imperador a criar uma cadeira de Direito Público e Administrativo no Rio de Janeiro. Visão de estadista e de estudioso, sensível, desde o início, à importância de nossa disciplina.

§2º.3.6 Observações finais

A comparação entre as três obras antes visitadas realça marcantes diferenças de proposta e de mérito.

Vicente Pereira do Rêgo elabora um manual de finalidade estudantil, para acompanhamento das aulas do curso de Direito. Por isso, sua abordagem temática é geralmente sucinta, conquanto não faltem, aqui e acolá, remissões às Ordenações e ao direito francês.

Em Ribas, as fontes lusitanas e francesas continuam presentes, mas constata-se uma preocupação de sistematização da matéria a lume da Constituição, com o declarado propósito de lançar as bases de uma *teoria* do Direito Administrativo do Brasil, desligada do simples conhecimento do direito positivo.

Por último, Pimenta Bueno, embora seu trabalho seja anterior ao de Ribas, mergulha bem mais fundo na amplitude substantiva do Direito Administrativo, correlacionando-o à Constituição vigente, o que lhe permite oferecer aos pósteros uma visão de grande eloquência sobre o estado da arte de nossa disciplina, nos tempos do Império.

Permanece inteiramente válida a aguda síntese do inesquecível Oswaldo Aranha Bandeira de Mello, sobre a bibliografia administrativista pioneira em nosso país:

> Todas essas obras foram plasmadas sob o influxo do pensamento dos juristas franceses da escola legalista e do método exegético. Neles há a preocupação de expor sistematicamente os institutos jurídicos desse novel ramo do Direito segundo a legislação que os ordenava. Buscam

---

[32] MONTEZUMA, Conselheiro. Direito Administrativo - Importância e necessidade do seu estudo. *Revista de Direito Administrativo,* Edição comemorativa – 70 anos FGV, 1 dez. 2013. Disponível em: https://bibliotecadigital.fgv.br/ojs/index.php/rda/article/view/14289. Acesso em: 24 abr. 2022.

oferecer a melhor interpretação dos seus textos e discutir a orientação jurisprudencial a respeito. Dadas as peculiaridades, entretanto, na vida jurídica pátria, procuram adaptar as incipientes manifestações doutrinárias alienígenas às realidades nacionais e, destarte, completá-las com considerações de cunho crioulo.[33]

§3º A transição do Primeiro para o Segundo Império: critérios de nossa abordagem

A leitura meticulosa das três principais obras pioneiras do nosso Direito Administrativo, antes examinadas, faz surgir a nossos olhos o primeiro grande foco de debate e polêmica entre nossos administrativistas. Trata-se da questão da centralização administrativa decorrente da estrutura governamental unitária, adotada na Constituição de 1824 (segundo já assinalamos).

A narrativa histórica, seja qual for sua formatação, dispõe de um amplo instrumental, que pode ser usado indiferentemente em qualquer de suas modalidades. Um desses instrumentos é o que a técnica (sobretudo a cinematográfica) denomina *flashback*. Consiste ele em interromper o fluxo temporal atual de um relato e mergulhar num dado momento do passado, esclarecedor da atualidade ou com ela conectado. Não raro também se recorre a um meio que é o oposto do *flashback*, a saber o *flash forward*, quando a sequência salta para um imaginado ponto do futuro. Usaremos de tudo um pouco, neste novo segmento de nosso presente trabalho.

§3º.1 Relembrando o cenário brasileiro que levou ao Ato Adicional de 1834

Segundo já assinalamos, no item §2º.2.1, a escolha de um modelo unitário de governo, para um país de enormes dimensões, cedo ou tarde acabaria por suscitar questionamentos e polêmicas. O muitas vezes citado Vicente Pereira do Rêgo, em sua obra pioneira, já advertia:

---

[33] MELLO, Oswaldo Aranha Bandeira de. *Princípios Gerais do Direito Administrativo*. 2. ed. São Paulo: Malheiros, 1979. p. 120.

Da bem feita divisão administrativa do território resultam economia e celeridade na expedição dos negócios, e imparcial justiça nas decisões. Deve pois o Legislador dividir o país de maneira que fiquem satisfeitos os interesses gerais.

É, porém, óbvio que num território de grande extensão não bastaria a divisão só por si, para se conseguir o fim geral da ação administrativa; e por isso devem-se fazer subdivisões: mas o estabelecimento duma como doutra cousa deve reger-se por princípios diferentes.[34]

O Conselheiro Ribas também se dedicou à matéria. Em capítulo específico de seu trabalho já analisado por nós, elencou alguns pensamentos extremamente lúcidos sobre a matéria.

Após salientar que a ação *governamental* deve manter, na linha da hierarquia administrativa, uma unidade de propósitos e difundir-se, a partir de um centro único, até os mais extremos rincões do país, de sorte a manter-se uma centralização *governamental no tempo* (que somente será rompida em situações aleatórias ou mesmo revolucionárias), pondera o ilustre jurista que, ao revés, a *centralização administrativa no espaço* não é desejável. Sua ponderação aqui é tão expressiva, que não nos esquivaremos a uma longa transcrição:

> Cumpre, pois, antes de tudo distinguirmos a centralização governamental da administrativa.
>
> A primeira emana da unidade da ação do poder governamental; a segunda da unidade da ação dos agentes administrativos. Embora estreita seja a relação que as une, não é ela necessária e indissolúvel. A França no século atual é o mais vivo exemplo da coincidência das duas centralizações; a Inglaterra e os Estados Unidos da América – da centralização política e descentralização administrativa.
>
> A centralização governamental não pode sofrer sérias objeções; é condição da vida, da força e da glória nacional.
>
> A absoluta centralização administrativa gera, mescladamente, bens e males, que cumpre pesar e devidamente aquilatar.
>
> Produz a ordem e a simetria por toda a parte; porém mata o espírito público, desabitua-o de ocupar-se com os negócios do Estado ou da localidade, extingue o interesse e o zelo por estes interesses.
>
> Reúne grande massa de forças; mas obsta a que se reproduzam.

---

[34] RÊGO, Vicente Pereira do. *Elementos de Direito Administrativo Brasileiro*. 2. ed. Recife: Typographia Commercial de Geraldo Henrique de Mira e Cia, 1860. p. 33.

Concorre mais para a grandeza da pessoa que governa do que para a prosperidade da nação.

O poder central, por mais fortemente organizado e por mais sábio que seja, não pode abranger a vida inteira de um grande povo; sua ação há de necessariamente ser algumas vezes falha e incompleta.

Levada a centralização ao extremo, produz uma espécie de sonolência social e de imobilidade, que facilita a tarefa dos governantes; quando, porém, estes sentem-se na necessidade de invocar o concurso do povo, não podem encontrá-lo, porque ele se recusa a obrar como cego instrumento, sem conhecimento do plano, e sem responsabilidade própria.

Nas grandes crises, em que o maquinismo administrativo se paralisa e se reconhece impotente, e é preciso que o povo obre espontaneamente, não pode este fazê-lo, porque pelo hábito da inércia perdeu a consciência das próprias forças, e afez-se ao papel de mero espectador dos públicos negócios.

A centralização é antes força negativa, que impede, do que força criadora, que produz.

Esta questão é independente da forma de governo. Nas monarquias pode haver grande descentralização administrativa, como sucede na Inglaterra: e, pelo contrário, pode encontrar-se grande centralização administrativa nas democracias, como na França durante o governo democrático de 1792 e 1848.

Deve-se refletir que em certa medida a centralização administrativa é consequência da política ou governamental; mas além deste limite é possível, e até necessária, a descentralização administrativa, sem que se comprometa a centralização governamental.

Os negócios meramente locais, de que não dependem os gerais, podem ser incumbidos a autoridades administrativas distintas e independentes, sem que corram perigo os interesses políticos. É até certo que a administração central nunca pode ser dotada de perfeita ubiquidade, onisciência e onipotência, de sorte que possa satisfazer completamente as necessidades de todas as localidades.

Pelo contrário, as autoridades locais são em regra mais aptas para preencher este fim, em consequência dos conhecimentos especiais, ou topográficos, que possuem, do zelo e interesse pessoal que de ordinário as ligam à localidade e ao bom desempenho do serviço de que se trata.

A unidade é a condição da administração quanto aos interesses gerais; ela, porém, pode e deve cessar quanto aos interesses de caráter puramente local.[35]

---

[35] RIBAS, Antonio Joaquim. *Direito Administrativo Brasileiro*. Brasília: Ministério da Justiça, 1968. p. 70-71.

Saliente-se, em adendo, que a Constituição de 1824, ao menos em dois preceitos, já reconhecia a ideia da descentralização administrativa limitada, conforme transcrição que segue:

Art. 71. A Constituição reconhece e garante o direito de intervir todo o cidadão nos negócios da sua Província, e que são imediatamente relativos a seus interesses peculiares.

Art. 167. Em todas as cidades e vilas ora existentes, e nas mais que para o futuro se criarem, haverá Câmaras, às quais compete o Governo econômico e municipal das cidades e vilas.

Após o *flashback* jurídico, o *flashback* histórico administrativo.

Com a impopularidade de Pedro I baixada aos mais reduzidos níveis imagináveis, nada restou senão abdicar, o que se deu em 07 de abril de 1831, na mesma madrugada sendo o príncipe imperial aclamado Imperador. Por ser este príncipe ainda menor, Pedro I deu-lhe José Bonifácio como Tutor.

Tão logo partida a comitiva de Pedro I do porto do Rio de Janeiro, a 13 de abril, a Assembleia Geral (isto é, a união das duas Câmaras), tendo recebido das mãos do General Francisco de Lima e Silva o decreto de abdicação, procedeu à eleição da *regência provisória*, então formada pelo Marquês de Caravelas (presidente de Assembleia), o citado General Francisco de Lima e Silva e o Senador Vergueiro. O governo, mediante regentes, deveria durar até que Pedro II completasse 15 (quinze) anos, em 23.07.1840. E a regência provisória trina, segundo os registros históricos, empossou-se sem qualquer contestação ou conturbação popular iniciais. Mas pouco durou a paz popular, política e na imprensa, desde cedo emergindo, inclusive, vozes pela reforma constitucional, tudo isso alimentado ademais pela precária situação econômico-financeira do país.

Conquanto de curta duração, a regência trina provisória praticou alguns atos administrativos interessantes, dos quais daremos breve notícia: proibição de ajuntamentos noturnos de cinco ou mais pessoas, em espaços públicos; criação de guardas municipais; regulamentação dos concursos para o provimento das cátedras das Faculdades de Direito.

Em junho, duas medidas importantes movimentaram a vida política brasileira: a eleição, pela Assembleia Geral, da regência trina permanente e a confirmação, pela dita Assembleia, de José Bonifácio como tutor de Pedro II (já que a Assembleia afirmara falecer competência a Pedro I para tal designação). Todavia, nessa agitada oportunidade, talvez a mais relevante medida tenha sido a *contratação* do Padre Diogo Antônio Feijó como Ministro da Justiça. O prelado foi *contratado* porque não aceitou uma simples *nomeação*. E sua exigência foi acatada, seguramente pela reputação ilibada e pelo temperamento enérgico, que seus contemporâneos nele reconheciam.

A regência permanente foi composta pelo General Francisco de Lima e Silva e pelos Deputados José da Costa Carvalho e João Bráulio Muniz.

Feijó logo se pôs em campo, recebendo carta branca para reprimir desordens e insurreições e demitir maus funcionários. E preencheu as expectativas, com o que, também, despertou consideráveis insatisfações no agitado e multipartidário mundo político do império. Como reação à insubordinação, a regência (em 18.08.1831) criou a Guarda Nacional, como corpo auxiliar do Exército, incumbida de garantir a ordem pública. E não foram poucas, assinale-se, as revoltas armadas, das quais originadas umas poucas mortes e muitas prisões. A agitação espalhou-se por todos os setores, bastando destacar para bem explicitar o grau de confusão atingido: a destituição de José Bonifácio da tutoria imperial e sua substituição pelo Marquês de Itanhaém (e a prisão de Bonifácio, porque se recusou a acatar o ato); a transferência temporária da família imperial (Pedro II e as princesas) para o Paço da Cidade. Aos poucos a paz foi se reestabilizando, decretando-se então algumas iniciativas alvissareiras para os administrados, como, exemplifique-se, a construção do grande Mercado da Candelária e a inauguração do Teatro da Praia.

A 24.09.34 falecia, no Palácio de Queluz, em Portugal, com apenas 36 anos de idade, D. Pedro I (D. Pedro IV de Portugal).

Faça-se então uma cesura nesta reconstituição histórica da administração brasileira e volvamos nossas vistas, outra vez, para o mundo jurídico-institucional.

As convulsões da ordem pública, no período recentemente examinado, magnificaram-se pela impossibilidade de resolvê-las em nível nacional, com a organização administrativa extremamente centralizada, plasmada pela Constituição de 1824.

Dedicou-se então a Regência permanente (já então com a substituição do Deputado José da Costa Carvalho pelo Deputado Antônio Pinto Chichorro da Gama), desde 1832, a bem da verdade, a redigir uma reforma parcial da Constituição de 1824, tudo culminando na edição do Ato Adicional de 1834 (Lei nº 16, de 12.08.1834).

O exame dos 32 (trinta e dois) artigos do Ato Adicional atesta, indiscutivelmente, o objetivo nuclear da reforma constitucional: conferir às províncias amplíssima autonomia administrativa e mesmo normativa. Seu artigo 10, por exemplo, atribuía às Assembleias Legislativas provinciais, em seu espaço geográfico, competências normativas análogas às do Legislativo Imperial. Da mesma sorte, as competências dos Presidentes das províncias se alargaram significativamente, em tudo semelhante, no seu espaço territorial, aos poderes do Imperador na dimensão nacional. A par disso, o Ato Adicional instituía um nível de participação democrática eleitoral que as províncias ainda não haviam conhecido.

No plano do governo central, os artigos 26 e 27 do Ato Adicional transformaram a Regência permanente de trina em una, abrindo inclusive espaço, no processo de escolha do titular, à cidadania provincial e municipal.

Sublinhe-se, como arremate a essas notas, que o artigo 32 do Ato Adicional suprimiu o Conselho de Estado (artigos 137 a 144 da Constituição de 1824), instituição de que trataremos detidamente mais à frente, eis que restaurada por D. Pedro II, pela Lei nº 234, de 23.11.1841.

Retomemos agora a agenda da história administrativa.

A Regência una teve como titular eleito o Padre Feijó. E não foi tranquila sua vigência. Basta lembrar, a propósito, que pouco após sua sagração se iniciou uma das mais violentas e demoradas sedições brasileiras, a saber, a Guerra dos Farrapos. Em contrapartida, foi sob Feijó inaugurado, em 1838, o famoso educandário Colégio Pedro II. Registre-se, ainda, o novo recenseamento da Cidade do Rio de Janeiro, a instalação do Arquivo Público, a ampliação do Museu Nacional e da Biblioteca Nacional, a criação do Instituto Histórico e Geográfico Brasileiro.

Em 22.04.1838 elege-se o novo Regente, recaindo a escolha na pessoa do destacado político Araújo Lima, de curta vigência, entretanto, já que a 22.07.1840, por forte pressão da Assembleia, foi decretada a maioridade de D. Pedro II, então com apenas 14 (quatorze) anos de idade. Iniciava-se aqui o 2º Império brasileiro, sobre o qual ainda muito escreveremos na sequência. Resgate-se, entretanto, como ato mais destacado de Pedro de Araújo Lima, último Regente uno, a edição de um curioso documento jurídico: a Lei nº 105, de 12 de maio de 1840, que, segundo esclarece sua própria epígrafe, destinava-se a interpretar alguns artigos da reforma constitucional ditada pelo Ato Adicional de 1834. O texto em questão, em realidade, não modificou o Ato de 1834, nem a Constituição de 1824. Mas cuidou de fixar o conteúdo semântico de algumas palavras do Ato da Regência trina, que suscitavam polêmicas interpretativas no debate parlamentar, na imprensa e mesmo nos tribunais. Embora não rara ou única, a Lei nº 105/1840 configura um dos mais interessantes exemplos de *interpretação autêntica* de nossa história jurídica constitucional. Assim, por exemplo, fixou-se o que pretendia significar o Ato Adicional, ao empregar os vocábulos *municipal, magistrado* e *empregado* ou *emprego* (municipal e provincial).

Mas o quanto dito basta para fecharmos a cortina do palco onde desenrolado o drama de nosso primeiro Império, com todo o seu cambiante cenário: início, glória, crise, ocaso, fim. Nos tópicos seguintes, embora vez por outra façamos, em homenagem à metodologia anunciada, remissões esclarecedoras ao passado, teremos como norte fundamental de nosso estudo um dos períodos mais fecundos da história pátria: o longo e sábio período em que a coroa repousou na cabeça de D. Pedro II.

§3º.2 A obra do Visconde de Uruguai

Ao examinarmos – e louvarmos – a obra de Pimenta Bueno, antecipamos nossos reconhecimentos ao trabalho de Paulino José Soares de Souza, o Visconde de Uruguai (Ensaio sobre o Direito Administrativo), oportunidade em que afirmamos serem as obras de ambos reciprocamente comparáveis, pela excelência da escrita e do conteúdo, pela amplitude de sua abrangência substancial e pela profundidade conceitual. É chegado o momento de analisar o que produziu a meditação desse segundo grande jurisconsulto. Além de retratar o que no livro se contém, faremos incursões mais aprofundadas quando as matérias de exposição se revelarem servientes à compreensão da história da Administração brasileira sob D. Pedro II.

Registre-se: o "Ensaio..." é trabalho editado em 1862, ou seja, quando já consolidada a restauração monárquica (1840).

Inicia-se ele por um alentado "Preâmbulo", no qual o autor expõe as razões e o *modus faciendi* de seu texto. Impressionado com o que vira em recém-realizada viagem à França e à Inglaterra, o Visconde do Uruguai faz um registro comparativo entre suas visões do exterior e o que aqui no Brasil verificara. Suas palavras a esse respeito guardam, infelizmente, a marca da atualidade e da contemporaneidade:

> Tudo ali se move, vem e chega a ponto com ordem e regularidade, quer na administração pública, quer nos estabelecimentos organizados e dirigidos por companhias particulares. Nem o público toleraria o contrário. As relações entre a administração e os administrados são fáceis, simples, benévolas e sempre corteses. Não encontrava na imprensa, nas discussões das câmaras, nas conversações particulares essa infinidade de queixas e doestos, tão frequentes entre nós, contra verdadeiros ou supostos erros, descuidos e injustiças da administração, e mesmo contra a justiça civil e criminal. A população tinha confiança na justiça quer administrativa, quer civil, quer criminal.[36]

E daí que regressou Uruguai contrafeito com o que reencontraria. Daí que decidiu também mergulhar em seus escritos e em sua biblioteca, com o propósito de oferecer subsídios à construção de boas instituições administrativas, adequadas à nossa realidade. Sobreveio o desânimo, por fim afastado, com o convite que recebeu do Marquês de Olinda, Presidente do Conselho de Ministros, para analisar e propor soluções para alguns impasses resultantes de distopias da organização administrativa brasileira. Por fim, então, voltou à tarefa inicial, não se esquivando inclusive de debruçar-se sobre o direito positivo pátrio e as decisões do Conselho de Estado. Deteve-se ainda na rica bibliografia administrativista francesa, o mesmo fazendo com os repertórios de Portugal, Espanha, Bélgica, Inglaterra e Estados Unidos. Salientando, com recomendável cautela, que não há como transplantar automaticamente as contribuições do direito comparado de um país para outro. Uruguai menciona, inclusive, duas obras brasileiras: a de Vicente Pereira do Rêgo, à qual apõe apreciações semelhantes às que antes apresentamos; e a de Veiga Cabral, que se abstém de comentar porque havia sido seu colega (e amigo) no magistério em São Paulo. Mas vamos, sem mais tardança, ao contato com a obra de Uruguai.

No Capítulo I, após cuidar brevemente da definição de Direito, Uruguai divide o Direito Administrativo em *natural* e *positivo* (este último com o mesmo entendimento que se tem em nossos dias).

---

[36] URUGUAI, Visconde de. *Ensaio sobre o Direito Administrativo*. Rio de Janeiro: Typographia Nacional, 1862.

Interessa-nos seu conceito de Direito Administrativo como Direito Natural. E, nesse sentido, Uruguai afirma que o Direito Natural (que considera sinônimo de Filosofia do Direito) é a coleção das regras que a razão revela a todos os homens e que são consideradas grandes em nosso ser (pela mão de Deus, segundo Uruguai), noções fundamentais de Direito que a razão pode por si só descobrir sem o auxílio da ciência. E conclui:

> Constituem elas o direito de todos os homens e de todos os povos, e são uma parte necessária e indelével de todas as legislações que não forem absurdas. Essas noções, essas leis são imutáveis, e não pode a sociedade civil subtrair-se-lhes, nem mudá-las impunemente.[37]

E mais adiante arremata que o Direito Constitucional (ou Político) e o Direito Administrativo compõem o que se denomina Direito Público Interno.[38] Para finalizar, com remissão a Laferrière: Direito Administrativo é a ciência da ação, da competência do Poder Executivo, das administrações gerais, e locais, e dos Conselhos administrativos, em suas relações com os *interesses ou direitos dos administrados*, ou com o interesse geral do Estado.[39]

O Capítulo II, dedicado às relações entre o Direito Administrativo e a Ciência da Administração, cuida de matéria estranha ao nosso presente segmento temático. Também de vários enfoques relacionais se ocupam os Capítulos III, IV, V e VI.

O Capítulo VII é dedicado às fontes do Direito Administrativo, matéria de que só mais à frente iremos tratar. Igualmente por essa consideração técnica de impertinência temática é que deixaremos por ora de lado os Capítulos VIII a XI. A partir do Capítulo XII, estendendo-se até o XXIII, bem como o XXV temos aprofundado exame do contencioso administrativo imperial, matéria igualmente alheia à nossa obra, mas examinada com grande apuro por Uruguai. Ao Capítulo XXIV regressaremos, quando dissertarmos sobre os agentes administrativos. Mas o Capítulo XXVI, pertinente ao Conselho de Estado, em breve tempo será por nós detidamente revisitado. Da mesma sorte se dá com os

---

[37] URUGUAI, Visconde de. *Ensaio sobre o Direito Administrativo*. Rio de Janeiro: Typographia Nacional, 1862. p. 2.

[38] URUGUAI, Visconde de. *Ensaio sobre o Direito Administrativo*. Rio de Janeiro: Typographia Nacional, 1862. p. 5.

[39] URUGUAI, Visconde de. *Ensaio sobre o Direito Administrativo*. Rio de Janeiro: Typographia Nacional, 1862. p. 7 (nosso grifo).

Capítulos XXVII a XXIX, atinentes ao Poder Moderador, bem como os Capítulos XXX e XXI, concernentes à centralização administrativa. É que esses três pilares jurídicos (e também políticos) – Conselho de Estado, Poder Moderador, Centralização Administrativa – são os pontos juridicamente mais marcantes do governo de D. Pedro II. Embora, ressalte-se, todos eles se relacionem com a Constituição de 1824, dois deles – Conselho de Estado e Poder Moderador – obtiveram nebulosa existência sob D. Pedro I; e a questão da centralização administrativa, já aguda ao tempo de Pedro I, ganhou novas conotações com o Ato Adicional (posterior ao reinado do primeiro Pedro) e espalhou-se até os momentos precedentes ao advento da República. Como antes declaramos: passado, presente e futuro têm que ser aqui mesclados e filtrados, para uma cabal compreensão de nosso Direito Administrativo nacional.

Deixemos por enquanto de lado os palpitantes marcos jurídicos apenas enunciados e façamos, precedentemente, uma jornada pela Administração e pela função administrativa, sob o cetro de Pedro II.

§3º.2.1 A Administração Pública sob Pedro II

Um reinado de quase cinquenta anos de duração, visto pelo ângulo de suas realizações administrativas, não cabe numa sucinta apreciação histórica como a que nossa obra optou por desenhar. Trata-se de uma tarefa própria aos historiadores, não aos teóricos do Direito, mesmo quando alguma moldura histórica estes intentem realizar. Feita a advertência, enfrentemos a difícil tarefa.

Não faltam historiadores eméritos que consideram, literalmente, golpe de Estado a antecipação da maioridade de Pedro II. E provavelmente com razão. Partidos e facções políticas brigavam pela volta ao poder. Com ênfase, no ponto, os Liberais se adiantaram nas manobras em favor do fim da Regência. E daí acabaria por surgir até mesmo um duplo golpe: não só a antecipação da maioridade de Pedro II, mas também a desconsideração da maioridade já atingida da princesa D. Januária (18 anos), que legitimamente deveria ser a regente até que Pedro completasse a idade devida. Sucederam-se na Câmara e no Senado vários projetos de lei sobre o tema, alguns declarando a maioridade de imediato, outros antecipando-a, mas para um momento mais adiante, outros ainda convocando à regência a princesa D. Januária. E tudo isso em meio a grandes manifestações populares, inflamadas polêmicas na imprensa e não menos acalorados debates parlamentares.

Como é comum aos principais momentos históricos, há sempre um misto de verdade e de invenções nas narrativas da época e da posteridade. No intuito de abreviar o relato diferenciador entre história e 'estória', partiremos diretamente para os instantes finais da confusão.

A 21 de julho de 1840, um dos aguerridos Andrada, Antônio Carlos, apresenta no Congresso sucinto projeto com um artigo único: "S.M.I. o Sr. D. Pedro II é desde já declarado maior". A iniciativa incendiou a reunião, com manifestações a favor e contrárias (estas pretendendo-se fortes no artigo 121 da Constituição de 1824: "O Imperador é menor até a idade de 18 anos completos").

Ao golpe óbvio opôs-se o contragolpe. O Regente, Araújo Lima, a 22 de julho, alegando a grave agitação que a discussão parlamentar vinha alentando, baixa decreto, em nome do Imperador Pedro II, com fundamento no artigo 101, §5º da Constituição ("O Imperador exerce o Poder Moderador: [...] §5º. Prorrogando ou adiando a Assembleia Geral e dissolvendo a Câmara dos Deputados, nos casos em que o exigir a salvação do Estado; convocando imediatamente outra que a substitua"), suspende o funcionamento da Assembleia Geral e adia o reinício de seus trabalhos para 20 de novembro de 1840.

Irresignados, Deputados e povo, açulados sobretudo pelos irmãos Andrada, Antônio Carlos e Martim Francisco, abandonaram a Câmara e saíram em direção ao Senado (onde não havia ainda chegado o decreto de Araújo Lima), sendo aí recebidos pelo Presidente, o Marquês de Paranaguá, que se recusa a ler o decreto do Regente. Após vivos debates e protestos, decide-se formar uma comissão de Deputados e Senadores para ir ter com o Imperador no Paço Imperial, comitiva logo engrossada por uma multidão e por alunos armados da Escola Militar.

Diga-se de passagem: contam os registros da época que mais cedo, neste mesmo dia, o Regente, Araújo Lima, havia estado com o Imperador e apresentado seu decreto de adiamento, com o que concordara o jovem de 14 anos.

A partir daí, o que se tem é o relato de Antônio Carlos, que Octávio Tarquínio de Souza reconstitui.[40] Araújo Lima teria afirmado, ao entregar o decreto de adiamento ao Imperador, que sua intenção era preparar a decretação da maioridade para o dia 2 de dezembro (quando Pedro II completaria 15 anos). Mas, à vista da agitação popular, perguntara ao monarca se ele queria ser aclamado em 2 de dezembro ou

---

[40] SOUSA, Octávio Tarquínio de. *História dos Fundadores do Império do Brasil*. 3 ed. Rio de Janeiro: Editora José Olympio, 1957. v. 8. p. 173-174.

já. Ao que teria o Imperador respondido: "quero já". O Regente então sugerira ao jovem que a proclamação se desse no domingo imediato, 26 de julho. Mas Antônio Carlos, à frente da comitiva, insistiu com o Imperador em que, em razão da "agitação em que estava o povo", Sua Majestade não tardasse em assumir o trono. Ao que ele teria respondido: "Convoque para amanhã [23 de julho de 1840]". E assim realmente se fez: a 23 de julho de 1840, às 15.30 horas, no edifício do Senado, apinhado de populares, políticos e membros do corpo diplomático, o novo Imperador fez o juramento de estilo. Às favas o artigo 121 da Constituição...

A primeira notável medida, de cunho a um só tempo institucional e administrativo, se deu com a Lei nº 234, de 23.11.1841, pela qual recriado o Conselho de Estado. A relevância dessa instituição é de tal porte que a ela dedicaremos mais tarde um segmento autônomo.

As medidas administrativas de Pedro II bem retratam seu perfil de estadista culto e estudioso das artes e das ciências. Como já antes ponderado, tão longo foi seu império que, nas dimensões deste trabalho, só cabe fazer breves referências.

O Arquivo Público, o Museu Nacional, a Academia Imperial de Belas Artes, o Instituto Histórico e Geográfico Brasileiro, o Jardim Botânico, o Passeio Público e a Biblioteca Nacional tiveram impulsos e ampliações extraordinários no segundo Império.

Porém, muitas outras iniciativas, várias delas inovadoras, foram aportadas, configurando uma Administração Pública verdadeiramente voltada aos interesses de cada brasileiro.

Os Serviços de Saúde Pública, a difusão da vacinação, o combate à febre amarela, a criação de hospitais, a reforma modernizadora do ensino primário (público e particular) com a criação de centenas de escolas por todo o país, a instalação do Ensino Normal, a fundação do Imperial Instituto dos Músicos Cegos (hoje Instituto Benjamin Constant) e do Instituto dos Surdos-Mudos, do Instituto dos Advogados Brasileiros (primeiro cenáculo da cultura jurídica no país) – eis aí algumas notáveis marcas de sua gestão.

Mas não só. Continuemos a memória:
– contratação do serviço de esgotos para a cidade do Rio de Janeiro, com a *Rio de Janeiro City Improvements* (1870);
– implantação das primeiras ferrovias, a partir de 1852;
– criação da Escola de Minas de Ouro Preto (1875);

- fundação da Companhia de Iluminação a Gás (1853);
- criação da Companhia de Carris de Ferro Jardim Botânico (1862), interligando vários bairros da cidade;
- reforma da Organização Judiciária, mediante exemplar lei de 03.12.1841, de autoria do Visconde do Uruguai, então Ministro da Justiça;
- reformulação e modernização da Guarda Nacional;
- criação do Corpo de Bombeiros (1856);
- difusão do serviço telegráfico submarino (1874, ligando o Brasil à Europa) e introdução do serviço telefônico (1883);
- recriação (pelo Visconde de Mauá) do Banco do Brasil (1852);
- adoção do sistema métrico decimal (1862, com expansão nacional a partir de 1873);
- edição de várias leis de atenuação da servidão africana, devendo-se, contudo, atribuir a quem se deve – à Princesa Izabel – a abolição (a Lei Áurea de 13.05.1888).

Este é, estejam certos os leitores, um resumo dos mais breves. É claro que nem tudo foram flores. Houve uma série de sublevações políticas locais (a mais séria delas, talvez, a Guerra dos Farrapos no Rio Grande do Sul, iniciada em 1835, somente findou em 1845), crises parlamentares e ministeriais e a tragédia da Guerra do Paraguai. Mas o saldo de realizações, aliado ao espírito público, democrático e liberal do sábio Pedro II, ainda hoje merece louvores. Explicar como, mesmo assim, sobreveio a República, não é nossa tarefa. Aqui fizemos um breve histórico da Administração Pública do Segundo Império. Cabe, agora, na seara do Direito, visitar três pilares jurídicos que marcaram esse rico período (embora existentes, mas de escassa vivência, já sob Pedro I).

§3º.2.2 O Conselho de Estado

Os artigos 137 a 144, da Constituição de 1824, previam a existência de um Conselho de Estado, composto de Conselheiros vitalícios em número não superior a dez, nomeados pelo Imperador. Este poderia designar Ministros de Estado para compor o Conselho, mas eles não seriam computados no limite numérico de dez integrantes. Como antes referimos, para ser Conselheiro eram exigíveis cidadania brasileira, estar no gozo dos direitos políticos, ter idade mínima de 40 (quarenta) anos, ser pessoa de capacidades e virtudes reconhecidas (com preferência, que tivessem serviços prestados à pátria), além de disporem de uma considerável renda anual (tarifada no artigo 45, §4º da Constituição). Por previsão constitucional, o Conselho seria ouvido em todos os negócios graves e medidas gerais da pública administração, principalmente sobre a declaração de guerra e ajustes de paz, negociações com as nações estrangeiras e o exercício pelo Imperador das atribuições atinentes ao Poder Moderador (exceto a suspensão ou adiamento do funcionamento da Assembleia Geral e a dissolução da Câmara dos Deputados). Ao contrário do Imperador, os Conselheiros não eram bafejados pelo atributo da irresponsabilidade, sendo, ao contrário, responsáveis pelos conselhos ilegais ou contrários aos interesses do Estado, desde que manifestamente dolosos. Também segundo antes referido, o Conselho de Estado foi suprimido pelo artigo 32 do Ato Adicional de 1834, mas restaurado pela Lei nº 234, de 23.11.1841, já do período de D. Pedro II. Nessa restauração, o número de Conselheiros passou a 12 (doze), podendo ainda o Imperador designar até 12 (doze) suplentes, especialmente apontados para substituir os titulares em seus eventuais impedimentos. Previu-se, então, ademais, que o Conselho poderia funcionar dividido em Seções ou em Plenário. Quanto ao mais foi mantido o perfil originário da Constituição de 1824, inclusive quanto à qualidade do Imperador de membro nato e Presidente do Conselho, o mesmo se estendendo para os demais Príncipes da Casa Imperial, desde que especificamente designados pelo Imperador (este e os Príncipes não entravam no número limite de doze).

O Conselho de Estado tem como antecedente histórico brasileiro um Conselho de Procuradores Gerais das Províncias, criado por D. Pedro I por Decreto de 16.02.1822, com funções análogas às que a Constituição de 1824 disporia em seus artigos 137 e seguintes.

Historicamente e em direito comparado, sobretudo nos países europeus, encontramos várias instituições as quais, por certo, inspiraram a criação de nosso Conselho de Estado (talvez até mesmo na mais remota antiguidade seja, por exemplo, o Conselho dos Reis da Pérsia, seja ainda, o Aerópago ateniense de Sólon ou o Conselho de Roma de Augusto, sejam, por fim, mas ainda como simples exemplos, os Conselhos análogos de Inglaterra, França, Espanha e Portugal. Todavia aqui não cabe mergulhar nessas inspirações históricas: basta a experiência brasileira).

Da rememoração reiterada do direito positivo imperial, que enunciamos para maior facilidade expositiva, constata-se que o Conselho de Estado não era um tribunal administrativo, mas sim um órgão consultivo, que não se convocava de ofício (note-se, porém, que algumas leis posteriores à recriação tornavam obrigatória a audiência do Conselho em certas matérias, independentemente da convocação do Imperador). Sua recriação foi objeto de acesa discussão parlamentar havendo muitos, como por exemplo o Senador Vergueiro, que manifestavam o receio de que o poder passaria das mãos do Imperador, ainda supostamente inexperiente, para as de uma oligarquia (esquecendo-se, por certo, de que o artigo 2º da citada Lei nº 234, ao mesmo tempo em que proclamava a vitaliciedade do Conselho, permitia ao Imperador dispensá-los por tempo indefinido, sem motivação expressa). E ainda se acrescentava que, extinto ele por Ato Adicional (documento de clara natureza constitucional), não poderia ser renascido por simples lei, o que configuraria uma inconstitucionalidade. Até mesmo rebeliões em São Paulo e Minas, em 1842, ecoaram essas ressalvas. Mas a prudência e o bom senso prevaleceram e o órgão foi restaurado. E notável foi o seu papel na evolução e aperfeiçoamento das instituições e da convivência política democrática. Seus conselhos e pareceres se revestiam de inequívoca força moral, contribuindo eloquentemente para a estabilidade da vida pública.

§3º.2.3 O Poder Moderador

Incumbe-nos agora considerar o Poder Moderador.
O artigo 98 da Constituição de 1824 instituiu e definiu o Poder Moderador. Convém outra vez transcrevê-lo:

> Art. 98 – O Poder Moderador é a chave de toda a organização política, e é delegado privativamente ao Imperador, como Chefe Supremo da Nação e seu primeiro representante, para que, incessantemente vele sobre a manutenção da independência, equilíbrio e harmonia dos mais poderes políticos.

E o artigo 101 enumerava as competências componentes do exercício do Poder Moderador:
– nomear os Senadores;
– convocar a Assembleia Geral extraordinária no intervalo de suas sessões, quando assim o pedisse o bem do Império;
– sancionar decretos e resoluções da Assembleia Geral, assim lhes outorgando força de lei;

- aprovar e suspender interinamente as resoluções dos Conselhos Provinciais;
- prorrogar ou adiar a Assembleia Geral e dissolver a Câmara dos Deputados, "nos casos em que o exigir a salvação do Estado; convocando imediatamente outra que a substitua";
- nomear e demitir livremente os Ministros de Estado;
- suspender os magistrados por queixas contra eles feitas, observado o direito de defesa e ouvido o Conselho de Estado;
- perdoar ou moderar as penas judicialmente impostas;
- conceder anistia em caso urgente, se assim aconselhado pela humanidade e o bem do Estado.

Segundo o Visconde do Uruguai,[41] durante a elaboração do Ato Adicional de 1834 cogitou-se da extinção do Poder Moderador, o que afinal não prevaleceu.

Pimenta Bueno, com aguda exatidão,[42] definiu com clareza a dicção que emana do artigo 98 da Constituição de 1824: trata-se do poder de fazer com que cada um dos Poderes políticos se conserve em sua órbita e para que, numa relação de harmonia e interdependência, concorram para a paz social e o bem-estar nacional, mantendo seu equilíbrio, impedindo abusos, conservando-os na direção de suas altas missões. Com isso, assume o Poder Moderador o papel da mais elevada força social, do órgão político mais ativo e mais influente, de todas as instituições fundamentais da nação. E arremata o autor mencionado:

> Existe, e é distinto não só do Poder Executivo, como de todos os outros; não pode ser exercido, como já indicamos, pela Nação em massa, precisa ser delegado.[43]

E o depositário constitucional desse poder era o Imperador.

Para o Visconde do Uruguai,[44] ao francês Benjamin Constant habitualmente é atribuída, em sua obra "Politique Constitutionnelle",

---

[41] URUGUAI, Visconde de. *Ensaio sobre o Direito Administrativo*. Rio de Janeiro: Typographia Nacional, 1862. p. 246 e seguintes.

[42] BUENO, José Antonio Pimenta. *Direito Público Brasileiro*. Rio de Janeiro: Typographia Imperial e Constitucional de J. Villeneuve, 1862. p. 204-205.

[43] BUENO, José Antonio Pimenta. *Direito Público Brasileiro*. Rio de Janeiro: Typographia Imperial e Constitucional de J. Villeneuve, 1862. p. 204-205.

[44] URUGUAI, Visconde de. *Ensaio sobre o Direito Administrativo*. Rio de Janeiro: Typographia Nacional, 1862. p. 36-37.

a criação da teoria do Poder Moderador, o que, entretanto, o próprio Uruguai contesta, salientando que o artigo 98 da Constituição brasileira derivava-se do art. 101 da Constituição Portuguesa, a primeira no mundo a constituir quatro Poderes. Mas deixemos a disputa da primazia para os pesquisadores que sobre o assunto se interessarem.

Da enunciação que fizemos das atribuições do Imperador, no exercício do Poder Moderador, deflui claramente sua característica de se tratar de uma instância de suprema dirimência, mas também de suprema direção mesmo, das iniciativas dos outros três Poderes político-institucionais. Por essa sua independência, e mesmo neutralidade, os atos do Imperador, como Moderador (privativo e exclusivo), não necessitavam de referendo ministerial e eram dotados de plena autoexecutoriedade. Tampouco estavam sujeitos a qualquer controle jurisdicional.

Claro está que tal amplitude de competências somente poderia ser aceita, sem maiores subversões e sublevações nacionais, quando concentrado seu exercício nas mãos de um monarca como Pedro II, que, às qualidades que antes lhe atribuímos, ainda gozava do reconhecimento geral de sua ilibada conduta. Por outro lado, tal amplitude também evidencia nossa fundamentada conclusão, bem anteriormente exposta, de não ter havido, na vivência do Império, um regime parlamentar. Cite-se, a propósito, a perspicaz observação de Oliveira Lima:[45] falar de parlamentarismo no Império brasileiro é apenas refletir uma realidade da convivência democrática, então, entre nossas instituições, todavia jamais estabelecida como regime em nosso Direito Constitucional.

Como imperativo da verdade, cabe-nos observar que, ao sabor das circunstâncias políticas, as apreciações aqui lançadas não eram teses pacíficas durante o período imperial. Representam elas o fruto de nossa meditação à lume da leitura das obras citadas na bibliografia ao final deste trabalho, bem como da reflexão puramente jurídica debruçada sobre o texto e o contexto da Constituição de 1824. E cremos que traduzimos adequadamente sua letra e espírito.

Houve, no Império, ensaios de contencioso administrativo, no sentido próprio da palavra, mas com grande imperfeição sistemática

---

[45] LIMA, Oliveira. *O Império Brasileiro*. 3. ed. Belo Horizonte: Editora Itatiaia, 1986. p. 371 e seguintes.

(inclusive porque, como enfaticamente anotava o Visconde do Uruguai, "o nosso processo administrativo é muito deficiente e perfunctório").[46] Em primeiro lugar, polêmica então até mesmo a configuração do que seria um contencioso administrativo. Para resumir ao máximo a questão, os autores da época, tão largamente por nós citados, o divisavam na colisão entre um interesse público e um direito do particular, verificado fora da esfera da discricionariedade administrativa e que o direito ferido não dissesse respeito à ordem civil ou penal.

Foi sendo criado, randomicamente, um sistema de contencioso administrativo, a início conectado às questões fiscais, aos poucos ampliado para outros temas da litigiosidade administrativa. Decretos, Regulamentos e Resoluções múltiplos foram paulatinamente expedidos. O "sistema" daí resultante se estampou em "jurisdições" ou Tribunais ou, ainda, em Conselhos, em alguns setores da Administração, muitas vezes comportando reexame pelos Ministros de Estado e Presidentes das Províncias, tudo mais encimado pela possibilidade de recurso para o Conselho de Estado. Mas como este era um órgão nuclearmente consultivo, segundo já vimos, ao final a palavra de seu Presidente – isto é, o Imperador – é que ordinariamente ditava a decisão. E a decisão do contencioso administrativo não era revisível pelo Poder Judiciário.

Seguramente essas lacunas e desacertos estão na raiz do desamor republicano brasileiro pela dualidade jurisdicional. E a previsão do artigo 111, da Constituição de 1967/1969 ("A lei poderá criar contencioso administrativo e atribuir-lhe competência para o julgamento das causas mencionadas no artigo anterior"), relativa a litígios entre servidores públicos e a Administração, restou letra morta, não redivia na Constituição de 1988.

§3º.3 O inevitável advento da República Federativa

Traçamos, estamos certos disso, um panorama claramente positivo das instituições brasileiras, sob o comando de Pedro II. Não há qualquer sebastianismo de nossa parte, ou desilusão saudosista, a nos inspirarem. Em verdade, bem ao revés: imperativos culturais (brasileiros), imposições geográficas (extensão do nosso território), diversidades regionais (infindáveis diferenças sociais, econômicas,

---

[46] URUGUAI, Visconde de. *Ensaio sobre o Direito Administrativo*. Rio de Janeiro: Typographia Nacional, 1862. p. 127 e outras.

educacionais, climáticas, históricas e até psicológicas, detectáveis na imensidão de nosso país continental), tudo enfim estava a conspirar contra a monarquia brasileira. Aliás, afora a ímpar realidade do império britânico (até o término da 2ª Guerra Mundial), a monarquia só vingou exitosa, até nossos dias, em países de dimensões menores e/ou de elevados índices culturais, com maduras instituições políticas. Mesmo com esses dados em mente, alguém pode ainda espantar-se com o ritmo acelerado com que, uma vez iniciado o debate político pró-república, sua consagração afinal se desse. Sem pretensão – pois a tarefa mais cabe aos historiadores que aos homens do Direito –, cremos poder deter nossa atenção para alguns pontos que levaram à proclamação republicana de 1889.

Em primeiro lugar: o exercício do poder desgasta, mais fortemente ou mais suavemente – mas sempre desgasta –, o sistema que o sustenta ou o titular que o encarna. E um reinado sábio, porém longo no tempo, como o de Pedro II, não fugiu à regra. A par do gasto pelo uso, alguns outros fatores específicos, alguns a serem aqui considerados, também influíram na desestima de que gradativamente mais se foi tornando alvo o Imperador. Destaquemos alguns deles.

Na realidade, o debate republicano irrompeu bem antes do reinado de Pedro II. O atabalhoado exercício do poder por D. João VI (outorgando excessivo protagonismo aos administradores portugueses que com ele vieram ao Brasil), mais tarde substituído pela incontinência e dissolução dos costumes de Pedro I, acenderam os ânimos dos primeiros republicanos do país. Mas esse primeiro ardor, como agudamente observou Oliveira Lima,[47] acabou se imolando ao entusiasmo e ufanismo da declaração de Independência, em 1822.

O monarca esclarecido que foi Pedro II também incidiu em alguns equívocos que recrudesceram o ímpeto republicano, acabando por tornar inevitável a implosão política do Império. Sem preocupação cronológica ou gradação de importância, seguem alguns fatores históricos conducentes à eclosão.

A Guerra do Paraguai (bem como em ponto menor, mas também em alguma contribuição, as Guerras do Prata), afora sua onerosa corrosão do erário (elemento igualmente acelerador do fim do Império), forjou a formação de um estamento militar, afinal consolidado em 1889 e que, pelo menos até 1988, atuou como verdadeiro fiel da

---

[47] LIMA, Oliveira. *O Império Brasileiro*. 3. ed. Belo Horizonte: Editora Itatiaia, 1986. p. 93.

balança nas crises políticas brasileiras – uma tentativa de refundação do Poder Moderador, enfim. De fato, em todos os eventos seminais, da inauguração da República até a restauração democrática de 1988 (com exceção dessa), aos militares coube a tutela do país e a sagração de um condutor político confiável. Em suma, o poder civil, por todo esse longo período, sempre foi (à exceção de 1988, repita-se) fruto de um consentimento militar. Em muitas oportunidades, porém, a inabilidade civil contribuiu para os lampejos castrenses (inclusive com o apelo aos quartéis, deprecado por destacados civis).

Recordemos que, por determinação constitucional de 1824, o catolicismo constituía religião oficial do país. No entanto, Pedro II era ligado à maçonaria, o que levou o monarca a indispor-se várias vezes com a Igreja (inclusive, de quando em quando, com a consequência de serem alguns sacerdotes levados, por breve tempo, à prisão). A imprensa e a opinião pública raramente apoiavam o monarca em tais litígios. Cabe referir que a aguda rejeição da Igreja Católica à Maçonaria somente se tornou nítida com os documentos papais de Pio IX, em 1864, produzidos sobretudo pelo ressentimento eclesial subsequente à perda, pela Igreja, do poder temporal.

Também se prestou a desgastante exposição às críticas da imprensa e do público a atitude oficial em face das duas ocasiões em que o diplomata inglês Christie exigiu do Brasil reparações e retratações públicas à Coroa britânica; esses dois incidentes tiveram então grande repercussão. No primeiro deles, uma nau inglesa, naufragada no Rio Grande do Sul, foi pilhada por várias pessoas. Christie exigiu cabal indenização ao Brasil; e embora tivesse sido comprovado, após as devidas apurações, que os saques foram praticados por malfeitores uruguaios, que já haviam inclusive fugido do Brasil, a Coroa resolveu atender à exigência indenizatória, por considerar que o montante em jogo não justificava danos às relações entre os dois países. No segundo deles, três marujos ingleses, desembarcados no Rio de Janeiro, provocaram desordens e arruaças, tendo sido encarcerados pela polícia (ficando detidos por poucos dias apenas); note-se que, nesse caso, houve até arbitragem internacional (porque, em atrevida "resposta", navios ingleses aprisionaram, no porto do Rio, cinco embarcações mercantes brasileiras!), tendo o laudo, expedido pelo rei da Bélgica, afirmado a licitude dos atos da polícia brasileira – mesmo assim, o governo brasileiro, em vez de uma repulsa enérgica à exigência de retratação, preferiu deixar a impertinência cair no silêncio. Mas imprensa e público, a uma voz, censuraram a aparente submissão ou fraqueza, atentatórias aos brios nacionais.

A abolição da escravatura, sem qualquer indenização aos "proprietários", foi também, uma decisiva estocada na firmeza do Império, contra ele açulando a revolta e oposição da classe dos agricultores, sustentáculos da economia do país.

No campo das relações com a classe política, nada há de ter sido tão ruinoso para o Imperador quanto a crise do Gabinete Zacarias, em 1868. Relembre-se: os Senadores eram escolhidos pelo Imperador, a partir de listas tríplices votadas pelas Províncias. O Rio Grande do Norte indicara dois "ilustres" desconhecidos e o eminente homem público Torres Homem, que o Imperador escolheu. Ocorre que o homem forte do Gabinete ministerial então, Zacarias de Góes e Vasconcellos, de grande e justificado prestígio, assinale-se, queria a indicação do obscuro Amaral Bezerra. Estava posta a crise que culminou com a dissolução (constitucionalmente prevista) da Câmara e a convocação de novas eleições. Desencadeou-se uma guerra da imprensa contra o Imperador (acusado de abuso de poder pessoal), destacando-se as vozes notáveis e temíveis de Quintino Bocaiúva (no "O País") e de Ruy Barbosa (no "Diário de Notícias"), pregando pelo advento de república.

Ainda há a somar a tudo isso, a óbvia desigualdade na vitalidade da sede imperial e do sul do país, contrastada com o Norte e Nordeste, muito menos aquinhoados. Tavares Bastos, em seu clássico "A Província – Estudo sobre a descentralização no Brasil", não obstante sua postura de equilibrada crítica à arquitetura do Estado brasileiro, concluía enfaticamente pela imprescindibilidade da adoção entre nós de um federalismo e, mais timidamente, deixava entrever que talvez só a república poderia sanar os dislates de nossa estrutura político-econômica.[48]

A todos esses elementos de instabilização desejamos acrescentar mais dois.

O primeiro deles é aqui referido pela engenhosidade da construção argumentativa, embora a ele não emprestemos nossa adesão, por isso que se trata de visão de alta subjetividade, não suficientemente apoiada em evidências fáticas. O segundo deles, contudo, assenta-se numa validade histórica até hoje vigente e que, por isso mesmo, reclamará nossa atenção.

---

[48] BASTOS, Aureliano Cândido Tavares. *A Província*: estudo sobre a descentralização no Brasil. Rio de Janeiro: B. L. Garnier, 1870. p. 395 a 404 (principalmente).

Luís Martins, em seu festejado "O Patriarca e o Bacharel", coloca a antítese Monarquia/República num contexto psicológico e sociológico. O patriarcalismo, representado pela classe econômica e elite agrícolas, era um dos sustentáculos do Império. E tal elite mandava seus filhos para estudos universitários na Europa, de onde regressavam imbuídos dos ideais republicanos, mas também motivados pelo conflito geracional. Ainda segundo Luís Martins, mais tarde, depois da Proclamação, tais jovens, desiludidos com as primeiras vicissitudes da república e desejosos do reencontro com os "Pais por eles traídos, negados ou abandonados",[49] tornaram-se arautos da restauração do Império. Nesse panorama, Luís Martins enquadra, dentre outros nomes de destaque, João Mendes de Almeida, Afonso Arinos e Joaquim Nabuco. Fica aqui a tese, para quem por ela se interessar.

João Camilo de Oliveira Torres nos oferece percuciente análise, que servirá de introdução a este último segmento do presente capítulo:

Obviamente todas as sociedades conhecem diferenciações oriundas da divisão do trabalho. Classes e profissões sempre existirão e condicionarão comportamentos individuais e coletivos.

[...]

Seja qual for o sistema de governo, os ocupantes dos cargos de direção pertencem a uma classe social qualquer e estão diretamente ligados a seu grupo. Todo governo, pois, é aristocrático, principalmente se reconhecermos que as classes dominantes, quer do ponto de vista social e econômico, como, e principalmente, intelectual (os técnicos, os jornalistas, os funcionários, os magistrados, a alta oficialidade das forças armadas) exercem uma influência permanente sobre o governo. Mas como impedir que os grupos dominantes gozem o poder em proveito próprio? A liquidação totalitária dos grupos dominantes, além de ofender a direitos que o Estado deve respeitar, poderá conduzir a resultados funestos – como governar sem os elementos necessários ao governo? Os sistemas eleitorais do tipo do sufrágio universal permitem, não há dúvida, que as classes economicamente fracas temperem de certo modo o caráter oligárquico do poder.

O Estado, porém, não pode estar a serviço de uma classe, e a história mostra-nos os reis medievais equilibrando as hierarquias do feudalismo com as das cidades, defendendo as classes populares de turbulências da nobreza. Igualmente na monarquia absoluta: vê-se nas memórias de Luís XIV, nas legislações das *Ordenações do Reino* e em muitos documentos que o Rei era um defensor dos humildes e fator de equilíbrio social.

---

[49] MARTINS, Luís. *O Patriarca e o Bacharel*. São Paulo: Alameda Editorial, 2008. P. 16-17.

E, também, modernamente, as monarquias realizando amplos programas de reforma social.

Em compensação, a história da República do Brasil mostra-nos o exemplo frisante de um governo de classe, o famoso "coronelismo.[50]

O coronelismo, em sua origem, prende-se ao predomínio da aristocracia rural: são os senhores de engenhos e de escravos que assumem, de fato, o comando administrativo do grande interior brasileiro, dominando, inclusive, a máquina eleitoral local. Com a quase impossibilidade de o Poder Imperial penetrar nos sertões e grotões interioranos, o coronelismo ali se enraizou e se instalou na vida social, política e cultural do Brasil não metropolitano, como força efetiva, paralela ao Governo institucionalizado e, muita vez, a ele contrário. Claro que em nossos dias (sobretudo a partir de 1930), com a difusão dos veículos de informação e a expansão dos meios de transporte, o coronelismo, versão cabocla do feudalismo, foi atenuado, porém não eliminado. Devemos a Victor Nunes Leal e Raymundo Faoro os exames e análises, a nosso ver os mais completos, sobre o nascimento, o apogeu e o declínio do coronelismo. E ambos, como muitos outros ilustres autores, evidenciam como o binômio coronel/Presidente da Província atuou frequentemente para solapar o poder imperial, desempenhando assim importante papel no grande concerto que culminaria na vitória final da república. Em nossa atualidade, o eminente jurista (e juiz do Supremo Tribunal Federal) Gilmar Mendes tem salientado como o ranço patrimonialista herdado da colonização portuguesa, maximizado no fenômeno do coronelismo, metamorfoseado e modernizado, acabou por engendrar uma república corporativa, por ele tão claramente conceituada:

> A nova ordem constitucional procurou por meio da regra do concurso público, prestigiar o mérito para a investidura do serviço.
>
> Ocorre que isso acabou por alimentar a capacidade organizacional das categorias de servidores [e acrescentamos, de agentes políticos], situação institucional facilitadora da conquista de direitos e privilégios, muitas vezes em detrimento da maioria da sociedade civil, a qual não conta com o mesmo nível de organização.[51] (Trecho entre colchetes de nossa lavra).

---

[50] TORRES, João Camilo de Oliveira. *Do Governo Régio*. Petrópolis: Ed. Vozes, 1958. p. 92 e seguintes.
[51] MENDES, Gilmar. A República Corporativa. *Folha de São Paulo*, 28 dez. 2016. p. A3.

Temos, pois, uma nova versão do coronelismo, que com a velha manterá o parentesco de lutas por seus privilégios, contra a ordem instituída, ainda que contrários à sanidade republicana.

O arrolamento de tais fatores, segundo antes salientamos, não observou uma ordem de precedência cronológica ou tampouco uma gradação de preponderância factual: mas todos eles levaram ao fim do Império e à adoção da República. E dois de tais fatores atravessaram o período republicano, como elementos deletérios da gestão pública: a tutela militar (*talvez* encerrada com a redemocratização do país em 1988) e o corporativismo (que incessantemente se reinventa).

Para os propósitos de nosso trabalho, contudo, o que se impõe é colocar um ponto final nesta resenha histórica da Administração Pública e do Direito Administrativo Brasileiro, do "descobrimento" até a superveniência republicana. A partir deste marco estaremos lidando com o *hoje histórico*. Daí que nosso método de abordagem aqui será modificado: não mais a análise minuciosa da bibliografia administrativa ou das realizações da Administração Pública. Tudo isso, no "hoje histórico", são manifestações concretas, ao alcance fácil da nossa observação e estudo. Então outro será o critério: destacaremos nossas sucessivas Constituições, no que direcionaram rumos à Administração Pública e reformularam conceitos básicos de nossa disciplina; enunciaremos nomes que plasmaram a riqueza de nosso Direito Administrativo, opinaremos sobre suas contribuições, elogiaremos e criticaremos, mas deixaremos a cada um, como é óbvio, a formação de seu próprio juízo. E se nos indagarem a razão de assim não ter ocorrido com o Brasil de antanho, diremos sem rebuços: considerável parcela dos administrativistas brasileiros tem preguiça de mergulhar na história de sua disciplina. Muitos, inclusive de nomeada alguns, consideram desprezível o passado. Não falta quem (por ignorância, obscurantismo, oportunismo, carreirismo ou servilismo) situe na segunda metade do século 20, na Pontifícia Universidade Católica de São Paulo, o nascimento científico do Direito Administrativo Brasileiro. Todavia, como expusemos – e faremos adiante justiça, creiam, aos autores e obras do mencionado período –, quem nunca leu Pimenta Bueno e o Visconde do Uruguai (dentre outros) não conhece verdadeiramente o Direito Administrativo brasileiro. Aliás, pobre do jurista (com ou sem aspas) que somente lê obras jurídicas, abandonando a história, a sociologia e até mesmo a ficção. São iliteratos, em verdade. Infelizmente, o que hoje vemos é uma caminhada, de parcela volumosa de nossa doutrina, de Alessi a Alexy, e só (como é interessante e curiosa a extrema semelhança entre os dois ilustres nomes!). Coincidência? No sentido kardecista (advertimos: não somos adeptos de Kardec) do conhecimento, não há coincidência, apenas providência. Como aqui não pretendemos deitar "em berço esplêndido", prosseguiremos em nossa jornada.

Mas faça-se o registro de uma curiosidade histórica.

Antes da Constituição de 1824, embora *por apenas um dia* (de 21 a 22 de abril de 1821), vigeu no Brasil a Constituição espanhola de Cádiz (de 1812). Devemos aos estudiosos Vicente de Paulo Barretto e Vítor Pimentel Pereira ("Viva la Pepa: a História não contada da Constitución Española de 1812 em Terras Brasileiras"),[52] o chamado de nossa atenção para esse insólito episódio. Narremo-lo brevemente.

Na Espanha, em 1814, restaurou-se, com Fernando VII, a monarquia absolutista. Mas o movimento liberal deflagrado em Cádiz, em 07.03.1820, exigiu, com êxito, que o rei jurasse a Constituição (com alguns acentos marcadamente liberais) de 1812. Cinco meses depois (24.08.1820), operou-se a Revolução Constitucionalista do Porto (Portugal), grandemente influenciada pelo liberalismo da revolta de Cádiz.

A insurgência lusa condensou-se na criação de uma Junta Provisional de Governo, que jurou a Constituição espanhola, até que fosse elaborada uma autóctone Lei Fundamental portuguesa.

Enquanto isso, e por influxo dos acontecimentos anteriormente narrados, fomentou-se o debate político no Rio de Janeiro, sede da monarquia de D. João VI. E aí ganhou força o temor de que o monarca regressasse a Portugal, em decorrência retomando o Brasil o estado de mera colônia. No caldo dessa inquietação, muito alimentado pela crise econômica então reinante, Silvestre Pinheiro Ferreira, ministro do Reino, lançou uma convocação geral aos eleitores das comarcas para a escolha dos deputados brasileiros junto às Cortes Gerais (em Lisboa) e deliberação do regulamento da regência do Brasil (após a esperada e inevitável partida de D. João VI).

A Assembleia, assim formada, reuniu-se no dia 21 de abril de 1821 (sexta-feira da Paixão) e votou pela imposição a D. João VI da adoção da Constituição de Cádiz, até que uma nova Constituição portuguesa fosse aprovada. O monarca, após receber no Palácio uma comissão da dita Assembleia, jurou a Constituição espanhola como

---

[52] BARRETTO, Vicente de Paulo; PEREIRA, Vítor Pimentel. Viva la Pepa: a História não contada da Constitución Española de 1812 em Terras Brasileiras. *Revista do Instituto Histórico e Geográfico Brasileiro*, jul./set. 2011.

solicitado, expedindo decreto determinante de sua vigência a partir do dia seguinte. Retirando-se a comissão a seu lugar de origem, o monarca (e seus assessores), descontente com a exigência e sentindo-se ilicitamente coagido a acatá-la, movimentou seu aparato militar e determinou o desmantelamento da Assembleia. E assim se deu, já na madrugada de 22 de abril, com uma repressão então denominada pelo povo "O Açougue de Bragança", que custou a morte de três cidadãos e ferimentos e prisões de muitos outros. Logo ao amanhecer de 22 de abril, D. João VI baixou novo decreto, revogando a vigência da Lei espanhola.

E assim se deu nossa observância, por quase 24 (vinte e quatro) horas, da Constituição espanhola de 1812, no Brasil.

§4º A Constituição de 1891

A Constituição de 1891, embora inaugurando uma nova fase – a República –, não discrepou da inspiração liberal que já marcara o período imperial. Com isso pretendemos dizer que o surto intervencionista estatal ainda não comparece logo de início aqui. Aliás, o vetor intervencionista jurídico-político não encontrara, até então, suas concretizações mais eloquentes, que apenas no início do século 20 despontariam: a revolução comunista e a Constituição do México.

No dia da proclamação, o Governo Provisório republicano editou o Decreto nº 1 (15.11.1889), pelo qual "proclamada provisoriamente e decretada como a forma de governo da Nação brasileira – a República Federativa" (art. 1º). Assim, república e federação nascem geminadas.

No ano seguinte, pelo Decreto nº 510, de 22.06.1890, foi publicada pelo Governo Provisório a Constituição dos Estados Unidos do Brasil, com a ressalva de vigência imediata tão apenas na matéria pertinente ao Legislativo (art. 3º do Decreto). Quanto ao mais, o texto seria submetido ao primeiro Congresso Nacional, a ser eleito a 15.09.1890 e a instalar-se em 15.11.1890. O texto definitivo veio a ser promulgado em 24.02.1891. A nominata dos constituintes contém alguns dos nomes mais ilustres da história do país, encimada pelo do Presidente do Congresso Nacional Constituinte, o Senador por São Paulo Prudente de Moraes (que mais tarde seria Presidente da República).

O texto constitucional, de exemplar feitura, plasmado sob a influência do Senador (pela Bahia) Ruy Barbosa e inspirado (segundo se diz, mas não se prova) pela experiência constitucional norte-americana, conta com 91 (noventa e um) artigos e 8 (oito) Disposições Transitórias.

Anota Fernando Dias Menezes de Almeida[53] duas diferenças marcantes entre o documento de 1891 e o do Império (além, é claro, da adoção da República): a descentralização federativa e a concentração da função jurisdicional no Poder Judiciário. A essa indicação acrescentaremos a afirmação da laicidade do Estado (artigo 11), a criação do Tribunal de Contas da União (artigo 89), o papel destacado de garantidor das instituições constitucionais conferido às Forças Armadas (artigo 14, não obstante o cometimento de seu comando – delegável, porém! – ao Presidente da República, no artigo 48) e a responsabilidade do Presidente (e dos Ministros de Estado), em contraste com a absoluta irresponsabilidade do Imperador.

Especificamente com vistas à função administrativa, merecem destaque na Constituição de 1891 os seguintes temas:
- a proibição ao Congressista, desde que eleito, de celebrar contrato com o Poder Público ou dele receber comissões ou empregos remunerados (salvo missões diplomáticas, comissões ou comandos militares, cargos de acesso e promoções legais): artigo 23;
- a liberdade de culto: artigo 72;
- a competência municipal para administradores comunitários: idem;
- a laicidade do ensino público: idem;
- a liberdade de expressão, de pensamento, associação e de reunião ordeira: idem;
- o direito de petição: idem;
- a liberdade de exercer profissão: idem;
- a acessibilidade aos cargos públicos, vedadas as acumulações: artigo 73;
- a aposentadoria, mas somente por invalidez no serviço da Nação: artigo 75;
- a responsabilidade dos funcionários públicos por abusos e omissões: artigo 82;

Por sua curiosidade, pinçaremos algumas das Disposições Transitórias:
- o artigo 7º concedia a D. Pedro II uma pensão, a ser fixada pelo Congresso ordinário, que lhe garantiria, "por todo o tempo de sua vida, subsistência decente";

---

[53] ALMEIDA, Fernando Dias Menezes de. *Formação da Teoria do Direito Administrativo no Brasil*. São Paulo: Quartier Latin, 2015. p. 225.

– o artigo 8º determinava ao Governo Federal a aquisição da casa em que faleceu Benjamin Constant (o brasileiro), no mesmo preceito denominado "o fundador da República", assegurado à viúva, no parágrafo único, o usufruto vitalício.

Não faltariam vicissitudes a sublinhar a vida de nossa primeira Constituição republicana. Para tanto, aliás, bastaria a permanência de alguns problemas que já haviam perturbado as instituições imperiais, como a tutela militar (nossos dois primeiros Presidentes eram marechais e, sobretudo Floriano, exerceram o poder de forma ao menos semiditatorial), as ambições corporativas e a pobreza do erário. Mas, além disso, vícios, de origem mesmo, contribuiriam para o desassossego. Para começar, como bem assinalou João Camilo de Oliveira Torres,[54] nossa *federação* nasceu à força, sobretudo pelo empenho de Ruy Barbosa: as antigas Províncias não foram ouvidas (ao contrário do que ocorrera na América inglesa). Com isso, o que construímos, e até hoje experimentamos, é um modelo canhestro de federalismo: pretende-se descentralizar a vida político-institucional dos Estados, mas concentra-se nas mãos da União a imensa maior parte dos meios habilitantes ao cumprimento das responsabilidades e atribuições estaduais (e municipais). Daí a recorrente pregação por um "novo pacto federativo", sem claras ideias sobre o que essa fórmula significaria. Enfatize-se: muito mais que uma *federação*, o que, desde 1891, temos no Brasil é uma formatação mal acabada de *descentralização* político-administrativa.[55]

Os fatores de desestabilização que anteriormente destacamos fermentaram fortemente no curso do tempo. As insatisfações militares levariam à eclosão político-revolucionária do Forte de Copacabana, em 1922. As corporações políticas de Minas, São Paulo, Rio de Janeiro e Rio Grande do Sul, o governo dos coronéis, chefes políticos e donos de terras, todos esses movimentos sísmicos geraram as inquietações dos dias de Artur Bernardes (que evoluíram para a interrupção da presidência de Washington Luís e culminaram com o encerramento da República Velha, em 1930). Bem ao estilo brasileiro, intentou-se remendar a crise com atitudes normativas. Daí a Emenda Constitucional de 1926, que se pensava poder evitar o desenlace de 1930. Sem êxito...

---

[54] TORRES, João Camilo de Oliveira. *A formação do federalismo no Brasil*. Brasília: Câmara dos Deputados, Edições Câmara, 2017.
[55] SOBRINHO, Manoel de Oliveira Franco. *História Breve do Constitucionalismo no Brasil*. Curitiba: Universidade Federal do Paraná, 1969. p. 26.

As alterações de 1926 dizem respeito às hipóteses de intervenção federal nos Estados (artigo 6º), às competências (consideravelmente ampliadas) do Legislativo (artigo 34), à estrutura e formato do Judiciário (artigos 59 a 61) e a alguns (ampliando-os) dos direitos individuais fundamentais (artigo 72). Em nada, contudo, interferiu a Emenda com nossa apreciação da função administrativa, a lume da Constituição.

§4º.1 A bibliografia administrativista do período

Na aguda observação de Fernando Dias Menezes de Almeida,[56] a suposta influência do constitucionalismo norte-americano no desenho de nossa República não foi suficiente para afastar nossos administrativistas, de então, dos modelos e dos autores franceses. Doutra banda, a capitulação parca da Constituição de 1891, sobre a função administrativa, tampouco inspirou nossos estudiosos para além da mera e restrita análise exegética.[57]

Para nosso gosto pessoal, destacaremos, para a República Velha, apenas dois autores de trabalhos: Alcides Cruz e Viveiros de Castro. Como estamos em face de bibliografia praticamente contemporânea, com acesso razoavelmente simples aos eventuais interessados, aqui não nos debruçaremos detidamente sobre suas obras, fazendo apenas breves observações. De um e de outro podemos encampar as sábias apreciações do saudoso Oswaldo Aranha Bandeira de Mello:

> Precursores da Escola Técnico-Jurídica foram Viveiros de Castro e Alcides Cruz. O trabalho deste, embora mais resumido que o daquele no desenvolvimento da matéria, lhe é, entretanto, superior, pela segurança dos conceitos, pela sistematização adequada dos princípios; ao contrário do outro, sem método, com excessiva citação de opiniões alheias e com omissão da sua, faz com que a obra deixe de ter unidade de pensamento. Contudo, em ambos se nota a predominância dos ensinamentos de Orlando e Berthélemy.[58]

---

[56] ALMEIDA, Fernando Dias Menezes de. *Formação da Teoria do Direito Administrativo no Brasil*. São Paulo: Quartier Latin, 2015. p. 226-228.

[57] REALE, Miguel. *100 Anos de Ciência do Direito no Brasil*. São Paulo: Saraiva, 1973. p. 16.

[58] MELLO, Oswaldo Aranha Bandeira de. *Princípios Gerais do Direito Administrativo*. 2. ed. São Paulo, Malheiros, 1979. v. I. p. 122-123.

Não obstante o rigor do juízo anteriormente transcrito seja acertado, cumpre destacar (tal como o fez Fernando Dias Menezes de Almeida),[59] uma passagem de integral felicidade e atualidade mesmo, que se extrai das páginas 261/262 do "Direito Administrativo Brasileiro", de Alcides Cruz:

> Qualquer julgamento administrativo deve ser precedido de processo, ainda que sumário ou sumaríssimo, com formas regulares e designação de instâncias e alçadas. São de ordinário, mais simples, menos solenes e de prazos mais abreviados, que os processos judiciários. Entretanto eles são quase draconianos, por defeito das leis que os instituem, e em relação à defesa, deixam muito a desejar; ela fica verdadeiramente tolhida, ou pela exiguidade de prazos ou pela desconfiança dos funcionários a quem estão afetos, sempre receosos que o advogado de defesa, um chicanista terrível ou um profano sagasíssimo (*sic*), seja capaz de descobrir algum *segredo da repartição*; ou pelas injustas imposições legais, tais como a de não ter vista dos autos a defesa, mal lhe sendo permitido um perfunctório exame na própria repartição; a de não poder interpor recurso sem o prévio depósito ou fiança idônea; em suma, nem mesmo sendo muitas vezes coletivo o julgamento, como é o das juntas da fazenda, ele sequer é público![60]

§5º A expansão do Estado e do Direito Administrativo, de 1930 a nossos dias

Com o ano de 1930 se inaugura a Era Vargas, ou, como querem alguns, a República Nova ou 2ª República. Trata-se de um evento originador de profundas alterações na estrutura política, econômica e social do país. Caracteriza-se ainda por um alargamento considerável na presença do Estado e na sua intervenção no cotidiano da cidadania e das instituições públicas e privadas. Na perspectiva que motiva nosso trabalho, a função administrativa adquire impressionantes dimensões e profundidade. Com isso, obviamente, a relevância do Direito Administrativo se hipertrofia, o que se reflete em copiosa normatividade específica e na multiplicação, a níveis até então impensáveis, da bibliografia jurídica brasileira atinente ao tema.

---

[59] ALMEIDA, Fernando Dias Menezes de. *Formação da Teoria do Direito Administrativo no Brasil*. São Paulo: Quartier Latin, p. 241.
[60] CRUZ, Alcides. *Direito Administrativo Brasileiro*. 2. ed. corr. e ampl. Paris, [Rio de Janeiro]: Aillaud, F. Alves, 1914.

Quanto às iniciativas da Administração Pública e à legislação, no campo do nosso interesse, pouco diremos agora e por enquanto, por se tratar de manifestações e fenômenos em grande parte ainda presentes no nosso dia a dia. Tampouco analisaremos minuciosamente as obras publicadas em nossa disciplina, seja por seu alentado número, seja por estarem disponíveis a quantos queiram conhecê-las. Pelas mesmas limitações, espaciais e temporais, não indicaremos a nominata completa (ou quase) dos autores mencionáveis. Todavia, por imperativo não só de justiça, mas também por se tratar de figuras paradigmáticas, referiremos mais à frente alguns nomes que nos parecem relevantes para a própria história do Direito Administrativo brasileiro.

Com Getúlio Vargas o liberalismo clássico inicia sua desaparição. As ideologias autoritárias, que começam sua instalação na Europa, encontram guarida na mente dos revolucionários de 30, o apoio do povo e das Forças Armadas – este é o espeque proclamado pelo novo regime. Desmantela-se a corporação dos Governadores estaduais e, tanto quanto possível, dos coronéis interioranos. Na perspectiva histórica, entretanto, pode-se falar que estávamos diante de um "ovo da serpente". A pregação era populista, "trabalhadores do Brasil" era o início das orações do Presidente. E o Decreto nº 19.398, de 11.11.1930, concentrava no Chefe do Governo Provisório o Poder Executivo e o Poder Legislativo.

§5º.1 O Estado Novo e a Constituição de 1934

Não obstante tantos sinais, as esperanças dos amantes das liberdades se robusteceram, com a edição da Constituição de 16.07.1934, promulgada por uma Assembleia Nacional Constituinte, ostentando seu texto um cunho de claro matiz democrático, como veremos dentro em pouco (no que pertinente à função administrativa).

A ilusão da libertação parecia ser tão irrestrita que até mesmo vicejaram certas esdruxularias. Entre elas, e para simples exemplificação, lembremos a inventiva de um caudilho famoso, Borges de Medeiros, que redigiu, em 1933, um anteprojeto de Constituição para o Brasil, em cujos artigos 82 a 92 se restaurava o Poder Moderador antes conferido ao Imperador, agora atribuído ao Presidente da República. O papel ali reservado ao nosso Presidente da República se aproximava do que a tal agente se dedica no parlamentarismo (o Poder Executivo caberia coerentemente a um Conselho de Ministros). Tanto mais estranhável era a iniciativa, quanto se sabe que, por toda a sua vida, Borges de Medeiros sempre fora um presidencialista convicto, pregador de um Executivo forte. Mas a ideia não prosperou. Impõe-se, então, o exame, da perspectiva da presente obra, da Constituição de 1934.

Antes que tudo, recordemos as anotações preciosas de Raymundo Faoro, no volume 2 de seu imprescindível "Os Donos do Poder".[61] Getúlio, como o já referido Decreto nº 19.398/1930 evidenciara, não tinha qualquer pendor democrático ou ideal liberal. O diploma em questão, a demora de quatro anos na construção da reconstitucionalização do país, tudo isso punha a nu os reais desígnios do caudilho gaúcho. Com a palavra Faoro:

> Sistema constitucional tolerado – este o esquema possível – sob a vigilância do fuzil engatilhado.
>
> [...]
>
> Percebia o chefe do governo provisório que o Estado se transforma no Exército, o Exército encarnado pelos tenentes.[62]

E arremata lapidarmente:

> Nessa balança – o Exército e povo – estava o ponto de equilíbrio, com a supremacia do Estado, sem dependência exclusivamente militar, sustentado nas organizações sindicais oficiais, na economia dirigida por órgãos de toda casta, assessorado por conselhos técnicos de índole vária, e, sobretudo, subordinando a política cafeeira a um órgão federal. Para apoiar o mecanismo de controle, a indústria seria uma dependência do governo, quer pelo fomento ao crédito, quer pela criação estatal da siderurgia. Trilhando a estrada real, que seus tutelados e adversários deixam aberta, o ditador segue, aparentemente solitário, ao encontro da nação. Um sistema estamental, com a reorganização da estrutura patrimonialista, ocupa o espaço vazio, rapidamente, diante dos olhos atônitos de camaradas e inimigos.[63]

---

[61] FAORO, Raymundo. Os Donos do Poder. São Paulo, Globo, Publifolha, 2000. p. 324 e seguintes.
[62] FAORO, Raymundo. Os Donos do Poder. São Paulo, Globo, Publifolha, 2000. p. 324 e seguintes.
[63] FAORO, Raymundo. Os Donos do Poder. São Paulo, Globo, Publifolha, 2000. p. 324 e seguintes.

Com essas feições, o Estado Novo, utopia reiteradamente descrita nos discursos do ditador, a ser marcado pelo modelo gerencial da Administração, teria de contraditoriamente caminhar fortemente, como fez, para uma arquitetura solidamente burocrática, com o aparelhamento político crescente das instâncias executivas. À disseminação das autarquias (nos moldes brasileiros) e dos departamentos semiautônomos aliou-se a tutela "peleguista" dos sindicatos. Reconheça-se sem hesitação: a autonomia das autarquias (e também dos Departamentos) era sobretudo nominal, não só em razão do processo de designação de seus titulares e do aparelhamento político de suas estruturas, como também pela estranheza que ainda cercava a ideia de controle externo da Administração. No fundo, quem em tudo mandava era mesmo o Presidente da República, configurando-se assim um vínculo antes de hierarquia, que de controle. Em suma, corporativismo em todos os setores estatais significativos.

Mas a promessa da reconstitucionalização havia de ser cumprida, pois assim o exigia a balança Exército/povo. Em suma, com a Constituição de 1934 deveria pôr-se um termo no Estado Novo e dar início a uma nova etapa democrática. Era o que se esperava...

No campo do Direito Administrativo, eis alguns dos pontos mais expressivos da Constituição de 1934 e da atividade administrativa:
- manutenção da liberdade religiosa (artigo 17);
- exigência de lei especial para autorizar atos de disposição do patrimônio público (idem);
- o tradicional rol dos direitos individuais fundamentais foi mantido (artigo 113);
- edita-se o Código de Águas, bem como o Código de Minas;
- cria-se um processo de controle administrativo por Tribunais de Contas, que, contudo, se revelou mais formal que material, não só pelas imperfeições nas designações de seus componentes, como também pela ausência de uma cultura de controle, à vista das sementes autoritárias que partejavam a efetiva atuação do Executivo.

Afora isso, novos Títulos e Capítulos foram por vez primeira incorporados à Lei Maior ("Da Ordem Econômica e Social", onde até prevista a nacionalização progressiva dos bancos e das empresas de seguro (artigo 117); "Da Família. Da Educação e da Cultura"; "Da Segurança Nacional"; "Dos Funcionários Públicos"), todos eles contendo preceitos pertinentes ao exercício da função administrativa. Ainda segundo o relato de Faoro,[64] a Constituição de 1934 causou profundo desagrado a Getúlio, que em copiosa correspondência com seus mais íntimos correligionários queixou-se de que ela despojara o Executivo dos meios de realizar seus propósitos de supervisão administrativa e política da Nação. Cabe, a propósito, anotar que, realmente, o texto de 1934 dificilmente traria alegrias a um caudilho: o processo eleitoral fora escoimado, em grande parte, dos vícios da manipulação de votos; o Legislativo vira alargadas suas atribuições, não faltando inclusive, sob a denominação "Da Coordenação dos Poderes", um artigo 88, que conferia ao Senado Federal competência semelhante à do Poder Moderador da Constituição de 1824. Junte-se a tudo isso a onda nazifascista que se instalou na Europa (com grandes sucessos aparentes iniciais para os países por ela assolados), a eclosão dos movimentos sediciosos integralistas e comunistas, o namoro (platônico ou não) de Getúlio com a Alemanha hitleriana (e também com o salazarismo e o franquismo), a já mencionada antipatia de Getúlio relativamente à Constituição de 1934 e seu fascínio pelo Poder – aí estavam as sementes que levariam à ditadura desabrida de 1937. A precedê-la, mas por direto influxo da agitação integralista, o Congresso Nacional, pelo Decreto Legislativo nº 6, de 18.12.1935, baixou as Emendas 1, 2 e 3 à Constituição Federal. Diretamente conectada ao Direito Administrativo, merece ênfase a Emenda nº 3, cujo texto, autoexplicativo, transcrevemos:

> O funcionário civil ou inativo, que praticar ato ou participar de movimento subversivo das instituições políticas e sociais, será demitido por decreto do Poder Executivo, sem prejuízo de outras penalidades e ressalvados os efeitos da decisão judicial que no caso couber.

Entreabria-se a porta do arbítrio... Elas seriam complementadas pela criação ou fortalecimento de órgãos ilimitadamente repressores (Polícia Especial, para violentamente dissolver manifestações populares; DOPS, para prender e, infelizmente, torturar e matar mesmo os adversários ideológicos do regime, sobretudo integralistas e comunistas) ou de censura prévia (o DIP, famigerado Departamento de Imprensa e Propaganda que manietava a liberdade da imprensa e da criação artística). E, para arremate, o Tribunal de Segurança Nacional, simulacro de Justiça, para consolidar as perseguições políticas do ditador.

---

[64] FAORO, Raymundo. Os Donos do Poder. São Paulo, *Globo*, Publifolha, 2000, p. 326.

§5º.2 A Constituição de 1937

A Constituição de 1937 escancara sua ilegitimidade a partir do próprio dado de ter sido *decretada* pelo Presidente da República apenas. Baixada em 10.11.1937, praticamente nunca entrou em efetiva e integral vigência, já que, por seu artigo 180, o Presidente da República poderia expedir decretos-leis sobre todas as matérias de competência legislativa da União, enquanto não reunido o Parlamento Nacional (dissolvido pelo artigo 178 e jamais restaurado até o fim do Estado Novo). Além do que, era vedado ao Judiciário conhecer de questões consideradas (por quem?) exclusivamente políticas (artigo 94). Nesse panorama, de pouco valia destacar preceitos atinentes à função administrativa. Mas, para sublinhar a ambiência de prepotência então vigorante, transcreve-se um sugestivo articulado da Carta de 1937:

> Art. 177 – Dentro do prazo de 60 (sessenta) dias a contar da data desta Constituição, poderão ser aposentados ou reformados de acordo com a legislação em vigor os funcionários civis e militares cujo afastamento se impuser, a juízo exclusivo do Governo, no interesse do serviço público ou por conveniência do regime.

A cláusula final do articulado ressalta o caráter político do ato demissório, o que o extraía, portanto, da apreciação judicial. Adite-se que, pela Lei Constitucional nº 2, de 16.05.1938, a faculdade contida no artigo 177 foi "restabelecida, por tempo indeterminado"! E pela Lei Constitucional nº 8, de 12.10.92, seu alcance foi estendido aos magistrados.

§5º.3 A transição para a reconstitucionalização

Não há mal que sempre dure...

Tangido (contra a sua vontade, como o verbo indica) a ficar do lado dos aliados, na luta contra o eixo Alemanha-Itália-Japão, Getúlio se viu em situação paradoxal: na ordem externa, lutava a favor da democracia e contra os estados autoritários; na ordem interna, tentava manter as rédeas de um governo ditatorial. A força dos acontecimentos se revelou maior. Da derrocada do fascismo, com a exposição da opinião pública, da imprensa e de nossos soldados na guerra europeia, à pregação do estado de direito, consolidou-se a discussão nacional. Doutra parte, a ancianidade dos ditadores remanescentes europeus, amigos do Estado Novo – Franco, Salazar – não iluminava com otimismo o futuro do credo autoritário. Não havia mais como manter o Brasil numa posição contraditória à que sustentara com armas e sangue. O Presidente, encurralado por tudo isso, tentou garantir sua sobrevivência e manter-se à testa do processo de transição democrática. Nesse sentido baixou a Lei Constitucional nº 9, de 28.02.1945, prevendo a reabertura do Legislativo e a convocação de eleições presidenciais, reafirmando, contudo, a vigência de alguns dispositivos da Carta de 1937. Tarde demais...

Apeado do poder o ditador, assumiu a chefia do Executivo o Presidente do Supremo Tribunal Federal, Ministro José Linhares, que, dentre muitas outras que baixou então, editou as Leis Constitucionais de números 12 de 07.11.1945 (que dispunha sobre a livre demissão, por mera conveniência, dos funcionários públicos, aí excluídos os magistrados), 13 de 12.11.1945 (que atribuía ao Congresso a ser eleito em 02.12.1945 poderes constituintes), 14 de 17.11.1945 (que extinguiu o Tribunal de Segurança Nacional) e 15 de 26.11.45 (que fixava em 02.12.1945 o início do mandato do Presidente da República a ser eleito na referida data).

Na sequência, elaborou-se a Constituição que viria a ser promulgada a 18.09.1946.

§5º.4 A Constituição de 1946

No plano da análise histórica, a Constituição de 1946 costuma ser cantada em prosa e verso, como documento irretocável.

De fato, o espírito democrático da Constituição de 1946 é inegável. Entre algumas de suas mais relevantes determinações, no prisma da função administrativa, cumpre destacar:
– a eliminação às restrições antes incidentes sobre a liberdade de expressão, inclusive artística e midiática;
– a enfatização do controle externo pelo Tribunal de Contas (ainda contudo ineficaz, pela velha resistência dos entes controlados e a ainda ineficiente afirmação existencial das Cortes de Contas);
– a consagração do princípio do equilíbrio econômico-financeiro das concessões de serviços públicos;
– a fixação de uma pauta mínima de direitos da legislação trabalhista e previdenciária (neste particular, dispondo sobre

a aposentadoria por invalidez, por tempo de serviço e pelo implemento de setenta anos de idade);
- o compartilhamento da competência para decretação de estado de sítio, entre o Congresso Nacional e o Presidente da República, sendo disciplinadas ambas as atribuições.

A história da redemocratização via Constituição de 1946 há de ser encarada *cum grano salis*. Em verdade, houve espasmos de deficiência democrática já desde o início da elaboração do diploma em questão. Deixemos até de lado o episódio, que só mais à frente viria a concretizar-se, da dissolução, por decisão judicial, do PCB (Partido Comunista Brasileiro) e a consequente cassação dos congressistas por ele eleitos (tudo feito de afogadilho, pelo menos). Detenhamo-nos num outro fato concreto: Getúlio Vargas candidatara-se a Senador, por São Paulo e pelo Rio Grande do Sul, tendo sido não apenas eleito para ambas as vagas, como também foi o brasileiro mais votado em 02 de dezembro de 1945. Como não optara ele por qualquer das cadeiras, aplicar-se-ia o Regimento Interno da Constituinte, em razão do qual proceder-se-ia à diplomação na vaga para a qual obtida a maior votação (*in casu*, o Rio Grande do Sul). E Getúlio tornou-se o mais evidente participante oculto da Assembleia Constituinte (depois de sete meses de autoexílio nos confins gaúchos), embora reiteradamente atacado por seus pares. Esse panorama de confronto ampliou-se a partir de 27.05.1945, data em que apresentado ao Colegiado o Projeto de Constituição. Ressalte-se, ainda uma vez: Getúlio regressava à vida política, após deposto como execrado ditador, como o brasileiro que obteve a maior votação popular de todos os tempos. Retornou de São Borja com a aura de injusto martírio, como pensava o povo.

De toda forma, iniciou-se o debate do Projeto, com as peripécias comuns à matéria: intromissão de temas esdrúxulos, pronunciamentos "só para a plateia", multiplicação de questões de ordem (que muitas vezes não eram como tal passíveis de aceitação, mas eram mesmo assim discutidas e votadas), etc...

Registram os anais da Assembleia Constituinte algumas intervenções hoje tidas como históricas. Por exemplo: a do eminente Deputado paulista, jurista de prestígio, Ataliba Nogueira, criticando a extensão do Projeto e a existência nele de matérias alheias ao âmbito do Direito Constitucional (10.06.1945); a do Deputado, pelo então Distrito Federal, Hermes Lima, jurista de escol que mais tarde ocuparia assento no Supremo Tribunal Federal, não só dando eco às observações de Ataliba

Nogueira, como também criticando o excesso de artigos meramente declaratórios e pela timidez e omissão do Projeto em matéria econômica e social (em relação a cujos temas a notória inclinação de Hermes Lima pelo socialismo demonstrava sua insatisfação com as propostas do Projeto), bem como sua irresignação com o que seria o excesso de poderes conferidos ao Presidente da República (12.06.1945); a do deputado pela Bahia (e natural desse Estado, como também Hermes Lima), Aliomar Baleeiro (outro notável jurista, que também viria a ser par, no Supremo, de Hermes Lima), que não só aliou-se às críticas antes referidas, como também enfatizou os defeitos e ausências do Projeto no que pertinente à organização financeira e à ordem tributária (12.06.1945).

Deu-se partida, logo na sequência das sessões, à análise das emendas, apresentadas aos milhares. E é nessa etapa que surge um fator que, acoplado aos problemas focalizados nos parágrafos anteriores, mais turvo acaba por deixar o entusiasmo com que, mesmo hoje, se encara a Constituição de 1946. Trata-se do esforço de Vargas, sobretudo pela voz de Barreto Pinto e de Souza Costa, destinado a moldá-la a seu gosto. Na surdina sim, porque, oficialmente, Getúlio, embora o mais votado dos constituintes, foi o mais ausente dos trabalhos formais da elaboração constitucional, comparecendo apenas a 26 (vinte e seis), das 182 (cento e oitenta e duas) sessões havidas, não tendo apresentado nominalmente emendas nem comparecido à sessão de promulgação, tampouco assinando a Constituição (foi o único dos constituintes a assim agir). É aliás impressionante como sua popularidade sobreviveu à sua deposição: além de eleito Senador por dois Estados, foi, na mesma eleição, ungido Deputado pela Bahia, Rio de Janeiro, Distrito Federal, São Paulo, Paraná, Rio Grande do Sul e Minas Gerais (em todas essas posições substituído pelo suplente cabível).

O importante é que, em 1946, com todos os habituais acidentes de percurso que aos historiadores incumbe relatar, vivemos uma experiência democrática, mas com uma cultura política ainda marcada por todos os vícios que tisnavam a vida brasileira, a rigor desde o nascimento: corrupção, corporativismo, sede pelo poder. As instituições estatais não se consolidavam irreversivelmente, os valores democráticos predominavam "da boca para fora". Sequer se formara uma burocracia como a de países adiantados, destinada sobretudo a dar continuidade administrativa às sucessivas trocas dos titulares do comando do Estado. O que havia de permanente era o estamento político – e, a tutelá-lo e vigiá-lo, a corporação militar. Nessa ambiência, foi possível ao país sobreviver, com cicatrizes profundas algumas, superficiais outras, ao drama do governo constitucional com o suicídio de Vargas, e à dança das cadeiras protagonizada por Café Filho, Carlos Luz e o Marechal Lott. Tudo desabrochando na era de intenso otimismo, de Juscelino.

§5º.5 Uma longa jornada de um dia para dentro de uma longa noite

Aqui, particularmente, uma observação: sob o desenvolvimentismo, os "cinquenta anos em cinco", a interiorização do país, a construção de Brasília, a criação da indústria automobilística, a índole absolutamente legalista e condescendente do Chefe do Executivo; por baixo de tudo isso o estamento político, aliado agora à corporação empresarial, não mais conheceu barreira em sua ganância e na falta de escrúpulos para realizá-la sem freios. Para ficarmos num único tópico: a construção de Brasília, se escrutinada hoje por uma operação do calibre da "Lava Jato", apanharia em suas malhas centenas de nomes de impacto, na política e na vida econômica. Velhos tempos, novos tempos: mas sempre o mesmo *homo brasiliensis*, os mesmos estamentos, as mesmas rapina e corrupção. A partir daí, era só uma questão de tempo verificar quando a corporação militar, tradicional avalista da normalidade institucional, haveria de intervir no processo deletério.

A sucessão de Juscelino por um tresloucado Presidente, seguido por um outro que era, aos olhos dos fardados, irremediavelmente comprometido com o "perigo vermelho", despertou o dragão. Não sem antes se intentar uma solução de "jeitinho" caboclo: a confusa Emenda Constitucional nº 4, de 02.09.1961, pela qual instituído um sistema parlamentar de governo, feito, como era nítido, para não dar certo e esmagadoramente extinto por um plebiscito. Mas a corporação militar não toleraria essa aparente afronta e, dessa vez, haveria de levantar-se não como árbitra para dirimir um impasse e, em seguida, legitimar uma nova composição do estamento político. Agora, em 1964, não mais: a corporação militar insurgiu-se e tomou para si o poder, que só viria a largar mais de 20 (vinte) anos mais tarde, corroída pela ineficiência e até mesmo pela corrupção de alguns de seus segmentos, além de outros fatores externos significativos mundialmente (particularmente a ruína do comunismo, com o que o principal pretexto para a tomada militar do poder deixava de existir). Em suma, parafraseando o notável poeta T. S. Eliot, iniciava o Brasil uma longa jornada em direção a uma inevitável tenebrosa (e também longa) noite.

A prefalada Emenda Constitucional de nº 4/61 não trouxe qualquer inovação ao exercício da função administrativa. Por isso nela não haveremos de nos deter.

Mas o mesmo não se diga da legislação constitucional(?) baixada pela "República" de 1964. É o que passamos a examinar.

O Ato Institucional nº 1, 09.04.1964, provocou os seguintes brutais efeitos, no exercício da função administrativa:
- foram suspensas, por 6 (seis) meses, as garantias da vitaliciedade e da estabilidade (artigo 7º);
- o controle jurisdicional dos atos concretos, em conformidade com a suspensão supra, ficou limitado ao exame extrínseco de legalidade, sem investigação do mérito (artigo 7º, §4º);

Pela Emenda Constitucional nº 10, 09.11.1994, estatuiu-se a possibilidade de se pagar a indenização pela desapropriação de área rural latifundiária, salvo as benfeitorias necessárias ou úteis (artigo 5º), mediante títulos. Além disso, a usucapião de terreno rural foi facilitada (artigo 6º).

O Ato Institucional nº 2, de 27.10.1965, também criou condicionamentos aqui relevantes:
- a liberdade de expressão não admitiria "propaganda de guerra, de subversão da ordem ou de preconceito de raça ou de classe" (artigo 12);
- as garantias de vitaliciedade, inamovibilidade e estabilidade foram definitivamente suspensas. Os seus até então titulares poderiam, ainda, ser removidos, demitidos ou dispensados, ou postos em disponibilidade, aposentados, transferidos para a reserva ou reformados, com vencimentos e vantagens proporcionais ao tempo de serviço (artigo 14);
- ficavam totalmente excluídos da apreciação judicial os atos praticados com fundamento nos Atos Institucionais e nos pertinentes Atos Complementares (artigo 19);
- foi estabelecida a competência do Executivo para legislar, em qualquer matéria, mediante Decreto-Lei (artigos 30 e 31).

Destaque-se, enfim, o Ato Institucional nº 4, de 07.12.1966, pelo qual convocado o Congresso Nacional para discussão, votação e promulgação do Projeto de Constituição, apresentado pelo Presidente da República. Fruto dessa determinação foi a Constituição de 24.01.1967, que apreciaremos na forma de sua modificação e consolidação, pela

Emenda Constitucional nº 1 de 17.10.1969, baixada pela Junta Militar, durante o recesso do Congresso Nacional (Ato Complementar nº 388, de 13.12.1968).

§6º A Constituição de 1967/1969

Cabe agora o exame da Constituição de 1967, já com a incorporação de seus acréscimos, operados pela Emenda Constitucional nº 1, de 17.10.1969, bem como de uns poucos atos posteriores que a complementaram. Seguem alguns destaques:
- o controle financeiro e orçamentário tem sua extensão consideravelmente alargada (artigos 60 a 72);
- por primeira vez se confere ao Presidente da República "a direção superior" da Administração Federal (artigo 81, I); com a mesma nota, a ele se atribui competência para extinguir cargos públicos federais (artigo 81, VIII);
- a primeira investidura em cargo público passa a depender de aprovação em concurso público de provas, ou de provas e títulos, "salvo os casos indicados em lei" (artigo 97 §1º);
- a remuneração do funcionário público recebe parâmetros constitucionais (artigo 98);
- a proibição da acumulação de cargos e proventos se amplia e ganha minuciosa disciplina (artigo 99), não a desfigurando o fato de um dos cargos integrar a estrutura de autarquias, empresas públicas ou sociedades de economia mista (artigo 99 §2º);
- é prevista a aposentadoria voluntária da funcionária mulher após 30 (trinta) anos de serviço (artigo 101);
- estabelece-se a necessidade de lei especial, de iniciativa do Chefe do Executivo, para disciplinar o regime jurídico dos servidores públicos (artigo 109, I), bem como dos servidores admitidos ou contratados para "funções de natureza técnica especializada" (artigo 106);
- ficou permitida a criação de contencioso administrativo, com competência para julgamento dos litígios decorrentes das relações de trabalho dos servidores com a União, inclusive as autarquias e as empresas públicas federais, qualquer que fosse o regime jurídico do relacionamento (artigo 111, jamais implementado);

- a preferência às empresas privadas para o exercício da atividade econômica (artigo 170) é proclamada, ingressando no texto constitucional as empresas públicas e as sociedades de economia mista;
- pelos artigos 181 e 182, toda a legislação de exceção (e os atos com base nela praticados), emitida pela "Revolução", se manteve incólume e absorvida no Texto de 1967/9, reafirmada a impossibilidade de sua apreciação judicial.

Pela contundência de sua prepotência, nenhuma das normas "revolucionárias" suplanta o Ato Institucional nº 5, de 13.12.1968. Por ele, não só todas as Casas Legislativas do país ficaram em recesso até segunda ordem, vigorando a normatividade, em todas as matérias, baixada por decretos-leis, admitindo-se ainda a decretação da intervenção nos Estados e Municípios sem quaisquer limitações (tudo isso conforme os artigos 2º e 3º do AI-5), como também consagradas a suspensão de direitos políticos por até 10 (dez) anos e a cassação de quaisquer mandatos eletivos (4º a 6º). Ademais, foram suspensas as garantias de vitaliciedade, inamovibilidade e estabilidade (artigo 6º), assim como prevista a liberdade absoluta do Chefe do Executivo, para demitir, aposentar, remover ou colocar em disponibilidade os servidores em geral (artigo 6º §§1º e 2º). Não bastasse tudo isso, praticamente foi abolido o *habeas corpus* (artigo 10).

Mas não bastava... Pelo Ato Institucional nº 13, de 05.09.1969, o Executivo poderia, mediante proposta do Ministro da Justiça ou de qualquer das três Forças Armadas, "banir do território nacional o brasileiro que, comprovadamente, se tornar inconveniente, nocivo ou perigoso à segurança nacional".

A extensa Emenda Constitucional nº 7, de 13.04.1977, ampliou o âmbito material a ser atribuído a contenciosos administrativos (artigos 203 e 204, incluídos pela Emenda na Constituição de 1967/69, mas cuja previsão não chegou a ser implementada).

Pela Emenda Constitucional nº 8, de 14.04.1977, o artigo 97 da Constituição foi alterado, no sentido de determinar que nenhum concurso, para acesso a cargos da Administração, teria prazo de validade superior a 4 (quatro) anos, contado da homologação.

Na Emenda Constitucional nº 18, de 30.06.1981, a aposentadoria por tempo de serviço para professores teve seu prazo reduzido para 30 (trinta) anos de efetivo serviço para o homem, e 25 (vinte e cinco) de efetivo serviço para a mulher.

Derradeiramente, pela Emenda Constitucional nº 26, de 27.11.1985, sepultou-se a malfadada exceção militarista iniciada em 1964, eis que seu texto convocava a Assembleia Nacional Constituinte, que haveria de produzir a Constituição de 1988, que ora nos rege. O artigo 4º da Emenda concedeu irrestrita anistia a quantos "punidos por atos de exceção, institucionais ou complementares". A longa noite do arbítrio cedia e iniciávamos a caminhada para a reconstitucionalização democrática, com o restabelecimento do Estado de Direito.

§7º O regime militar, o estado empresário e a tecnocracia: ascensão e queda

As notas mais distintas de "modernização" administrativa, plasmadas pela Constituição de 1946 (mas já anunciadas pela de 1934), concentravam-se na técnica do uso de autarquias e departamentos semiautônomos, com o que se pretendia dar dinamismo a setores estratégicos da economia nacional.

O golpe de 1964 seguiu um novo caminho. Exauridas (sobretudo por mau uso) as fórmulas anteriores, os comandantes militares seguiram outro credo, com a preocupação de se afastarem, tanto quanto possível, dos modelos anteriores. Nesse propósito, aboliu-se, por exemplo, o protagonismo dos advogados, como assessores preferenciais do Poder, reservando-se a alguns poucos – e mesmo ilustrados – daqueles profissionais as cadeiras de aconselhamento aos mandantes e mandatários militares. Em vez dos advogados, inaugurou-se a dinastia dos economistas e dos tecnocratas de todo o gênero. Aos juristas remanescentes reservou-se a tratativa e a construção das criações de sociedades de economia mista e de empresas públicas – e até mesmo das esdrúxulas fundações de direito público (tema a que voltaremos no devido momento). Aos economistas e tecnocratas, além do comando de setores que a "Revolução" considerava adequados para seus ofícios, foi destinada a preparação de uma pletora de estranhos e até anedóticos decretos-leis (sobretudo nos primeiros tempos da "Revolução"), baixados com vistas a que o papel tudo definisse, tornando despicienda a tarefa interpretativa.

Daí, por exemplo, as práticas (até hoje não abandonadas, infelizmente) da adoção de glossários legais e o vezo de produzir diplomas normativos de imensa (e desnecessária) extensão. Em suma, para cada Lei, um manual do usuário, tal como a tecnocracia costuma fazer, particularmente no campo da eletrônica e dos medicamentos. E à semelhança desses manuais e dessas bulas, de regra esses apêndices muito mais confundiam (e confundem) do que esclarecem. Dois casos exemplares: o do decreto-lei sobre a produção aviária, que definia *ovo*, não só na sua essência existencial (o que era bizarro e notavelmente desnecessário), mas também em suas dimensões (o que conduziria qualquer infeliz mortal à dúvida esfingética insuperável: como denominar e definir um ovo, vindo à luz um pouco maior, ou um pouco menor, do que o prescrito no decreto-lei?); o do decreto-lei que tratava da produção de vinho de uva, reservando tal palavra para a bebida com características não só subjetivas, mas também objetivamente numéricas, no que pertinente, por exemplo, à concentração do seu insumo básico ou ao teor alcoólico; que beberagem então estaríamos a consumir, no caso de pequenas variações, para mais ou para menos, em tais indicadores?

Obviamente, tais exageros da tecnocracia conduziam o sistema que a originou à sua ruína. Mas não só por isso a "mensagem revolucionária" se degradava.

Cumpre relembrar: o golpe de 1964 se afirmara, desde o seu primeiro documento – o Ato Institucional nº 1 –, como o amargo remédio de reconstrução do país, o que impunha, diziam, a luta contra a corrupção e contra a subversão comunista, pragas que o governo de Jango Goulart teria maximizado. Com motivação tão equivocada, nem os meios nem os fins da quartelada poderiam chegar a bom termo. Era só uma questão de tempo.

O governo de João Goulart não era, em realidade, uma via para o comunismo no Brasil. Era, isso sim, um governo inepto, incapaz e inábil. Havia, sim, alguns personagens tidos por comunistas, no entorno do Presidente, a aconselhá-lo – sempre mal – no desempenho do comando do país. Mas seja pelas dimensões continentais do Brasil, seja pela incompetência habitual e histórica dos próceres brasileiros comunistas, daí nunca viria a sair uma Cuba castrista; claro, há, como até hoje aliás, alguns esquerdistas e comunistas intelectuais, sempre contudo preguiçosamente incapazes de sair de sua vida contemplativa, de assumir riscos e de trabalhar (mesmo em prol de seus supostos ideais). Não bastasse tudo isso, peculiar à vida brasileira, no macrocosmo mundial a aceleração da demolição do comunismo, iniciada com a morte de Stalin, começava a processar-se e atingiria sua culminância com a queda do Muro de Berlim e a dissolução da União Soviética. Tais eventos de alto impacto e enormes consequências – com as precursoras ocorrências de revoltas na Hungria, na Tchecoslováquia, na Alemanha

Oriental e na Polônia – claramente prenunciavam o fim do pretexto de combate ao comunismo, que fora um dos alicerces "justificadores" do Golpe de 1964.

E quanto à corrupção, muito cedo numeroso contingente do empresariado, habituado a alimentar-se de contratações viciadas com o Estado, de pronto lançou-se à cooptação de expressivos quadros militares, premiado com polpudas direções e assessorias, contaminando de forma indelével (com as honrosas exceções de estilo), corroendo e arruinando este segundo fator geratriz do golpe. Conforme mais à frente enfatizaremos, a queda do suposto último bastião de moralidade –, atraído pelas vantagens (supostas) da corrupção, deixaria marcas profundas na vida pública brasileira, que eclodiriam em escandalosos eventos já em pleno século XXI.

A tudo isso se acostam dois fenômenos: a repulsa crescente às violências normativas e às crueldades repressivas das polícias a serviço do golpe; a reversão da economia do "milagre brasileiro", em função das crises internacionais detectadas em setores de grande importância para o equilíbrio brasileiro.

Pode-se ainda cogitar de um outro fator para a queda do regime militar: a inexistência de renovação nas elites dirigentes e de prestígio da corporação militar.

§8º A Constituição de 1988: breves referências

É nesse panorama que se insere a Emenda nº 26 à Constituição de 1967/9, que tornou possível o aparecimento da Constituição de 1988. Mas com esta saímos da história e passamos ao presente, ao cotidiano. Por isso, não esmiuçaremos aqui os marcos do Direito Administrativo, de nossa vigente Lei Magna. Suas virtudes e senões serão postos em relevo nos segmentos temáticos em que se desdobrará o presente trabalho. E, a propósito, registremos um esclarecimento: os destaques por nós efetuados, nas Constituições anteriores, quanto a certos temas, não tiveram caráter exauriente. Limitamo-nos, então, a evidenciar aqueles pontos pertinentes ao que já enfatizamos, em passagens iniciais deste livro, como o núcleo de nossa disciplina: a tensão Estado/Indivíduo e a consideração dos instrumentos de defesa deste, contra os desmandos daquele. Mas todas as nossas Constituições contiveram prescrições atinentes ao Direito Administrativo, fora desse núcleo de confronto.

É o caso, por exemplo, da tipificação dos bens públicos, ou da remoção do Presidente da República. Ao enfrentarmos essas matérias, nos capítulos subsequentes, voltaremos às Constituições anteriores, para mostrar o sequenciamento histórico do seu tratamento constitucional. Mas com referência específica à Constituição de 1988, queremos, agora, simplesmente pinçar suas linhas caracterizadoras mais eloquentes, para o bem ou para o mal:
- seu texto é demasiadamente longo. Não há dúvida de que o momento histórico de sua feitura acabou por ditar essa marca. Como saíamos de duas décadas de duro autoritarismo, queríamos consagrar em texto constitucional todas as garantias básicas da liberdade e do desenvolvimento, muitas das quais, realmente, consistentes em típicas práticas administrativas, ou políticas públicas, a serem mais adequadamente desenvolvidas em legislação ordinária, a ser editada ao sabor das conveniências do tempo. Por isso nossa Constituição já conta hoje com um número verdadeiramente fantástico de Emendas;
- a Constituição de 1988, até mesmo em sua topografia, mas sobretudo em seu elenco de garantias e princípios, se estampa como a Carta do Indivíduo Brasileiro. Tais virtudes se revelam, excelsamente, num extraordinário tripé, a um tempo axiológico e normativo: na constitucionalização do processo administrativo (dessa forma tornando *eficaz* o tradicional direito de petição); na constitucionalização da coparticipação individual no exercício da função administrativa (por exemplo, artigo 31 §3º); na ampliação dos instrumentos jurisdicionais de controle da atividade administrativa, seja diretamente pelo indivíduo (ação popular, por exemplo, que teve seu escopo ampliado na atual Constituição, art. 5º, LXXIII), seja pelas vias de substituição processual ou de representação coletiva (artigo 5º XXI, LXX, por exemplo).

A par de tudo isso, sublinhe-se a nova feição que a Constituição de 1988 intentou imprimir na função administrativa, com o abandono da primazia do modelo burocrático e a adoção do modelo gerencial. Para a consagração desse propósito, importante destacar:
- a estruturação básica de toda a Administração Pública na própria Lei Maior, dotando-a de uma pauta valorativa indeclinável, na qual se destaca o princípio da eficiência;

- a adoção de instrumentos dinâmicos de ação estatal, como as agências reguladoras, as OSSs e as OSCIPs, bem como os contratos de gestão, todos esses tópicos a serem desenvolvidos em posteriores etapas da presente obra;
- a sistematização de uma estrutura de controle da Administração comprometida com o princípio da eficiência;
- a ampliação do papel da fiscalização e promoção do Ministério Público e da Polícia Federal.

Há, ademais, uma outra diretriz a ser aqui considerada: o desmantelamento do papel tutelar e avalizador das Forças Armadas, o que não só decorre da nitidez maior (agora) de seu papel constitucional (artigo 142, que contudo na letra não difere substancialmente de preceito análogo presente nas anteriores Constituições; ao ponto regressaremos oportunamente), mas também da unificação de seus três segmentos em um só Ministério – Ministério de Defesa – e, ainda, de uma certa asfixia de suas dotações orçamentárias (a um nível porém que, se mal dosado, pode levar essa instituição a inviabilizar a realização de seu relevantíssimo papel constitucional). O fato é que esse conjunto de dados impediu que a corporação militar continuasse a atuar como um verdadeiro estamento político, como ocorria antes do advento da atual Constituição. É verdade, entretanto, que, no momento em que se processa a última revisão do presente volume o Brasil é presidido por mais um inepto personagem, que não só infelicita o país sujeito a mortal pandemia (que suas atitudes e manifestações orais negam!), como flerta com o autoritarismo; e também insufla os quartéis, acenando com o retorno de um regime de tutela militar. De uma vez por todas: o artigo 142 de nossa Constituição NÃO atribui às Forças Armadas qualquer supremacia relativamente às instituições e aos cidadãos, nem as investe na qualidade de titular de um suposto Poder Moderador redivivo. No próximo volume, ao cuidarmos das excepcionalidades administrativas, daremos nossa visão, inclusive nos campos do processo e do procedimento, quanto à aplicação do referido artigo 142.

Infelizmente, contudo, permanecem até hoje os vícios e os desvios do estamento burocrático e do estamento político. E a eles se juntou um poderoso contingente do grande empresariado nacional. De pronto, uma declaração de princípios: um forte e atuante empresariado nacional constitui um fator indispensável ao progresso do país. Mas a presença de empresas capazes de, em conluio com uma burocracia carcomida e uma copiosa parcela de políticos, levar a um estado de coisas absolutamente ruinoso para qualquer país, é alvo de grande preocupação.

Tal panorama detrimentoso se viu astronomicamente adensado, nos quatro períodos presidenciais transcorridos até a decretação do impedimento da ex-Presidente Dilma Rousseff. Vivemos, nesses tempos, períodos de tão grande difusão sistêmica e sistemática da corrupção, assentada num tripé nefando políticos/empresas/burocracia, que se torna inevitável dedicar à matéria um capítulo autônomo de nosso trabalho. E isso se faz não por pendores de historiador, que não temos, mas por imperativo de pautas que a Constituição ditou à função administrativa, no *caput* de seu artigo 37, particularmente a moralidade e a eficiência. Mas também a impessoalidade e a publicidade. Tarefa ingrata, mas necessária.

§9º O Refluxo cleptocrático

No pórtico de nosso diploma fundamental é proclamado que o Brasil constitui-se em Estado de Direito (art. 1º, *caput*). Em verdade, tal declaração ao mesmo tempo diz muito e pouco diz. É eloquente, porque a só expressão *Estado de Direito* (sobretudo quando a ela se agrega, como no nosso caso, o qualificativo *Democrático*, nesse mesmo artigo 1º) traduz (ao menos retoricamente) um *compromisso* com a realização efetiva de uma arquitetura político-jurídica asseguradora de fundamentais liberdades públicas e de respeito aos anseios individuais e sociais. E é, doutra parte, insuficiente semanticamente, por isso que sempre há disponibilidade generosa, de juristas e filósofos, capazes de atestar as supostas excelências da fórmula, ainda quando o *Direito*, que qualifica o *Estado*, se revela apenas secundariamente (quando muito!) inspirado no ideal supremo de *Justiça* (qualquer que seja a acepção aqui eventualmente abraçada).

Com essa reflexão vestibular, iremos, na sequência, lançar algumas precisões conceituais e, logo após, confrontá-las com a realidade existencial do Estado brasileiro de *nossos dias*. É inevitável assinalar, em consequência, que estamos em face de meditações *datadas*.

Cabe afastar, *preventivamente*, alguns chavões que os arautos de um pretenso "pensamento de esquerda" costumam endereçar a quem não se amolda a seus credos e suas visões:

– nosso trabalho *não* é um discurso contra a esquerda, donde não caber especificar a qual esquerda estaria ele mirando.

E não é um discurso contra a esquerda, simplesmente porque, a nosso ver, os rótulos *direita/esquerda* são velharias conceituais quase imprestáveis, de regra despidas de cientificidade.

Enfim, tão "úteis" e "verdadeiros" quanto a dicotomia Direito Público/Direito Privado. Mas aos eventuais leitores, que nos queiram atribuir um daqueles carcomidos rótulos, diremos: sintam-se à vontade, exerçam sua liberdade de pensar, ainda que erradamente, mas saibam, sim, que nosso pensamento é o de *conservadorismo* do que está certo e *progressismo* legal para corrigir o que está insuficiente ou errado;
- nosso trabalho é *moralista*, sim. E é moralista porque é *jurídico* e dedicado à mais grave das patologias da Administração Pública: a *corrupção*. E um dos *princípios constitucionais expressos*, a ser objetivamente observado pela Administração Pública, é o da *moralidade* (CF, artigo 37).

Caminhemos, então, em frente. Se olharmos para o lado, buscando na doutrina comparada subsídios que nos possam guiar, constataremos que a concepção de *Estado de Direito* é um desafio ubíquo. Anotou por isso com precisão Herbert Krüger:

> Hoje, dificilmente algum Estado diz não ser um *Rechtsstaat*, agir 'de acordo com os princípios de um *Rechtsstaat*' e assim por diante. É exatamente o uso difundido desse ideal que precisa de uma compreensão exata, de modo que não degenere num lugar-comum.[65]

De toda sorte, não é nosso propósito central dissertar sobre as múltiplas facetas que a expressão *Estado de Direito* provoca. A ela atribuiremos um conceito que nos pareça válido e bastante, como ponto de partida para as preocupações nucleares deste segmento.

E com tais objetivos em mente, afirmaremos que identificamos a existência de um Estado de Direito sempre que a estrutura político-jurídica do poder se baseia nos princípios da separação de poderes, da supremacia da Constituição, do respeito ao indivíduo e da soberania do povo. A estratificação mais clara de nossa proposição se estampa nítida no artigo 20 da Constituição da República Federal da Alemanha, preceptivo que proclama minudentemente:
- a República da Alemanha é um Estado Federal democrático e social;
- toda a autoridade emana do povo, que a exerce mediante seus representantes, por ele eleitos;

---

[65] KRÜGER, Herbert. *Allgemeine Staatslehre*. Stuttgart: W. Hohlhammer, 1964. p. 776.

– a Constituição é a baliza de referência da atuação dos Poderes estatais, autônomos, mas interdependentes.

Registre-se que diversa não é a dicção dos artigos 1º e 2º, da Constituição brasileira, cuja riqueza mais se afirma logo após, no artigo 5º (bem como no 37 e no 70), preceitos que enfatizam as amarras axiológicas de nossa Lei Básica, prescrevendo, inclusive, a irrestrita e imediata aplicabilidade de seus princípios (implícitos e explícitos) vetoriais.

Com arcabouço tão generoso, poder-se-ia até afirmar, com dose de candura que lastimavelmente não nos é facultado exercer, que somos, nós brasileiros, felizes cidadãos englobados por uma ordem legal justa, que nos assegura uma vivência cotidiana garantidora de liberdades essenciais, inatas à própria condição humana. Lastimavelmente, assim não é! Pesarosamente detectamos, no dia a dia, que o Direito posto, por melhor e mais justo que seja, ou possa parecer, só assegura o funcionamento saudável da sociedade quando esta, como um todo (aí abrangidos os Poderes do Estado), se encontra *moralmente* íntegra e inarredavelmente comprometida com os princípios da justiça e da honestidade. Mas se, ao revés, a sociedade, o Estado, os Poderes que o integram enfim, atuam imoralmente, *sem consequência alguma*, constitui rematada ironia de mau gosto falar-se em Estado de Direito.

Todo o ordenamento jurídico brasileiro, a partir mesmo de sua pauta máxima, consagra anátemas candentes e sem contradições, à desonestidade, à improbidade, à falta de decoro, à imoralidade, à corrupção. Sendo pois, como é, pacífica a visão do nosso Direito (fenômeno superestrutural da sociedade), a multiplicidade de preceitos, a traduzirem tais preocupações, de pronto revela dolorosa constatação: tão profunda, tão dramática, tão arraigadamente entranhada, no *homo* e na *societas* brasileira, é a degradação da honestidade, que o Direito não se conforma com o estabelecimento de algumas fórmulas básicas refratárias ao desmando, relegando para o campo da Moral a edificação de padrões sadios, fortes, que só por si bastariam, para se imporem às consciências individuais. Daí a difusão, em inúmeras leis (*lato sensu*) e "ramos" do Direito, de malhas normativas duras, severas e claras. Parece nítido o "recado" passado: vocês, indivíduos e instituições do país, transitam com tal conforto nos antros da improbidade, vocês se revelam tão fortemente envoltos na cultura da venda das consciências e dos valores, que nós, legisladores, resolvemos premiá-los com inúmeras prescrições coativas, que castiguem os resistentes ou desestimulem os "candidatos" a corruptos e/ou corruptores. Aliás, como já vimos em tópicos anteriores, a corrupção foi instalada no país desde seu "descobrimento", quando nossos colonizadores trocavam quinquilharias sem valor, prevalecendo-se da ignorância dos indígenas que aqui habitavam, por mercadorias valiosas para os europeus. E estes ainda deixaram, repetimos agora, no Brasil recém-nascido, degredados, larápios condenados pelas cortes portuguesas...

A transposição, em 1988, da defesa da moralidade, ao patamar constitucional, dentre outras considerações, encerra, portanto, uma terrível confissão de frustração e fracasso: de tal sorte se mostra poderosa a corrupção, de tal modo se estampa rarefeita a preocupação ética, de tal maneira se configura erodido o imperativo moral, que se recomenda como indispensável a transformação do compromisso (moral) da honestidade em cláusula básica, fundamental, pétrea, indeclinável, do pacto social brasileiro.

Esse foi, seguramente, um grande e até mesmo revolucionário passo, na tentativa de redefinir (para melhor) a sociedade brasileira, com a adoção de um padrão cultural *limpo, transparente, honesto*. Dá-se, porém, que a construção desse verdadeiro monumento não se deve passar, tão apenas, na intimidade de cada cidadão, concitado e até obrigado a ser honesto. Ao lado dessa dimensão, é imprescindível que, no macroplano da gestão da coisa pública e dos interesses coletivos, os governantes, administradores e agentes em geral se pautem como exemplo e como comprovação da submissão de todos à lei (traço definitório de um Estado Democrático de Direito), com impecável decência (é até pleonástica a asserção: só há decência quando a conduta é impecável. Mas vai como reforço de linguagem).

Com feliz acerto sublinhou Eric Voegelin[66] que, se a sociedade estiver moralmente intacta (esse o *topos*, repetimos, do *Rechtsstaat!*), sequer é necessário o regramento legal da *moralidade*: a Inglaterra dispensa uma Constituição escrita; na França da Revolução, a Declaração de Direitos do Homem e do Cidadão (1789) não integrava o texto constitucional, mas invariavelmente era invocada como norma de dirimência de litígios. Daí o correto magistério de Voegelin, totalmente afinado ao que anteriormente expusemos:

---

[66] VOEGELIN, Eric. *Hitler e os Alemães*. São Paulo: É Realizações, 2008. p. 299 e seguintes.

Então, se a sociedade funciona espontaneamente, não são necessárias leis que protejam os direitos fundamentais. Que tais leis sejam formuladas de algum modo sempre indica que já existe um sério estado de degeneração que tais formulações pretendem evitar.[67]

Sempre se roubou muito neste nosso país, repita-se. Mas uma das novidades dos tempos mais recentes é que uma falange de larápios "pés de chinelo" (os larápios "punhos de renda" também são abomináveis), ascendida ao Poder, não só institucionalizou a desonestidade, como, bafejada pela popularidade haurida com os habituais instrumentos do populismo desenfreado, a transformou em "charme" político, utilizando-a até como impudente prova de que uma presunçosa autoproclamada infalibilidade, ligada à pródiga utilização de fórmulas do tipo "eu não sabia", apascentada por práticas assistencialistas crescentes, gerou de fato uma transitória (tomara!) blindagem eleitoral (Será? O grande líder dessa terrível corrente parece que vai voltar ao protagonismo político supremo!). Seja dito sem hesitações: um partido político, que se pretendia intérprete dos trabalhadores, implantou, durante dezesseis anos ininterruptos de comando, uma assombrosa cleptocracia. Não se limitou esse bando a operar um refluxo de práticas desonestas infelizmente muito comuns desde a mais remota história brasileira. Com os instrumentos modernos da sofisticação comunicativa e da circulação sem fronteiras do fluxo de capitais, esse bando corroeu os cofres públicos, enriqueceu desmedidamente seus participantes e familiares, vendeu despudoradamente a prática de seus atos e arruinou o patrimônio público e as empresas estatais, até mesmo aquelas que eram exemplos mundiais de pujança (exemplo: Petrobras). Não menos celerada foi a postura desse bando, no campo jurídico-institucional; alguns simples exemplos:

- aparelharam todo o edifício estatal com nomes em geral sem qualificação técnica, contando apenas com recomendações partidárias;
- contingenciaram os recursos orçamentários, desmontaram e sucatearam as estruturas das agências reguladoras, não só com nomeações ineptas para seus comandos, mas também até com a vacância infinita no preenchimento de cargos-chave.

---
[67] VOEGELIN, Eric. *Hitler e os Alemães*. São Paulo: É Realizações, 2008. p. 299 e seguintes.

Nada disso, aliás, constituiu surpresa: ao partido em questão as agências reguladoras e os contratos de gestão assumem o caráter de heresias jurídicas (!), havendo mesmo professores de Direito (!) que se recusam a ministrar aulas sobre tais temas a seus alunos, já que consideram inconstitucionais as agências e os contratos de gestão!

– em consonância com o estulto preconceito jurídico-ideológico antes referido, do mesmo modo se agiu relativamente às PPPs (parcerias público-privadas), sequer implementadas na dimensão desejável. Aqui uma realidade fática, que até mais parece anedota: em um presídio do Estado do Amazonas, gerido em regime de PPP, houve há poucos anos um motim que terminou em matança recíproca entre os prisioneiros. Em vez de analisar o contrato de parceria (que no caso concreto, estava eivado de graves erronias), um desses áulicos do partido trabalhista corruptor/corrupto publicou breves e desvaliosas considerações, imputando a matança à existência da PPP, e não à gestão prisional desastrosa e ao contrato repleto de erros, bem como à comprovada ausência de fiscalização contratual por parte do Poder Público e da omissão imensa no cumprimento de suas próprias obrigações pactuadas. O castigo corre a mil quilômetros por hora: no dia seguinte, no Estado de Roraima, igual chacina ocorreu – mas aqui o presídio era gerido diretamente pelo Estado. Até hoje estamos esperando pela percuciente e "valiosa" análise do mesmo estudioso...

Aos arautos e protagonistas dessa impudica corte (e coorte), que nos comandou em recentes anos, se reconheceu inclusive o "direito" de mesclar seus discursos públicos com palavras de baixo calão, afora o desplante de muitas vezes perorar com os olhos injetados da vermelhidão que certas ingestões líquidas costumam provocar. Na primeira pesquisa de opinião, que se realizava a seguir, o escândalo da incontinência se via imoralmente perdoado, bafejando-se ao revés o destrambelhado com índices jamais sonhados de popularidade. É como se o brasileiro estivesse sempre pronto a aplaudir a impolidez (de que exemplo marcante nosso atual capitão-presidente, também candidato a novo mandato!) e a incultura! Fala-se até, com foros de plausibilidade, em seu retorno à cadeira presidencial em 2022! Não podemos deixar de lembrar, em circunstâncias espantosas como essas, o que acontecia com o Presidente Kennedy, a cada um de seus deslizes (tanto as "caçadas" femininas nas noites da Casa Branca, quanto os desastres políticos do tipo da Baía dos Porcos): sua popularidade aumentava a tal nível, que um notável historiador do período, o jornalista e pesquisador Seymour Hersch (infelizmente há pouco falecido), anotou, em seu excelente "The dark side of Camelot", estarmos em face de um "Presidente Teflon":

> Kennedy's glamour made him the 1961 equivalent of a Teflon president, someone to whom no bad news could stick.[68]

O exemplo da decência e da civilidade tem que vir de cima. Assim o querem os compromissos ético-morais da vida em sociedade. Assim o exige o Direito. Daí o despertar notável do Ministério Público, do Judiciário, da Polícia Federal e das mídias sociais, que contra tudo isso se levantaram, com excelentes resultados. Resta esperar que os bandidos banidos não regressem à vida política, não só porque sejam, eventualmente, "fichas sujas" pela lei eleitoral, como também porque são almas sujas, à luz da ética e da moral.

É *inaceitável* que autoridades declarem que as transgressões morais são rotineiras na vida pública brasileira, até porque já aconteciam desde sempre. Ou que digam nada saberem das trapaças que seus subordinados praticam (às vezes na sala ao lado). A leniência com a corrupção veio crescendo muitíssimo e tem que ser repelida. Mas graças às reações anteriormente apontadas, não chegou a transformar-se em traço cultural definitivamente adotado. Respeitar a lei e ser honesto não é um exotismo, ao contrário do que se pretendia consagrar.

Por tudo isso é que não aceitamos restringir a investigação do conteúdo do princípio da moralidade tão somente ao direito posto.[69] Fosse correta tal assertiva, não se justificaria que a Constituição, em seu artigo 37, enunciasse, *separadamente*, os princípios da *legalidade* e da *moralidade*. Essa investigação *localizada* deve ser, isso sim, o *ponto de partida* do estudioso. Mas a referência permanente do pesquisador há de ser, preferencialmente, conforme bem acentuou Cármen Lúcia Antunes Rocha, a

---

[68] HERSH, Seymour. *The dark side of Camelot*. [s. l.]: Back Bay Books, 1998. p. 222.
[69] É a tese de Márcio Cammarosano, em sua monografia sobre moralidade administrativa. (CAMMAROSANO, Márcio. *Princípio Constitucional da Moralidade e o Exercício da Função Administrativa*. Belo Horizonte: Ed. Fórum, 2006).

[...] moral extraída do conteúdo da ética socialmente afirmada, considerando esta o conjunto de valores que a sociedade expressa e pelos quais se pauta em sua conduta.[70]

Daí a mensagem impecável da ilustre Ministra do Supremo Tribunal Federal:

> O acatamento do princípio da moralidade pública dá-se pela qualidade ética do comportamento virtuoso do agente que encarna, em determinada situação, o Estado Administrador, entendendo-se tal virtuosidade como a conduta conforme à natureza do cargo por ele desenvolvida, dos fins buscados e consentâneos com o Direito, e dos meios utilizados para o atingimento destes fins.[71]

É a consagração do pensamento de Kant, no sentido de que a lei deve ser a expressão da moral. Cabe, a propósito, não olvidar o ensinamento weberiano: na ação política prevalece a ética da conveniência; na formação do Direito há que preponderar a ética da responsabilidade.

A coroação constitucional do primado da *moralidade* (tal como por nós entendido o conteúdo deste princípio, segundo anotações precedentes) beneficia de imediato, com uma grande comodidade, o expositor da História e da Filosofia do Direito. Assim é que dispomos hoje, graças aos compromissos estimativos expressos, de nosso constitucionalismo, de um instrumental de *direito posto*, a afirmar que, 1) sendo a ética uma das mais importantes inspirações do Direito, pode-se até aceitar (sem os receios, de outros tempos, das tentações e dos desvios das visões totalitárias e corruptoras), que 2) Direito e Direito Positivo sejam ideias afins. Mas esse grande progresso unicamente metodológico, intensamente desmistificador da atração que complexas equações pseudo matemáticas de lógica jurídica possam exercer sobre o estudioso, tem uma pressuposição que não pode ser colocada de lado: tal como antecedentemente enunciamos, esse Estado de Direito integral que estamos a evidenciar exige que a sociedade que o nucleia esteja *eticamente intacta*. Nesse contexto, por exemplo, *crime* é aquela atitude lesiva que a sociedade civil (íntegra e intacta) assim considera, rejeitando-a como eticamente inadmissível. Ou seja, o Direito penal

---

[70] ROCHA, Cármen Lúcia Antunes. Princípios constitucionais da administração pública, *RIL*, v. 34, n. 136/5. Brasília, 1997, p. 192.
[71] ROCHA, Cármen Lúcia Antunes. Princípios constitucionais da administração pública, *RIL*, v. 34, n. 136/5. Brasília, 1997, p. 1932.

codifica e qualifica o que a sociedade íntegra impõe seja tido por crime (*lato sensu*), limitando-se a criatividade efetivamente jurídica ao estabelecimento dos mecanismos de configuração, investigação, processualização, apenação etc. No entanto, se a sociedade, deixando de ser eticamente íntegra, comete crimes usualmente, ou tolera sua prática, é a própria ideia de Estado de Direito que entra em dolorosa falência. E se o exemplo da leniência, para com o mal, vem de cima, sobretudo entre nós de bem em cima, a esperança e a fé na ideia de Direito não passarão de uma velharia (quando não, velhacaria), ou de uma extravagância em extinção. A partir do instante em que, ao lermos o Sermão da Montanha (Mateus 5, versículo 3), tenhamos por sinônimas as regras "Bem-aventurados os pobres de espírito" e "Bem-aventurados os desviados moralmente", ameaçador será o horizonte da sociedade.

Para ilustrar essa escuridão, nada melhor que um exemplo histórico, seguido de uma análise do contemporâneo.

É possível que jamais tenha havido uma experiência socialmente criminosa, tão intensa e institucionalizada, quanto a do Terceiro Reich nacional-socialista.

Mas não lhe faltou o aplauso da turba!

Para não retrocedermos no tempo até à Antiguidade, refiramos que, há pouco mais de seis séculos, o fundamental Dom Quixote já nos advertia, quanto ao argumento da validade escudada no aplauso social dominante (Parte I, capítulo 49), ponderando que, quando a crença na parvoíce se transforma em realidade socialmente consagrada, quem a critica é visto como um bufão ou um impostor, e como tal deve ser contido e punido. Ora, segundo divisou muito corretamente Voegelin, discorrendo sobre a lição de *Cervantes*, aí está o "ovo da serpente" do regime totalitário, que prescreve e propaga certas ideologias como corretas e, só por isso, obrigatórias. Vale a transcrição literal:

> Então, se as pessoas que são autoridades dizem algo, certamente não pode ser falso. Ou somos todos estúpidos, ou somos inteligentes comparados com os outros, que são todos estúpidos; e se tivéssemos acreditado neles, teríamos sido estúpidos, e assim por diante.[72]

Assumamos um conceito, sem discuti-lo por enquanto mais a fundo, mas apenas com o propósito de estabelecer um patamar semântico que evite as divergências meramente logomáquicas ou as

---

[72] VOEGELIN, Eric. *Hitler e os Alemães*. São Paulo: É Realizações, 2008. p. 318.

discussões desviadas dos objetivos centrais das presentes meditações.

E com esses critérios em vista, afirmemos que corrupção é a conduta do agente público e/ou do particular, por ação ou omissão, imoral e ilegal, com vistas à deturpação do exercício de competências públicas, no intuito de auferir ganho pessoal: aquisição de poder ou de vantagens econômicas. Trata-se da mais deletéria e erosiva conduta que pode ocorrer no seio das instituições. Ela desmoraliza a convivência social e corrói os alicerces republicanos. Com isso, transforma em hipocrisia a concepção de Estado Democrático de Direito. Ou seja, a corrupção é um crime de lesa-pátria, no qual, com o mesmo peso de reprovação, comparecem dois agentes – corruptor e corrupto – e uma vítima – a sociedade. Sua mais requintada e arrasadora culminância se dá quando, por efeito da sinistra trama de corruptor e corrompido, se corrompe a alma, a inteligência e a escala última de valores da sociedade.

Retomemos algumas considerações já expendidas ao início desta obra.

A ONG alemã "Transparência Internacional", num levantamento em 2016/2017, que abarcou 176 (cento e setenta e seis) países, apontou para o Brasil a 79ª posição no "ranking" da corrupção institucional (ordenação por ordem crescente de corruptibilidade). Atrás, somente países pobres do chamado 3º mundo. A mesma TI e o Banco Mundial identificam no elevado índice de burocratização e na considerável taxa de insegurança jurídica e imprevisibilidade econômica os principais fatores mensuráveis propulsores da corrupção no Brasil. Mas, ao lado destes, com a mesma ênfase, comparecem o baixo nível educacional e cultural e o elevado grau de crença popular quanto à ilegitimidade e/ou inconveniência (!) das regras de controle da moralidade. E, por último, mas não em relevância: a "traição dos intelectuais", objeto de profundas e candentes investigações de Julien Benda.

Nem se discuta: a corrupção é um mal universal, desde a Bíblia diagnosticado (por exemplo: "Êxodo", Capítulo XXIII, versículo 8). E a ele atento e refratário se mostra nosso sistema jurídico seja na culminância constitucional (artigo 37 §4º), seja na face da implementação normativa infraconstitucional (*v.g.*, Lei de Improbidade Administrativa, isto é, Lei nº 8.429/1992). Mas ao refinamento intelectual de nossas normas opõem-se, tradicionalmente, os baixos níveis culturais e a rarefeita densidade democrática do cotidiano em nosso país. E sem a reversão dessas tristes notas, não conseguiremos extirpar a corrupção de nosso cotidiano estatal.

Doutra banda, quando o enraizamento da política corrupta e corruptora se dissemina nos mais altos escalões da hierarquia política, inevitável será, segundo antes expressamos, que ela se multiplique nos estratos secundários, inclusive inibindo, em seus ocupantes, eventuais incipientes pruridos morais. Afinal, se o crime compensa... E com isso a sociedade, tal como Voegelin ensinara, deixa de ser (moralmente) íntegra, até porque a compensação do crime se estampa, alarmantemente, na constatação de que, quanto mais alta a escala hierárquica do corrupto e do corruptor, tanto maiores são suas possibilidades de esquivar-se a qualquer tipo de responsabilização. Anotou com propriedade Emerson Garcia:

> E o pior, na medida em que indivíduos moralmente degradados ascendam aos estamentos mais elevados da organização estatal, será inevitável a degradação de boa parte daqueles que ocupam um escalão inferior na pirâmide hierárquica.[73]

Esses "instantâneos" da corrupção assentada, internalizada como hábito social, fazem com que se revele de limitada efetividade, pelo menos até recentemente, o amplo espectro normativo de combate à corrupção, de que dispõe o Direito brasileiro, sobretudo no campo penal, isto sem falar na Lei de Improbidade Administrativa em seu todo, ou na Lei da Transparência Administrativa ou, ainda, na Lei Anticorrupção, dentre outras. Para que essa ambiência deletéria maximize seu proveito, para os bandidos que a praticam, instala-se o costume da parca ou mesmo nula transparência do intestino (com *double sens*) da atividade estatal. E aí se inicia a derrocada do Estado de Direito, até porque, como já pontuara Bobbio,[74] "a democracia é idealmente o governo do poder visível, ou do governo cujos atos se desenvolvem em público, sob o controle da opinião pública". Destarte entronizada, a corrupção, com suas proporções e extensões tentaculares, destrói a coesão social, enxovalha o sentimento de honra, baniliza e legitima a desonestidade. Com isso, segundo bem assinalou M. Madeleine Hutyra de Paula Lima,[75] ela se transforma em elemento poderoso de violação

---

[73] GARCIA, Emerson. A Corrupção, uma visão jurídico-sociológica. *Revista da EMERJ*, v. 7, n. 26, 2004, p. 203 e seguintes.
[74] BOBBIO, Norberto. *As Ideologias e o poder em crise*. 4. ed. Brasília: UNB, Coleção Polis, 1988.
[75] LIMA, M. Madeleine Hutyra de Paula. Corrupção: obstáculo à implementação dos Direitos Econômicos, Sociais e Culturais. *Revista de Direito Constitucional e Internacional*, São Paulo, ano 8, n. 33, out./dez., 2000, p. 174 e seguintes.

aos fundamentais princípios de proteção, difusão e aprofundamento dos valores econômicos, sociais e culturais, consagrados em nossa Constituição. Daí ao abandono do Estado de Direito a distância não é grande.

Há de certa forma consenso: tanto mais inviável é a corrupção, quanto mais culta e mais educada for a sociedade; sobretudo porque em tais sociedades, embora sem deixar de existir, a corrupção é efetivamente investigada (não as "investigações" de interesses eleitoreiros ou reveladoras de conflito de grupos), e seus agentes punidos. A serem verdadeiras tais assertivas – e até aqui não deparamos com autores respeitáveis que as contestem –, nossa atenção se volta, necessariamente, para um delicado tópico: a responsabilidade dos intelectuais, para que se alcance um estágio de respeito à moral, de repressão a seus infratores e de restauração da integridade da sociedade. Quando os intelectuais, quaisquer que sejam seus motivos, de tal responsabilidade se esquivam, temos aquilo que Benda tão bem apodou "a traição dos intelectuais". A fim de que não paire dúvida, uma pacificação semântica. Ordinariamente, *trair* é violar, ou permitir que se viole, um imperativo, até ético mesmo, antes que legal. Diverso é o conteúdo da "traição intelectual", como cunhada a expressão por Julien Benda. Aqui, "traição" é o contraste entre as justas expectativas depositadas no labor intelectual e o resultado de fato decorrente de sua atuação ou omissão, num e noutro caso, dolosa ou involuntária. E "intelectual" é todo aquele que exerce atividade lastreada em *especulação* metafísica, artística, científica, filosófica, teórica ou doutrinária. É o homem do pensamento, em contraste com o *homo faber*. No exercício de qualquer dessas facetas, o intelectual, seja como operário do espírito, seja como "guia inteligente" do grupo, nele procura (conscientemente ou não) destacar-se para alçar-se à condição de paradigma. Mas ao contrário do intelectual tradicional – que intentava ver prevalecer suas *ideias* no bojo de um exercício argumentativo, para, só depois, por vezes, introduzi-lo na atividade política –, o "intelectual traidor", que hoje forma parte numerosa da elite pensante de nosso país, particularmente no campo do Direito, segue uma trilha inversa: suas paixões políticas não ficam no proscênio, aguardando seu momento de afirmação empírica para depois do triunfo da ideia.

Hoje, o intelectual amesquinha-se e trai, introduzindo suas paixões políticas (ideológicas?) na sua atividade intelectual, *para dirigi-la* e para influir/manipular seu público-alvo (é dizer, o livro, o palco, a sala de aula, o auditório, o alunado, onde desenrola sua atuação).

A imprescindível *objetividade* na pintura de seus cenários de atuação é aprioristicamente deturpada, colocada a serviço dos fins políticos que passam a ser os timoneiros de sua vida. Como constatação escatológica, temos que o intelectual traidor é, antes de tudo, um pensador que, ao contrário do que sua responsabilidade social exigiria, faz o jogo da política e de seus interesses ideológicos pessoais, usando sua doutrina como simples instrumental de persuasão. E como todo jogo da política não é mais que um processo para ascender ao poder, ou para ficar nas cercanias de quem o detém (preferencialmente com a possibilidade de influenciá-lo), o intelectual traidor persegue, antes de tudo, a realização de seu ideal político. Se puder fazê-lo, sem comprometimento de seu espírito, tanto melhor. Mas se assim não for, azar... Por isso são nele tão frequentes as atitudes de intolerância com a divergência e de desapego e até crítica feroz ao amor pelo espírito, sacrificado em pretensa opção de privilegiar o apego ao prático e às suas efetivas realizações que possam ser, digamos assim, "palpáveis".

Exemplo mais perfeito e acabado desse verdadeiro desvio é a atuação de tais intelectuais contra os *modelos* constitucionais de "estado de direito" e de "estado democrático de direito", por eles frequentemente tidos como simples rótulos retóricos. Nesse diapasão, dizem eles, há que se buscar, a todo custo, o "estado de direito real", por eles concebido como uma fórmula mágica, em que a ordem jurídico-institucional deve ceder à liberdade sem peias (daí a espantosa validação "intelectual" aos delitos e crimes do "Movimento dos Sem Terra" e de entidades análogas), em que as garantias constitucionais não prevaleçam contra os arroubos das turbas, em que o bom senso seja suplantado pelos gestos de populismo. Abraçada a primeira traição – a introdução, com primazia, da paixão política na atividade intelectual –, as outras vão em sequência ininterrupta: o intelectual passa a fazer o jogo da paixão política com o uso de suas doutrinas e, por fim, a exaltação ao "prático", ao "espontâneo", em detrimento do amor às ideias e ao espírito. Enfim, a suprema traição dos intelectuais é o distanciamento dos valores universais e a subjugação do espiritual ao temporal. Em todo esse contexto, a "traição dos intelectuais" é uma forma de *corrupção*, representa valioso instrumento auxiliar para que ela se perpetre e atinja a maximização de seus nefandos objetivos.

E antes que, ao menos com manifesto equívoco, pretendam dizer que, similarmente, nossas críticas, aqui declaradas, poderiam ser, por nossos opositores, tidas como "traição intelectual", cabe ponderar que:

– não apresentamos, como base de nossa argumentação e seu ponto de partida, qualquer postulado político ou ideológico. Lutamos unicamente com o instrumental jurídico e constitucional do princípio da moralidade;
– a finalidade de nossa pregação não se reveste de interesse político ou partidário algum. Ao pugnarmos pelo afastamento de um agente desonesto não estamos pretendendo tirar da algibeira qualquer indicação substitutiva. Isso não é tarefa do crítico.

Em suma, como não partimos de uma paixão política ou de uma filiação ideológica, e como não nos colocamos a serviço de qualquer fim político, partidário ou ideológico, somente por descuido ou imprecisão científica, ou por deliberada distorção, se poderá entrever, na presente exposição, o exercício argumentativo de um "traidor intelectual".

Por óbvio, não negamos ao intelectual a validade de seu engajamento político. Mas que o faça com *transparência*, sem pretender apor a suas plataformas políticas ou ideológicas o peso da autoridade validadora própria do argumento científico, sem pretender continuar envergando a veste do professor quando dessa superior missão intelectual de há muito se afastou.

Sendo como é, tão histórica a prática, entre nós, da corrupção estatal, por certo que ela é um fenômeno suprapartidário. O que houve de novo entre nós nesse assunto, nos tempos do refluxo cleptocrático iniciados com os governos do partido dito trabalhista, foi o estilo diferenciado da corrupção institucional brasileira. Ela passou a ser centralizada, partindo seus comandos não dos interesses locais ou setoriais, mas da cúpula mesmo do Poder. E pela fatal capilaridade das relações carismáticas, como as que ligavam o Poder aos eleitores brasileiros, essa corrupção sistêmica era tolerada sem problemas, ou rejeitada, mas sem consequências, mantendo-se elevados os níveis de sedução dos dirigentes da máquina política oficial.

Segmentos altamente significativos e representativos de nossa intelectualidade, discorrendo sobre o então iniciado refluxo, não hesitaram em sustentar que os governantes corrompidos haviam de tal sorte espargido benefícios pelas camadas menos favorecidas da sociedade, distribuído renda de maneira tão eficiente, que tínhamos agora um mercado interno suficientemente forte para manter a economia em alto ritmo. Por isso mesmo, a produção não cairia e os empregos não seriam afetados! Este é um exemplo clássico de traição intelectual segundo o rótulo de Benda: um intelectual "raciocinando" não com o bom senso, mas com a paixão política e a sedução ideológica. Como estarão vendo tais intelectuais, hoje, os fatos de nossa economia e de nossa política, como eles realmente são e estão sendo vividos?

Importa recordar o discurso do brilhante Ministro Celso de Mello, então decano do Supremo Tribunal Federal, quando da posse, na presidência da Corte, da notável Ministra Cármen Lúcia. Sua Excelência condenou candentemente a "delinquência governamental", atacou os "marginais da República" e citou o saudoso Ulysses Guimarães: "Não roubar, não deixar roubar, pôr na cadeia quem roube". Quando um juiz da envergadura de Celso de Mello chega a externar publicamente tal nível de indignação, pode-se bem imaginar a altura despudorada alcançada pelo refluxo cleptocrático do partido dito trabalhista.

Este ciclo começa – será mero *wishful thinking* de nossa parte? – a conhecer seus dias agônicos. Sua certidão de batismo, no Brasil, está na própria carta de Pero Vaz de Caminha: logo após dar conhecimento das características da terra "descoberta", não se pejou o escrivão de solicitar um favor de ordem privada, por vias públicas, pedindo ao rei um perdão ao genro dele, Caminha, criminalmente condenado a degredo:

> A Ela (Vossa Alteza) peço que, por me fazer singular mercê, mande vir da ilha de São Tomé a Jorge de Osório, meu genro – o que dela receberei em muita mercê!

Enfim, neste momento da redação do presente capítulo, inevitavelmente datado, repetimos, estamos a empreender uma travessia em busca da limpeza na Administração Pública. Banimos, é certo, uma Presidente incompetente e corrupta (ao menos por omissão). Mas ainda convivemos com o furor dos defenestrados e os cacos das ruínas por eles espalhados. Como disse Everardo Maciel em texto publicado na imprensa brasileira: não tínhamos um governo, tínhamos um escândalo.

Trabalhemos com prudência, comedimento, compromisso com o Direito e, sobretudo, permanente vigilância, para que o refluxo cleptocrático aqui enfocado não passe de uma página tenebrosa de nossa história administrativa, afinal virada definitivamente.

Mas também tenhamos em vista nosso conceito, antes apresentado, de *corrupção*: ela existe não só no plano da *ilegalidade*, mas também no da *moralidade*.

Nosso atual Presidente, quando diz que não corrompe, nem deixa que se corrompa (versão a ser desmentida, contudo) *economicamente*, intenta fazer-nos esquecer que, *moralmente* há CORRUPÇÃO no desrespeito à vida, na prática de aglomerações sociais e/ou eleitoreiras, na negação da ciência e da vacinação, nas ameaças indignas ao Judiciário e às instituições republicanas em geral, na prática estulta de teorias para eternizar-se (com seus filhos, inteiramente afinados às ideias prepotentes do pai) no poder. Qual o preço dessa *corrupção* moral? Seiscentos mil (por enquanto) brasileiros mortos!!! Não dá para falir uma Petrobras, mas dá para trazer o terror ao cotidiano do brasileiro. E mais: retorno da inflação, agravamento cruel do desemprego, crise financeira, hídrica e ambiental. Restaurar a moralidade administrativa e a felicidade nacional, com tal mandatário à testa, é missão impossível. Sua última façanha: uma acintosa e inconstitucional concessão de "graça" a um parlamentar, que pretende "promover" a Senador!

§10º A bibliografia administrativa republicana

Ao iniciarmos nossa resenha de bibliografia administrativista brasileira, sublinhamos que, ao contrário do que pensam ou dizem alguns, por ignorância ou desejo de adular, a literatura e o magistério do Direito Administrativo no Brasil já nascem pujantes mesmo no tempo do Império. Nesse afã de reconstituir a verdade, destacamos os mais notáveis trabalhos, nessa disciplina, publicados antes da República. Levando em conta a possível dificuldade ou preguiça (ou mesmo má-fé ou ignorância) de alguns, no acesso a esses clássicos, não só os indicamos, como os analisamos com o proporcionalmente aconselhável detalhamento.

Evidentemente isso não há de ser nosso norte, no que alusivo à bibliografia da República em diante. Aqui inexiste a dificuldade de acesso antes referida. Em inúmeras bibliotecas esses trabalhos administrativistas se encontram à mão dos interessados e dos estudiosos. Em razão de tal dado, nossa mirada a tais trabalhos, agora, há de ser bem mais genérica, sem prejuízo, contudo, não só de algumas particularizações ou destaques desde já. O mergulho mais aprofundado no ensinamento de um ou outro autor se dará quando da abordagem, bem mais à frente, de temas específicos integrantes de nossa disciplina.

Fazemos, porém, a título mesmo de abertura, uma lamentação revestida de certa amargura.

Inutilmente temos, há muitos anos, insistido, com diversas Escolas de Direito, em que ofereçam, nos seus currículos de Direito Administrativo, na graduação (mais resumidamente) e na pós-graduação, o estudo dos grandes teóricos do Direito Administrativo brasileiro e de suas obras. Parece firme e intocável a pretensiosa fantasia de que a formação do alunado (e mesmo do professorado) prescinde do conhecimento de tudo que se criou no campo desde o século 19. O resultado é que boa parte de nossos livros e de nossos docentes julga ter nascido, crescido e brilhado por geração espontânea, tola vaidade desmentida cientificamente há mais de um século.

Mas vamos às indicações, que bem demonstram a riqueza de nossa bibliografia administrativa do período em exame.

Como olvidar/esconder Themístocles Brandão Cavalcanti (até aqui nosso principal tratadista na matéria) e seu rico "Tratado de Direito Administrativo", além de outras obras por ele publicadas (aliás, o Tratado foi a início lançado, em 1936, como "Instituições de Direito Administrativo")?

Também com a dimensão de tratadista importa mencionar José Cretella Júnior, com os 5 (cinco) volumes de seu "Direito Administrativo do Brasil", obra em que divulgada abundantemente a contribuição excelsa do direito comparado e da história jurídica, para o estudo de nossa disciplina.

Referiremos, na sequência, uma galeria de autores valiosíssimos e alguns mesmo fundamentais graças a seus inúmeros trabalhos, monografias, cursos e manuais, dos quais um e outro desenvolvidos inclusive em dois volumes (com a vocação inequívoca, pela qualidade e pela dimensão, de atingirem as proporções de um tratado, o que só as injunções do tempo impediram): Aarão Reis, Adauto Cruz, Adilson Dallari, Alexandre dos Santos Aragão, Anderson Dutra, Angélica Petian, Antonio Carlos Cintra do Amaral, Augusto Dal Pozzo, Carlos Ari Sundfeld, Carlos de Barros Júnior, Cármen Lúcia Antunes Rocha, Cássio Scarpinella Bueno, Cid Pompeu Tomanik, Dinorá Grotti, Diógenes Gasparini, Diogo de Figueiredo, Djacir Menezes, Edmir Netto de Araújo, Eduardo Gualazzi, Egon Bockmann Moreira, Fabrício Motta, Fernando Mendes de Almeida, Fernando Dias Menezes de Almeida, Fernando Vernalha, Flávio Amaral Garcia, Floriano de Azevedo Marques Neto, Franco Sobrinho, Guilherme Carvalho, Guimarães Menegale, Gustavo Binenbojm, Gustavo Justino de Oliveira, Irene Nohara, Joel Niebuhr, Jacintho Arruda, José dos Santos Carvalho Filho, José Guilherme Giacomuzzi, José Roberto Pimenta de Oliveira, Juarez Freitas, Juliano

Heinen, Lafayette Pondé, Lúcia Valle Figueiredo, Marçal Justen Filho, Marcos Juruena, Maria Sylvia Zanella di Pietro, Mário Masagão, Massami Uyeda, Manoel Ribeiro, Meireles Teixeira, Odete Medauar, Onofre Mendes, Oswaldo Aranha Bandeira de Mello, Paulo Henrique Blasi, Paulo Neves de Carvalho, Porto Carreiro, Queiroz Telles, Rafael Maffini, Régis Fernandes de Oliveira, Ricardo Marcondes Martins, Rodrigues Vale, Rui Cirne Lima, Seabra Fagundes, Sérgio de Andréa Ferreira, Thiago Marrara, Tito Prates da Fonseca, Vera Monteiro, Vicente Ráo, Viveiros de Castro, Wallace Paiva Martins Jr., dentre outros. Além dessa ilustríssima galeria, enunciaremos adiante, em razão de certas notas distintas, mais alguns outros nomes de especial relevância.

Mas aqui não se encerram nossas referências, que em seguida alargaremos, com certas observações específicas, correndo inclusive o risco de omissões injustas (o que, por certo, também ocorre no rol anterior).

Para iniciar, seis autores gigantescos, que abrem os horizontes dos que realmente pretendam conhecer Direito Administrativo em geral, o brasileiro em particular e o moderno Direito Administrativo mais particularmente ainda: Victor Nunes Leal, Caio Tácito, Francisco Campos, Carlos Medeiros Silva, Almiro do Couto e Silva e Miguel Reale. Alguns outros titãs virão à tona mais tarde.

Mas, para que houvesse um novo Direito Administrativo no país era necessário que algum autor talentoso e inspirado "arrumasse" a casa: separando o joio do trigo (isto é, agrupando o núcleo temático particular de nossa disciplina) e traçando a linha temporal da matéria, desde nossas origens até os dias presentes; em suma, sistematizando o *Direito Administrativo Brasileiro*. Foi com esse propósito, e com esse nome grifado que o inolvidável Hely Lopes Meirelles lançou, em 1964, sua obra assim intitulada, até hoje imprescindível, apesar das nem sempre felizes atualizações ocorridas após a sua morte.

Na conformação da arquitetura do Direito Administrativo no Brasil impõe-se agora a referência ao debate da influência de Kelsen, entre nossos autores. Trata-se de um marco que adquire formidável estatura na década de 1970, em particular graças à destacada atuação de mais um vulto de incomum dimensão: Celso Antônio Bandeira de Mello. Na raiz desse debate compareçam dois vetores, que serão objeto, mais à frente, de detidos capítulos: positivismo e jusnaturalismo. Mas, não obstante tal aviso, este segmento histórico de nosso Direito Administrativo não estaria razoavelmente completado sem uma referência cuidadosa a respeito do debate em questão.

Aqui não discutiremos a pessoa de Kelsen ou a intimidade conceitual de sua teoria, conquanto ambos os aspectos gozem de importância indiscutível, a ser oportunamente desenvolvida. No momento, o que nos interessa é o que fizeram com o Kelsenianismo no Direito Administrativo brasileiro.

Hans Kelsen, professor da Universidade de Viena, catedrático da Universidade de Colônia e do Instituto Universitário de Altos Estudos Institucionais em Genebra, Professor emérito em Wisconsin (e em outras Universidades dos Estados Unidos), um pouco antes de publicar em versão definitiva sua afamada "Teoria Pura do Direito" (1934), foi solicitado em 1933, pelo Governo Provisório brasileiro getulista, a opinar sobre os limites da competência da Assembleia Nacional Constituinte, convocada pelo Decreto 22.621 de 07.04.1933 para elaborar a Constituição de 1934, que trabalhou com base em um Regimento editado pelo mesmo Decreto. Nos quesitos apontados ao eminente jurista austríaco, também se requeria seu pensamento sobre a força coativa do Regimento em causa, em face de uma Assembleia Nacional Constituinte que, por definição teórica, se supõe soberana.

O parecer de Kelsen é um trabalho excepcionalmente (e, dizemos nós, por isso mesmo decepcionantemente) sucinto. Parte ele de sua concepção de poder constituinte originário das revoluções (no caso, a revolução getulista de 1930) e da ausência, a seu ver, de "diferença essencial" entre um governo de fato e um governo *de iure*. Com espeque em tal enfoque, afirma Kelsen que tendo o Governo Provisório, que convocou a Constituinte e lhe outorgou o Regimento delimitativo de suas atribuições e definidor de seu *modus agendi*, saído "diretamente da Revolução", não haveria que se falar em *soberania* da Assembleia, tampouco a esta assistindo direito a sobrepujar o Regimento que lhe fora ditado pelo Executivo. Para arremate, interrogado sobre se tendo o regime ditatorial provisório convocado a Assembleia Constituinte não estaria, *ipso facto*, a tal Assembleia transferindo a totalidade dos poderes da Revolução, dentre eles a soberania. A tal indagação respondeu Kelsen reafirmando os alicerces de sua teoria, inclusive arrimando-se em seu *princípio da efetividade*:

> Um governo formado por meio revolucionário possui os poderes que quer possuir sob a condição de que possa obter geralmente a obediência às suas prescrições. É o princípio da efetividade que vale para um governo originado de uma revolução, como princípio de direito positivo.

A transcrição supra sumariza (com exceção feita à doutrina da norma fundamental, que o parecer não aborda), em realidade, a teoria pura Kelseniana. Quanto a seus reflexos políticos, de regra malévolos na História Geral, não há que cogitar, neste momento. Para aqueles que tenham interesse em ler toda a peça ora comentada, informamos ter sido ela publicada na antiga (e não mais editada) revista "Política" de janeiro de 1934 e no número 9/1995 da *Revista Trimestral de Direito Público*.[76] Aliás, no mesmo número da citada Revista há um interessante texto de Fábio Konder Comparato, adequadamente (pela similitude temática com o mencionado trabalho de Kelsen) intitulado "Legitimidade do Poder de Reforma Constitucional".

Na década de 1970, na Faculdade de Direito da Pontifícia Universidade Católica de São Paulo (PUC-SP), Celso Antônio Bandeira de Mello inaugurou (sob a carismática e dinâmica inspiração do Reitor Geraldo Ataliba) os Cursos de Especialização em Direito Administrativo (mais tarde seguidos pelos Mestrado e Doutorado), que empolgaram a plêiade de estudantes e estudiosos de todo o país, comprometidos com a disciplina em tela. O papel revelador, renovador e multiplicador de tais Cursos de Especialização merece uma obra específica, ficando aqui lançada a ideia.

O que é mais importante frisar é que o entusiasmo e o conhecimento de Celso Antônio, aliados a seu gosto pela polêmica (mas, curiosamente, já remarcado por uma incipiente impaciência), sempre se mostraram vergados a uma visão positivista do Direito. Não o positivismo como método de abordagem inicial (o que temos por inteiramente defensável), mas o positivismo como meio e fim, uma visão ortodoxa, talvez até mais positivista do que o próprio Kelsen pregara. E é aí que nasce o debate a que fizemos alusão no início deste presente segmento. À ortodoxia Kelseniana de Celso Antônio opunham-se a ponderação do seu ilustríssimo pai Oswaldo Aranha Bandeira de Mello, bem como nossa visão pessoal jusnaturalista, que jamais silenciamos nas memoráveis sessões das manhãs de sábado do Curso de Especialização.

Com o fluxo do tempo, várias figuras destacadas acabaram por abandonar o círculo de influenciados pela PUC-SP, passando a compor um seleto elenco de administrativistas comprometidos com os valores democráticos e republicanos, com o espírito da lei antes da letra da lei.

---

[76] *Revista Política*, jan./1934; *Revista Trimestral de Direito Público*, n. 9, 1995.

São figuras que até hoje iluminam nosso Direito Administrativo, de maneira marcante: Adilson Dallari, Lúcia Valle Figueiredo, Carlos Ari Sundfeld, Cármen Lúcia Antunes Rocha, dentre outros. Estes, e mais outros oriundos da Faculdade de Direito da USP, aos quais se alinham os felizes alunos de Diogo de Figueiredo no Rio de Janeiro, de Marçal Justen Filho no Paraná, de Almiro do Couto e Silva no Rio Grande do Sul, para citarmos eloquentes destaques, não abraçaram inteiramente o credo do positivismo, optando pela análise e racionalização da função administrativa, a lume dos valores constitucionais aí necessários e realmente constatados/implicados (sem invenções espúrias e esdrúxulas como, por exemplo, o "princípio da vedação ao retrocesso") e da neutralidade ideológica.

Na vertente oposta, o positivismo da PUC-SP acabou, com a progressiva redemocratização das instituições brasileiras, ganhando um novo, perturbador e infeliz matiz. O positivismo – e, neste momento, não estamos a falar apenas do positivismo jurídico –, para parodiarmos Lenin, é a doença infantil dos extremismos ideológicos. Por isso, necessita ele do alimento de uma ideia messiânica que o imante. Cite-se um exemplo: as edições mais recentes do "Curso" de Celso Antônio veicularam estranhas inspirações: o lulismo, o petismo, o populismo e o antiamericanismo. Quanto a essa última característica, naturalmente nela se infiltram, por vezes, alguns suspiros (pelo menos) pró-islâmicos, pró-castristas, pró-chavistas e pró-comunistas. Bem, cada um que escolha sua via. Mas, pelo menos no que se refere ao derradeiro dos mencionados suspiros, parece-nos conveniente, a título de colaboração para uma eventual retificação, transcrever um estarrecedor texto de quem viveu no paraíso comunista, como elevado dirigente, hoje arrependido:

> A Guerra Fria realmente acabou, mas, diferentemente de outras guerras, essa não terminou com o inimigo derrotado depondo suas armas. A selvagem KGB, que no curso de sua existência massacrou pelo menos 120 milhões de pessoas em seu próprio solo e outros 70 milhões no mundo comunista afora, não apenas sobreviveu como também transformou a Rússia atual na primeira ditadura de serviço de inteligência da história.
> Hoje a Rússia pertence a Putin e seus amigos da KGB. De acordo com o respeitado jornal britânico *The Guardian*, Putin acumulou em segredo mais de US$40 bilhões, tornando-se o homem mais rico da Rússia – e da Europa. Diz-se que ele detém no mínimo: 37% das ações (avaliadas em US$18 bilhões) da Surguntneftegs, a terceira maior produtora de petróleo da Rússia; 4,5% das ações (avaliadas em US$13 bilhões) da

Gazprom, a maior extratora de gás natural do mundo; e 75% das ações (avaliadas em US$10 bilhões) da Gunvor, uma misteriosa empresa comerciante de petróleo sediada em Genebra. O fantoche de Putin, Dmitry Medvedev – que foi presidente russo até Putin (que chegara ao tempo-limite) recuperar o cargo em 2012 –, foi presidente da Gazprom, que é responsável por 93% da produção de gás natural da Rússia e controla 16% das reservas do mundo. O primeiro vice-primeiro-ministro de Putin, Igor Sechin, é presidente da Rosneft, a maior companhia de petróleo do mundo.

Petróleo e gás são responsáveis não apenas pela fortuna exorbitante de Putin, mas também por 50% do orçamento russo.[77]

Além das importantes figuras citadas neste capítulo, incumbe notar que constitucionalistas e processualistas de mérito têm influenciado os trabalhos dos administrativistas, até mesmo escrevendo obras nesta seara. E são nomes respeitáveis por certo: Carlos Maximiliano, Pontes de Miranda, José Afonso da Silva, Michel Temer, Geraldo Ataliba, Dalmo Dallari, Raymundo Faoro, Afonso Arinos, Celso Bastos, José Alfredo Baracho, Ada Pellegrini Grinover, Manoel Gonçalves Ferreira Filho e Ives Gandra Martins.

Ressalte-se, em contraponto, que embora seja profícua e muitas vezes brilhante a bibliografia administrativista brasileira republicana, infelizmente também têm surgido, sobretudo no campo das monografias, obras sem valia alguma. E exatamente por não terem valia, por transitarem na contracorrente às sendas da qualidade, não serão aqui mencionadas. Como desconhecemos os critérios editoriais que levam à difusão de tais trabalhos menores, somente nos resta um conselho aos adquirentes de livro jurídico: examinem com cuidado o que se propõem a comprar, não o fazendo apenas pelo título instigante ou pela capa atraente.

Aparentado ao tema deste compartimento de nossa obra estaria uma indagação de basilar importância: que Direito Administrativo queremos ver consagrado e constantemente burilado? A isso, contudo, dedicaremos um segmento apartado, no qual, mais uma vez, o debate sobre o positivismo jurídico reaparecerá.

---

[77] PACEPA, Ion Mihai. *Desinformação*. Campinas: Vide Editorial, 2015. p. 162.

§11º A gênese ideológica do Direito Administrativo brasileiro

Direito como conquista cultural, já o dissemos antes, somente se realiza (e não nos iremos preocupar aqui em definir *Direito*) quando assegura liberdade individual e se vocaciona à concretização da justiça social. Ambas essas metas estão declaradas como *compromisso irrenunciável* constitucional, desde seu luminoso Preâmbulo, compromisso esse repetido em várias outras passagens do Texto Maior (por mero exemplo: art. 3º, I e 5º *caput*). Não obstante essa nota de exigência, a um tempo concreta e difusa na Lei Magna, nem sempre ao estudioso se afigura fácil conceituar e/ou definir esses dois destinos. Um dos objetivos deste capítulo é, exatamente, ajudar a superar tais eventuais perplexidades, para sairmos de uma quase intuição relativamente a tais noções, para um nível maior de precisão de ideias.

Há, pois, que buscar, inclusive na linguagem não jurídica, as ideias que se tornem operacionais para os propósitos aqui enunciados, com destaque para a exposição da gênese ideológica do Direito Administrativo brasileiro. Inevitavelmente retomaremos, neste esforço, algumas considerações anteriormente desenvolvidas acerca deste ensaio.

Comecemos por breve incursão pela *justiça social*.

O tema Justiça sempre ocupou espaço central nos estudos filosóficos em geral, e da Filosofia do Direito em particular. Entretanto, não obstante tão longa dedicação ao problema de sua conceituação, em verdade, os efetivos marcos a merecerem destaque na elaboração do conceito são poucos e singularmente distanciados uns dos outros, por considerável número de séculos.

Assim é que não obstante todo o cuidado aqui revelado não apenas por Platão, mas pelos precedentes sofistas, é somente com Aristóteles (sobretudo na "Ética Nicomaniana") e sua dicotômica sistematização (justiça distributiva e justiça comutativa) que o problema da conceituação de justiça adquire maioridade. Muitos séculos se passarão até que, em pleno medievo, Santo Tomás de Aquino adite, na "Suma", ao binômio aristotélico, a noção de justiça legal. E apenas no século XIX surgirá a discussão da justiça social.

Mas o salto que vai do "a cada um segundo suas obras" (Justiça comutativa) até o "a cada um segundo suas necessidades" (Justiça distributiva) também, em termos de efetiva tentativa de estruturação social, se mede aos séculos. O mesmo se diga para o momento em que se proclama ser dever estatal patrocinar e promover a justiça ("a cada um segundo o atribuído por lei" – Justiça legal), ou para o instante histórico em que a justiça social se afirma como fim a ser necessariamente atingido.

Não é nosso propósito esmiuçar a noção de justiça social. Pretende-se aqui, tão apenas, evidenciar seu sentido de compromisso, com determinada concepção de vida humana, e como o Direito brasileiro, nos exemplos que serão trazidos a exame, não tem contribuído para a concretização desse ideal, não obstante a existência de claríssimas pautas, para que a meta almejada pudesse ser alcançada. Fica também óbvio que não partilhamos do pessimismo do notável Hayek, para quem a justiça social não passa de uma simples miragem.[78]

É verdadeiramente com o magistério católico do final do século XIX que se afirma a temática da justiça social. E os muitos documentos com vocação normativa, que tal magistério propiciou, refletem esse direcionamento.

Mas longo foi o caminho para se chegar até lá. O mesmo século que viu o luminoso aparecimento, em 1891, da *Rerum Novarum*, também teve que conviver com a ortodoxia da *Mirari Vos* (1832, Gregório XVI), e da *Sillabus* (1864, Pio IX).

A ideia de justiça social obtém sua primeira formulação clara e ordenada no já referido documento papal de Leão XIII. A partir dele, o conceito veio sendo a um tempo enriquecido e depurado, destacadamente na *Quadragesimo Anno* (1931, Pio XI) e nas bulas de João XXIII (*Mater et Magistra* e *Pacem in Terris*). Acreditamos que seu acabamento registra-se na fundamental *Populorum Progressio* (Paulo VI, 1967). E que se trata de um compromisso, a *Laborem Exercens* (João Paulo II, 1981) o comprova.

A evolução da justiça distributiva à justiça social radica-se, em nosso entendimento, num tópico de perspectiva. Para a justiça distributiva o grande problema humano, e social, atenua-se ou se resolve com uma adequada distribuição dos bens. Para a justiça social o aludido problema tem, na distribuição das riquezas, um caminho a ser palmilhado, não esgota aqui, entretanto, suas exigências. Para a realização da justiça social é imperioso, ainda, que a sociedade assegure a todos os indivíduos amparo, emprego, assistência, educação, alimentação, lazer, higiene, saúde, segurança. Mas como a chave da justiça social é o

---

[78] HAYEK, Friedrich August. *Direito, Legislação e Liberdade*. Rio de Janeiro: Ed. Visão, 1985. v. II.

trabalho humano (*Laborem Exercens*, I, 3), imprescindível é que as metas da justiça social sejam atingidas com a colaboração, a coparticipação dos próprios eventuais beneficiários. Pois só assim o benefício social perde a tônica da esmola (que é atentatória à dignidade, exceto quando destinada aos realmente incapazes da coparticipação, única hipótese em que ela é pura caridade), adquirindo a digna natureza de justa recompensa. Ainda com a *Laborem Exercens*:

> Não há dúvida alguma, realmente, de que o trabalho humano tem um seu valor ético, o qual, sem meios termos, permanece diretamente ligado ao fato de que aquele que o realiza ser uma pessoa, um sujeito consciente e livre, isto é, um sujeito que decide de si mesmo.
>
> [...]
>
> O trabalho tem como sua característica, antes de mais nada, unir os homens entre si; e nisto consiste sua força social: a força para construir uma comunidade. E no fim de contas, nessa comunidade devem unir-se tanto aqueles que trabalham, como aqueles que dispõem dos meios de produção ou que dos mesmos são proprietários.

Subscrevemos o pensamento de *Soler Miralles*:[79] *só se alcança justiça na sociedade – e, pois, justiça social – quando se entenda que o indivíduo e a sociedade são dois aspectos de uma totalidade concreta.* Os experimentos estatais autocráticos têm ocorrido exatamente quando se projeta a comunidade com esmagamento do indivíduo. A realização do bem comum só se torna viável quando assegurado ao indivíduo ter acesso, e dele participar, ao processo de elaboração do conceito desse bem comum e da forma de produzi-lo, como também atuar na própria implantação do processo escolhido.

E aqui talvez um dos aspectos mais importantes da *Populorum Progressio*: o desenvolvimento tem que ser uma causa comum, em espírito comunitário (Alceu Amoroso Lima).[80] Essa causa comum impõe a rejeição de intervenções estatais abusivas na órbita da realização autônoma do indivíduo, assim como assegura, a este, dizer quais suas necessidades e ditar o caminho para suas respostas (Artur Fridolin Utz).[81] Por isso, com letras expressas, a *Populorum Progressio* arrolou como uma das aspirações legítimas do homem o "ter maior participação

---

[79] MIRALLES, Julio Soler. *La justicia y el orden social*. Mendoza: Idearium, 1977.
[80] LIMA, Alceu Amoroso. *Comentários à Populorum Progressio*. Petrópolis: Editora Vozes. p. 49.
[81] UTZ, Artur Fridolin. Ética Social. Barcelona: Herder, 1964. p. 232.

nas responsabilidades" (parágrafo 6º); e em contrapartida, num dos trechos mais discutidos do Documento (parágrafos 30 e 31), afirmou-se, cautelosamente embora, o direito à revolução, quando a aspiração legítima de maiores responsabilidades e de acesso ao processo de gestão social e político é cortada.

Enfim, é inerente à pregação de justiça social o estabelecimento de amplos e permanentes canais de interparticipação nas atividades da Administração Pública e condutas dos administrados. Como preconiza *Tofler*, anunciando a civilização pós-industrial:

> Esta civilização nova, desafiando a velha, deitará por terra as burocracias, reduzirá o papel do estado-nação e irá gerar economias semiautônomas num mundo pós-imperialista. Exigirá *governos mais simples*, mais eficazes, e, não obstante, *mais democráticos do que qualquer um dos que atualmente conhecemos*.[82]

De *Liberdade* aqui não se vai cuidar com extensão maior. Por ora diremos, tão apenas que se revela sua compreensão na dupla dimensão há pouco anunciada: de um viés, o pleno respeito, de parte da Sociedade e do Estado, à expansão integral das potencialidades individuais, até o limite da não afetação das potencialidades igualmente impostergáveis de nossos copartícipes na aventura da vida; de outro, o direito do indivíduo de participar do processo de elaboração dos conceitos de bem pessoal e de bem comum e da forma de produzi-los.

Entretanto, qual a postura do Direito Público brasileiro, em face dessa exigência de justiça social e de liberdade (coparticipação administrativa)? Ao que parece, continua boa parte de nossos autores a acreditar que o tema se exaure no controle político exercido nas ocasiões das eleições. Consequência dessa abstenção científica é o comportamento cada vez mais generalizado, entre nossos homens públicos, de desprezo pela opinião ou pelos reclamos públicos; e, no plano institucional, a parca rentabilidade da previsão constitucional do direito de representação e de petição. É induvidoso que a expansão tecnológica dos meios de comunicação e relacionamento social tem facilitado a interação. Mas como tudo o que é novo, o uso da ferramenta em questão tanto leva ao bem (a reconstrução da ágora ateniense), como para o mal (as *fake news*).

---

[82] TOFLER, Alvin. *A terceira onda*. 2. ed. Rio de Janeiro: Ed. Record, 1980. p. 24. Nossos os grifos; grafia do original.

É evidente, doutra parte, que tal abstenção não é um fenômeno gratuito, ou espontâneo, ou isolado, no contexto de nosso Direito Administrativo. Em realidade, deflui ela do próprio conceito de Direito Administrativo, até há pouco esmagadoramente acolhido entre nossos autores: com pequenas variantes de um para outro, sempre acabava ele por aparecer como ramo do Direito Público dedicado aos princípios e/ou regras que regem a atividade estatal, adotando, cada jurista, para tanto, uma perspectiva anátomo-fisiológica; a estrutura (anatomia) do aparato administrativo, e sua dinâmica (fisiologia), eis os polos da atenção de tais estudiosos.

Já se vai tornando, aos poucos, incontestada a postura em prol da prática participativa do indivíduo na administração pública, e robusta a bibliografia jurídica a respeito. E note-se que não estamos a falar da participação imprescindível ou conveniente, a juízo do próprio Estado (como ocorre, por exemplo, com as contratações administrativas ou nas designações de agentes e servidores públicos), mas sim da que decorre do interesse precípuo do próprio administrado. Tampouco estamos a cuidar dos sistemas, hoje apenas historicamente imagináveis, de democracia direta. Nem ainda dos esquemas de participação política, conquanto aqui houvesse um largo terreno a explorar, inconcluso ainda na experiência jurídica brasileira (os referendos populares, o direito de iniciativa legislativa reconhecido ao cidadão, os plebiscitos, o "recall" etc.). Estamos a referir, isto sim, às novas formas de ingerência da população nos assuntos da administração pública, não apenas controlando a *posteriori* sua execução, mas até pautando aprioristicamente suas opções e a maneira de realizá-las.

A. Gordillo cuida minuciosamente do assunto, em seu conhecido "Planificación, Participación y Libertad en el Proceso de Cambio".[83] E ali aparecem arroladas as comunidades de bases, as associações de bairros ou de moradores, os próprios clubes e sociedades recreativas, e vários modelos, alguns mais formais, outros menos acabados, que têm sido ensaiados.

Advertimos, em reiteração, que não usamos lentes panglossianas; e também não omitimos a existência de opositores à pregação participativa. Bem sabemos que nem todos participariam dos grupos referidos ou a eles análogos. Como também sabemos que, no jogo

---

[83] GORDILLO, A. *Planificación, Participación y Libertad en el Proceso de Cambio*. Buenos Aires: Ediciones Macchi, 1973. p. 189-216.

social, alguns desses grupos serão mais presentes – e, por isso, mais influentes, – que outros. E daí não faltará quem acabe por afirmar que o sistema proposto igualmente careceria de base democrática. A crítica não é nova ou original. Ela foi anteriormente endereçada, por exemplo, à ideia de planejamento. E a réplica será igual àquela cabível quanto às primitivas objeções: os desvios não democráticos, seja do planejamento, seja da participação, têm que ver com o *modus* de executar a ideia, e não com o perfil conteudístico que ela ostenta. O planejamento, ou a participação, sem a observância de certos pressupostos, poderá ser totalitário. Incumbirá, porém, ao jurista, informado da experiência do direito comparado e comprometido com a realização da justiça social e da liberdade individual, propor os modelos que, afastando os fatores deturpadores, ensejem a chegada à terra prometida. E somente a insistência lúcida e obstinada, do homem do Direito, afastará os escolhos, que não são pequenos. Dentre estes, citamos:

a) as atitudes da Administração Pública, de regra arredia a ouvir sugestões, encastelada que está numa tão messiânica, quanto infundada, crença de infalibilidade;

b) a omissão, a leviandade mesmo, de ponderável parcela da população, pronta a opinar e sugerir apenas no que diga respeito a seu egoístico interesse;

c) certas construções teóricas do Direito Administrativo, bolorentas e enleadas em teias de aranha, mas ainda prevalecentes entre nós. Exemplo? A ampla aceitação da ideia de discricionariedade e de ato discricionário (noção essa por si só também senil e adversa ao administrado);

d) a resistência do administrador em delegar funções e competências, nisso divisando redução de "status";

e) os conceitos de poder de polícia, de autoexecutoriedade, de presunção de legalidade e de legitimidade dos atos da Administração.

Referiremos, ainda, mais outra preciosa colaboração da doutrina estrangeira: a exemplar tese de Romano Bettini, "La participazione amministrativa",[84] na qual se demonstra a consolidação, desde 1948, na Itália, da participação do cidadão, na determinação de opções de

---

[84] BETTINI, Romano. *La participazione amministrativa*. Milão: Giuffrè, 1973.

atuação da atividade administrativa, concernentemente, sobretudo, à reforma urbana, à gestão de serviços sanitários, à cogestão de instituições universitárias e à autogestão social da radiotelevisão estatal (RAI).

Não omitiremos que vozes, autorizadas também, como a de Herbert Wilcok, por exemplo, combatem o que denominam "credo participativo" (*Hierarchy, human nature and the participative panacea*).[85] Todavia, ao menos são vozes que de boa-fé experimentaram o alvitre participativo, antes de combatê-lo. E sua oposição funda-se não na desvalia da opção, mas nas eventuais dificuldades concretas de sua realização.

Concentremos agora nossa atenção, para enfatizar que o autoritarismo está na gênese do Direito Administrativo, numa "questão exemplar", cujo desbaste invalida peremptoriamente a ingenuidade dos que vêm, nesse campo do jurismo, uma origem comprometida com os ideais de liberdade e de contenção governamental (inclusive em nosso país). A "questão exemplar" em foco é aquela que envolve os tópicos da discricionariedade, do mérito do ato administrativo e de seu controle jurisdicional. Claro está que, em outros volumes deste Tratado, tais temas serão estendidos. Mas vale introduzir a matéria.

Iniciaremos exatamente por este último compartimento conceitual; o do mérito do ato administrativo e seu controle jurisdicional. Para isso retomaremos, em retorno histórico acentuado, a exposição extremamente polêmica (ao menos então) que apresentamos há mais de 40 (quarenta) anos, nos memoráveis "Cursos de Especialização em Direito Administrativo", sob inspiração e direção de Celso Antônio Bandeira de Mello e Geraldo Ataliba (e ativa participação de Oswaldo Aranha Bandeira de Mello), que a PUC-SP realizava todos os sábados pela manhã.

Entendemos (até hoje) por *mérito* do ato administrativo o resultado da valoração que o agente administrativo elabora, quanto aos dados contingentes, que deverá considerar como pressuposto da atividade administrativa. Nem inovamos no particular: trata-se de formulação consideravelmente próxima da abraçada por Seabra Fagundes, em seu clássico "Controle do ato administrativo pelo Poder Judiciário".

Quando se fala sobre mérito do ato administrativo, está presente nessa expressão toda a gama de elementos contingentes e variáveis que a atuação administrativa necessariamente tem que enfrentar. Entram,

---

[85] WILCOK, Herbert. Hierarchy, human nature and the participative panacea. *Public Administration Review*, Washington, p. 53-62, jan./fev. 1969.

então, na discussão, os dados de oportunidade, de conveniência, de escolha dos motivos, de utilidade, de finalidade subjetiva, enfim, de móvel e meta psicologicamente buscados. Estamos transitando num terreno que nada tem a ver com a positivação jurídica do ato administrativo. Estamos em pleno caminho do psiquismo. Essa é a dificuldade fundamental do tema. O tema do mérito do ato administrativo tem a ver, também e exatamente, com esses dados contingentes, com esses dados subjetivos, com esses dados psíquicos, intelectivos, de que o agente público, necessariamente, deve cogitar, no momento em que vai produzir um ato administrativo.

Quando em vista de um ato dito vinculado, o campo para a manifestação intelectiva do agente administrativo se estreita. Mas à medida em que essa faculdade de escolher, de optar, de formular juízos se amplia, à medida em que a própria complexidade da vida social ou do tecnicismo do conhecimento exigido vão lançando, nas mãos do administrador, frações cada vez maiores de necessidade (e não simples *poder*) de escolha e de opção, o problema do mérito se torna cada vez mais agudo, e seus reflexos na prática administrativa se transformam, realmente, num tema da maior relevância.

O problema do mérito está conectado a dois dados fundamentais da atuação administrativa: um, pertinente ao objeto; outro, pertinente à vontade. É nesses dois campos, do objeto e da vontade, que o problema do mérito encontra um cordão umbilical e, a partir dele, é que se vai derramar por várias outras considerações que o tema propõe. Considere-se o seguinte esquema:

MÉRITO	Objeto	causa
		conteúdo
		adequação
	Vontade	motivação
		móvel
		fim

Esse quadro pretende apresentar um caminho pelo qual percorrerá, necessariamente, a elaboração intelectiva do agente público, quando à vista do exercício das chamadas faculdades discricionárias, na prática do ato administrativo. O tema da desapropriação suscita sugestiva exemplificação. Não só podemos contemplar vários possíveis bens a serem expropriados para uma mesma finalidade, como podemos destinar um imóvel a várias possíveis finalidades expropriatórias. Haverá, pois, uma avaliação meritória, que poderá e deverá ser feita, necessariamente, pelo administrador público. Essa avaliação determinará o conteúdo do ato administrativo. Porém mais: terá que haver uma "relação de adequação" entre a causa e o conteúdo.

Num outro tópico, o da vontade do agente, entram o móvel como pressuposto psíquico da escolha dos caminhos, e o fim subjetivo como a realização última "discricionariamente" buscada pelo administrador na prática do seu ato administrativo.

E agora, a indagação fundamental: o mérito do ato administrativo, por isso que pertinente a elemento subjetivo da sua prática, é passível, ou não, de um pleno controle jurisdicional? É possível controlar a própria legalidade do ato administrativo pelo exame do seu mérito? Ou o mérito do ato administrativo, por isso que lançado, fortemente, no campo do psiquismo, está inteiramente indene de qualquer contraste, de qualquer confronto que pudesse levar a um juízo da legalidade mesma da atuação da administração pública?

Não temos dúvida em afirmar que há muitas hipóteses em que o ato administrativo tem que ser examinado sob o prisma de sua legalidade, com uma inflexão ou uma reflexão sobre o seu mérito, visto este como *elemento intrínseco* da própria concepção de *legalidade*, já que ao administrador se impõe não apenas o *dever* da *boa administração*, mas o IMPERATIVO da *melhor administração*.

Lembraremos, por exemplo, as hipóteses em que o mérito não guarda relação de adequação entre o antessuposto do ato e a sua realização final. Estamos em campo de mérito, e em campo de mérito que pode envolver, até mesmo, o tema da moralidade na atuação administrativa.

Recordaremos, ainda, um outro exemplo: o administrador pode invocar um motivo, ou uma razão meritória, que é simplesmente inexistente, ou falso. Deverá o Poder Judiciário, levado ao exame desse ato administrativo, cruzar os braços, por dizer não poder penetrar no campo do mérito?

Não negamos que numerosa doutrina e jurisprudência brasileiras pautam-se ainda por crença diversa da que há décadas sustentamos.

Frequentemente os tribunais ainda proclamam só lhes caber o exame dos aspectos formais, de legalidade vinculada, do ato administrativo; paradoxal, porém, que nem doutrina, nem jurisprudência rejeitam as figuras, tão fecundas em direito administrativo, do desvio e do abuso de poder. E como chegar a surpreender uma e outra, sem investigação judicial *plena* do "mérito" do ato administrativo, sobretudo quanto à "relação de adequação" entre os pressupostos do ato e os resultados por ele visados/alcançados?

Claro que não se advoga (pelo menos ainda) que a perquirição judicial chegue ao ponto de impor que o ato administrativo *seja refeito* de uma *determinada maneira* que o juiz ordene, *segundo* sua avaliação meritória. Daí a sustentar, como infelizmente se faz muitas vezes, que não possa o Judiciário desconstituir o ato administrativo, *para que a própria Administração* pratique um outro, indene de dúvidas, quando seja falsa, errada ou impertinente a avaliação meritória envolvida na espécie, vai abissal diferença. E é na amplitude desse abismo que cada vez mais se alimenta a autocracia estatal confortada pelas barreiras auto e heterocriadas a que se julga, aqui, com frequência confinado o Poder Judiciário.

Poucos exemplos, repetimos, são mais marcantes, da origem autoritária do Direito Administrativo, quanto aquele que já foi o seu conceito central: discricionariedade. Para elucidar o ponto, suficiente focalizar a moldura histórica do surgimento do Direito Administrativo. No momento que o antecede, vigorava a autoridade sem peias, própria do *absolutismo*. A Revolução Francesa passa como um trator sobre essa arquitetura, embora a rigor preocupada que estava com a antítese – a negativa radical ao modelo autoritário – não tenha elaborado um outro padrão. Em verdade, instaurava-se, em suposta homenagem ao "primado do povo", o reino da anarquia, de que o Terror de Robespierre seria epítome. Uma vez restaurada, contudo, a monarquia, novos vetores se afirmam, com destaque aqui para a reconstrução do Direito Administrativo, mas um Direito Administrativo comprometido com o renascimento de poder real, consagrado com a instituição do Contencioso Administrativo e alicerçado em constructos doutrinários autoritários – com especial destaque para a discricionariedade. Só com a evolução histórica de sua existência é que o Contencioso Administrativo francês viria a criar instrumentos valiosíssimos de contenção do poder.

Sem a sanguinolência da história revolucionária francesa, o mesmo clima de poder absolutista presidiu o surgimento, no Brasil, da doutrina administrativa. Nossos primeiros autores e juízes vicejaram numa ambiência constitucional em que o Imperador, além de chefe do executivo, tinha atribuições judiciárias (sobretudo mediante avocatórias) superiores e arbitrava os conflitos institucionais com o uso do Poder Moderador. Nossa gênese prepotente não se amainou com o advento da República. O fim da década de 1930 e a maior parte da década de 1940 foram períodos áureos da glorificação da faculdade (até mesmo, significativamente denominada *poder*) discricionária da Administração (mas havia exceções honrosíssimas encarnadas, por exemplo, por Victor Nunes Leal e Seabra Fagundes).

Por evidente, a "Revolução" de 1964 e a Constituição de 1967/1969 não amainaram os ventos da força estatal. Foi somente com a Constituição de 1988 que as vozes liberalizantes da doutrina brasileira, iniciadas a partir da segunda metade do século 20, ganharam acatamento e prestígio. Por isso dizemos sempre que a Constituição de 1988 nada tem de "socializante". Bem antes, ela é (e não só em sua topografia textual, com o deslocamento das garantias individuais para o seu início) a Carta do Cidadão, o *Bill of Rights* do Indivíduo Brasileiro, o diploma garantidor da realização de suas potencialidades, na perspectiva de que só há felicidade e liberdades coletivas se, antes destas, se assegura a felicidade e a liberdade do indivíduo (e isso desde seu Preâmbulo mesmo). Nesse contexto, o campo da chamada discricionariedade é mínimo, ínfimo, quase inexistente. O administrador não está liberado para exercer a "boa administração": ele tem o dever, o imperativo, de executar a "melhor" administração. É verdade que tanto a *boa* quanto a *melhor* administração somente recebem tais epítetos porque conformes à lei. São atuações *legais*, mas só é *legítima* a que é melhor. Por isso, o controle jurisdicional pode ser convocado para desconstituir o ato administrativo que, embora *bom*, não seja o *melhor* (sem responsabilização, embora, do agente, já que só é *bom* o que é *legal*).

Vista a questão por tais ângulos, carece de qualquer importância saber em quais dos elementos ou pressupostos do ato reside a possibilidade de exercício discricionário da parte do agente. Discricionariedade autêntica somente existe em situações estritas e estreitamente definidas no sistema: *(i)* quando a lei expressamente abre margem de opção ao agente, ou *(ii)* quando o estágio de conhecimento, envolvido na escolha a ser feita pelo agente, ainda não indique com clareza qual a *melhor* eleição. E só.

Nesses exemplos que trouxemos a exame, a atitude dos juristas, em sua maioria, tem ocasionado indiscutível reforço às posições autoritárias da Administração Pública. E, como já antes exposto, autoritarismo e liberdade são conceitos inconformáveis.

Acreditamos que por dois caminhos têm os juristas aderido a polaridades desse jaez. O primeiro deles diz respeito a uma sincera, ou não, adesão científica. De regra vem ela conectada com enfática declaração, à qual, aliás, muito afeitos os partidários do pensamento kelseniano: como cientistas do Direito, assumem uma posição neutra em face das decorrências que sua adesão científica possa favorecer, ou mesmo engendrar.

O segundo deles tem a ver com a notória ineficiência operacional de nossos Poderes Judiciário e Legislativo. E é o mais inaceitável dos prismas condicionadores de um opinamento. A ineficiência em questão pode ser revertida, desde que tais Poderes se apliquem a uma reforma inteiramente oposta às que até aqui vêm sendo ensaiadas. Especificamente quanto ao Judiciário, impõe-se uma reforma que ataque o nó da primeira instância, destine ao Poder verbas compatíveis com suas necessidades, diminua o número de recursos, agilize a execução dos julgados e possibilite a real celeridade de sua ação. Fazer dessa ineficiência, conjuntural por certo, critério precondicionante da amplitude da competência jurisdicional transforma o problema numa aporia: cada vez mais se reforça o Executivo e com isso cada vez menos se abre campo à correção de rumos.

Nossa finalidade, ao trazer à ribalta os exemplos examinados, não foi, nem remotamente, o de instituir preocupante maniqueísmo, por força do qual o indivíduo seria o Bem, o Estado, o mal. Não ignoramos que o Estado pode ser virtuoso, e que o indivíduo frequentemente atinge os páramos do comportamento mesquinho. Mas a ciência jurídica não se desenrola em asséptico laboratório ou gabinete, atemporal e a-espacial. Fazemos Direito aqui e agora, não só no mundo de hoje, mas no Brasil de hoje. E nesse mundo e nesse Brasil, sedentos de Justiça e Liberdade, aí não se chega pelo reforço teórico aos comportamentos estatais autocráticos. Lembramo-nos, a propósito, de uma passagem impressionante do escritor romeno, tão precocemente falecido, Max Blecher. Contemplava ele, demoradamente, telas retratando o rei Carol I e a rainha Elizabete. E algo sempre o intrigava:

> Esses quadros me intrigaram por muito tempo. O artista parecia muito talentoso, pois os traços eram finos e seguros, embora eu não compreendesse por que ele os executara numa aquarela cinzenta, empalidecida, como se o papel tivesse ficado muito tempo debaixo da água.
>
> Um dia, fiz uma descoberta assombrosa: aquilo que eu considerava uma cor apagada não era outra coisa senão um amontoado de letras minúsculas, que só podiam ser decifradas com uma lupa.

Em todo o desenho não havia um único sinal de lápis ou pincel; tudo era uma junção de palavras que contavam a história da vida do rei e da rainha.

Minha estupefação fez de repente desabar a incompreensão com a qual eu fitava os desenhos. No lugar da minha descrença na arte do desenhista, surgiu uma infinita admiração.

Nela, senti a mágoa de não ter observado antes a qualidade essencial do quadro, fazendo crescer em mim, ao mesmo tempo, minha grande insegurança em tudo o que via: já que eu contemplara por tantos anos aqueles desenhos sem descobrir a própria matéria de que eram constituídos, não seria possível que me escapasse, devido a uma miopia semelhante, o significado de todas as coisas ao meu redor, significado esse nelas inscrito, talvez, tão claramente quanto as letras que compunham aqueles quadros?[86]

Pois nós não temos essas desculpas: olhemos de frente e com desassombro as telas que nossa Constituição debuxa: a imagem que nelas divisamos é a do cidadão brasileiro, do indivíduo senhor de si; mas a figura não é um conjunto de traços de desenho, mas sim um conjunto de duas palavras que contam nossa história e que se repetem incessantemente: Direito e Liberdade.

Tudo isso compõe, enfim, um cenário no qual nos soa sempre difícil aceitar o caminho que tem levado o jurista a aderir a posturas científicas favorecedoras do autoritarismo estatal – a pretensa neutralidade do conhecimento científico. Ora, pelo menos, desde Karl Mannheim que se sabe, à saciedade, não só que todo conhecimento científico é alcançado por interesses temporais, mas também que qualquer pretensa neutralidade é sempre um argumento em favor do mais forte.

O triunfo da ideia de liberdade individual pressupõe que se veja, no conceito de *liberdade*, um verdadeiro arquétipo. E *arquétipo* em dupla visão: não só como modelo ou padrão passível de ser reproduzido,[87] mas também, e já aqui muito próximo da acepção original junguiana, como conteúdo perene do inconsciente coletivo. Conteúdo ligado à percepção de que apanágio inafastável da personalidade é o livre arbítrio, a escolha, pela vontade, de uma, dentre várias alternativas. Nesse contexto, a liberdade jamais será fruto puro de uma determinação normativa: será emanação da vontade e do arbítrio humanos, autêntico

---

[86] BLECHER, Max. *Acontecimentos na Irrealidade Imediata*. São Paulo: Editora Cosac&Naify, 2013.
[87] LIBERDADE. *In*: Dicionário Houaiss da Língua Portuguesa. São Paulo: Moderna. p. 293.

fenômeno da natureza (na qual a vontade e o arbítrio humanos se manifestam e se revelam), ocorrendo tão apenas sua delimitação e sua compatibilização gregária pela via de determinação normativa. Não se trata, pontue-se, de explicar o livre arbítrio como um ato de fé ou um dogma: ele é conatural à própria existência racional do Homem que, sem ele, sequer esse nome mereceria. E, como tal, o livre arbítrio dispensa qualquer processo de demonstração racional de sua existência, tal como ocorre com a vida ou o ser. Vida, ser, homem, livre arbítrio, tudo isso é. São *axiomas*.

E, porque são, existem, para além de qualquer prova ou demonstração, de resto inúteis e irrelevantes, dão tais realidades palpáveis que dão nascimento ao Direito e suas determinações normativas. Ou seja, a Liberdade não é fruto do Direito. É o Direito que se origina da Liberdade, condicionando, disciplinando e harmonizando o exercício desta. Ela existe, seja na sociedade mais sofisticada, seja na mais primitiva, e, até mesmo, numa hipotética sociedade de um só homem (exemplo: Robinson Crusoé, antes da aparição de Sexta-Feira). Não há, então, em nosso sentir, como escapar a essa constatação ontológica: a liberdade é um *arquétipo*. Assim é porque está na consciência individual e também no inconsciente coletivo. Existe no mundo real (como força imanente de cada ser), como realidade (e imposição) do mundo fenomênico (que sempre nos íntima a optar entre A e B), sendo apenas por ela própria, *liberdade*, disciplinada e limitada, até como exigência de sobrevivência dos humanos e de suas sociedades. Enfim, como traduziu Sartre, todo ser está condenado a ser livre. Nesse prisma, liberdade é autodeterminação, autocausalidade, condicionada à totalidade a que o homem pertence, totalidade essa que limita e disciplina as escolhas acenadas aprioristicamente pelo livre arbítrio.

§12 Revisitando conceitos (segunda abordagem). Direito Administrativo e Função Administrativa. Por uma nova escola do pensamento brasileiro sobre Direito Administrativo

Na abertura do Capítulo 3, em que inseridos vários subcapítulos, inclusive este de arremate, fizemos questão de lançar nossos conceitos de Direito Administrativo e de Função Administrativa. Tal nos pareceu imperioso, como a) compromisso de lealdade para com os eventuais leitores e como b) antecipação de nosso entendimento do que é o Direito Administrativo de hoje e do futuro.

Foi premido por tais circunstâncias que propusemos uma nova visão do Direito Administrativo que desejamos ver consagrada. Em suma, um Direito Administrativo pela óptica do indivíduo, com a pessoa como protagonista, atuando o Estado como simples instrumento, utilizado pelo indivíduo, para a concretização das transformações necessárias. E aqui, sim, pretendemos inaugurar a escola brasileira de Direito Administrativo individualista. Não seremos repetitivos em sua definição, eis que já lançamos seus traços fundamentais nas páginas iniciais deste livro. Apenas repetiremos que a visão individualista do Direito Administrativo não constitui egocentrismo (não toma o próprio *eu* como centro de todos os interesses), egoísmo (nela não há amor excessivo a si mesmo), egolatria ou egotismo (tampouco nela existe sentimento excessivo ou idolatria do próprio *eu*).

Trata-se, tão apenas, de colocar o indivíduo no centro do sistema social, condutor, fiscalizador e controlador da atividade estatal, definidor da sua esfera de liberdade que só conhece os limites decorrentes da esfera da liberdade alheia e da lei. Daí decorre a igualdade entre o interesse particular e o tão decantado interesse público, cabendo, aliás, ao indivíduo, definir o que é o interesse público, o que se perfaz pelo princípio democrático da maioria. E não da maioria a todo preço, mas da maioria cuja prevalência não suprima ou exclua o interesse individual, impondo-se a utilização das vias compensatórias quando o sacrifício individual se mostrar excessivo. Em casos tais, o Estado, se posto a agir pelo indivíduo (ou por quem o represente, vocábulo aqui utilizado em lata acepção, não estritamente jurídica pois), pode comparecer como instância dirimente, atuando em prol do interesse individual que deva preponderar. Há que não esquecer: o indivíduo é uma realidade material; a sociedade é uma criação intelectual, partejada pelo indivíduo ou pelo conjunto de indivíduos. Em resumo: a sociedade existe em razão e para o benefício do indivíduo, não sendo aceitável que a criatura suplante sempre o criador.

Esse é o Direito Administrativo que desejamos. Essa é a Escola de Direito Administrativo Brasileiro que defendemos. Essa é a baliza legítima do exercício da função administrativa. Essa é a alternativa que brandimos, em oposição à escola da soberania do interesse público.

A ação de cada indivíduo é o elemento essencial e irredutível da transformação social e mesmo da transformação cósmica (é claro, sem olvidar os incontroláveis fenômenos que decorrem da natureza ou das poderosas forças cósmicas). É essa essencialidade, para todos os fins, da ação de cada indivíduo que revela a falácia do positivismo e do monismo (meras adesões metafísicas, até hoje carentes de comprovação científica). Como com integral acerto já destacara Ludwig von Mises,[88] a cooperação individual e a consequente ação social constituem um caso particular da categoria mais universal da ação humana. É a partir desta que se há de estudar a inevitável interação homem-sociedade, eis que a cooperação social é o grande meio para que o indivíduo atinja todos os seus fins.

Estabelecidas as nossas bases do novo pensamento ou escola do Direito Administrativo brasileiro, mais uma interrogação há de ser enfrentada: é correto atribuir ao Direito Administrativo um caráter instrumental ou adjetivo?

Para enfrentar a pergunta, insta retomar a clássica distinção entre direito material ou substantivo, de um lado, e direito adjetivo ou instrumental, do outro. Na primeira face da dicotomia comparecem os conjuntos de "normas que regem as relações jurídicas, *definindo a sua matéria*".[89] Na segunda face, teríamos o complexo de normas pelo qual se pode fazer valer um direito. Parece-nos que nesse sentido é que Oswaldo Aranha Bandeira de Mello[90] fala em natureza adjetiva do Direito Administrativo, eis que nuclearmente composto de regras com o escopo fundamental de tornar operantes as ações estatais disciplinadas no Direito Constitucional.

Mais recentemente lemos atentamente interessante artigo de Leonardo Coelho Ribeiro,[91] em que o arguto autor, talvez influenciado sobretudo pela força do princípio constitucional da eficiência, procura ver o Direito Administrativo como uma "caixa de ferramentas" para tornar efetivas as normas e as ações da política e da gestão públicas". Cremos ser importante transcrever um texto do aludido e engenhoso trabalho, que nos parece resumir o pensamento do autor em tela:

> Com efeito, ferramentas são instrumentos vocacionados a certas finalidades. E apreender o direito administrativo como uma caixa delas é jogar luzes sobre a importância de se desenhar, escolher, combinar,

---

[88] MISES, Ludwig von. Ação Humana. 3. ed. São Paulo: Mises Brasil, 2010. p. 69.
[89] DINIZ, Maria Helena. *Dicionário Jurídico*. Falta local: Editora, ano. v. 2, p. 169. Grifo nosso.
[90] MELLO, Oswaldo Aranha Bandeira de. *Princípios Gerais do Direito Administrativo*. 2. ed. São Paulo: Malheiros, 1979. v. I. p. 42-45.
[91] RIBEIRO, Leonardo Coelho. O Direito Administrativo como "caixa de ferramentas" e suas estratégias. *RDA*, v. 272, 2016, p. 209 a 249.

empregar e testar essas ferramentas na persecução do interesse público, aprimorando a gestão pública e seu controle, a partir de juízos de adequação, experiência, e do acompanhamento e avaliação de resultados.

Assim, há considerável utilidade prática em compreender e desenvolver, metaforicamente, o direito administrativo como uma caixa de ferramentas, no atual estado da arte em que se encontra. Especialmente tendo em vista que isso importa, a um só tempo, em:

(i) perceber o direito administrativo como uma tecnologia social, que deve cumprir uma função prática e dinâmica, a fim de dar conta de impasses e objetivos concretos;

(ii) caminhar na direção da construção de ideias e modelos jurídicos mais úteis e comprometidos com a realidade e seu contexto de aplicação, colaborando para a conciliação entre teoria e prática;

(iii) reforçar a relação de meios e fins que deve orientar a ação administrativa, ilustrando seu compromisso com os resultados concretos de suas reflexões;

(iv) não assumir categorias apriorísticas e estáticas, adotando em seu lugar uma abordagem constantemente crítica e flexível que, partindo do desenho das ferramentas, da forma como são utilizadas e da experiência acumulada, possa definir estratégias de ação e medir resultados e consequências daí provenientes;

(v) possibilitar o diagnóstico de como de fato funciona certa ferramenta, ou combinação de ferramentas, apurando suas vantagens e desvantagens para, então, formular, manter ou reformular o arranjo jurídico e a ação administrativa; e

(vi) experimentar novas ferramentas, de preferência pontualmente, para avaliar sua capacidade de sucesso em seus propósitos e, se assim confirmado, expandir sua incidência.

Desse modo, a abordagem da caixa de ferramentas é uma metáfora que privilegia o instrumentalismo legal enquanto estratégia de direito, para que as ferramentas de direito administrativo melhor sirvam aos fins democraticamente definidos na Constituição, ou pelas maiorias ocasionais, à luz da teoria dos direitos fundamentais.[92]

Conquanto consideremos não só inventivo, inteligente e respeitável o esforço do eminente autor, pedimos vênia para esposar entendimento diverso, sobretudo no que toca à mera "instrumentalidade" do Direito Administrativo e à suposta primazia do interesse público.

---

[92] RIBEIRO, Leonardo Coelho. O Direito Administrativo como "caixa de ferramentas" e suas estratégias. *RDA*, v. 272, 2016, p. 212-213.

Para nós, não é sequer relevante a distinção entre normas substantivas e adjetivas, materiais e instrumentais. Umas e outras têm uma uniformidade nuclear que a ambas informa e particulariza: a coercitividade. Estando desde há muito abandonada a noção de normas programáticas, ao menos a nosso ver, tem-se que tanto os preceitos ditos substantivos, quanto os classificados como adjetivos, não só estipulam e conferem direitos ou deveres, como por si sós asseguram sua incidência e observação. Uns e outros devem:

a) cumprir uma função prática e dinâmica, com vistas a suas atuações concretas;

b) conciliar teoria e prática, para tanto contemplando suas estratégias de implementação e a análise das pertinentes consequências objetivas;

c) prestigiar o princípio da eficiência, destarte, inclusive, reforçando ou reformulando o preceito, com vistas à melhor aplicação da ação estatal;

d) cumprir e *realizar* a Constituição.

Sempre de pé está a máxima de que o Direito existe para resolver os problemas da vida. Por isso o Direito, todo ele, não passa de uma harmônica pletora de regras para prevalência da paz geral. Nessa perspectiva, é com profunda vênia que afirmamos que, embora *teoricamente* seja possível tentar traçar diferenças entre normas substantivas e normas instrumentais, de restritíssima utilidade objetiva se revela mais essa dicotômica elaboração de escaninhos conceituais. Invocando a sempre lembrada lição de Gordillo: as classificações só têm efetiva justificação científica quando úteis à essência do conhecimento que se pretende abarcar.[93] Ora, a distinção pretendida, entre normas materiais e instrumentais, é na sua quase totalidade, sem valia para categorizar "ramos" do Direito. Assim, por exemplo:

– o Direito Civil, o Direito Penal e o Direito Administrativo, além de preconizarem materialmente (exemplos, respectivamente: elenco das modalidades de aquisição de propriedade; tipificação das condutas criminosas; disciplina dos requisitos da cessão de bens públicos), também estatuem adjetivamente (exemplo: regramento da prescrição);

---

[93] GORDILLO, Agustín. *El acto administrativo*. Buenos Aires: Abeledo Perrot, 1969. p. 26-27.

– o Direito Processual, apontado por excelência como um direito adjetivo, também consagra comandos materiais; Direito Processual Civil: a possibilidade de rever/reverter a coisa julgada, mediante ação rescisória; Direito Processual Penal: o mesmo fenômeno, mediante a revisão criminal; Direito Processual Administrativo: os princípios do processo e a decadência da pretensão desconstitutiva da decisão final da Administração.

Atendo-nos unicamente ao Direito Administrativo, diremos, em caráter geral, que substantivas ou materiais são quase todas as suas normas, inclusive no campo processual, somente assumindo caráter adjetivo as atinentes ao *procedimento*. É claro que algum sentido existe na distinção, bastando a tanto lembrar que dispor sobre *processo administrativo* é matéria de competência federal, ao passo em que disciplinar o *procedimento* envolve competência concorrente federal, estadual e distrital (é no procedimento que se encontram as "ferramentas" sobre as quais antes discorremos). Mas isso claramente, a nosso sentir, é insuficiente para categorizar o Direito Administrativo como um direito adjetivo.

Relevante considerar que o próprio Direito Constitucional – é dizer, a Constituição que o conforma – desfruta dessa dupla natureza. Além de, em preceitos substantivos, arquitetar todo o Estado que delineia, o Direito Constitucional também encerra um arcabouço adjetivo, integrado fundamentalmente pelas chamadas ações constitucionais (mandado de segurança, ação civil pública etc.) e pelas ações de controle ou de efetivação da constitucionalidade (ações diretas de constitucionalidade e de inconstitucionalidade, arguição de descumprimento de preceito fundamental etc.). E o Direito Administrativo, que nada mais é que a Constituição em movimento, naturalmente goza da mesma natureza dúplice do ramo jurídico de que diretamente emana. Anote-se que as citadas ações constitucionais, a maior parte delas criada em 1988, aqui incluídos o mandado de injunção e o *habeas data*, foram desde logo após a promulgação da Constituição ajuizadas, antes mesmo das leis reguladoras hoje existentes, com direta remissão ao texto da Lei Maior, o que bem comprova o caráter material e adjetivo de qualquer ramo do Direito.

Na criação e concretização da presente obra esteve sempre presente um *ideal*: o de lutar por uma ambiência jurídica em que o núcleo da vida humana – o indivíduo –, livre de opressões estatais ou organizacionais, seja visto como a origem e o fim de qualquer estrutura de nossas sociedades. E o ideal em questão, para deixar de ser quimera ou mera hipótese, exigia uma *ideia* de sistema. Fruto da exigência em questão é, exatamente, nossa proposta de Direito Administrativo do Indivíduo.

Aquele que formula uma ideia original, que estará sujeita a toda espécie de adesões (mais escassas talvez) e contestações, tem o dever de, por toda sua obra, voltar às proposições fundantes de sua teoria. Daí o presente retorno que agora empreendemos. Sigamos a senda.

Nosso centrismo teórico não significa rejeição à relevância do interesse coletivo, social, geral. Tais interesses, super e metaindividuais, podem até ser rotulados com a clássica expressão *interesse público*. Mas não como a maioria da doutrina a conceitua, nela divisando uma criação dogmática, uma crença que dispensa explicitações lógicas e racionais. Enfim, algo muito semelhante à *norma fundamental* de Kelsen. Ora, segundo já expressamos antes, para nós duas realidades distanciam objetivamente nosso conceito de interesse público, daquele classicamente proclamado, a saber:
- ele resulta da vontade manifestada pelo conjunto dos indivíduos, amparando-se no tradicional *princípio majoritário*, com a garantia de assegurar aos integrantes das correntes eventualmente vencidas o mínimo existencial (se possível, mais que o simples "mínimo") e os direitos subjetivos adquiridos;
- não cabe ao Estado dizer qual é (e o que é) de interesse público.

O fundamento de nosso ideal e de nossa ideia é o parágrafo único do artigo 1º de nossa Constituição, que afirma a centralidade do *indivíduo*, assegurado, no mesmo preceito, seu exercício *direto*, e não só mediante representação.

Diriam alguns que somos saudosos dos modelos de administração direta da antiga Grécia, por exemplo. Nada disso!!!

Para mera ilustração, basta lembrar como são inúmeras as coletas das vontades individuais temporariamente realizadas nos Estados Unidos e na Suíça, quando das eleições políticas. Mesmo entre nós, as consultas públicas, audiências públicas, plebiscitos, referendos e iniciativas legislativas populares existem como formas de captação das vontades e anseios individuais.

No Direito Administrativo do Indivíduo, além desses métodos temos em consideração superações empíricas: o notável desenvolvimento das comunicações eletrônicas tornou inteiramente realizável e possível a coleta direta, imediata e *online* dos *anseios individuais* e, portanto, da formação e da identidade do verdadeiro interesse público.

A par disso, exatamente esse infindável e constante progresso tecnológico fortaleceu amplissimamente a avaliação da veracidade das manifestações individuais; e igualmente é cada dia mais segura a prevenção à cooptação das vontades individuais para manipulá-las em benefício de terceiros. Em suma, a chamada e clássica democracia direta de antanho sequer é inviável presentemente. E sem o custo da realização de plebiscitos ou da ampliação dos campos de consulta das eleições políticas.

O Direito Administrativo do Indivíduo, tal como por nós reiteradamente apresentado, outorga, ademais, total *legitimação* à atuação administrativa e afasta a incidência do hoje tão comentado "Direito Administrativo do Medo", com seu consequente "apagão das canetas". Exatamente porque ainda hoje *interesse público* é aquilo que a Administração e o Estado, como tal, qualificam, é que os órgãos e instrumentos de controle ampliaram seu campo de atuação e repercussão (sobretudo punitiva). E daí o medo do agente administrativo de tomar decisões e de apor sua assinatura aos documentos de gestão pública.

CAPÍTULO 4

A LEI NATURAL E O DIREITO ADMINISTRATIVO BRASILEIRO

§1º Direito Natural e Direito Administrativo

Por mais generosas ou, ao contrário, restritivas que sejam as Constituições (e as normas infraconstitucionais), há, regendo os seres humanos, uma lei natural (ou, se preferirem, uma norma de Direito Natural), inerente à própria essência de suas existências e firmada no espírito de cada indivíduo. Pouco importa que essa lei natural, que fundamenta os direitos naturais do ser humano, verdadeiramente preexistentes a normatividades jurídicas de qualquer grau, tenha raiz, ou não, num pensamento ou numa crença teísta. De toda sorte, essa preexistência (que, para nós, independe da convicção da existência, ou não, de um Deus, de um Criador) é o próprio fundamento da primazia do indivíduo, da pessoa humana, que, desde o primeiro Capítulo, temos afirmado constituir a base de todo este Tratado. Também daí é que se derivam duas fundamentais pressuposições do nosso trabalho: a certeza de que o Estado foi criado e existe para *servir* ao indivíduo; a convicção de que o princípio basilar, norteador de qualquer sistema jurídico, é o da dignidade da pessoa humana. Mais à frente, quando discorrermos sobre os princípios vetoriais do Direito Administrativo, mergulharemos fundo na temática da dignidade.

A profissão de fé anteriormente proclamada nos vincula obviamente a uma visão jusnaturalista do Direito Administrativo. Explicitando-a: mesmo em face de uma sociedade ainda não dotada de organicidade jurídica (por exemplo, as que emergem de conflitos internos ou guerras externas, as desmanteladas por catastróficos fenômenos da Natureza), têm os seres humanos neles arraigada, em seus espíritos e corações, a consciência de que lhes rege uma lei natural que rejeita e reprova tudo o que é injusto e desonesto, e que obrigatoriamente lhes prescreve a adoção de condutas justas e honestas. Essa lei independe de quaisquer convenções, normas ou aceitações individuais. E assim é a tal ponto que tal lei persiste cogente mesmo que os legisladores decretem sua abolição. É esse escudo natural que permitiu a sobrevivência a Auschwitz, aos terrores do stalinismo, ao Estado Islâmico em Raqqa, para citarmos apenas alguns interlúdios recentes.

Essa lei natural se alicerça, conforme antes desenhamos, no princípio da dignidade da pessoa. Mas este, não obstante sua fundamentalidade, não é o único princípio (mais adiante aprofundaremos, repita-se, a temática dos *princípios*, com abordagens conceituais e taxinômicas) de Direito Natural que imanta o Direito Administrativo. Repetindo as iluminadas lições do clássico José Maria Avellar Brotero,[94] à *Dignidade* acrescentaremos a *Liberdade*, a *Igualdade*, a *Propriedade* e a *Segurança*. E lancemos sumárias observações sobre cada uma das pautas axiológicas ora aditadas.

A *Liberdade*, aqui nominada, não é obviamente ilimitada individualmente, eis que não pode deixar de harmonizar-se, em sua inteireza, com a liberdade dos demais indivíduos. E isso por imperativo de um outro princípio: o de *Igualdade*.

Se todos são iguais, iguais e harmonizadas hão de ser as liberdades individuais. Somente se pode admitir ter ela individualmente valência absoluta quando cogitamos da liberdade de pensamento, da liberdade de consciência e da liberdade de crença. Como anotou com propriedade Brotero,[95] igualdade não implica "nivelidade" (*sic*), isto é, nivelamento absoluto. Estampa-se ela, isso sim, na dependência mútua dos indivíduos e na reciprocidade de suas obrigações.

O princípio da *Propriedade* ancora-se na máxima de que todos têm direito ao uso e gozo dos frutos de seu trabalho honesto; e, pois, de defendê-los contra ameaças ou agressões injustas.

Por fim, para Brotero, o princípio da *Segurança* cifra-se no direito de cada um assegurar, por todos os meios justos e honestos possíveis, o seu bem estar. Esse direito não decorre da injustiça ou da violência do eventual agressor, mas sim, direta e imediatamente, da obrigação de nossa própria conservação.

---

[94] BROTERO, José Maria Avellar. *Princípios de Direito Natural*. Rio de Janeiro: Typ. Imperial e Nacional, 1829.

[95] BROTERO, José Maria Avellar. *Princípios de Direito Natural*. Rio de Janeiro: Typ. Imperial e Nacional, 1829. p. 237 e seguintes.

Antes aditamos ao elenco de princípios de Direito Natural, de Brotero, o da dignidade da pessoa humana. Agora, em acabamento, destacaremos mais um princípio, de Direito Natural, acrescentado por nós ao conjunto: o da *hierarquia*, consistente em escalonar a realização das expectativas individuais e sociais e a direção da coletividade de forma orgânica, dotada de graus de competência. Obviamente, por sua relevância para a compreensão do Direito Administrativo, ao princípio natural de *hierarquia* regressaremos mais à frente.

Os seis princípios de Direito Natural, até este ponto brevemente examinados, conformam a compostura do nosso (e novo) Direito Administrativo, como nos momentos próprios destacaremos e demonstraremos.

Nosso ponto de partida: a legitimidade da lei humana se confirma quando coincide ela com a lei de direito natural. A adoção expressa por nossa Constituição, dos princípios da moralidade (artigo 37) e da legitimidade (artigo 70), confirma o acerto de nossa assertiva. A lei natural nutre-se dos princípios objetivos ou universais que a razão consegue discernir. E a lei humana, *i.e.*, a lei *humanitas posita*, terá que refletir o que estatui a lei natural. Mais enfaticamente ainda: o crivo da validade mora exatamente na concordância entre a razão humana e a razão natural. Ainda no campo da afirmação de nossa tese, registre-se que os princípios de direito natural, que tomamos por espeques de nosso estudo de Direito Administrativo, estão, de há muito, consolidados em regras de Declarações internacionais de direitos humanos (por mero exemplo: a Declaração de Direitos Universais da ONU e o análogo documento do Pacto de San José da Costa Rica). Ora, os positivistas mais empedernidos sabem do valor *constitucional* de tais documentos.[96] Em outras palavras: até mesmo o direito positivo consagra a coercitividade do ponto de partida jusnaturalista de nossa concepção de Direito Administrativo.

Retome-se, em arremate: Ciência da Administração e Direito Administrativo, Administração Pública e atuação estatal, tais são rótulos e conceitos que se estruturam em torno de um núcleo que os justifica existencialmente e os alimenta conteudisticamente: a precedência do indivíduo, indivíduo este dotado da dignidade que é inerente à sua própria aparição no mundo, dignidade essa revelada em transcendentais princípios de direito natural, que antecedem o seu nascimento e

---

[96] CF, art. 5º, §3º.

pautam toda a sua existência. Com esse patrimônio vivencial cabe ao indivíduo só exigir do Estado atuações e prestações que se afinem à lei natural, devendo ele (indivíduo) participar das pertinentes decisões administrativas e, ainda, resistir a qualquer imposição em que a lei humana viole (ou omita, o que também é modalidade de violação) a lei de direito natural.

Trata-se, como se vê, de uma profissão de fé jusnaturalista, de acento (e assento) tomista. E não há nela, firme-se desde já, qualquer laivo, de nossa parte, de subjugar a Lei ao conceito muito difuso (quase diríamos, *indeterminado*) de Direito. Mas não abandonaremos nossa inspiração no direito natural como segura matriz do direito positivo válido. Mais adiante, ao tratarmos dos *princípios*, matéria muito afinada à de que estamos a cogitar agora, além de conferir-lhes relevância, advertiremos que, não obstante isso, eles não gozam de força derrogatória do direito positivo.

§2º Os novos paradigmas do Direito Administrativo

Deflui de tudo quanto antes exposto – e essa é a própria razão de ser da presente obra – que nossa visão de Direito Administrativo envolve, inarredavelmente, a certeza de que seu conteúdo, nos presentes dias, se transformou enormemente, em face do panorama que a disciplina ostentava até cerca de 50 (cinquenta) anos passados. Nem poderia ser de outra forma: *Administração, Direito* e *Sociedade,* no referido período, se transformaram também enormemente. O indivíduo, transcendente que é, não se transformou, mas suas aspirações e objetivos mudaram sensivelmente, adaptando-se às novas condições existenciais. Também por isso suas exigências ao Estado em geral, à Administração Pública em particular, igualmente acusaram modificações sensíveis. E a resposta da Administração a tais reclamos impôs a adoção de novas ideias, instrumentos e conceitos, que há poucas épocas alguns sequer existiam. De notar: quer do lado do indivíduo, quer do ângulo da Administração, a realidade não apenas se alterou, mas também se tornou e vem se tornando cada vez mais complexa.

Nessa ambiência requer detida reflexão o impacto do vertiginoso progresso da tecnologia e da ciência, com ênfase, neste trabalho, nos campos das comunicações, da mobilidade, da transmissão e da transferência de dados e informações. Tais revoluções no âmbito científico, ao mesmo tempo em que dotaram o indivíduo de meios céleres de expressão de suas ideias e de acesso aos benefícios das invenções e descobertas, também potencialmente restringiram de muito o seu campo de privacidade. Numa propositai simplificação, desenhamos um quadro em que: de um lado, o Estado detém um arsenal impressionante de meios e instrumentos não só de realização de suas atividades, mas também de ingerência no espaço de cada indivíduo; e, de outro, o indivíduo singular ou em agrupamentos, dispondo hoje de conhecimentos muito mais amplos, encerra em suas mãos imensos meios de manifestações de vontade e de suas maiores exigências, que muitas vezes assoberbam o Estado (particularmente a Administração) até além de sua capacidade de resposta, quando não mesmo de compreensão do que está a passar.

Com tanto poder e tanta força colocados nas duas pontas da linha vetorial, ou se parte para o antigo jogo do "cabo de guerra", ou se busca o *consenso*. E aqui reside *uma nuclear* – se não a *primeira* – transformação conteudística do Direito Administrativo. Primeira e irrenunciável. A sociedade, como grupo de indivíduos e expressão da razão natural e da razão humana, quer *participar* da feitura das opções de políticas públicas e de decisões administrativas, para isso contando (e criando, quando necessário) com variadíssimos canais de comunicação, desde as audiências públicas até os ilimitados meios individuais eletrônicos de expressão. A crescente *participação* individual acaba, até por sua impressionante multiplicação personalizada e sua repetição a cada segundo, provocando a formação do *consenso*, como alternativa excelsa para dar às respostas incontornáveis da Administração uma possibilidade *eficiente* de efetivar-se na maior presteza possível.

E sublinhe-se: a resposta aparelhada na sequência lógica anteriormente esquematizada acaba revestindo-se de maior *legitimidade*, eis que, ao menos em tese, constitui atividade pública, a mais aproximada possível aos anseios do administrado. *Participação, consenso, eficiência, legitimação*: eis aqui os claros, novos e atuais paradigmas do Direito Administrativo.[97] Impõe-se, porém, um alerta: *serviente* sim, *passiva* não. A administração pública tem o dever de não permanecer inerte. Ainda quando diminuam os requerimentos e os reclamos, dos indivíduos e das coletividades, a administração pública, com seu poderoso instrumental humano e material, usando, com a adequação que previamente examinamos, o *dever* (e não o mero *poder*) da

---

[97] Adotamos, aqui, sem ressalvas, a douta elaboração sobre *paradigmas*, deduzida pelo jurista Gustavo Binenbojm, em sua relevante "Uma Teoria do Direito Administrativo".

discricionariedade pró administrado, haverá de *tomar iniciativas*. Para tanto, pela permeabilidade de seus canais comunicativos, *captará* os imperativos da promoção da *melhor administração*. E os concretizará. É dizer uma administração *serviente* no que lhe for demandado, porém *ativa* para escolher o direcionamento que deva dar a seu potencial para *melhorar*, ainda que não solicitada formalmente, o bem estar e a felicidade de cada indivíduo que a empoderou legitimamente. Essa é a administração pública *serviente* a que antes aludimos. E num tal meio ambiente, temas como o da insindicabilidade do mérito, supremacia do interesse público, indisponibilidade da coisa pública e preponderância da Administração (hierarquicamente superior aos administrados, como queriam alguns) soam como meros ecos, registros históricos de um Direito Administrativo que *foi*, que não *é* mais. Enfim, estamos a construir uma Administração Pública guiada pelo *princípio da subsidiariedade* (tema ao qual retornaremos), por força do qual:

- a atividade estatal deve, prioritariamente, dirigir-se ao fomento e incentivo da atividade individual (e/ou das associações de indivíduos), inclusive no que respeitante à dirimência de litígios (esfera na qual incumbe prioritariamente ao setor público estimular a autocomposição e a heterocomposição pelas vias da mediação e até da arbitragem) e nos conflitos entre Administração Pública e Administrados (situação em que também serão prestigiadas as técnicas de arbitragem, mediação e conciliação);
- a intervenção do Poder Público (seja em prol do interesse individual, seja em benefício do interesse geral) apenas se justifica quando a própria sociedade se revelar ineficaz para prover seus interesses, ou em face de execução de atribuições que o próprio Direito defira ao Estado.

§3º Fechando o círculo conceitual

No âmbito jurídico teórico (*i.e.*, pondo de lado as incursões históricas desenvolvidas em vários capítulos e subcapítulos), na abordagem conceitual de Função Administrativa e de Direito Administrativo, enunciamos um teorema: o fim da função administrativa é a satisfação do interesse individual, a potencialização e a possibilitação de cada indivíduo desenvolver e concretizar suas aptidões em busca da consecução de seus justos e lícitos anseios. Na fundamentação do "justos" e do "lícitos" invocamos os já apontados princípios de Direito Natural que fundam, a nosso ver, a *correta* ação humana. E é essa *ação humana*, assim balizada por transcendentais, imanentes e inerentes ao homem, princípios de Direito Natural, que constitui o *dado irredutível* a que vergada a função administrativa. Essa irredutibilidade da ação humana foi genialmente sumarizada por Ludwig von Mises, em seu clássico "Ação Humana", de que novamente transcrevemos a seguinte lição lapidar:

> Ação humana é um dos instrumentos que promovem mudança. É um elemento de atividade e transformação cósmica. Portanto, é um tema legítimo de investigação científica. Como – pelo menos nas condições atuais – não pode ser rastreada até suas origens, tem de ser considerada como um dado irredutível e como tal deve ser estudada.[98]

De seu turno, sendo o Direito Administrativo a ciência da função administrativa, também em seu conceito a ação humana assume o papel de dado irredutível.

Tais irredutibilidades, fundamentais alicerces da inafastável primazia do indivíduo, constituíram-se nos enunciados que fundaram o curso do primeiro volume da presente obra. É de enunciados que naturalmente se deduz e se comprova a validade e a coerência do teorema/proposição declaratório de asserção de centralidade do indivíduo, como dado eidético de qualquer sistema jurídico.

Com tais premissas, podemos agora dar início ao exame apartado dos demais tópicos fundamentais da Parte Geral do Direito Administrativo Brasileiro.

---

[98] MISES, Ludwig von. *Ação humana*. 3.ed. São Paulo: Mises Brasil, 2010. p. 43.

CAPÍTULO 5

TERCEIRA E ÚLTIMA ABORDAGEM: DIREITO ADMINISTRATIVO E FUNÇÃO ADMINISTRATIVA

§1º Conclusões

A arte nos propicia apoio quanto a nosso ditirambo ao indivíduo e à força renovadora de sua ação. Balakirev, Rimsky-Korsakov e Stravinski, dentre outros, para fugirem à moldura orquestral totalizante do sinfonismo alemão, recorreram à escala pentatônica da música asiática, que valorizava o protagonismo individual de cada naipe do conjunto; e assim revitalizaram poderosamente a música clássica russa. Para permanecer nas artes russas tragamos à frente mais dois expoentes de outras áreas.

Eisenstein, na clássica cena das escadarias de seu filme emblemático "Outubro", escolheu não o acanhado passadio por onde transitaram os bolcheviques na invasão do Palácio de Inverno, mas sim a escadaria Jordão (do mesmo Palácio), na qual a filmagem se fixou *nos indivíduos*, para dar maior expressão ao dramático evento.

Meyerhold, a partir de 1918, contrariando a técnica de Stanislavski (em que o ator é incitado a *encarnar* os sentimentos íntimos do personagem), resolveu quebrar a separação entre palco e plateia, estendendo a boca de cena até o meio das cadeiras do público e chamando um ou outro *indivíduo* para se integrar, sem roteiro, à representação.

Ainda para os fãs do cinema, oportuno recordar a revolução na comédia, a partir da concentração da filmagem na figura e expressões extremamente individuais, por exemplo, de Buster Keaton e Chaplin.

Este primeiro volume é uma obra em permanente refazimento. Este segmento, ora em apresentação, está sendo revisitado a partir de março/abril de 2020, em pleno incêndio da pandemia do novo coronavírus. No combate à praga, o Estado tem tomado inúmeras providências, dentre as quais algumas que comandam a quarentena doméstica individual (com diferentes graus de rigor, segundo o Estado ou o Município examinado) e a restrição disseminada aos contatos sociais. O público-alvo prioritário de tantas limitações ao direito fundamental de ir e vir é o dos idosos, dos diabéticos, dos comórbidos, dos obesos e dos imunodeprimidos. Daí a pergunta que nos é sempre, nos últimos tempos, dirigida: como compatibilizar nossa centralidade jurídica no indivíduo, com tais obstaculizações em nome de um proclamado interesse público? E mais: será que existe incompatibilidade entre nosso pensamento e as referidas medidas, que seriam então, por tais artes inconstitucionais?

Trata-se de uma falsa questão e de uma equivocada dúvida. Basta lembrar duas proclamações de nosso texto: *a)* a esfera de liberdade e dignidade, do protagonismo enfim, dos indivíduos, *tem de* harmonizar-se com idêntica esfera de cada um dos demais indivíduos; *b)* o interesse público é o somatório dos interesses individuais, apurado com aplicação do princípio majoritário e balanceado pela diretriz de causação do menor dano possível (a ser sempre compensado) à parcela minoritária.

Ora, o direito à vida e à segurança estão na primeira listagem das garantias *individuais* fundamentais de que cuida nossa Constituição. Surgem eles não como incisos, mas no *caput* mesmo, do artigo 5º. Assim, se as alçadas cientificamente competentes, num caso de pandemia, apontam a letalidade extraordinária do problema, destacando-se a necessidade do cerceamento à locomoção individual como essencial à dominação da ameaça, em nada se vê vulnerada a centralidade individualizada enfatizada em nossa doutrina. Não só *um* indivíduo, mas *todos os indivíduos* merecem proteção à vida, à saúde, à segurança. Bem ao revés, então, o que se tem é uma hipervalorização do indivíduo. É claro que as medidas de contenção hão de ser *razoáveis, adequadas* e *proporcionais*. Ultrapassadas essas balizas, o cerceio se deslegitima e se ilegaliza, com as consequências de estilo.

Não se negue que hipóteses ou casos, como os até aqui abordados, têm repercussões de monta na ordem econômica e na estrutura psicoemocional dos indivíduos. Ainda uma vez, razoabilidade e proporção são as palavras-chave. As providências estatais devem ser continuamente calibradas, quase dia a dia (no máximo), para que as colateralidades não sejam ominosas. Entretanto, no eventual entrechoque entre economia e saúde individual, há de sempre se priorizar a vida de cada um. Economia se *recupera*, se imensamente atingida, pode até degradar a escala das potencialidades do país (por exemplo, rebaixado de Estado em desenvolvimento para Estado subdesenvolvido). Mas vida *não se recupera*. Com esforço, unidade de propósitos e austeridade nos gastos e na política se pode retornar à trilha do progresso e do desenvolvimento. Mas repetimos, *vida não volta*. Claro, todas essas considerações se aplicam a um regime democrático de direito. Sem esse compromisso, resultados *estatísticos* surpreendentes podem acontecer (exemplo: a recuperação da China), mas sempre ao preço de mais e mais sacrifício da liberdade e da dignidade individuais. O que se impõe, em resumo, quando se traz a dualidade saúde/economia a discurso, é a imperatividade de aumentar os gastos públicos até os limites do necessário, assegurar a renda básica aos desvalidos e ampliar o número dos beneficiários da cesta básica, permitir a suspensão da execução dos contratos de trabalho, mas com a complementação salarial (se houver redução) bancada pelo Estado e pelo salário-desemprego (que passaria a ter, em acréscimo, a função de salário complementar pela suspensão do contrato).

No auge da "guerra fria", os Estados Unidos se dedicaram à construção, então secreta, de silos de 15 (quinze) andares de profundidade, para abrigar o estamento governamental, se deflagrada uma disputa nuclear. O custo desse empreendimento é ainda desconhecido. Mas estes silos cilíndricos, repletos então de mísseis intercontinentais Atlas, com suas paredes de concreto resistentes a qualquer suposto ataque soviético, se tornaram arcaicos e inúteis. Mais: isso representava uma ofensa à democracia, no que revelava uma determinação de dar segurança apenas a uma elite político-financeira. Guardadas as diferenças, é o que se vê, analogamente, neste momento de revisão deste capítulo: o governo federal quer abandonar as medidas de segurança sanitária, para dinamizar a economia. Se muitos com isso sucumbirem à praga, não há problema: o país tem mais de 200 (duzentos) milhões de habitantes, podendo assim minimizar a importância da vida de muitos indivíduos. Até porque o núcleo governamental, em seus palácios, com seus grandes grupos de assessores e auxiliares – inclusive qualificado e gratuito corpo médico –, não será atingido pela opção anunciada.

Apenas a título de curiosidade, as delirantes pirâmides anti-nucleares invertidas (porque subterrâneas), dotadas de abundante fornecimento de energia, água e ar puro, afora todas as comodidades dos condomínios de luxo (piscinas, lojas, instalações esportivas, estações de tratamento de lixo e esgoto), se transformaram, há alguns anos, em empreendimentos imobiliários milionários, com o preço unitário (83 metros quadrados cada unidade) de R$8.000.000,00 (oito milhões de reais). Aos interessados: ainda havia algumas poucas unidades à venda, no primeiro semestre de 2020.

Em suma, esta insânia foi construída em razão da identificação, pela própria Administração, de um suposto *interesse público*, na manutenção e salvaguarda da elite político-econômica dirigente. E o indivíduo? Que se danasse! É esse direito Administrativo que rejeitamos. Nosso Direito Administrativo mira novos meios de atuação da Administração Pública, conforme anteriormente desenhado, forte nos seguintes modais:

– *Regulação*: técnica decisória de origem anglo-saxônica, aplicada pela Administração com matizes gerenciais, tendo por alvo setores econômicos e sociais de altas mutabilidade e complexidade, tomando por farol a busca da eficiência. A regulação assume o caráter de um compromisso entre a normatividade vinculante e a discricionária, admitindo, além da heterorregulação (isto é, baixada pelo Estado) a autorregulação (emanada dos próprios setores sociais e/ou econômicos aqui implicados).

– *Negociação*: essa é a alma da nova Administração. É a Administração Pública Consensual, que antes enfocamos. Traduz-se em uma ambiência administrativa na qual a pauta fundamental é o acordo de vontades para gerar a atuação administrativa (abrangendo conteúdo, momento, instrumentos de ação etc.). Sem dúvida aqui se está a cuidar de uma verdadeira técnica de gestão administrativa compartilhada, comprometida com a eficiência, não balizada pela tipicidade (admitindo-se, pois, o primado da liberdade das formas em sua mais ampla acepção). Daí se deriva um significativo *plus* de legitimidade da ação da Administração Pública. E sua aplicação estende-se aos atos administrativos, aos contratos administrativos, aos negócios jurídicos da Administração etc. Alguns de seus domínios de incidência e instrumentos operacionais: PPPs, audiências públicas, arbitragens, acordos substitutivos de realização de funções administrativas etc. E é evidente que esse cenário em nada se afina com o velho e decadente Direito Administrativo da supremacia e da indisponibilidade do suposto interesse público.

– *Motivação*: obrigatoriedade de explicitação cabal, acessível, clara e compreensível, dos fundamentos fáticos e jurídicos da ação administrativa. O tema será retomado ao ensejo do enfrentamento da temática dos princípios.

Com base nesse tripé é que se formulam as *políticas públicas*. Definimo-las como as diretrizes fundamentais, fixadoras de estratégias, prioridades e ações para a concretização das metas do Poder Público, em resposta às demandas individuais, de ordem social, econômica ou política. A base material mais abrangente do que devam ser as políticas públicas está demarcada no artigo 3º da Constituição. Para cumpri-las, o Estado haverá de compor processos politicamente articulados, visando à realização dos anseios maiores do cidadão, tendo como meta última a efetivação das diretrizes e garantias fundamentais dos artigos constitucionais 5º, 6º e 8º. Tudo isso sem fantasias ou utopias irrealizáveis, considerando sempre a reserva do possível e jamais perdendo de vista que o *orçamento* é o instrumento concreto de compatibilização e harmonização das políticas públicas essenciais.

Em trabalho publicado há mais de 30 (trinta) anos – "Vertentes Autoritárias do Direito Administrativo no Brasil" – já assentáramos que estava findo o ciclo do Direito Administrativo, caracterizado pela ênfase no estudo do aparelho administrativo (Administração Pública) e seus poderes excepcionais, com a consequente delimitação de um espaço de sujeição reservado aos administrados. Desde lá fora enfatizado que, num Estado Democrático de Direito, a participação do cidadão na *definição* e *fiscalização* (com a decorrente responsabilização estatal eventual) do concreto agir administrativo integra a própria conceituação da disciplina jurídico-administrativa.

A consolidação da ambiência democrática ensejou a regulação, em todo o país, do processo administrativo. Estava criado o *instrumento* viabilizador da coparticipação da cidadania, no desempenho da função administrativa. E daí a revolução verdadeiramente copernicana, que a doutrina brasileira do Direito Administrativo passaria a vivenciar (embora com atraso de cerca de quatro décadas – demora dolorosamente invencível para os países não hegemônicos): o núcleo da investigação migrou do *ato administrativo*, para a *relação processual administrativa*.

Reitere-se, porém: não há que se falar em novidade nessa visão da dogmática jurídica. A transferência do ponto central do Direito Administrativo, do ato administrativo para a relação jurídica, há décadas constitui o cerne da produção científica alemã.[99] Claro que, para a esse ponto chegar, foi necessário que tivessem eles abandonado as ortodoxias positivistas e as convicções, tão ao gosto germânico até então, do regime jurídico-administrativo como uma relação de poder para a Administração e de sujeição para o administrado (isto é, o administrado como *objeto* do ato administrativo): em suma, a evolução seria inviável, sem a rejeição à acepção do Direito Administrativo como vertente autoritária do Direito Público, repousado particularmente no atributo da hierarquia.[100]

A partir dessa reformulação conceitual, soa incontestável o magistério de Bachof,[101] no sentido de que apenas a aceitação, no Direito Administrativo, da ideia de relação jurídica, como ponto de partida para além da teoria do ato administrativo, como verdadeiro "conceito-quadro", explica a coparticipação da cidadania, na prática dos atos administrativos (com a instrumentalização propiciada pela disciplina do processo e do procedimento administrativos).

É óbvio que a concepção da relação jurídica administrativa não afasta, só por si, a cogitação do chamado interesse público (como por nós entendida a expressão) ou do papel do Estado. Mas a "relação de submissão", nessa nova panorâmica, estratifica-se mediante regras obrigatórias para todos os sujeitos vinculados, com uma tessitura de recíprocos deveres e obrigações, para cuja construção ou controle o administrado teve oportunidade de contribuir. Nesse contexto, é inequívoco o papel que desempenha o princípio constitucional da dignidade da pessoa humana.

García de Enterría percebeu a nova realidade e a traduziu brilhantemente, ao afirmar que o reconhecimento de direitos individuais fundamentais, pela ordem jurídica constitucional, importa numa

> [...] mudança radical de posições na relação básica de Direito Administrativo, a relação entre a Administração e o administrado. Toda a tradição era a de uma superioridade da Administração em razão de sua

---

[99] Conferir, a propósito, as lições de Otto Bachof e de Häberle, segundo indicações concretas que adiante faremos.
[100] MERKL, Adolf. *Allgemeines Verwaltungsrecht*. Berlim: Springer, 1927, p. 21; FLEINER, Fritz. *Institutionen des Deutschen Verwaltungrecht*. 8. ed. Tübingen: Mohr Siebeck GmbH & Co. KG, 1911. p. 141-150.
[101] BACHOF, Otto. *Die Dogmatik des Verwaltungsrecht vor den Gegenwartsaufgeben der Verwaltung*. Berlim: Walter de Gruyter GmbH & Co. KG, 1972. p. 193 e seguintes.

posição, que derivaria, podemos dizer, de uma espécie de superioridade quantitativa: a Administração seria a titular do interesse geral, o cidadão seria o titular de um interesse particular.[102]

Mas agora, segundo o notável e saudoso mestre espanhol, se a Administração pode invocar seu dever de perseguir a realização do interesse geral, os cidadãos podem invocar seu estatuto jurídico-constitucional de garantias e direitos fundamentais. Com a luminosa conclusão: "[...] a primazia dos direitos fundamentais [do cidadão], que decorre de sua posição de superioridade no ordenamento jurídico", por isso que interesse geral ou público "não é sinônimo de interesses superiores".

Com acerto sintetizou Vasco Dias Pereira da Silva, ao configurar esse novo equilíbrio no regime jurídico-administrativo:

> Nem se diga que a Administração ocupa uma posição privilegiada em razão da prossecução do interesse público, uma vez que a possibilidade que os particulares têm de invocar diretamente os direitos fundamentais, que definem o seu estatuto jurídico-constitucional, torna a sua posição perante os poderes públicos equiparada à da Administração.[103]

Aliás, parece que o pioneirismo no prestígio à concepção de uma posição central, no Direito Administrativo, para a relação jurídica, bem como à revelação da íntima conexão entre Constituição, processo administrativo e relação jurídica, deve ser tributada a Häberle,[104] que viu no processo administrativo uma "lei fundamental do cidadão", viabilizando sua participação ativa nos processos decisórios da Administração, não mais ficando relegado à postura de sujeição de simples objeto do agir administrativo.

Antes que se diga que estamos a produzir uma importação servil e acrítica do direito estrangeiro, antecipamo-nos:
– as ideias de Vasco Pereira da Silva fundamentam-se no artigo 266, 1º da Constituição Portuguesa e no artigo 4º do Código do Procedimento Administrativo daquele país. Este preceptivo reproduz o preceito constitucional supra referido;

---

[102] ENTERRÍA, García de. *Hacia una nueva Justicia Administrativa*. 2. ed. Madrid: Civitas, 1991. p. 54-55.
[103] SILVA, Vasco Dias Pereira da. *Em busca do Acto Administrativo perdido*. Coimbra: Almedina, 1996. p. 194.
[104] Häberle, Peter. Zeit und Verfassung. In: *Probleme* der V*erfassungsinterpretation*. Nomos Verlagsgesllschaf: Baden-Baden, 1976.

– o pensamento de García Enterría lastreia-se no artigo 53 da Constituição da Espanha e no artigo 3º da Lei de Procedimento Administrativo.[105]

Dá-se que há óbvio paralelismo entre os comandos constitucionais anteriormente referidos e os parágrafos 1º e 2º do artigo 5º de nossa Constituição, combinados com os artigos 37 e 60 §4º, IV, do mesmo diploma; paralelismo de idêntica mensagem se registra entre os artigos das leis processuais administrativas retro destacadas e o artigo 2º, parágrafo único, incisos VI e VIII da Lei nº 9.784/1999.

A doutrina italiana igualmente se debruçou sobre a valia do conceito de relação jurídica, como alternativa dogmática à perspectiva anterior apodada por Vasco Dias Pereira da Silva[106] como "actocêntrica". E levou-a até as mais radicais consequências: importa, no ponto, destacar, dentre outras, a grande contribuição de Sabino Cassese[107] e de Mario Nigro.[108] Enfatize-se, nas lições de Nigro, sua percepção inspirada, ao afirmar que o processo administrativo alterou o tipo burocrático de Administração concebido por Weber, substituindo-o pela viabilização de um modelo participativo (relacional, pois). Daí concluir Nigro que o Direito Administrativo estava a iniciar um novo período de evolução doutrinária, superando a etapa cêntrica do ato administrativo e passando a viver a era do processo administrativo como seu conceito básico.

Nos últimos 20 (vinte) anos, sobretudo na Bélgica e na França, difundiu-se uma corrente segundo a qual estávamos prenunciando o fim do Direito Administrativo. É conveniente examinar os apontados fundamentos para tal concepção:
– o Direito Administrativo teria perdido suas peculiaridades, por efeito sobretudo da globalização, das privatizações e das descentralizações;
– com isso seu imaginado personagem principal, o próprio Estado, estaria gradativamente vendo esvair-se sua razão de ser.

---

[105] Lei nº 30/1992, com as alterações ditadas pela Lei nº 4/1999.
[106] SILVA, Vasco Dias Pereira da. *Em busca do Acto Administrativo perdido*. Coimbra: Almedina, 1996. p. 302. Na aludida passagem, o autor luso, com acerto, pontifica que a proposição atual da relação jurídica, como núcleo do regime jurídico-administrativo, somente se tornou possível após o redimensionamento da ultrapassada relevância do ato administrativo como núcleo da pesquisa jurídica.
[107] CASSESE, Sabino. *Le basi di Diritto Amnistrativo*. Torino: falta editora, 1989. p. 223.
[108] NIGRO, Mario. Procedimento Amnistrativo e Tutela Giurisdizionale contro la Pubblica Amnistrazione. *Rivista di Diritto Processuale*, n. 2, Milano, 1980, p. 252 e seguintes.

Indique-se, como simples exemplo referencial da doutrina nesse sentido, Jean-Bernard Auby.[109] Na outra vertente, cara também à doutrina germânica,[110] o que ocorre seria um processo de redefinição e reforma do conteúdo do Direito Administrativo. E a razão de ser desse pensamento é a mudança do papel do Estado, que estaria assumindo o molde de um ente de promoção e facilitação da vida em sociedade, regulando e prevenindo litígios, supervisionando e parametrizando a economia, com a utilização crescente de instrumentos jurídicos de outras áreas e ferramentas de outras ambiências do conhecimento.

Nesta polêmica abraçamos o pensamento do eminente Sabino Cassese.[111] Os paradigmas propostos por, entre outros, Otto Mayer e Orlando, estabilidade e continuidade, não mais constituem as impressões digitais do Direito Administrativo (não nos esqueçamos: na edição germânica de 1924, de sua fundamental obra, Otto Mayer cunhou a célebre frase: "O Direito Constitucional passa, o Direito Administrativo fica"). Globalização, privatização, coparticipação do indivíduo não são, cremos, fenômenos conducentes ao fim do Direito Administrativo, mas sim à sua modernização. Nesse novo panorama, cooperação, codecisão, consenso e confiança recíproca (administração/ cidadão) são as balizas semânticas do Direito Administrativo. Nesse meio ambiente jurídico, as barreiras entre Direito Público e Direito Privado se esgarçaram imensamente, permitindo frequentes interações normativas entre uma e outra matriz (o contrato administrativo é um dos maiores exemplos dessa nova época). E, claro, cresce enormemente de importância o conhecimento do direito administrativo comparado (no tempo e no espaço). O tempo presente desaconselha o uso do dualismo administração-administrado. Em vez de administrado há de se pensar em *cidadão*, em *indivíduo*, titular de direitos em face da administração, colaborador e mesmo orientador da atuação desta. É o direito administrativo como concretização diária da Constituição, segundo pregava Enterría. Uma relevantíssima consequência dessas visões é o necessário abandono de noções como razões de estado,

---

[109] AUBY, Jean. *La Bataille de San Romano. Réflexions sur les Évolutions Récentes du Droit Administratif. Actualité Juridique.* Droit Administratif, 912. 2001.

[110] Por exemplo, as contribuições de Gunnar Folke Schuppert (SCHUPPERT, Gunnar Folke. *Verwaltungsrecht und Verwaltungsrechtswissenschaft im Wandel.* Archiv des ffentlichen Rechts. Tübingen: Mohr Siebeck GmbH &Co, 2008. v. 133.).

[111] CASSESE, Sabino. New paths for administrative law: a manifesto. *Oxford University Press and New York University School of Law,* v. 10, n. 3, 2012.

insindicabilidade dos atos políticos etc. A multipolaridade das fontes do Direito Administrativo não mais pode ser negada: sirva de exemplo a conformação *diretamente* haurida do exterior, na redação da nossa Lei Anticorrupção. Daí que se pode afirmar, sem sombra de dúvida, que o isolacionismo nacionalista do Direito será, cada dia mais, um esdrúxulo anacronismo. E isso nos faz crer que há um infindável futuro para o ensino jurídico e para as profissões legais.

É verdade que nossa Lei Geral de Processo Administrativo é silente quanto à possibilidade de acordos nas diferentes atividades da Administração Pública (ou AP). Nem por isso, contudo, há de se aceitar o silêncio em questão como desautorização. Diretamente emanada dos princípios constitucionais (expressos e implícitos) da AP (tais como a eficiência, a eficácia, a efetividade, a razoabilidade, a segurança jurídica e a duração razoável do processo, como simples exemplificações), a solução consensual dos litígios administrativos é, ademais, um imperativo de ordem pública. Anote-se que:

- as soluções para o tema da consensualidade decisória, no direito europeu em geral, são pertinentes a uma já antiga experiência de concertadas doutrina e legislação, com avanços extraordinários, enquanto entre nós o tema suscita por vezes controvérsia tão ampla quão desassisada;
- exatamente pela posição ainda um tanto tímida do Direito Administrativo brasileiro na matéria (mas já foi pior!) impõe-se ao estudioso sério um mergulho no interior de nosso ordenamento, para que cientificamente possamos remover as "teias de aranha" dos que ainda raciocinam com o equipamento intelectual do Brasil colônia.

Os acordos processuais, bem como os acordos administrativos em geral, têm verdadeiramente natureza contratual, e de contrato sujeito aos princípios do direito privado. Constituem eles uma formulação de vontade confluente de Administração e do Cidadão, pela qual se põe fim a uma divergência em que posições jurídico-fáticas antinômicas eram sustentadas. Como é evidente, dispensando até mais extensas considerações, a concertação atingida (substitutiva, pois, da decisão administrativa decorrente da simples utilização de prerrogativas públicas), além de valorizar o exercício participativo do cidadão na gestão administrativa estatal, prestigia a busca da harmonia social, além de conduzir a uma solução mais célere, eficaz (estamos aqui a falar de *eficácia* em sentido estrito), eficiente e efetiva de situações conflitivas. Nessa panorâmica insere-se nossa consideração de se impor à Administração Pública o atingimento da meta-ideal de *melhor administração* (não bastando, reitera-se outra vez, simplesmente a boa administração). Para nós, muito mais que mero princípio, a busca da melhor administração é um *postulado* da própria ideia justificadora da existência de uma Administração Pública. Como *postulado*, a realização, ou não, de sua concretização passa certamente por um juízo de valor subjetivamente binário: a solução que o postulado reclama tem que ser tida como a melhor não só pela Administração, mas também pelo Administrado; e nada supera o *acordo* como instrumento de realização de tal ideal.

É claro que alguns autores brasileiros atuais ainda se arrepiam quando se defrontam com a temática dos acordos administrativos (curiosamente nenhum deles, ao desenvolver sua rejeição, se dá conta de que o contrato administrativo e a clássica "desapropriação amigável" configuram realização excelsa de autênticos acordos entre Administração e Administrado). E têm eles sempre à mão um carimbo com a palavra "inconstitucionalidade" para apor às parcerias público-privadas, aos contratos de gestão, às agências reguladoras e, por certo, às inovações estruturais da Lei das Estatais.[112]

No entanto, em todos esses exemplos a que arredios eles, o que se põe em xeque é mesmo a própria existência de dois mais que cânones, dois verdadeiros fundamentos conceituais (para eles) do Direito Administrativo, sem os quais estes vetustos (não necessariamente na idade, mas sobretudo nas ideais e estudos) prefeririam o suicídio à sobrevivência (física até): o da indisponibilidade da coisa pública e o da supremacia do interesse público sobre o interesse privado. Duas mentiras altissonantes, porém. *Se o interesse público fosse sempre indisponível*, a Administração Pública jamais conseguiria funcionar. Para que ela o faça necessita praticar atos de aquisição e de disposição de bens e de direitos; abrir mão de prerrogativas; celebrar concessões ao particular, realizar pagamentos a terceiros às custas do erário. Esses simples exemplos nos inspiram a dizer que, bem ao contrário do que afirma a doutrina "clássica", o princípio fundamental da Administração Pública, viabilizando-a até, é o da disponibilidade da coisa pública.

Quanto à segunda máxima – a suposta supremacia do interesse público (aliás, retórica e eufemística – quem sabe, acanhada – afirmação

---
[112] Lei nº 13.303/2016.

da coerção do Estado sobre o indivíduo) – o que proclamamos, em contraposição, é que a pessoa humana é o centro e o núcleo gravitacional de todo o Direito, inclusive e sobretudo do Administrativo, que exige um Estado (e, pois, uma Administração) primacialmente serviente, para assegurar aos indivíduos seus atributos essenciais constitucionais, de integridade, dignidade e liberdade.

Atenta a tudo isso, a Lei Federal nº 9.469, de 10.07.1997, cujo art. 1º dispõe que o Advogado-Geral da União, diretamente ou mediante delegação, e os dirigentes máximos das empresas públicas federais, em conjunto com o dirigente estatutário da área afeta ao assunto, poderão autorizar a realização de acordos ou transações para prevenir ou terminar litígios, inclusive os judiciais, minuciosamente cuidou dos acordos e transações no campo da Administração Pública (aí incluídos os termos de ajustamento de conduta), até ainda para a extensão, a não litigantes em situação idêntica, dos efeitos consensualmente alcançados.

Exemplo extraordinário da consagração à consensualidade, tanto na feição preventiva quanto na corretiva, se deu no bojo da Arguição de Descumprimento de Preceito Fundamental nº 165 (STF), quando a AGU – Advocacia Geral da União – e diversas entidades financeiras e de poupadores puseram termo a uma controvérsia de muitas décadas de duração, envolvendo o pagamento de diferenças de correção monetária de valores depositados em cadernetas de poupança, depósitos esses que sofreram a incidência de expurgos inflacionários estabelecidos pelos Planos (governamentais) Bresser, Verão, Collor I e Collor II.

A admissão dos instrumentos consensuais, no Direito Administrativo, constitui demonstração clara de mudança de paradigmas nessa seara da Ciência do Direito: a passagem da *imperatividade* absoluta, do regramento estatal, para uma ambiência de *cooperação* entre o público e o privado. No pano de fundo de tal transformação, a busca, a cada dia mais intensa, pela eficiência, justiça e legitimidade. Como bem pontuou Diogo de Figueiredo,[113] há que superar a querela Estado Grande x Estado Mínimo, abrindo as portas para a prevalência do Estado Suficiente e Eficiente, o Estado Regulador e Coordenador. A palavra de ordem nessa nova etapa de nosso Direito Administrativo é *consensualidade*. Uma das mais excelsas concretizações do princípio da *consensualidade*, na Administração Pública, estampa-se nos acordos de leniência. A importância ímpar desse instrumento investigatório,

---

[113] FIGUEIREDO, Diogo de. *Mutações do Direito Administrativo*. Rio de Janeiro: Renovar, 2001. p. 42.

no combate à corrupção administrativa, é de fácil constatação no dia a dia da vida brasileira. O século 21 entre nós, graças a esse mecanismo de desnudamento de práticas administrativas criminosas, viu afirmarem-se, na prática, os princípios da legalidade, da igualdade, da eficiência e da moralidade. Seu núcleo reside em concertarem-se Administração e Administrado num ajuste em que se permite ao infrator auxiliar nas investigações de procedimentos lesivos à Administração, situando o infrator suas responsabilidades e indicando seus colaboradores nos desvios, em troca obtendo redução ou extinção das sanções administrativas, penais e civis.

A mais atualizada doutrina, avançando na senda aberta por Diogo de Figueiredo, que foi sendo pouco a pouco alargada por seus discípulos, resume bem o estágio atual da participação e consensualidade:

> Associa-se, agora, a nova fase da Administração Pública à gestão desprovida da suprema tônica impositiva e voltada à conquista do convencimento, vendo no consensualismo a chave explicativa da evolução e transformação por que passa a Administração Pública, cuja forma de atuar gradativamente assimila as referências do acordo, da negociação, da coordenação, da colaboração, da cooperação, de modo que a eficácia e a legitimidade da atuação pública decorram da qualidade da interação entre setor público, privado e terceiro setor, em relações menos verticalizadas e mais horizontais, como compartilhamento do poder, concertação e contratualização, acordos, conciliação e transação administrativos.

> Assim, a atuação estatal contemporânea deve buscar maior proximidade com a sociedade, aumentando a legitimação de seu agir pela aprovação dos destinatários de suas atividades, e a participação dos cidadãos na formulação, execução e avaliação das políticas públicas é maneira eficaz para a consecução desse desiderato, sendo a transparência da gestão imperativo incontornável dos tempos atuais.[114]

De basilar importância referir que o artigo 174 do CPC obriga a Administração Pública, de todos os âmbitos federativos, à criação de Câmaras de conciliação e mediação com vistas à solução consensual de conflitos no âmbito administrativo. Com tão taxativo mandamento,

---

[114] UNGARO, Gustavo Gonçalves. Democracia Administrativa: transparência e Participação. In: Direito, Instituições e Políticas Públicas – O Papel do Jusidealista na Formação do Estado. São Paulo: Quartier, 2007. p. 102.

não vacilaremos em declarar que de acordos processuais somente não se pode cogitar em pouquíssimas situações, tais como:
– quando em jogo um poder-dever da Administração Pública;
– relativamente à determinação da competência do órgão administrativo implicado, segundo aliás expressa preconização do artigo 11 da Lei nº 9.784/1999;
– quando em jogo o regramento dos impedimentos e suspeições;[115]
– quando o acordo afete direitos ou interesses de terceiros.

Fora daí, consenso e concertação, negociação e conciliação (com a redução do campo da unilateralidade administrativa), coparticipação cidadã e minimização da área de discricionariedade administrativa, tais são os novos básicos fundamentos da Administração Pública em busca de um ambiente de plena legitimidade da atuação estatal, sem paternalismos e respeitando ao máximo as aptidões, responsabilidades individuais e necessidades dos administrados. Cabe ainda lembrar que a autocomposição se revela de extrema valia para aqueles de menor poder aquisitivo, que por tal via evitam os encargos elevados dos trâmites processuais jurisdicionais ou arbitrais.

Em suma, plena a validade, no processo administrativo, em particular, do comando do artigo 190 do CPC, e, em geral, da celebração de instrumentos consensuais, observados ao menos três requisitos básicos: partes capazes, objeto lícito, titularidade dos direitos em questão.

Também como reflexo do acordo consensual Administração/Administrado importante referir a arbitragem como instrumento de composição e/ou dirimência da litigiosidade administrativa. Não iremos sequer dedicar aprofundada meditação à discussão, que nos parece hoje simples etapa histórica na evolução do Direito Administrativo brasileiro, quanto ao cabimento, ou não, de tal instrumento em conflitos no âmbito da Administração Pública. Aliás, é extensa a produção legislativa consagradora da arbitragem (e igualmente pacífica a jurisprudência), além da própria Lei fundamental sobre a matéria (Lei nº 9.307/1996). Aqui também comparecem os mesmos vetores principiológicos antes por nós citados, relativamente às vantagens e à licitude da consensualidade na solução dos impasses administrativos.

---

[115] LPA, artigos 18 a 21.

Aliás, apenas por um momento histórico foi a arbitragem vedada para o contencioso na Administração. Isso se deu com o importante Decreto-Lei nº 2.300/1986, que a vedava em tais casos, como se vê do parágrafo único de seu artigo 45. Logo em seguida, porém, no artigo 25 do Decreto-Lei nº 2.348/1987, foi a arbitragem prevista para os contratos internacionais da Administração Pública. A partir da Lei nº 8.666/1993 instaurou-se a polêmica, em face do silêncio sobre o tema, reinante no referido diploma, contrastado pelo seu artigo 54, permissivo da aplicação supletiva da teoria geral dos contratos e do direito privado aos contratos administrativos.

Mas a evolução legislativa antes referida (verdadeiramente iniciada com a admissibilidade do instrumento na Lei nº 8.987/1995, seguida por mais de dez leis administrativas posteriores à Lei federal de arbitragem, a antes mencionada Lei nº 9.307/1996), aliada ao verdadeiro e adequado entendimento que atualmente se outorga aos decantados princípios da supremacia e da indisponibilidade do interesse público, suplantaram as oposições antes registradas, atualmente sobreviventes tão apenas em alguns autores de ideologia estatizante e em episódicas decisões de um ou outro Tribunal de Contas. Tornou-se mesmo corriqueira a celebração de acordos ambientais e de termos de acertamento (os TACs e TCCs, de diária quase cogitação no CADE e na CVM). Temos hoje, enfim, uma pragmática de consensualidade na solução de conflitos administrativos, tanto de cunho substitutivo da atividade administrativa sancionatória, quanto de estabelecimento de resolução de litígios. Em ambas essas esferas temáticas inserem-se, ainda, os instrumentos da *mediação* e da *conciliação* os quais podem ser sumariamente entendidos como métodos de *aproximação* entre as posições conflitivas, encaminhando-as para um clima de cooperação e intercomunicação, viabilizando destarte a consecução de um concerto compositivo da dissidência.

O art. 26 da LINDB, acrescentado pela Lei nº 13.655/2018, autoriza a celebração de compromisso com os interessados, para eliminar incerteza jurídica ou situação contenciosa na aplicação do direito público, com vistas à busca de solução jurídica, proporcional, equânime, eficiente e compatível com os interesses gerais. Tal autorização se coaduna perfeitamente com a administração gerencial, implantada pela EC nº 19/98, a chamada emenda da reforma administrativa.

Tudo que aqui posto lastreia nossa convicção de que, mesmo no campo da Administração Pública, é fenômeno crescente a participação do cidadão na solução dos embates e na administração da justiça.

Aliás, no terreno geral e amplo da realização da justiça não há mais que se falar ou pensar num monopólio estatal. Na seara específica do processo administrativo esse diagnóstico se torna imperativo, particularmente quando temos em vista o parágrafo único (em seus múltiplos e expressivos incisos) do artigo 2º da Lei nº 9.784/1999, bem como os artigos 3º a 15 do Código de Processo Civil e as prescrições das Leis nº 9.649/1997 e nº 13.140/2015. Tomando essas diretivas em consideração, aditadas aos artigos 15 e 190 do CPC, avulta de visibilidade o absurdo de se pretender antepor aos acordos processuais administrativos e à arbitragem, o princípio da legalidade estrita. Não há como negar, a quase contratualização do processo administrativo é simples decorrência do princípio da cooperação público-privada, consagrada no artigo 6º do CPC (e, pois, por força de seu artigo 15, aplicável ao processo administrativo). Oportuno lembrar, a propósito, que o parágrafo único, inciso I, do artigo 2º da LPA,[116] estatui o compromisso da atividade administrativa e do processo administrativo não só com a legalidade, mas também com o Direito (é dizer, com a juridicidade e a justiça).

Em arremate: a consensualidade não é simples elemento coadjuvante, passando a ser fator determinante do agir administrativo e, por isso mesmo, frequentemente critério de constatação da legitimidade da AP.

Cumpre referir, conquanto de forma sumária, que a centralidade do indivíduo por nós sustentada não é estranha à experiência internacional.

Nos Estados Unidos, a Segunda Emenda é exemplo marcante do protagonismo do indivíduo, quando confrontado com a Administração Pública.

Tal concepção está, por exemplo, na raiz da existência de presídios particulares, construídos e geridos pela iniciativa privada. Essa ambiência cultural também está na raiz das visões do Estado como ente regulador, promotor da ampla difusão da autorregulação do próprio sistema privado, da expansão dos mecanismos de *compliance* nas relações contratuais etc.

Na União Europeia predominam os ditames da cooperação administrativa e da decorrente convergência regulatória. Pode-se a

---

[116] Lei nº 9.784/1999.

rigor sustentar que tais vetores são típicos fenômenos da globalização. O Direito Administrativo tradicional se amparava na concepção dos Estados nacionais. Com a internacionalização, afirma Eberhard Schimidt-Assmann, pode-se antever uma Administração Pública sem um Estado nacional. Nesse desenho a indivisibilidade da soberania estatal é substituída pela cooperação entre os entes aglutinados (o enfrentamento europeu à pandemia do coronavírus serve de exemplo para essa nova figura institucional). É nessa moldura que se encartam as lições de Sabino Cassese e Aldo Sandulli, no sentido de que a internacionalização das relações administrativas acabará engendrando um Direito Administrativo internacional largamente positivado. Exatamente em coerência com essa visão dos dois mestres italianos é que se revela útil citar o *Arrêt Monpeurt* do Conselho do Estado francês, pelo qual a atividade *pública* de normalização, conquanto exercida por uma entidade privada (*AFNOR – Association Française de Normalisation*), se corporifica como *função administrativa*, portanto concretizada em atos administrativos, passíveis de anulação pelo contencioso administrativo.

Aliás, esse retrato da interpenetração na função administrativa de normalização do público e do privado forma uma extraordinária visão do que é a realidade do nosso Direito Administrativo. Os padrões ISO (*International Organization for Standardization*) são baixados por uma organização internacional, não governamental, com personalidade jurídica de direito privado que, em razão de CONSENSO, abrange organizações nacionais de padronização de 163 (cento e sessenta e três) países. A ISO foi fundada na Suíça em 1947 e, embora seus padrões sejam seguidos por todo o mundo, não há qualquer tratado assim estabelecendo. O que há no particular, pensando por exemplo só no Brasil, é CONSENSO, nada mais. Aliás, o órgão brasileiro análogo, a ABNT (Associação Brasileira de Normas Técnicas), é também uma entidade privada, credenciada pelo governo e beneficiada mediante recursos públicos. Mas, repise-se: as recomendações ISO se aplicam automaticamente, tanto no ambiente privado quanto no público. Entre nós, de novo a título de exemplo, menciona-se que o Ministério Público Federal, em acordos de leniência, exige a observância da ISO 19600 de 2014 (pertinente à adoção de sistemas de *compliance*) e da ISO 37001 de 2016 (relativa à adoção de instrumentos de combate à corrupção).

Anote-se: ao nos referirmos, em linhas anteriores, à organização ISO como *instituição*, tínhamos em mente, não obstante a natureza privada, a conceituação clássica de Hauriou: uma coletividade que, sob uma certa estrutura organizacional, destina-se a desempenhar funções na ordem social e/ou política.

As meditações até aqui externadas já permitem que se esboce um *arremate* a este tópico de nosso trabalho. Assim:

a) nossa tarefa central foi a reconstrução do protagonismo no Direito Administrativo. Daí nosso esforço em identificar o *indivíduo* como centro do sistema solar. Sua transformação de súdito em cidadão, eis nossa meta.

Há desafios de monta para a concretização do intento. Que não haja preocupação de ordenação de tais desafios por ordem de importância, magnitude ou complexidade. Os itens subsequentes terão a marca do combate.

b) Em primeiro lugar, há que se maximizar o controle da *discricionariedade* já apodado por mestres ilustres e verdadeiramente precursores de nosso pensamento, o "cavalo de Troia" do Estado de Direito. Ou, como queria Enterría, o último reduto da arbitrariedade.

Preconizamos o controle e a redução máximos do campo da discricionariedade. Qualquer decisão que em tal conceito se pretenda apoiar deve ser, além de amplamente (e expressamente) motivada, escrutinada e valorada em sua totalidade e em cada um dos seus capítulos, com aplicação, dentre outros, dos critérios da racionalidade e da coerência causal e finalística.

c) A coparticipação do indivíduo na atividade administrativa é uma das ferramentas mais eficazes para alcançar a meta antes revelada. Essa coparticipação, de braços dados com um empenhado, dedicado e efetivo controle social (que o atual progresso comunicativo eletrônico assegura) pode superar os permanentes déficits da legalidade democrática representativa. Tudo isso sem perder de vista o alerta que Enterría já enunciara, contra a euforia e a mera retórica da coparticipação, os riscos de cooptação e da consequente falsa legitimação, as ciladas da omissão e do comodismo de muitos indivíduos. Sirva de exemplo desses riscos a existência, no patamar constitucional, do exemplar parágrafo 3º do artigo 37, verdadeiro manual de ação coparticipativa dos usuários de serviços públicos, infelizmente muito pouco abraçado, na prática, pelos indivíduos envolvidos. A ferramenta existe. Mas temos que fomentar a formação de uma *cultura* de controle popular e de coparticipação administrativa.

Sem receio de errar: a coparticipação é uma ideia-força, inerente à Democracia e ao Estado de Direito. Há verdadeiramente UM PRINCÍPIO CONSTITUCIONAL DA PARTICIPAÇÃO, erigido, por exemplo, nos pertinentes artigos 10, 29 (X), 37 (§3º), 187, 194 (parágrafo único, VII), 198 (III), 204 (II), 205, 206 (VI), 216 (§1º), 225, 227 (§1º). Não há desculpas para a inércia.

d) Não há fronteiras sequer razoáveis, entre os chamados Direito Público e Direito Privado. Por isso mesmo, e remando em contrário a uma correnteza que se vem adensando, não há razão para se entrever uma fuga do Direito Administrativo para o Direito Privado. O Direito Administrativo *sempre* utilizou conceitos e implementos do suposto Direito Privado. Daí as empresas estatais, as fundações, os consórcios, os contratos administrativos etc. Como bem acentua Sánchez Morón,[117] essa permeabilidade, autêntica concretização do princípio dos vasos comunicantes, aparelha o Direito Administrativo com valiosos instrumentos de agilização, controle, eficiência e combate à opacidade da Administração Pública e a seus gastos desmedidos.

e) Mais uma vez, e prevendo desde já muitas refutações posteriores: *consensualidade* é a verdadeira pedra de toque transformadora do tradicional e envelhecido Direito Administrativo que a geração de muitos autores conheceu nos bancos acadêmicos. A consensualidade viabiliza a *eficiência*. A consensualidade exige a *arbitragem* na litigiosidade administrativa. Trata-se de valor absolutamente já positivado no Direito Administrativo brasileiro.[118]

f) Poder, Serviço Público, Estado – não são fins em si mesmos. Todos eles são *instrumentos* de realização dos *fins* do *indivíduo*.

g) O positivismo, em qualquer de suas variantes (é dizer, tanto a filosófica quanto a jurídica), é um ambiente frequentemente autoritário, que fomenta, legitima e consagra a prepotência. Para não ficarmos na comodidade do anátema, recordemos dois artigos do Anteprojeto de Constituição que o movimento positivista comtiano propôs a Deodoro:

---

[117] MORÓN, Sánchez. El Retorno del Derecho Administrativo. *Revista de Administración Publica*, Madrid, 2018, n. 206, p. 37-66.

[118] Por exemplo: os contratos de gestão, do artigo 5º da Lei nº 9.637/98; as parcerias da Lei nº 9.790/99.

Art. 10. O Governo dos Estados Unidos do Brasil é republicano, ditatorial, federativo.

[...]

Art. 12. O Governo Federal competirá a um ditador instituído segundo as regras abaixo mencionadas

[...]

h) Para subtrair uma das repetições em que por certo incidiremos ainda, de sagração do indivíduo, segue transcrição parcial de um artigo do acadêmico (Academia Brasileira de Letras) Cacá Diegues, publicado no jornal "O Globo", de 22.10.2017:

O Estado, por exemplo, foi criado para organizar melhor os homens. O Estado serve para permitir que vivamos juntos, sem precisarmos sair por aí matando uns aos outros para sobreviver. Mas foram os indivíduos que criaram o Estado, e não o Estado que criou os indivíduos. Essa representação de um conjunto de homens que precisam estabelecer regras de convivência serviu, desde o início, para que eles não brigassem pelo que podia ser repartido. Mesmo que não tenha sido criado com palavras tão sofisticadas, O Estado é um ditame superior à nossa vontade pessoal, para que essa se submeta ao interesse comum.

O limite do papel do Estado ficou claro e determinado quando inventamos o estado democrático de direito. Nessa invenção superior, a mais próxima do melhor em defesa da espécie, as regras foram consagradas pelo senso comum baseado na liberdade individual. E foram escritas para a segurança dessa liberdade, vigorando para todos e tudo. A cultura humana inventou o Estado para protegê-la da barbárie e seu ódio ao indivíduo.

O Estado não pode se meter naquilo que queremos fazer de nossa vida individual, não tem o direito de se meter em nosso rumo pessoal. Muito menos em nossos sonhos, expressos pela arte. Não tem nada a ver com o que permitimos nossos filhos de assistir e fazer num museu, num teatro ou num circo. Se nossas decisões não ferem o direito do outro, não esbarram nas regras indispensáveis à convivência, elas pertencem unicamente a nós, para o bem ou para o mal.

Não quero que o Estado me diga o que é o certo e o que é errado na minha vida pessoal. Cabe a mim escolher o caminho que julgar conveniente, contanto que não atrapalhe a vida de ninguém. E não quero voltar a fazer as coisas escondido, como tantas vezes fui obrigado a fazer durante a ditadura militar. Não quero voltar a tratar o Estado como o inimigo que me censura e me impede de seguir o caminho que julgo mais conveniente.

Só como indivíduo posso saudar e viver a vida, vivê-la da maneira mais intensa ("se a morte fosse um bem", dizia um poeta grego, "os deuses não seriam imortais"). Detesto os que falam em nome de maiorias de fantasia, embora reconheça que sem as maiorias não há democracia possível. Mas elas só pensam em manter seus privilégios no conjunto de seus iguais, enquanto as minorias estão sempre empenhadas em lutar por seu espaço e seus direitos.[119]

---

[119] DIEGUES, Cacá. O indivíduo criou o Estado. *O Globo*, 22 out. 2017. p. 19. Disponível (para assinantes) em: https://oglobo.globo.com/opiniao/o-individuo-criou-estado-21974757. Acesso em: 28 mar. 2022.

CAPÍTULO 6

FONTES DO DIREITO ADMINISTRATIVO

Ao falarmos em *fontes do direito* podemos estar a significar, precipuamente, duas visões: na *primeira*, estamos a tratar dos elementos históricos, sociais, culturais enfim, que influenciam, ou mesmo determinam, a criação e a modificação de um ordenamento jurídico; nessa perspectiva temos o que se pode denominar *fontes materiais*; na *segunda*, mais constrita e de trânsito exclusivo na ciência jurídica, fontes do Direito são as *formas* de expressão do sistema jurídico; nesse viés temos o que se designa pelo rótulo *fontes formais*. E essas são as que mais nos ocuparão no desenvolvimento desta seção, sem abandonar, contudo, de todo, o tópico das fontes materiais.

Confinando embora o debate nas balizas conceituais supra, nem por isso anularemos as divergências e polêmicas, mas com elas não ocuparemos o nosso tempo e o do eventual leitor. Para tanto, iremos estabelecer um crivo metodológico, indo diretamente para a mais íntima camada da busca pelo substrato significativo do *conceito de fonte do Direito*: e com esse corte poderemos afirmar que fonte do Direito é o próprio embate individual e coletivo, do qual resultam comandos coativos de dinâmica, prevenção, reparação e sanção das condutas conflitantes. Neste patamar, *fonte material do Direito é a vida em sociedade*. E aí unimos as pautas conceituais materiais e formais.

No corte metodológico pelo qual optamos, fonte do Direito significará exatamente o processo – e seu produto – de criação das regras concretas preventivas, compositivas e sancionatórias. É nesse sentido que utilizaremos o vocábulo. Por evidente, quem com essa tomada de posição não concorde deve pensar se vale a pena, ou não, prosseguir na leitura deste segmento.

Numa primeira tomada de posição, as fontes do Direito Administrativo são fatos e atos de produção do ordenamento jurídico (e, por sucessivas etapas, do próprio sistema jurídico). Ou seja, o próprio ordenamento disciplina o complexo do que se admite como fonte: a LEI (em sentido lato) é, por certo, a mais relevante das fontes. Mas outras comparecem: o estatuto de uma empresa, os decretos etc. Por vezes até fazendo no particular uso de uma clara liberdade classificatória, o ordenamento prevê como fontes os princípios gerais do direito, a jurisprudência, a analogia e mesmo os costumes, quando não a doutrina. Mas essa falta de rigor não conta com nosso apoio. Preferimos retornar à dualidade anteriormente proposta: fatos e atos produzem e compõem um ordenamento.

Nos ditos atos se encarta a normatividade do Legislativo e do Executivo, seja de alcance externo (leis, por exemplo; regulamentos do Executivo), seja de alvo precípuo interno (instruções, portarias, regimentos, circulares, notas técnicas etc.). O que caracteriza tais fontes não é, contudo, seu âmbito de incidência: uma lei não só se dirige à coletividade, como também ordena os atos (de forma menos detalhada quase sempre) internos do setor estatal encarregado de aplicá-la; uma circular ministerial não só disciplina a atividade interna de atuação, como põe nas mãos do particular o direito público subjetivo de exigir dos agentes encarregados de sua observância que por ela se pautem. Em verdade, o que conota as fontes do Direito derivadas de atos da produção jurídica é a previsão normativa anterior, que determina a competência e os requisitos do segmento incumbido de tal produção, seu processo de formação, seus condicionamentos de validez e o objetivo a atingir. A vontade estatal, em maior ou menor grau, mas estruturada para o fim específico de gerar uma norma, é aqui o elemento diacrítico.

Na outra vertente estão os *fatos* produtores de norma jurídica. Claro, como em toda e qualquer atividade humana, a vontade aqui não está ausente. Mas ela não nasce como intento pré-concebido e pré--ordenado, com a vocação enfim de se transformar em preceito *geral* e *coativo* de condutas. Mas a repetitividade e a eficiência dirimentes ou preventivas que alcança acaba por atribuir ao fato/ato o tom de norma.

O *Costume*, por isso, também é fonte de Direito Administrativo. De regra ele é conceituado como uma norma que resulta de uma constante uniformidade de certo modo de agir e não agir, com a convicção de que tal modo é juridicamente obrigatório, conquanto não consagrado em direito escrito. Difere do *uso de fato* exatamente pelo requisito da generalizada *opinio iuris*. Os costumes se formam espontânea e gradualmente. Esses costumes podem ser nacionais ou regionais.

O papel do costume, em Direito Administrativo, é de certa forma restrito, em razão da imperatividade do princípio da legalidade. Seu campo excelso, mas não único, é a atuação *praeter legem*, de regra em razão de ausência de regulação estatal ou contratual. Por essa mesma ordem de razões, não é de se admitir, de regra, o costume *contra legem*.

O costume se extingue pela perda da convicção de sua existência ou mesmo de sua razoabilidade e utilidade, pelo advento de lei que regule a matéria e, até mesmo, pela consignação de um outro costume (modificativo ou derrogatório do anterior). No que diz respeito especificamente ao costume, no Direito Administrativo, continua atual (embora um tanto generalizante em demasia) a sábia observação de Carlos Maximiliano, em sua clássica obra sobre hermenêutica:

> A força do costume avulta no Direito Público; ali se forma com frequência maior e exerce em larga escala o seu papel de tornar mais humana, melhorar sutilmente e completar as disposições escritas.[120]

Consideramos igualmente como fontes – e sabemos ser polêmica a observação – os *precedentes administrativos*, visão essa robustecida pelo artigo 15 do Código de Processo Civil de 2015. Aqui, duas observações: tal como se dá com o costume, o requisito da *repetitividade* é um elemento necessário para a formação e vigência do precedente; e também a exemplo do que ocorre com o costume, não é necessário que o precedente provenha do mesmo setor administrativo que o aplicar.

Compõem também os fatos originadores de comandos jurídicos as *praxes administrativas*, de quaisquer dos ramos do Poder Estatal. Tais praxes nascem como uma orientação consensualmente seguida pelas diferentes administrações, a início endereçadas a esse âmbito interno, mas que, pela repetição e convicção de sua observância, acabam por obter também reconhecimento e acatamento normativo pelos particulares que se relacionam com tais administrações. Nessa etapa de amadurecimento, frequentemente tais praxes administrativas se transformam em verdadeiro costume.

Parece-nos útil referir, antes de prosseguirmos em nossa elaboração pessoal, o contributo, no tema, da melhor doutrina. Claro que iremos nos ater a alguns poucos exemplos, colhidos ao acaso, pois farta é nossa produção no tema.

---

[120] MAXIMILIANO, Carlos. *Hermenêutica e Aplicação do Direito*. 16. ed. Rio de Janeiro: Forense, 1996.

Para começar, e assim saldando um compromisso de capítulos anteriores, retomemos o clássico Visconde do Uruguai, em seu clássico "Ensaios sobre o Direito Administrativo". Já na segunda metade do século 19 arrolava ele, como fontes do Direito Administrativo, a Constituição, as leis, os regulamentos, os decretos e os precedentes administrativo.[121]

Irene Patrícia Nohara, em seu festejado "Direito Administrativo", afirma que as fontes principais são classificáveis, cremos que pelo critério de abrangência de sua incidência, em *primárias* (compostas pelos preceitos normativos: Constituição e leis – aí integrados os princípios e as regras) e *secundárias* (jurisprudência, doutrina e costumes. Mas como anota com propriedade, as súmulas vinculantes, conquanto produto jurisprudencial, são fontes primárias).

Edmir Netto de Araújo, em seu excelente "Curso de Direito Administrativo", refere a Constituição, as leis, as normas jurídicas administrativas (decretos, decretos legislativos, provimentos dos tribunais, regimentos e outros atos normativo internos), a jurisprudência, a doutrina, o costume, a praxe administrativa e os princípios gerais.

Alexandre Santos de Aragão[122] segue linha análoga, apenas acrescentando os precedentes administrativos.

Por último, citaremos Lucas Rocha Furtado – "Curso de Direito Administrativo" –, que adita às anteriores formulações os tratados e acordos internacionais.

Não dissentimos das respeitáveis opiniões até aqui expostas. Apenas salientaremos: inexiste, na temática das fontes, campo para falar-se em *hierarquização*. Tal como se dá com o estatuto constitucional competencial (de ações e de expedição de normas), o que há são áreas de incidência. Partindo do ápice que tudo abarca, e que nenhuma modalidade de fonte pode contrariar – a Constituição –, cada uma delas tem seu próprio âmbito de abrangência e aplicação.

Por tais razões, não temos resistência a arrolar, mas com alguns temperamentos que serão expressados, como fontes do Direito Administrativo, afora a Constituição, as leis e os regulamentos, os tratados e acordos internacionais, os princípios, as sentenças judiciais, a jurisprudência, a doutrina, o costume, as praxes, os precedentes, os atos normativos internos, os contratos, as medidas provisórias, os decretos

---

[121] URUGUAI, Visconde do. *Ensaios sobre o Direito Administrativo*. Rio de Janeiro: Typographia Nacional, 1862. Capítulo VII.
[122] ARAGÃO, Alexandre Santos de. *Curso de Direito Administrativo*. 2. ed. Rio de Janeiro: Forense, 2013.

legislativos, os regimentos internos e os atos de cunho estatutário das empresas estatais. Apresentado o rol, vem o tempo de expressar os anunciados temperamentos:
- a *doutrina*, entendida como os opinamentos e ensinamentos dos juristas, habitualmente se reveste de cunho interpretativo ou se apresenta como fruto de pesquisas. Todavia, com certa frequência, ela pode gerar novos conceitos, revelar novos princípios, difundir enfoques até então não conhecidos ou não cristalizados. Nesses casos, assume a doutrina uma função criadora, enquadrando-se aí como fonte do Direito;
- a *sentença* que resolve um litígio, especialmente quando enfrenta o mérito das controvérsias, *cria* direito em concreto. E, conforme a matéria em debate, ou as peculiaridades dos personagens em entrechoque, a norma sentencial irradia efeitos para fora da área processual em que proferida;
- *jurisprudência* significa um conjunto de decisões de teor uniforme, proferidas em casos idênticos ou semelhantes. Divisamos nela uma fonte do direito. Com mais comodidade assim se há de pensar em face das súmulas vinculantes do Supremo Tribunal Federal, que têm, *constitucionalmente*, natureza de verdadeira *lei*, com a peculiaridade de caber sua edição, modificação e revogação unicamente ao próprio Supremo. Mas diferem da lei porque esta pode *inovar* no mundo jurídico, ao passo em que a súmula vinculante é construída em cima do direito positivo;
- os *precedentes administrativos* que, segundo antes assinalamos, constituem atividade da Administração na interpretação e aplicação do Direito, têm a verdadeira natureza de *norma*, sobretudo pelo apanágio de coercitividade que lhes conferiram os artigos 2º (parágrafo único, inciso XIII) e 50 (inciso VII), da Lei nº 9.784/1999 e o artigo 489, §1º, VI do Código de Processo Civil. A observância dos precedentes solidifica os vetores axiológicos da igualdade, da segurança jurídica, da boa-fé, da confiança legítima e da eficiência;
- os *tratados, convenções* e *acordos internacionais*, uma vez internalizados na forma das previsões constitucionais, também se tornam fontes do Direito Administrativo;
- a *equidade* e a *analogia* são métodos e critérios de interpretação e aplicação das leis (em sentido amplo), e, por isso, serão alvo de considerações em capítulo apartado.

Cabe aditar, às considerações precedentes, que os fenômenos da globalização, da internacionalização das economias e da experiência de normatização transversal da União Europeia acabaram por impor ao mundo inteiro, aí claro também incluído o Brasil, a observância de regras globais, até mesmo de fontes não estatais (é o caso dos padrões ISO). Tal inovação acabou por exigir sua observância em razão dos imensos prejuízos que o país pode sofrer, se pautar seus negócios públicos ou privados por padrões de transparência e ética mundialmente acatados. Essa é a raiz, por exemplo, da verdadeira e coercitiva *vigência de fato* (inclusive com a *importação* célere de normatividades estrangeiras, particularmente dos Estados Unidos, da União Europeia e da Inglaterra), entre nós, do FCPA (*Foreign Corrupt Practices Act*), antes mesmo de nossa legislação anticorrupção. Em suma, a convivência internacional inevitável traz benefícios, mas também ônus reais. Sem receios, diremos que a vivência da sociedade global nos conduz, inevitavelmente, a um certo grau de relativização dos clássicos conceitos de soberania e de territorialidade dos ordenamentos jurídicos. Vale a pena, nessa panorâmica, transcrever observação do então Procurador da República Carlos Fernando dos Santos Lima, focalizando o Memorando de Estabelecimento do Combate à Corrupção como Interesse Central de Segurança Nacional dos Estados Unidos, do Presidente Joe Biden:

> Essa pressão internacional por medidas efetivas anticorrupção pelo planeta – que inclui, no caso do Brasil, a criação do inédito grupo permanente de monitoramento do combate à corrupção pela Organização para a Cooperação e Desenvolvimento Econômico (OCDE) – talvez seja a única esperança de reversão no médio prazo das inúmeras medidas e decisões que tornaram o combate à corrupção no país ainda mais difícil do que já era.
>
> Um país não pode permitir a corrupção como forma de governo, como bem disse o presidente americano, ou que suas empresas tenham como modelo de negócio um compadrio com a cleptocracia política, sob pena da destruição de seu mercado, do crescimento da desigualdade social e do enfraquecimento da própria democracia. Esse memorando descortina, portanto, a retomada do combate à corrupção como elemento importante para o desenvolvimento do país.[123]

---

[123] LIMA, Carlos Fernando dos Santos. Pressão americana contra a corrupção. *O Globo*, 24 jun. 2021. Disponível em: https://blogs.oglobo.globo.com/opiniao/post/pressao-americana-contra-corrupcao.html. Acesso em: 24 abr. 2022.

CAPÍTULO 7

PRINCÍPIOS DO DIREITO ADMINISTRATIVO BRASILEIRO

Do que estaremos falando aqui? Realmente tornou-se tão difundida a inclinação de abordar, para tudo, a temática dos princípios jurídicos, que convém enquadrar semanticamente a nossa visão de conteúdo. Retomaremos a início e textualmente, a pensamentos apresentados em precedentes capítulos.

Princípios jurídicos são formulações de ideias de considerável generalidade, abstração e abrangência, consagradoras do pensamento jurídico e da cultura jurídica de certo momento e lugar. Tais formulações são dotadas de tríplice função: elas informam a criação da norma jurídica, conformam sua interpretação e, quando integram positivamente (implícita ou explicitamente) o sistema jurídico, constituem elas verdadeiras regras de direito. Nesse último sentido, os princípios são normas e, por isso, dispõem de caráter coercitivo, seja para a aplicação positiva direta (por exemplo, para obstar nomeações de agentes viciadas de violação a um princípio), seja para bloquear a aplicação de uma regra que os contrarie. Conquanto a temática dos princípios date já de muitas décadas, ganhou o tema relevo excelso entre nós com a Constituição de 1988, que contém uma expressiva coleção de princípios (muitos dos quais explícitos). A partir desse marco, houve uma hipervalorização dos princípios, a ponto de, com frequência, decisões judiciais serem tomadas com sua invocação, fazendo *tabula rasa* do direito positivo, mesmo quando a antinomia seja aparente, passível de superação com o emprego do múltiplo instrumental hermenêutico disponível.

Feitas as ressalvas, afirmamos nossa convicção de que, sem acromegalias, a técnica dos princípios jurídicos é muito rica e inspiradora, atuando como valioso instrumento na busca da mais completa intelecção do ordenamento jurídico. Daí, aliás, a decisão de apresentar um capítulo específico para o exame dos princípios jurídicos de Direito Administrativo brasileiro. Com uma advertência: o *princípio* não afasta o direito posto, ao contrário do que pregam o ativismo judicial e, de certa forma, o chamado neoconstitucionalismo. Tal equívoco tem levado a sociedade a um acerbo clima de insegurança jurídica, sendo frequente, nos Colegiados, que cada julgador invoque (ou CRIE) um certo princípio, mandando a norma às favas!

Dos princípios diferem os *postulados*. Estes são axiomas (filosóficos ou jurídicos), que existem e valem independentemente de positivação, que a eles nada acrescenta a rigor (talvez só em termos de clareza e definição). A noção de postulados tem raízes na filosofia kantiana e se viu extremamente clarificada com a pertinente exposição do emérito Humberto Ávila,[124] ao precisar que constituem eles os pressupostos epistemológicos de compreensão do sistema jurídico.

Os princípios constitucionais, explícitos ou implícitos (*i.e.*, aqueles não indicados formalmente, mas inerentes aos demais princípios e postulados constitucionalmente formulados ou neles implicados), não constituem escaninhos conceituais estanques. Eles operam em constante inter-relacionamento; e, por seu peso tríplice indicado na abertura deste capítulo, fundamentam direitos públicos subjetivos em benefício dos indivíduos.

Como sempre pontuou Ruy Cirne Lima, *administração* é a "atividade de quem não é senhor absoluto".[125] Dessa consideração fundamental decorre que todo agir administrativo há de estar previamente demarcado por um arcabouço principiológico mais elevado, último, no qual vá abeberar inspirações e confrontar suas decisões.

Ao referirmos a existência de princípios condicionantes do agir da Administração não temos em mira, como deflui do que até aqui exposto, simples diretivas morais. Bem antes, o que estamos sustentando é uma visão sistemática do ordenamento jurídico, que, por certo, não se exaure na regra legal ou regulamentar, ou nas decisões jurisdicionais, mas bem se completa com a apreensão das linhas de conexão, detectáveis a partir de tais *normas* e que, em fenômeno de causação circular, conformam a própria inteligência destas, envolvendo-as, ainda, com

---

[124] ÁVILA, Humberto. *Teoria dos Princípios*. 9. ed. São Paulo: Malheiros, 2009. p. 163 e seguintes.
[125] LIMA, Ruy Cirne. *Princípios de Direito Administrativo*. 8. ed. São Paulo: Ed. Rev. dos Tribunais, 1987. p. 21.

um manto de organicidade, essencial para a caracterização de um sistema jurídico. Dessa forma, o exame dos princípios jurídicos assume relevância, sempre que se deseje surpreender a intimidade e a razão de ser de determinado instituto, de determinada disciplina jurídica específica e dos próprios ordenamento e sistema jurídicos por fim.

Sabemos como, em doutrina, surge intrincada a matéria. Já sublinhara García Maynez: "Determinar que debe entenderse por principios generales de derecho es una de las cuestiones más controvertidas de la literatura jurídica".[126] A fim de não alongarmos excessivamente o ponto e de não nos perdermos em discussões mais semânticas que jurídicas, reafirmamos que, por princípios gerais do Direito, entendemos aquelas formulações que constituem verdadeira pressuposição de todo um ordenamento jurídico, informando-o na sua inteireza, ainda quando eventualmente não traduzidos em normas expressas.

Para de todo prevenir equívocos, vamos estabelecer, ao menos por convenção, um conceito para a locução "princípios gerais de um determinado ramo do Direito". E vamos assentá-lo em quatro propostas, que nos parecem de igual valor científico e rendimento de resultado.

Para Ramón Real,

en todo sistema jurídico hay cantidad de reglas de gran generalidad, verdaderamente fundamentales, en el sentido de que a ellas vincúlanse, de un modo directo o indirecto, una serie de soluciones expresas del derecho positivo, a la vez que pueden resolverse, mediante su aplicación, casos no previstos, que dichas normas regulan implícitamente.[127]

Para Couture, tendo em mente o direito processual (mas com inteira aplicação a qualquer outra disciplina), *princípio* seria um "enunciado lógico extraído de la ordenación sistemática y coerente de diversas normas de procedimiento, en forma de dar a la solución constante de éstas el carácter de una regla de validez general".[128]

Para Américo Plá Rodríguez, extraordinário juslaborista uruguaio, *princípios* seriam as "líneas directivas que informan algunas normas y inspiran directa o indirectamente una serie de soluciones

---

[126] MAYNEZ, Eduardo García. *Introducción al Estudio del Derecho*. México/DF: Porrua, 1968. t I, p. 212.
[127] REAL, Ramón. Los Principios generales de Derecho en nuestra Constitución. In: *Estado de Derecho y Humanismo Personalista*. Montevidéo: FCU, 1974. p. 8.
[128] COUTURE, Eduardo. *Vocabulario Jurídico*. Montevidéu: Facultad de Derecho Y Ciencias Sociales, 1960. p. 489.

por lo que pueden servir para promover y encapuzar la aprobación de nuevas normas, orientar la interpretación de las existentes y resolver los casos no previstos".[129]

Por último, para Celso Antonio Bandeira de Mello, *princípio* é "a disposição expressa ou implícita, de natureza categorial em um sistema, pelo que conforma o sentido das normas implantadas em uma ordenação jurídica positiva".[130]

Mas por sobre todas essas considerações relativas aos princípios, é imprescindível fixar: a densidade coercitiva do princípio. Existindo essa, o princípio então atua com uma de suas funções tripartidas: a de colaborar na tarefa de *interpretação* do preceito. É que, conforme já exposto quando relembrávamos a lição que nos dera, em pleno século XVIII, o precursor Vicente Pereira do Rêgo:

> Finalmente, os princípios gerais do Direito Administrativo, como todos os verdadeiros princípios do Direito, são fundados na razão, justiça e equidade, independente da utilidade pública.
>
> Mas, logo que há uma Lei direta e positiva, a Administração faz dela aplicação geral com uma rigorosa racionalidade (Nossos os grifos).[131]

Tão antiga e sempre atual formulação deveria ser profundamente meditada, quando alguns juízes de nossa Corte Suprema se arvoram, com frequência, no papel de legisladores, quando não de constituintes.

Reafirmamos, após as meditações anteriores, que os princípios originam direitos públicos subjetivos de sua observância. E, como tais, devem constituir âncoras seguras do ideal da segurança jurídica. Como a sede maior dos princípios é a Constituição, cumpre ter em mente que a Lei Maior, como bem advertiu Peter Häberle, é um texto "aberto", ou seja, não é inteiramente estático o seu conteúdo, admitindo mudanças significativas no tempo e no espaço.

O princípio, por sua natureza ampla e *generalizante*, embora regra também seja, não tem força derrogatória de outras regras de caráter *concreto* abrigadas pelo ordenamento e a ele harmônicas.

---

[129] RODRÍGUEZ, Américo Plá. *Los Principios del Derecho del Trabajo*. Montevidéo: Fundación de Cultura Universitária, 1975. p. 17.
[130] MELLO, Celso Antonio Bandeira de. Criação de Secretarias Municipais. *RDP*, n. 15, 2012, p. 284.
[131] RÊGO, Vicente Pereira do. *Elementos de Direito Administrativo Brasileiro*. 2. ed. Recife: Typographia Commercial de Geraldo Henrique de Mira e Cia, 1860.

Os direitos públicos subjetivos, eis que ferramentas basilares da relação entre indivíduo e Estado, constituem garantias fundamentais. E, por isso mesmo, o seu eventual não exercício não o extingue, nem implica renúncia.[132] Não estamos, a partir dessas assertivas, proclamando a inaceitabilidade de renúncia a direitos fundamentais. Mas tal renúncia, exatamente por sua imensa repercussão, verdadeiramente transindividual, há de cercar-se de consideráveis precauções. Para tanto, imprescindível é uma declaração livre, expressa e inequívoca por parte do titular, de não invocar, perante órgãos ou entidades estatais, uma determinada proteção ou garantia renunciada. E tal renúncia há que ser meticulosamente analisada, do ponto de vista da validade, em cada caso concreto. Há um óbvio limite a essa excepcional renunciabilidade: o pilar da *dignidade humana*.

Anote-se, apenas como comentário lateral, que a Constituição mesma elenca, com o caráter de excepcionalidade, casos de suspensão ou mesmo perda de direitos fundamentais, apontando-se como exemplo o que dispõe em seu artigo 15.

Ao cabo deste item introdutório, poderia alguém indagar a razão de tantas linhas em busca do *conceito* da palavra *princípio*. A resposta é simples: Victor Klemperer, notável memorialista da 2ª Guerra Mundial, em seu "LTI – A linguagem do 3º império", nos alertou que o nazismo se consolidou quando dominou e criou sua própria linguagem. E aditava Klemperer com duas concretas lições por ele vivenciadas: o autoritarismo adora usar superlativos; as palavras, viciosamente manipuladas, constituem importantes doses de arsênico. Cite-se textualmente o autor:

> O nazismo se embrenhou na carne e no sangue das massas por meio de palavras, expressões ou frases, impostas pela repetição milhares de vezes, aceitas inconscientemente.[133]

Uma meditação mais: para que servem os princípios? Sua tríplice função já vimos, logo ao início deste tópico. E ali se sustentou que servem para inspirar regras, auxiliar a interpretação delas e atuar como regras eles mesmos. Mas, além disso, os princípios servem para alimentar a busca pela segurança jurídica, para dar coerência, consistência e

---

[132] Sirva de exemplo a disposição do artigo 1.707 do Código Civil.
[133] KLEMPERER, Victor. *LTI – A Linguagem do 3º Reich*. Rio de Janeiro: Contraponto, 2009.

certeza à compreensão do ordenamento e do sistema jurídico. Enfim, *os princípios servem ao homem, aos indivíduos*, e não estes aos princípios.

Essa visão humanista e individualista dos princípios acena para a prudência na utilização deles, para a não hipervalorização de formulações abstratas para a elas forçar a acomodação dos fenômenos das vidas de cada um, bem como para negar a validade da atuação revocatória judicial do direito positivo, por força das interpretações personalíssimas, quando não idiossincráticas, de um ou outro magistrado.

Partiremos agora para o exame daqueles que nos parecem os princípios mais relevantes do Direito Administrativo.

§1º Boa-fé, confiança legítima e segurança jurídica

Para iniciar, uma trinca de princípios cognatos: segurança jurídica, boa-fé e confiança legítima. Conquanto tenham exteriorizações próprias, imanta-os um mesmo núcleo axiológico, segundo se há de perceber.

Em sua mais imediata acepção, o *princípio da segurança jurídica*, ou da *estabilidade das relações jurídicas*, impede a desconstituição injustificada de atos ou situações jurídicas, mesmo que tenha ocorrido algum desvio de legalidade durante sua constituição.

Durante muito tempo, em face do princípio da legalidade (a ser visto mais à frente), que impõe à Administração Pública submissão à lei, sustentou-se que qualquer vício jurídico, qualquer inobservância do texto legal, acarretava a invalidade do ato administrativo praticado. Pouco a pouco, entretanto, foi se percebendo que a conformidade requerida não era estrita ou exatamente com o texto de algum específico dispositivo, mas sim, com o Direito (visto em sua totalidade, abrangendo, pois, as regras, os princípios e todos os elementos componentes do sistema jurídico).

Seabra Fagundes já advertia:

> A infringência legal no ato administrativo, se considerada abstratamente, aparecerá sempre como prejudicial ao interesse público. Mas, por outro lado, vista em face de algum caso concreto, pode acontecer que a situação resultante do ato, embora nascida irregularmente, torne-se útil àquele mesmo interesse.[134]

---

[134] FAGUNDES, Seabra. *O controle dos Atos Administrativos pelo Poder Judiciário*. 6. ed. Rio de Janeiro: Forense, 1979. p. 39-40.

Nessas formulações até aqui coletadas, constata-se que o princípio que estamos a analisar, em verdade, traduz, no campo do Direito, aquela que é uma das aspirações nucleares do ser: a razoável estabilidade de sua existência, a razoável previsibilidade das consequências de suas atuações. Bem por isso, Legaz y Lacambra afirma ser a segurança jurídica uma dimensão ontológica do Direito.[135] Mas, tal como se dá em nossa vida, também no Direito "segurança" não se traduz por imutabilidade, eis que a dinâmica da vida pessoal e das relações sociais impõe permanentes reformulações de adaptação à realidade. Em verdade, tão essencial à própria ideia de "ordem jurídica" é o princípio da segurança que de sua existência jamais se duvidou, embora venha ele apenas fugidiamente expresso no *caput* do art. 5º de nossa Constituição, mas posto em letra de forma no plano infraconstitucional[136] – afora sua consagração jurisdicional, particularmente no Supremo Tribunal Federal.

Essa inerência entre a própria ordem jurídica, como um todo, e o princípio da segurança jurídica foi bem enfatizada por Ricardo Marcondes Martins, ao dizer que a existência de um ordenamento jurídico decorre da necessidade humana de segurança, destacando ele que "enquanto a concretização da segurança é a causa final do Direito, a necessidade de segurança é sua causa eficiente". Dessa premissa extrai a seguinte conclusão.

> Por ser ínsita à ideia de Direito, independe de qualquer valoração do constituinte, e, por isso, o chamado princípio da segurança não é um princípio, mas um postulado jurídico. Independe de qualquer positivação, pois é uma imposição conatural à própria Constituição; em outras palavras, a segurança é um pressuposto epistemológico do Direito. Eis sua verdadeira natureza jurídica: trata-se de um postulado jurídico, chamado tradicionalmente de princípio.[137]

Exatamente em razão da proteção à boa-fé objetiva e à confiança legítima dos administrados é que o princípio da segurança jurídica sempre gozou, particularmente no Direito Administrativo, de amplo prestígio. Já assentava um clássico, como Fritz Fleiner:

---

[135] LEGAZ Y LACAMBRA, Luis. *Filosofia del Derecho*. Barcelona: Bosch, 1972. p. 631.
[136] Por exemplo: Lei nº 9.784/99, art. 2º, *caput* e 2º e parágrafo único, inciso XIII; Lei nº 9.868/99, art. 27; Lei nº 9.882/99, art. 11.
[137] MARTINS, Ricardo Marcondes. *Efeitos dos vícios do ato administrativo*. São Paulo : Malheiros, 2008. p. 306-307.

> *L'autorité ne doit faire usage de sa faculté de retirer ou de modifier une disposition édictée par elle que lorsque l'intérêt public l'exige. Elle ne doit pas troubler à la légère des situations existantes, qui se sont établies sur la base de ses dispositions; elle ne doit pas davantage, parce que son point de vue juridique aurait changé, déclarer non valables des possessions des citoyens qu'elle a laissées subsister sans contestation pendant des annés, quand il n'y a pas nécessité absolue. La maxime quieta non movere et le principe de la bonne foi (Treu und Glauben) doivent valoir pour les autorités administratives également. Mais évidemment, la possibilité du retrait d'une disposition qui lui est avantageuse est toujours suspendue sur la tête du citoyen comme une épée de Damoclès. Le législateur a par suite dû songer à limiter ce droit de retrait des dispositions pour le cas où la considération de la sécutité juridique l'éxige. C'est ainsi qu'il a reconnu l'immutabilité notamment aux dispositions créatrices de droits ou d'obligations que ne peuvent être édictées par l'autorité qu'après une procédure d'opposition ou d'enquête approfondie. Car une telle procédure a précisément pour objet, d'une part d'assurer la possibilité d'un examen des intérêts publics sous toutes les faces, mais d'autre part aussi d'offrir au citoyen la garantie que la disposition édictée de cette façon ne sera plus modifiée.*[138]

Identicamente, entre nós, se expressou o inolvidável Miguel Reale:

> Assim sendo, se a decretação de nulidade é feita tardiamente, quando a inércia da Administração já permitiu se constituíssem situações de fato revestidas de forte aparência de legalidade, a ponto de fazer gerar nos espíritos a convicção de sua legitimidade, seria deveras absurdo que, a pretexto da eminência do Estado, se concedesse às autoridades um poder-dever indefinido de autotutela. Desde o famoso affaire Cachet, é esta a orientação dominante no Direito francês, com os aplausos de Maurice Hauriou, que bem soube pôr em realce os perigos que adviriam para a segurança das relações sociais se houvesse possibilidade de indefinida revisão dos atos administrativos.[139]

Não goza de prestígio, em nossos dias, a corrente de pensamento segundo a qual o princípio da segurança jurídica estaria em permanente conflito com o princípio da legalidade, ora vencendo um, ora prevalecendo outro, segundo as configurações do caso concreto. Crê-se hoje que tais princípios se complementam, bastando para tanto que se entenda que, quando falamos em *princípio da legalidade*, o que contemplamos

---

[138] FLEINER, Fritz. *Les Principes Généraux du Droit Administratif Allemand*. (Trad. Ch. Eisenmann). Paris: Librairie Delagrave, 1933. p. 126-127.

[139] REALE, Miguel. *Revogação e Anulamento do Ato Administrativo*. Rio de Janeiro: Forense, 1980. p. 71-72.

não é a sujeição do ato à literalidade da lei, mas sua conformidade à lei e ao Direito.[140] Ou seja: PRINCÍPIO DA *JURIDICIDADE*.

Assim desbastado o *conceito* do princípio da segurança jurídica, oportuno se torna referir seu *conteúdo*. E cremos que ele se cifra em dois vetores: a *certeza* do Direito e a *estabilidade* do Direito.

No ângulo da *certeza* ingressam as preocupações referentes à vigência, à eficácia e à irretroatividade das normas jurídicas. Na perspectiva da *estabilidade* instalam-se os questionamentos alusivos à intangibilidade das situações jurídicas anteriores (direito adquirido, ato jurídico perfeito, coisa julgada), à invalidação e à convalidação dos atos administrativos e à incidência concreta de circunstâncias determinantes do reconhecimento de prescrição, decadência e preclusão.

A melhor doutrina tem exaltado a íntima conexão que existe entre o princípio da segurança jurídica e o da proteção à confiança legítima (também conhecido como o da proteção da confiança dos administrados, ou da lealdade), divisando-se nesse segundo a convicção que tem o administrado, ao menos de início, de que os atos estatais são conformes à ordem jurídica e, por isso mesmo, de que deve o administrado confiar em tais ações do Estado. É tal princípio da proteção à confiança que densifica as discussões sobre a convalidação ou invalidação dos atos administrativos.

Certos vícios jurídicos configuram simples irregularidades, insuscetíveis de gerar a nulidade do ato administrativo praticado, o qual efetivamente, a despeito do vício, atinge plenamente o objetivo de interesse público almejado. A doutrina e a jurisprudência se foram dando conta de que, para gerar a nulidade, não bastava a ocorrência do vício, sendo essencial a concomitância de algum dano jurídico.

O saudoso mestre Paulo Neves de Carvalho aplicou ao Direito Administrativo a antiga regra segundo a qual não existe nulidade sem dano, e pontificou:

> Uma das ideias mais importantes é a de que na avaliação dos fatores da nulidade, na avaliação do ato administrativo, há que sopesar, confrontar, sempre, a situação posta por intermédio do ato que se diz viciado com a presença do interesse público, isto é, não se invalida apenas em nome de uma desconformidade do ato administrativo com a regra legal, mas ele vai se desfazer ou não em razão da presença do interesse público.[141]

---

[140] Lei nº 9.784/1999, art. 2º, parágrafo único, inciso I.
[141] CARVALHO, Paulo Neves de. Os Atos Administrativos em espécie: conteúdo, forma, revogação e anulação. *Boletim de Direito Administrativo*, 10/651, NDJ, São Paulo, 1996.

Enfim, a segurança das relações jurídicas, que é um superprincípio jurídico, determinante da existência do próprio sistema jurídico, não se coaduna com a instabilidade gratuita, decorrente de meras irregularidades irrelevantes. Muitas vezes, o desfazimento do ato ou da situação jurídica por ele criada pode ser mais prejudicial que sua manutenção, especialmente quanto a repercussões na ordem social. Não há razão para invalidar ato que tenha atingido sua finalidade, sem causar dano algum, seja ao interesse coletivo (que acabou sendo satisfeito), seja a direitos de terceiros. A propósito já firmou o STF:

EMENTA: MANDADO DE SEGURANÇA. ATO DO TRIBUNAL DE CONTAS DA UNIÃO. COMPETÊNCIA DO SUPREMO TRIBUNAL FEDERAL. NEGATIVA DE REGISTRO A APOSENTADORIA. PRINCÍPIO DA SEGURANÇA JURÍDICA. GARANTIAS CONSTITUCIONAIS DO CONTRADITÓRIO E DA AMPLA DEFESA.

1. O impetrante se volta contra o acórdão do TCU, publicado no Diário Oficial da União. Não exatamente contra o IBGE, para que este comprove o recolhimento das questionadas contribuições previdenciárias. Preliminar de ilegitimidade passiva rejeitada.

2. Infundada alegação de carência de ação, por ausência de direito líquido e certo. Preliminar que se confunde com o mérito da impetração.

3. A inércia da Corte de Contas, por mais de cinco anos, a contar da aposentadoria, consolidou afirmativamente a expectativa do ex-servidor quanto ao recebimento de verba de caráter alimentar. Esse aspecto temporal diz intimamente com: a) o princípio da segurança jurídica, projeção objetiva do princípio da dignidade da pessoa humana e elemento conceitual do Estado de Direito; b) a lealdade, um dos conteúdos do princípio constitucional da moralidade administrativa (*caput* do art. 37). São de se reconhecer, portanto, certas situações jurídicas subjetivas ante o Poder Público, mormente quando tais situações se formalizam por ato de qualquer das instâncias administrativas desse Poder, como se dá com o ato formal de aposentadoria.

4. A manifestação do órgão constitucional de controle externo há de se formalizar em tempo que não desborde das pautas elementares da razoabilidade. Todo o Direito Positivo é permeado por essa preocupação com o tempo enquanto figura jurídica, para que sua prolongada passagem em aberto não opere como fator de séria instabilidade intersubjetiva ou mesmo intergrupal. A própria Constituição Federal de 1988 dá conta de institutos que têm no perfazimento de um certo lapso temporal a sua própria razão de ser. Pelo que existe uma espécie de tempo constitucional médio que resume em si, objetivamente, o desejado critério da razoabilidade. Tempo que é de cinco anos (inciso XXIX do art. 7º e arts. 183 e 191 da CF; bem como art. 19 do ADCT).

5. O prazo de cinco anos é de ser aplicado aos processos de contas que tenham por objeto o exame de legalidade dos atos concessivos de aposentadorias, reformas e pensões. Transcorrido *in albis* o interregno quinquenal, a contar da aposentadoria, é de se convocar os particulares para participarem do processo de seu interesse, a fim de desfrutar das garantias constitucionais do contraditório e da ampla defesa (inciso LV do art. 5º).

6. Segurança concedida.[142]

Atenta a tudo isso, Weida Zancaner[143] chegou à conclusão de que, na verdade, existem duas formas de recompor a ordem jurídica violada pela prática de alguma ilicitude na produção de um ato jurídico: a invalidação e a convalidação (que é, exatamente, a manutenção do ato viciado, corrigindo tal vício; o tema será desenvolvido em posteriores capítulos). Como o princípio da legalidade não é único nem absoluto, situações existem nas quais é obrigatória a convalidação do ato por força da necessária observância de outros princípios jurídicos da mesma relevância, como é o caso, exatamente, do princípio da segurança jurídica.

Maior importância ainda tem o princípio da segurança jurídica no tocante a atos praticados no exercício de competência discricionária, que compreendem uma opção em termos de conveniência e oportunidade. Muitas vezes o exercício dessa opção leva ao exaurimento da competência do agente. Em outras situações, mesmo que não se tenha como exaurida a competência do agente, não se pode admitir reiteradas alterações de opção.

Afigura-se útil fazer, agora mesmo, referência ao pensamento de Carlos Roberto Siqueira Castro, que afirma, de maneira bastante incisiva: "A segurança das relações jurídicas reclama um mínimo de coerência e firmeza nas decisões administrativas que não podem transformar-se em marola de mandos e desmandos desinfluentes para o atingimento das superiores finalidades do serviço público".[144]

Repita-se que a Lei nº 9.784/1999 evidencia sua reverência ao princípio da segurança jurídica em ao menos dois dispositivos: no art. 2º, parágrafo único, inciso XIII, ao impedir a alteração de ato ou

---

[142] MS nº 25.116, Rel. Min. Ayres Britto, *DJe* 09.02.11, p. 26.
[143] ZANCANER, Weida. *Da Convalidação e da Invalidação dos Atos Administrativos*. 3. ed. São Paulo: Malheiros, 2008. p. 55 e ss.
[144] CASTRO, Carlos Roberto Siqueira. *O devido processo legal e a razoabilidade das Leis na Nova Constituição do Brasil*. Rio de Janeiro: Forense, 1989. p. 336-337.

situação jurídica, por força de aplicação retroativa de nova interpretação do texto legal; e no art. 55, ao determinar a convalidação de decisões proferidas com vícios sanáveis, que não acarretam lesão ao interesse público ou prejuízo a terceiros.

Enfoque-se, agora, com particular dedicação, o princípio da boa-fé.

A boa-fé não é elemento ou circunstância a ser considerada apenas no que diz respeito às relações de direito privado entre particulares, ou de direito penal; a consideração da boa ou má-fé, tanto do particular que se relaciona com a Administração Pública, quanto do agente público que se relaciona com o administrado, é bem essencial, configurando, sim, um princípio também de direito administrativo.

A boa-fé é um elemento externo ao ato, na medida em que se encontra no pensamento do agente, na intenção com a qual ele fez ou deixou de fazer alguma coisa. É impossível perscrutar o pensamento, mas é possível, sim, aferir a boa-fé (ou a má-fé), pelas circunstâncias do caso concreto, por meio da observação de um feixe convergente de indícios.

A boa-fé é um importante princípio jurídico, servindo também como fundamento para a manutenção do ato tisnado por alguma irregularidade, conforme já observou, reitere-se, Weida Zancaner, ao discorrer sobre a convalidação, podendo, em certas situações, sobrepor-se ao princípio da legalidade, cabendo sua invocação tanto pelo agente público, quanto pelo cidadão que com ele se relaciona. Lembra a autora que, embora a presunção de conhecimento da lei seja um postulado essencial para a ordem jurídica, sua importância se foi relativizando ao longo do tempo, pois

> a multiplicidade das áreas de intervenção do Estado moderno na vida dos cidadãos e a tecnicização da linguagem jurídica tornaram extremamente complexos o caráter regulador do Direito e a verificação da conformidade dos atos concretos e abstratos expedidos pela Administração Pública com o Direito posto. Portanto, a boa-fé dos administrados passou a ter importância imperativa, no Estado Intervencionista, constituindo, juntamente com a segurança jurídica, expediente indispensável à distribuição da justiça material.[145]

---

[145] ZANCANER, Weida. *Da Convalidação e da Invalidação dos Atos Administrativos*. 3. ed. São Paulo: Malheiros, 2008. p. 55 e ss.

Atualmente, não só é possível, como bastante provável, que certas transgressões ao texto legal sejam cometidas por justificável ignorância, de boa-fé, e isso não pode ser desprezado pelo Direito.

O *princípio da boa-fé*, especialmente quando aplicável às relações entre o Estado e o cidadão, foi objeto de notável estudo por, entre outros, Jesús González Pérez,[146] no qual esse consagrado e saudoso Mestre espanhol enfoca o tema sob uma tríplice perspectiva: do cidadão perante o Estado; do agente público que pratica o ato em nome do Poder Público; e do interesse público em confronto com o princípio da legalidade.

Quanto ao cidadão perante o Estado, não se há de exigir dele, cidadão, senão uma conduta normal, que deve ser avaliada

> por la comúnmente seguida por un hombre corriente, un hombre medio, lo que tradicionalmente se ha llamado un buen padre de familia, en función de la circunstancia de que se trate. Bien entendido que no se trata de buscar el patrón del hombre ideal (como debería ser), sino el patrón de un hombre corriente (como es) en el momento histórico determinado. Todo ello inducido del ambiente y de las circunstancias dominantes.

Na apreciação dos atos praticados pelos agentes públicos (especialmente pelos agentes políticos) em nome do Poder Público, não é possível tomar como referência a mais pura e absoluta neutralidade, pois acrescenta o mestre:

> Las Administraciones Públicas son entes abstractos que han de realizar su actividad a través de personas físicas concretas, de hombres de carne y hueso, con los vicios y las virtudes de los demás hombres. Y es algo incontrovertible y reiteradamente constatado que aquella diferente posición institucional ha hecho de estos hombres una casta diferente, en la que, por el olvido de la idea de servicio, sólo aparece la manifestación más pura del poder por el poder, en formas más o menos arbitrarias.

Por último, adverte o notável administrativista ibérico que o princípio da legalidade não autoriza ou determina que todas as controvérsias a respeito de questões administrativas se resolvam pela simples verificação da conformidade do ato com a lei, sem que se investigue, também, a presença ou ausência de boa-fé. A existência de

---

[146] PÉREZ, Jesús González. *El Principio General de la Buena Fe en el Derecho Administrativo*. Madrid: Civitas, 1983. p. 28-33.

uma norma legal amparando o ato praticado não esgota a investigação da regularidade da situação, que deve ser bem mais ampla.

Com efeito – acrescentamos nós – muitas vezes o cumprimento de disposição literal da lei, para a alegada satisfação do interesse público, não passa de uma simples desculpa, acobertando graves injustiças e evidentes delitos. Em tais situações é extremamente útil a observação das intenções das partes envolvidas, pois a existência ou não de boa-fé é relevante para o Direito, em todos os seus segmentos específicos.

Anote-se que o princípio da boa-fé, expresso no Código Civil[147] e no CPC,[148] consiste na obrigação, que se impõe aos seres, de atuarem com retidão, verdade, honestidade e lealdade (avaliadas em face do homem comum e consideradas, pois, as particularidades dos usos e costumes do tempo e do lugar). O artigo 422 do Código Civil, além de albergar o princípio da boa-fé, provocou intensa produção doutrinária, de sorte a permitir afirmar, sem hesitações, que o princípio da boa-fé se traduz na exigência de comportamentos pautados pela honestidade, lealdade, transparência e confiança.

Apresentados os elementos básicos de cada um desses conceitos, convém agora aprofundar os três temas até aqui desbastados.

O artigo 30 da LINDB, com a redação que lhe outorga a Lei nº 13.655/2018, reafirma candentemente a relevância e a imperatividade da segurança jurídica, como se colhe de sua leitura:

> Art. 30. As autoridades públicas devem atuar para aumentar a segurança jurídica na aplicação das normas, inclusive por meio de regulamentos, súmulas administrativas e respostas a consultas.
>
> Parágrafo único. Os instrumentos previstos no *caput* deste artigo terão caráter vinculante em relação ao órgão ou entidade a que se destinam, até ulterior revisão.

Múltiplos são os instrumentos de que deve fazer uso a Administração Pública, para a concretização da segurança jurídica: regulamentos, regimentos, súmulas administrativas, pareceres normativos, precedentes, respostas a consultas e, de maneira geral, qualquer outro tipo de ato administrativo (inclusive interno) de cunho normativo.

---

[147] Artigos 113, 128, 187, 422 e 765, dentre outros.
[148] Artigos 5º e 77.

E na forma do parágrafo único do citado artigo, as afirmações contidas em tais instrumentos são dotadas de caráter vinculativo para os órgãos que as editaram, enquanto não alteradas ou revistas, fundamentada e motivadamente, e em forma expressa, em caráter abstrato: é dizer, não pode a Administração, num caso concreto em que já esteja atuando, fraudar a expectativa segura do administrado, quanto ao entendimento administrativo. É evidente que o artigo 30, de que estamos a falar, ao elencar um rol de instrumentos para o atingimento da segurança jurídica, dispôs em caráter meramente exemplificativo. E uma das maiores conquistas advindas do preceito é a ampla generalidade com que ele confere ao indivíduo o direito público subjetivo à consulta.

Cifra-se, em última *ratio*, a segurança jurídica nos atributos da previsibilidade, da confiabilidade, da certeza e da estabilidade das atividades e das decisões administrativas. Enfim, segurança do Direito, no Direito e pelo Direito.

A boa-fé configura um elo entre o Direito e a Moral.

Podemos conceituá-la como a conduta honesta, leal, honrada e sincera, no cumprimento de nossos deveres para com o próximo e no exercício de nossos direitos e desígnios. Por isso mesmo o princípio da boa-fé não admite comportamentos confusos, equivocados, maliciosos ou contraditórios – em tudo isso se encartando a vedação ao *venire contra factum proprium e inciviliter agere (*ação claramente iníqua), o *tu quoque* (aquisição de um direito de forma escusa) e o *dolo agit qui petit quod statim redditurus est.*

Trata-se de noção jurídica tão antiga quanto frequentemente manipulada. Comprova sua ancestralidade, por exemplo, o §242 do BGB.

> O devedor está adstrito a realizar a *prestação tal como a exija a boa-fé, com consideração pelos costumes das mudanças dos hábitos.*

Sua formal consagração entre nós se estampa nitidamente no Código de Defesa do Consumidor, particularmente em seus artigos 4º e 51. E nosso Código Civil a consagra em várias passagens, conforme constatável, particularmente, em seus artigos 422 e 508.

Algumas vozes, vetustas e superadas, por certo, já se levantaram quanto à recepção do princípio da boa-fé no Direito Administrativo. Sainz Moreno, por exemplo, alegava obstáculos à incidência aqui do princípio da boa-fé, com suposto fundamento na diferença qualitativa das partes, na natureza dos interesses em jogo e na sua compreensão do princípio da legalidade. Outra objeção era sustentada por Forsthoff, sob a consideração da inexistência de intimidade nas relações entre administração e administrado... Com as explorações semânticas que lançamos nos primeiros capítulos desta obra, ao ensejo de conceituarmos Direito Administrativo e função administrativa, estamos seguros de já termos demonstrado à saciedade os equívocos dos dois eminentes autores anteriormente citados.

O princípio da boa-fé relaciona-se estreitamente com o da proteção à confiança legítima. E este último consiste na expectativa fundamentada de certa conduta, de parte da Administração Pública, sempre tendo-se em vista o padrão do *bonus paterfamilias*. Os artigos 112 e 113 do Código Civil são reflexos nítidos do princípio da confiança.

Em verdade, de há muito a proteção à confiança deixou de ser uma consideração no campo estrito da ética, expandindo-se para o Direito, inclusive na jurisprudência e em Tratados e outros atos normativos internacionais. Mais ainda: a confiança legítima gera um direito subjetivo (público ou privado, segundo o caso).

Provavelmente, a primeira manifestação jurisprudencial de proteção à confiança legítima se deu no famoso *Arrêt Dame Cachet*, do Conselho de Estado Francês, em 03.11.1922 (o acórdão também confirma a necessidade de observância, pela Administração, dos princípios da boa-fé e da segurança jurídica). Recorde-se o contexto do *Arrêt* em questão.

A senhora *Cachet* era proprietária, em Lyon, de uma casa à qual anexadas terras de cultivo. Essas terras foram alugadas a um jardineiro, que poderia ser dispensado de pagamentos pela ocupação e uso, com base numa Lei de 09.03.1918. E de fato assim se deu de início. Posteriormente, com análise da mesma lei, a proprietária pediu reparações pela perda de rendimento de seu imóvel. Seu pleito foi atendido apenas parcialmente, do que resultou uma apelação ao Ministério de Estado competente, o qual não só rejeitou o pleito de elevação da reparação, como também teve por descabida a própria decisão anterior parcialmente favorável a *Cachet*, por considerar que o bem era uma propriedade rural, o que afastaria a incidência da lei de 1918. Inconformada, a proprietária subiu ao Conselho de Estado. E aqui a decisão se endereçou pela cassação da decisão ministerial, porque *(i)* a requalificação do imóvel como rural se operara sem um específico contraditório no ponto e *(ii)* porque a reversão da incidência da Lei de 1918, depois de dilatado tempo de sua observância – correta ou não pouco importaria –, violaria os princípios da segurança jurídica, da boa-fé e da confiança legítima.

Outra decisão relevante é a do Tribunal Superior Administrativo de Berlim, tomada em 14.11.1956. Aqui se tratava de pensão prometida à viúva de um funcionário público alemão residente na então Berlim Oriental. Quando ela mudou seu domicílio para a parte ocidental, a Administração Pública desta suspendeu o benefício, o que foi, entretanto, revertido pelo contencioso administrativo da Alemanha Ocidental (Berlim).

E também é nessas sendas que se têm orientado as Cortes brasileiras.

§2º Devido processo legal

Em rigor, o princípio do devido processo legal não pertence ao âmbito interno do Direito Administrativo. Na verdade, ele se encarta no rol das garantias fundamentais do indivíduo, pontuadas nos incisos LIV e LV do artigo 5º da Constituição da República. Obviamente, contudo, por sua extraordinária relevância, seu conteúdo não pode aqui ser simplesmente ignorado.

Registre-se que, mesmo antes da promulgação da Constituição de 1988, na vigência dos textos constitucionais anteriores, onde em princípio não estava expressamente consignado, ele existia e vigorava implicitamente, com todas as consequências, como sempre sustentou o Ministro Carlos Velloso,[149] apoiado nos ensinamentos de José Frederico Marques, Geraldo Ataliba e Hely Lopes Meirelles.

No conteúdo do princípio do devido processo legal já estão embutidos quase todos os demais que serão adiante especificados. A garantia do devido processo legal compreende uma série de direitos, deveres e responsabilidades, conforme muito bem observou o Professor e Ministro Celso de Mello, dizendo que ele, em síntese, visa a "garantir a pessoa contra a ação arbitrária do Estado e a colocá-la sob a imediata proteção da lei", abrangendo, entre outros,

> os seguintes direitos: a) direito à citação e ao conhecimento de teor da peça acusatória; b) direito a um rápido e público julgamento; c) direitos ao arrolamento de testemunhas e à notificação destas para comparecimento perante os Tribunais; d) direito ao procedimento contraditório; e) direito de não ser processado, julgado ou condenado por alegada

---
[149] VELLOSO, Carlos Mário. *Temas de Direito Público*. Belo Horizonte: Del Rey, 1984. p. 208.

infração às leis editadas *ex post facto*; f) direito à plena igualdade com a acusação; g) direito de não ser acusado nem condenado com base em provas ilegalmente obtidas ou ilegitimamente produzidas; h) direito à assistência judiciária, inclusive gratuita; i) privilégio contra a autoincriminação; j) direito de não ser subtraído ao seu juiz natural.[150]

Cármen Lúcia Antunes Rocha,[151] em precioso estudo monográfico, faz uma importantíssima observação ao dizer que o princípio do devido processo legal, além de compreender um conjunto de elementos garantidores dos direitos fundamentais, é também um instrumento de legitimação da ação do Estado, o que leva à conclusão, em sentido contrário, de que o desrespeito ao princípio do devido processo legal é, no mínimo, um forte indício de atuação estatal ilegítima, constituindo-se num seguro instrumento de identificação de desvio de poder.

Sempre presente há de estar o antecedente jusfilosófico inafastável: "processo legal devido" – assim escandida a expressão:

Processo: sequência de atos concatenados e encadeados, em que *todos* os "interessados" (aí incluída a Administração) tenham forças idênticas.

Legal: a anatomia e a fisiologia, ou seja, o aparato e o procedimento, hão de estar previamente estabelecidos em lei, inteiramente reverentes à axiologia constitucional pertinente.

Devido: o processo legal há de ser eficiente, proporcional, transparente e isonômico, no equacionamento e desenvolvimento das ações administrativas.

As implicações evidentes entre o princípio do devido processo legal, o da dignidade humana, o da democracia e o da participação impõem que, em regra, não se admita a emissão da vontade administrativa (*rectius*, prática de um ato administrativo, ressalvadas as situações de urgência, em que o interesse coletivo exija uma imediata atuação da Administração) ou a tomada de uma decisão, de forma não dialógica. Daí não segue, todavia, que não possa a Administração, de plano (mas fundamentadamente) indeferir uma pretensão nitidamente descabida do administrado; ou, ainda, que a Administração, tal como ocorre no trancamento judicial da ação penal, decida cortar seu curso (sempre

---

[150] MELLO FILHO, José Celso de. *Constituição Federal Anotada*. São Paulo: Saraiva, 1984. p. 341.
[151] ROCHA, Cármen Lúcia Antunes. Princípios constitucionais da administração pública, *RIL*, v. 34, n. 136/5. Brasília, 1997.

fundamentadamente, repita-se), por não divisar justa causa para sua existência. É que, em casos que tais, deve a Administração, utilizando a técnica da ponderação dos princípios, apurar, por exemplo, se o vetor axiológico da segurança jurídica não está a exigir a prevenção à litigiosidade caprichosa ou implausível, tudo isso em prol da paz social.

Passemos ao largo da douta, rica e profícua distinção entre "devido processo formal" e "devido processo material", eis que muitos autores, nacionais e estrangeiros, já cuidaram do assunto, com sabedoria e exauriência. Basta que se diga que ambas as feições do devido processo legal aqui hão de incidir obrigatoriamente. Como assinalou com lapidar erudição a Ministra Cármen Lúcia, ao decidir monocraticamente o Recurso Extraordinário nº 568.863-1, o "devido processo administrativo", garantia fundamental da cidadania, é "[...] a grande inovação da Constituição de 1988".[152] Daí a imprescindibilidade da observância irrestrita, nesta sede, do contraditório e da ampla defesa.

§3º Dignidade humana

O princípio da dignidade humana é, para muitos autores, entre os quais nos alinhamos, o núcleo axiológico de qualquer ordenamento jurídico civilizado. Tanto mais assume ele uma posição de ímpar relevo para a Escola Individualista do Direito Administrativo, que ora e aqui intentamos lançar.

Mas há uma grande dificuldade em sua abordagem, quando se pensa na dimensão recomendável de um capítulo, num Tratado. Conforme se pode constatar na bibliografia que encerra este primeiro volume, inúmeras e importantes são as monografias dedicadas especificamente ao assunto. E, não bastasse isso, há até mesmo um alentado e fundamental Tratado Luso-Brasileiro da Dignidade Humana!

Por isso, com humildade aliada à prudência, volveremos os olhos ao princípio da dignidade humana, tentando comprimir a majestade da temática num restrito âmbito de um capítulo de livro. Ao trabalho, então.

O notável administrativista chileno Soto Kloss, tomista de escol, sempre afirmou que a pessoa humana é a pedra angular e a base fundamental da ordem natural; em coerência com sua visão, sempre

---

[152] *DJe* 23.09.08, p. 172-175.

divisou na pessoa humana o sujeito, o princípio e o fim da sociedade, do Estado e do Direito. E dessa concepção externa sua assertiva do relevo extraordinário da ideia-força do primado da iniciativa privada.

Com tal magistério inspirador em mente, reiteramos que um dos mais perversos e trágicos efeitos do positivismo jurídico foi afastar da teorização do Direito, sobretudo o do chamado Direito Público, a realidade existencial e motriz do indivíduo. Com felicidade extrema, essa *não foi* a opção da Constituição de 1988.

Nossa Lei Maior, com nitidez ofuscante, declara, em letra expressa, a restauração da centralidade do indivíduo, nas seguintes matrizes textuais (por exemplo):

a) logo após "apresentar" o que é o Brasil (arts. 1º ao 4º) elege, como primazia normativa, o estabelecimento do código dos *direitos individuais* (artigo 5º);

b) consagra, no rol de tais direitos individuais, a prioridade do *direito à vida* (*caput* do art. 5º);

c) mas não de *qualquer* vida: a vida em que assegurada "a dignidade da pessoa humana", elevado tal princípio aspeado à categoria de um dos *fundamentos* da República (artigo 1º e inciso III), de braços dados com os vetores axiológicos expressos e individualistas da cidadania (*id.*, inciso II) e da iniciativa privada (*id.*, inciso IV);

d) por fim, no rol dos *princípios* das relações internacionais, comparece a prevalência dos direitos humanos" (art. 4º, II).

Com tais constatações sólidas, que cimentam toda a nossa visão do Direito Administrativo, torna-se logicamente intacável nossa concepção da centralidade protagônica do indivíduo.

A ordem jurídica pública repousa sobre a edificação de um Estado *serviente*. O Homem é superior ao Estado, que a serviço do Homem existe e está. A *pessoa* é anterior ao Estado, que dela é um *instrumento*. Sempre que se intenta antepor o Estado ao indivíduo, o que se constrói é uma tirania. Devemos, por isso, ter sempre, em nossa firme convicção: *governar, legislar, controlar* e *julgar* é SERVIR.

Numa síntese, o conteúdo do princípio da dignidade humana identifica-se no direito público subjetivo, de cada um e de todos, a uma existência plena, nos planos pessoal, material, moral, coletivo e civil; enfim, um direito público subjetivo a um ambiente em que cada um, em harmonia social, tenha acesso ao total desenvolvimento de suas capacidades e habilidades. O direito à dignidade é, tal qual o direito à liberdade, ou o direito à justiça, ou ainda o direito à igualdade, amplo e inalienável. Vem-nos, inevitavelmente, à memória, o eminente magistério de Radbruch: Direito é uma realidade que serve à Justiça. Assim, quando se pensa em *princípio da dignidade*, imagina-se, de imediato, um conjunto de condições mínimas para cada um ser livre, desenvolver suas peculiaridades, tomar suas decisões.

A dignidade é inerente ao homem e, a rigor, independe de positivação jurídica. Sua enunciação como *princípio* estrutura um sistema de garantias e tutelas à dignidade *natural*. É essa relação de inerência à vida que faz da dignidade um princípio de totalização, eis que ele é o fundamento de todos os demais. *Digno* é aquele que merece estima e irradia honorabilidade. ESSA DIGNIDADE SE *REALIZA* NO INDIVÍDUO. Se deslocarmos o campo da incidência do princípio da dignidade do homem singular para a *coletividade*, justificamos até mesmo a escravidão.

Aqui vão algumas precisões e algumas distinções, que temos por úteis, quando não *necessárias* mesmo:
 a) Liberdade – direito de realizar, sem interferências, as próprias escolhas pessoais.
 b) Dignidade – direito a ser um SER, e não um OBJETO.
 c) Solidariedade – ideia de pertencimento a um grupo, com o objetivo de apoiá-lo em seus interesses compartilháveis, com a consequente responsabilização, numa ambiência de cooperação.

Essa tessitura de valores está na base de inúmeros conceitos e concretizações de todo o mundo jurídico. Como exemplos esparsos, dos mais recuados no tempo aos mais atuais: bem de família, direito ao mínimo existencial, renda mínima, boa-fé, equilíbrio econômico-financeiro do contrato, função social da propriedade, vedação ao *venire contra factum proprium*, responsabilidade penal por domínio do fato etc.

E seguramente foi também essa mesma constelação de valores que justificou a criação do Tribunal de Nuremberg e da tipificação dos crimes contra a Humanidade. Postas de lado as inúmeras oposições que, com bons e maus fundamentos, são levantadas contra os julgamentos em questão, o legado que eles nos deixaram tem muito a ver com a ideia de dignidade: a Humanidade é uma coletividade merecedora, enquanto tal, da proteção jurídica, em prol de cada indivíduo sacrificado, de cada pessoa sofrida, de cada família marcada por um movimento (o nazismo) que não considerava o indivíduo digno da vida e do desenvolvimento de sua personalidade.

Para além de qualquer polêmica ou controvérsia quanto à possibilidade ou utilidade de conceituar este princípio,[153] a verdade é que o valor da dignidade está consagrado em múltiplos documentos nacionais e internacionais. A primazia da recepção em Leis Básicas, em direito comparado, é atribuída à Constituição da Irlanda de 1937.

A tradução do princípio da dignidade funda-se na doutrina papal, particularmente nas *Rerum Novarum* (1891, Leão XIII), *Quadragesimo Anno* (1931, Pio XI) e *Divini Redemptoris* (1937, Pio XI).

Na análise conjunta dos três referidos documentos, a dignidade surge como garantia de que ninguém será obstaculizado no seu direito-dever de aperfeiçoar seu espírito e sua alma, no reconhecimento de sua liberdade e no propiciamento de amplas oportunidades para o desenvolvimento de suas potencialidades e anseios, bem como de sua capacidade de prover sua subsistência e necessidades legítimas. Por essa amplíssima dimensão é que podemos extrair, sem hesitações, que o princípio de respeito à dignidade humana é a suma e a base de todos os direitos humanos. Sem isso, a valoração à vida e à segurança, direitos emoldurados no *caput* do artigo 5º da Constituição, não teria qualquer sentido ou consequência.

Filosoficamente, a consideração da dignidade humana como valor surge com Protágoras, que tomava o indivíduo como a medida de todas as coisas. Com o talento de Cícero, a teorização do tema se enriquece e a ideia de *dignitas*, como apanágio da pessoa, assume sentido assemelhado ao que presentemente registrado. Passo importante, na sequência histórica, sublinha-se na obra de Kant, que via no respeito à dignidade humana um *status moral*, um imperativo categórico, oponível pois *erga omnes*.

Em nossos dias, não há quem conteste: a dignidade se afirma com a simples concepção do indivíduo. E se funda em duas notas fundamentais:

– antipaternalismo: o ser humano tem o direito de perseguir seus próprios fins;
– autodeterminação: cabe a cada ser humano decidir se sua vida privada será, ou não, acessível ao conhecimento público.

---

[153] Dúvidas essas levantadas por Andrea Sangiovani (SANGIOVANNI, Andrea. *Humanity without Dignity*: Moral Equality, Respsct, and Human Rights. Harvard: Harvard University Press, 2017. p. 23 e seguintes).

Em acepção global pode-se afirmar, sem hesitação: a dignidade humana é, a um só tempo, *princípio* (quando não *postulado*) e *direito fundamental*. Sua observância é obrigatória até mesmo contra a vontade do titular: em Jacobson contra Massachussets (197 U.S. 11, 1905), a Corte Suprema dos Estados Unidos considerou *constitucionais* leis estaduais que instituíram a vacinação obrigatória. E mais: a tutela à dignidade do indivíduo permanece viva, mesmo após a morte do titular.

Como amostragem, conveniente é citar dois fundamentais instrumentos normativos internacionais. Assim:

a) Rezam os artigos 1º e 2º da Carta de Direitos Fundamentais da União Europeia (12.12.2007).

Artigo 1. Dignidade humana – A dignidade humana é inviolável. Será respeitada e protegida.

Artigo 2. Direito à vida – 1. Toda pessoa tem direito à vida. 2. Ninguém poderá ser condenado à pena de morte ou executado.

b) Estatui o artigo I da Declaração Universal dos Direitos Humanos da ONU (10.12.1948):

Artigo I

Todos os seres humanos nascem livres e iguais em dignidade e direitos. São dotados de razão e consciência e devem agir em relação uns aos outros com espírito de fraternidade.

O artigo 2º da Carta dos Direitos Fundamentais da União Europeia, anteriormente transcrito, ilumina a dolorosa relação entre o princípio da dignidade da pessoa humana e a pena de morte. Mesmo colocando-se entre parênteses – se é que isso é possível! – a multidão de pessoas executadas (contagem aos milhões, no curso dos tempos), boa parte delas composta de perseguidos (politicamente, ideologicamente, religiosamente etc.), quando não de *inocentes* das acusações formuladas, o fato é que a pendência da execução da pena, ou a simples possibilidade jurídico-fática, de ela ser aplicada, constitui ominoso atentado ao princípio da dignidade da pessoa humana (tal como conceituamos, precedentemente, este princípio/postulado/garantia). Cremos que ninguém ignora as pressões físicas e psicológicas que um sentenciado à morte tem que suportar. Trata-se, em verdade, tal intervalo entre a vida e a imposição da morte, de uma das mais requintadas e cruéis modalidades de *tortura* que se possa imaginar. É um tanto animador

que, em realidade, tais percepções críticas vêm sendo estudadas pelo mundo (sobretudo em sua parte ocidental). Levantamento da Anistia Internacional, de abril de 2018, com base em dados de 2017, revela que:
- 107 (cento e sete) países aboliram a pena de morte para qualquer crime;
- 7 (sete) a estão mantendo restritamente para os crimes que seu ordenamento jurídico avalie como de extrema gravidade;
- 28 (vinte e oito) não a aboliram, mas, adotando ou admitindo vários expedientes jurídicos, não a executam; mas,
- 56 (cinquenta e seis) ainda contemplam em suas leis a pena de morte, e dentre eles 23 (vinte e três) realizaram execuções no ano de 2017.

Nesse triste *ranking*, os cinco países que mais usam efetivamente a pena de morte são a China, o Irã, a Arábia Saudita, o Iraque e o Paquistão.

Embora as condições dos que aguardam o cumprimento da pena variem segundo as peculiaridades do sistema prisional de cada país, é indiscutível que o impacto *permanente* e *agudo* a que são submetidos, na pendência e após a consumação da condenação, o recluso, a sua família e amigos (e mesmo seus advogados e conselheiros) são aterradores. Temos em mãos dezenas de testemunhos nesse sentido. Até pensamos em transcrever dois depoimentos, dessa coleção: o de Wilbert Rideau, condenado à morte em 1961 e libertado, após longas batalhas judiciais, em 2005; e o de Sakae Menda, que passou 34 (trinta e quatro) anos no "corredor da morte" de uma prisão japonesa, afinal libertado porque judicialmente proclamada sua inocência. Mas a revolta e nosso estupor pela evidência que tais casos concretos nos demonstravam do quanto os sistemas jurídicos ainda conservam práticas tão atentatórias nos impeliram ao silêncio e à contenção subjetiva.

A propósito, anote-se que o Japão e os Estados Unidos são os únicos países industrializados, do Ocidente, a manter a pena de morte e a executá-las.

Há preventivos firmes às eventuais tentações individuais, coletivas ou estatais, de minimizar ou mesmo ignorar a imperativa tutela da dignidade da pessoa humana: solidariedade, fraternidade e justiça.

Ainda na matéria de que estamos a tratar passaremos, na sequência, a uma ilustração jurisprudencial de nossas considerações. Mas para arrematá-las, teoricamente, vamos limitar-nos a aplaudir o Papa Francisco, quando, em sua encíclica *Laudato Si*, afirma ser a *dignidade* da pessoa humana o fundamento de toda ordem social comprometida com a vida.

Deste ponto em diante, traremos a lume algumas poucas relevantes decisões judiciais que corroboram os pensamentos até aqui expendidos.

Começando pelo Brasil, e por nosso Supremo Tribunal Federal, relembraremos um julgado pioneiro, relatado pelo Ministro Marco Aurélio.[154] Na oportunidade, o Tribunal estabeleceu precedente segundo o qual o uso de algemas, inclusive quando da presença do réu para julgamento pelo Júri, tem caráter excepcional, somente sendo admitido em caso de inegável periculosidade do preso ou risco evidente de sua fuga. Chegou mesmo a Corte a proclamar que a manutenção do réu algemado, quando da sessão do julgamento, além de afrontar sua dignidade, constitui prejuízo à sua defesa.

O Superior Tribunal de Justiça, sendo Relator o Ministro Luiz Fux (ora integrante do Supremo Tribunal Federal), ao julgar o Recurso Especial nº 1.085.358-PR,[155] confirmando decisão anterior da mesma Corte, teve por atentatória à dignidade da pessoa humana as prisões e torturas impostas pela ditadura militar decretada em 1964, rejeitando recurso apresentado pelos advogados governamentais. Na mesma ocasião, o STJ fez mais duas proclamações de intensa significação,[156] a saber:
- os crimes de prisão e tortura, praticados pelo regime militar autocrático, são imprescritíveis;
- "O exercício do direito inalienável à dignidade da pessoa humana [...] perdura enquanto subsiste a República Federativa", por constituir um dos fundamentos desta.

Em outra e posterior data – 09.05.2010 –, a mesma Corte, sendo Relator o Ministro Herman Benjamin, rejeitou o Recurso Especial nº 1.117.633-RO[157] interposto pela Google Brasil Internet Ltda.[158] Tratava-se de um caso em que o pano de fundo eram ofensas veiculadas no ambiente virtual Orkut, figurando como atingidas menores, uma

---

[154] Habeas Corpus nº 91.952-9, julgado em 07.08.2008, *DJe* 18.12.2008, p. 98.
[155] Número de registro/STJ; nº 2008/0196693-0.
[156] *DJe* 15.03.2010, p. 113-116.
[157] Número de registro/STJ: nº 2009/0026654-2.
[158] *DJe* 26.03.2010, p. 989-990.

delas vítima de crime sexual. Dentre as várias assertivas então lançadas, destacamos, para os efeitos deste capítulo, as seguintes passagens:

[...]

5. A internet é o espaço por excelência da liberdade, o que não significa dizer que seja um universo sem lei e infenso à responsabilidade pelos abusos que lá venham a ocorrer.

6. No mundo real, como no virtual, o valor da *dignidade da pessoa humana* é um só, pois nem o meio em que os agressores transitam nem as ferramentas tecnológicas que utilizam conseguem transmudar ou enfraquecer a natureza de sobreprincípio irrenunciável, intransferível e imprescritível que lhe confere o Direito brasileiro.

[...]

Na jurisprudência administrativa francesa alguns autores apontam como primeira decisão colegiada, fundada na aplicação direta do princípio da dignidade humana, o Recurso nº 372 do Conselho de Estado, julgado em 25.10.1995. Tratava-se de uma irresignação da Prefeitura de Morsang-sur-Orge, relatada pelo Conselheiro Frydman, tendo o Conselho ratificado a decisão do Prefeito no sentido de interditar o "jogo" de lançamento de anões. Tal jogo consistia no lançamento, tão distante quanto possível, de um anão, que vestia uma espécie de proteção, além de que o espaço da possível queda era protegido por um espesso tapete. Este "jogo" se tornou comum nos anos 90, sobretudo em discotecas. Os opositores à interdição invocavam a liberdade de trabalho e a liberdade dos entretenimentos. A isso opôs o Conselho do Estado a dignidade da pessoa humana e os inúmeros pactos a tanto dedicados, existentes na União Europeia.

Por fim, duas decisões da Corte Suprema norte-americana (tomadas por maioria) são aqui resenhadas:

– em Schenck *vs.* Pro-Choice Network of Western New York, nº 95-1068, julgado em 19.02.1997, sendo relator o Chief Justice C. J. Rehnquist, a Corte decidiu que as normas fixadoras de restrições a demonstrações públicas antiaborto, proibindo bloqueios ou abordagens de pacientes nos limites do imóvel das clínicas de aborto, nas ruas e calçadas imediatamente limítrofes a tais imóveis e seus estacionamentos, são válidas e não ofensivas à Primeira Emenda (liberdade de expressão), eis que protegem a dignidade das pessoas que optam licitamente (nos Estados Unidos) por essa prática;

– em Brown *vs.* Plata, U.S. nº 09-1233, julgado em 23.05.2011, a Corte, sendo relator o Justice J. Kennedy, teve por atentatória à dignidade da pessoa humana a superpopulação carcerária, mantendo assim a determinação de um Tribunal da Califórnia que dera à administração um prazo de dois anos para correção do problema.

Feito o que, prossigamos em nossa jornada.

§4º Economicidade

É muito comum que um determinado princípio, quando destacado para exame apartado, se mostre verdadeiramente afim ao conteúdo de outros. É o que se dá com o chamado princípio da *economicidade*, alvo de específica referência no artigo 70 da Constituição.

Na sua nuclear acepção, diz-se que há *economicidade* quando a relação custo-benefício, na atividade administrativa é concretizada. Para que tanto se dê é imprescindível que a finalidade da ação administrativa seja alcançada na proporção mais próxima possível do ideal perseguido (a *melhor administração*), com a *estritamente* suficiente assunção dos gastos disponíveis e necessários. Ao falarmos aqui em *gastos*, não estamos, sequer de longe, advogando que a ação administrativa se paute pelo critério do *menor preço* (equívoco que conduz tantas licitações e contratações administrativas ao fracasso). Num mesmo *gasto* significa, aqui, unicamente dispêndio financeiro.

O que estamos a sustentar é que há um ótimo de utilização de recursos humanos (inteligência, criatividade, esforço físico etc.) e financeiros para a efetiva entrega da melhor atuação ou finalidade da Administração Pública. Quando assim se dá, ocorre a observância do princípio da *economicidade*. Daí nossa inicial remissão à equação custo-benefício. Economicidade existe quando, para a consecução de uma certa meta administrativa legítima, necessária, útil (se possível, até solicitada ou reclamada) para a coletividade são utilizados os plenamente *suficientes* insumos humanos e/ou financeiros (i.e., sem desperdícios, ostentações, sovinices ou mesquinharias). Nesses parâmetros percebe-se, nitidamente, o concurso, na configuração da economicidade, dos princípios da razoabilidade, da transparência, da proporcionalidade e da razoabilidade. Daí a interpenetração dos princípios a que aludimos no início destas considerações.

§5º Eficiência

O princípio da *eficiência* foi positivado em nossa Constituição pela Emenda Constitucional nº 19, de 1998. Não faltaram, sobretudo à época da promulgação e por algum tempo depois, vozes contrárias à sua formulação expressa na Lei Maior. O argumento mais pobre, também o mais encontradiço, então brandido repousava na consideração de que todo o agir administrativo tem que pautar-se pelos reclamos da eficiência. Havia, então, em dita positivação constitucional, uma verdadeira tautologia.

Deixando de lado essa e outras erronias, cumpre não olvidar um postulado da hermenêutica: não há palavras inúteis na Constituição! Ademais disso, a interação axiológica, a que antes referimos evidenciava, desde outubro de 1988, que falar em razoabilidade, proporcionalidade, moralidade, dentre outros valores, traz consigo a necessidade da consideração da eficiência. Doutra parte, a citada Emenda Constitucional nº 19/98, também conhecida como "Emenda da Reforma Administrativa", tinha exatamente como baliza fundamental a substituição, na Administração Pública brasileira, do tradicional modelo *burocrático*, pelo modelo *gerencial*. E aqui comparece como tônica a superação dos controles formais administrativos, pelos controles de resultados, com especial ênfase na *liberdade das formas* de agir. Essa linha de pensamento, esse novo valor afirmado pela Constituição, não pode ser ignorado pelo intérprete e aplicador da lei. Já afirmamos, aliás, em passagens precedentes, que a liberdade das formas, a consensualidade, a coparticipação são alguns dos pilares fundamentais do novo Direito Administrativo.

Não por acaso, aos princípios já previstos na redação original do art. 37 foi acrescentado o *princípio da eficiência*. É obvio que esse princípio já estava implícito. Ao torná-lo explícito, ao afirmá-lo expressamente, o que se pretendeu foi demonstrar a redobrada importância que ele passou a ter. Em termos práticos, deve-se considerar que, quando mera formalidade burocrática for um empecilho à realização do interesse coletivo, o formalismo deve ceder passo diante da eficiência.

Isso significa que é preciso superar concepções puramente burocráticas ou formalísticas, dando-se maior ênfase ao exame da legitimidade, da economicidade e da razoabilidade, em benefício da eficiência. Não basta ao administrador demonstrar que agiu bem, em estrita conformidade com a lei; sem se divorciar da legalidade (que não se confunde com a *estrita legalidade*), cabe a ele evidenciar que caminhou no sentido da obtenção dos melhores resultados. Daí dizermos que, com a concepção do *princípio da eficiência*, o legislador constitucional enfatizou o que invariavelmente se quis: que o administrador brasileiro sempre esteve jungido não só ao comando da "boa administração", mas ao império da "melhor administração", inclusive com a possibilidade de verificação jurisdicional da realização desta última, levando até mesmo à desconstituição de uma opção que seja simplesmente "boa".

Ubirajara Custódio Filho vale-se de uma significativa metáfora ao dizer que "o princípio da eficiência não é filho único da Administração Pública, senão irmão mais novo dos princípios da legalidade, moralidade, impessoalidade e publicidade",[159] com os quais deve conviver, até mesmo porque já estava implícito anteriormente, espalhado por vários dispositivos, significando, em síntese, que a Administração Pública deve dar o máximo aproveitamento possível aos meios de atuação disponíveis.

Egon Bockmann Moreira vai ainda mais longe ao afirmar que

> o princípio da eficiência dirige-se à maximização do respeito à dignidade da pessoa humana (CF, art. 1º). Esta é a finalidade básica da Administração Pública, num Estado Democrático de Direito. Não basta a inconsciente busca dos fins legais. Estes sempre devem ostentar qualidades humanas e sociais positivas. Neste ponto, merece atenção a diferença entre eficácia e eficiência. Eficácia administrativa diz respeito à potencialidade de concreção dos fins preestabelecidos em lei, 'a situação atual de disponibilidade para produção dos efeitos típicos, próprios, do ato'. Já a eficiência administrativa impõe que esse cumprimento da lei seja concretizado com um mínimo de ônus sociais, buscando o puro objetivo do atingimento do interesse público de forma ideal, sempre em benefício do cidadão.[160]

Essa preocupação com a efetiva realização dos objetivos está em perfeita consonância com o papel atualmente desempenhado pela Administração Pública perante a sociedade. Presentemente, os mecanismos de tomada de decisões precisam ser ágeis para atender aos novos reclamos da coletividade, motivo pelo qual o princípio da eficiência, sempre elementar à Administração Pública, ganhou menção expressa no texto constitucional e maior relevância na aferição da regularidade

---

[159] CUSTÓDIO FILHO, Ubirajara. A Emenda Constitucional nº 19/98 e o Princípio da Eficiência na Administração Pública. *ILC*, v. 6, n. 66, p. 606-613, ago./1999.

[160] MOREIRA, Egon Bockmann. Processo Administrativo e Princípio da Eficiência *In*: SUNDFELD, Carlos Ari; MUÑOZ, Guillermo Andrés (Coords.). *As leis de processo administrativo*. São Paulo: Malheiros, 2000. p. 330-331.

do comportamento das autoridades públicas. Essa nova perspectiva foi magistralmente delineada por Alexandre Santos de Aragão:

> Não se considera mais suficiente que os governantes não violem a lei: exige-se deles a redução do desemprego, o crescimento econômico, o combate à pobreza, solução para os problemas de habitação e saúde. A discussão sempre se coloca em relação a quais são as políticas mais adequadas para atingir estes fins, mas não há dúvidas de que a lei deixou de ser apenas um meio para impedir a arbitrariedade para se converter em ponto de partida para uma série de atividades nas quais há uma margem de delegação e de discricionariedade e um crescente espaço para a técnica. O dilema deve, a nosso ver, ser resolvido, não pelo menosprezo da lei, mas pela valorização dos seus elementos finalísticos. É sob este prisma que todas as suas regras devem ser interpretadas e aplicadas, ou seja, todo ato, normativo ou concreto, só será válido ou validamente aplicado, se for a maneira mais eficiente ou, na impossibilidade de se definir esta, se for pelo menos uma maneira razoavelmente eficiente de realização dos seus objetivos.[161]

A ampliação crescente da inclusão social, verificada nos últimos tempos, fez com que a Administração Pública, atualmente, tenha que cuidar de um maior número de pessoas, que formulam exigências cada vez mais intensas e extensas. Para atender a essa maior demanda é essencial que o aparelhamento estatal atue com maior eficiência.

§6º Igualdade, impessoalidade, imparcialidade

Igualdade e *impessoalidade* são vetores inafastáveis do agir administrativo. Conquanto conceitualmente aproximados, tais valores não devem ser confundidos.

Convém registrar arguta observação de Caio Tácito.[162] Partindo do aforismo segundo o qual a verdadeira igualdade consiste em tratar desigualmente os desiguais, lembra ele que a Constituição autoriza e determina tratamento preferencial, por exemplo, à criança, ao adolescente, ao idoso e ao deficiente (ao que agregamos o objetivo fundamental – art. 3º, III – de "erradicar a pobreza e a marginalização

---

[161] ARAGÃO, Alexandre Santos de. *Curso de Direito Administrativo*. 2. ed. Rio de Janeiro: Forense, 2013. p. 11-12.
[162] TÁCITO, Caio. *O princípio da legalidade: ponto e contraponto. Estudos em Homenagem a Geraldo Ataliba*. São Paulo: Malheiros, 1997. v. 2, p. 149.

e reduzir as desigualdades sociais e regionais"). E, considerando que a impessoalidade determina a igualdade perante a Administração Pública, pontifica o acatado e saudoso mestre:

> O princípio da impessoalidade repele atos discriminatórios que importem favorecimento ou desapreço a membros da sociedade em detrimento da finalidade objetiva da norma de Direito a ser aplicada.
> Não é indiferente, porém, à Administração Pública, a *personalidade* do administrado.
> O que se veda é a *personificação* dos atos de seus agentes, na medida em que abandonem o interesse público para conceder favores ou lesar pessoas ou instituições.

Dizemos nós, é o que ocorre, por exemplo, quando um Juiz nomeia perito o cônjuge, um parente ou um amigo íntimo.

E continua Caio Tácito:

> Em síntese, a atividade administrativa pode, e em certos casos deve, *distinguir* entre pessoas, em função de peculiaridades que a lei manda observar. Não poderá jamais *discriminar* entre elas, sobrepondo o juízo personalista à objetividade legal de tratamento.

Com essas achegas, o que pretendemos explicitar é que, ao se falar aqui em *isonomia*, o que levamos em conta não é a simples igualdade formal, reiteradamente afirmada nas leis; o que temos em consideração é a igualdade substancial, isto é, aquela em que pessoas ou situações, só aparentemente iguais, recebam tratamento diferenciado, que tome consciência das diversidades e proponha decisões que as equilibrem. E isso porque, como corretamente acentuou Rui Portanova,[163] tal como o princípio do devido processo legal, o da isonomia é um superprincípio constitucional, ao qual necessariamente se vergam as demais disposições da Lei Maior.

E assim se revela mais uma acepção do princípio da impessoalidade, nesta faceta concretizado na ideia de *imparcialidade*.

Exemplo marcante desse desiderato se constata na Lei Federal nº 12.008/2009, que acrescentou à Lei nº 9.784/1999 um artigo 69-A, com redação muito significativa a esse propósito:

---

[163] PORTANOVA, Rui. *Princípios de Processo Civil*. 3. ed. Porto Alegre: Livraria do Advogado, 2001. p. 37.

Art. 69-A. Terão prioridade na tramitação, em qualquer órgão ou instância, os procedimentos administrativos em que figure como parte ou interessado:

I – pessoa com idade igual ou superior a 60 (sessenta) anos;
II – pessoa portadora de deficiência, física ou mental;
III – (VETADO)
IV – pessoa portadora de tuberculose ativa, esclerose múltipla, neoplasia maligna, hanseníase, paralisia irreversível e incapacitante, cardiopatia grave, doença de Parkinson, espondiloartrose anquilosante, nefropatia grave, hepatopatia grave, estados avançados da doença de Paget (osteíte deformante), contaminação por radiação, síndrome de imunodeficiência adquirida, ou outra doença grave, com base em conclusão da medicina especializada, mesmo que a doença tenha sido contraída após o início do processo.

§1º A pessoa interessada na obtenção do benefício, juntando prova de sua condição, deverá requerê-lo à autoridade administrativa competente, que determinará as providências a serem cumpridas.

§2º Deferida a prioridade, os autos receberão identificação própria que evidencie o regime de tramitação prioritária.

§3º (VETADO)
§4º (VETADO).

Posteriormente, pela Lei nº 13.466, de 12.07.17, que alterou parcialmente o Estatuto do Idoso (Lei nº 10.741/2003), foi criada uma prioridade dentre os idosos, em favor dos maiores de oitenta anos.

Tem-se, em suma, que a imparcialidade é a contraface do arbítrio. Mas não só: como bem anota Michele Taruffo,[164] a imparcialidade é um vetor imprescindível à concretização do ideal da *verdade real*, conectada aos imperativos da igualdade e da justiça. Do que, porém, não decorre que imparcialidade e neutralidade se confundam: bem antes. Na busca (até de ofício) da verdade real, a Administração, em certo momento, tem que encaminhar sua decisão para o lado que a concretize e, efetivamente, faça justiça. A neutralidade absoluta, análoga mesmo ao conceito de indiferença, acabaria por levar à omissão ou, pelo menos, ao descompromisso com o melhor (e, pois, *devido*) direito. Mas com um alerta: se não se deve admitir a neutralidade em

---

[164] TARUFFO, Michele. *La semplice verità*. Roma-Bari: Ed. Laterra, 2009. p. 117.

detrimento do direito e da justiça, há que se repelir a influência da política ou do suposto "clamor popular". Em face desses "insumos" subjetivos, o administrador há que sempre ser neutro (o que não se confunde, ao contrário do que pretende Comparato,[165] com cegueira, "fria impassibilidade", insensibilidade, frieza ou implacabilidade). A Constituição e as leis conferem ao administrador o instrumental básico para que não reduza sua atividade-fim a um mecânico edifício silogístico, desvendando com nitidez os valores e os fins sociais que hão de presidir seu mister.

Uma palavra precisa ser dita no tocante ao chamado clamor popular, especialmente porque, na era das comunicações, uma fagulha pode provocar um incêndio de grandes proporções. Tome-se como exemplo o fato repetidamente ocorrido das greves dos caminhoneiros, que afetam o bem estar de toda a coletividade e abalam a economia nacional. A Constituição Federal, em seu art. 5º, assegura as liberdades de associação, de reunião e de manifestação, mas, é bom lembrar, todo direito é limitado. Não é possível continuar aceitando que grupelhos bloqueiem ou invadam espaços públicos, a qualquer momento, causando danos e incômodos, sem qualquer contenção ou responsabilidade.

Segmentos da sociedade podem reivindicar direitos ou aspirações que lhes sejam de especial interesse, mas a autoridade pública deve sempre ter em mente o interesse geral da coletividade. O já, infelizmente, saudoso Diogo de Figueiredo Moreira Neto, com a acuidade sempre demonstrada, sinalizou a necessidade de alguma disciplina para essas manifestações:

> A institucionalização faz sentido, pois esses movimentos populares, que, observadamente, se vêm amiudando nas sociedades contemporâneas, se forem ordeiros e pacíficos, podem ser úteis para ecoar construtivamente os protestos e reivindicações de vários segmentos da sociedade, tornando-se, portanto, de grande importância social processar-se una canalização direta dessas várias modalidades sociais espontaneamente manifestadas, como autênticos controles difusos, que são aceitáveis, quando não desejáveis nas democracias. Mas o que tristemente se observa é, ao revés, um paulatino incremento de manifestações públicas de massa demonstrando contrariedade, insatisfação e indignação, que, se considerando desatendidas, ignoradas ou rechaçadas, acabam

---

[165] COMPARATO, Fábio Konder. Papel do jurista num mundo em crise de valores. *Revista dos Tribunais*, 1995, v. 713, p. 277-283.

recorrendo à violência e, assim, se deslegitimando e desservindo a seus propósitos originais, causando desordem, insegurança e, paradoxalmente, o abalo da ordem democrática.[166]

Diante de situações-limite a imparcialidade da autoridade pública fica bastante comprometida ou, pelo menos, bastante dificultada, pois sempre haverá inconformismos. E importa lembrar o que disse o Presidente John Kennedy em seu discurso de posse: "Nunca tenha medo de decidir, mas jamais decida por medo". Sem a garantia da ordem pública, os direitos individuais e sociais ficam abalados. Repetindo o que foi dito anteriormente: imparcialidade não é neutralidade absoluta, nem indiferença. Em certas situações, a autoridade não pode ter medo de ser parcial, no sentido de conferir maior força, ou maior peso (Alexy), a um dos princípios constitucionais em aparente conflito, fazendo, é claro, a devida ponderação.

§7º Moralidade administrativa, veracidade e exemplaridade pública

A Constituição Federal vigente elegeu a *moralidade* como um dos seus princípios fundamentais. Com efeito, no art. 37, *caput*, está posta a moralidade como um princípio da Administração Pública; no §4º desse mesmo artigo estão referidas as severas sanções aplicáveis pelo cometimento de atos de improbidade administrativa; no art. 55, II, está prevista a perda do mandato pelo deputado ou senador que infringir o decoro parlamentar; e no art. 85 considera-se crime de responsabilidade o ato do Presidente da República que atentar contra a probidade na administração.

Diante disso, doutrinadores de porte, como Juarez Freitas,[167] entendem que no direito positivo brasileiro "resultam superadas antigas posturas que consideravam os juízos éticos como inteiramente desconectados ou estranhos à apreciação jurisdicional" e que, com a entronização constitucional do *princípio da moralidade,* estão abertos os

---

[166] MOREIRA NETO, Diogo de Figueiredo. Democracia e Contra-Poderes. *Revista de Direito da Procuradoria Geral – Edição Especial em Homenagem à Memória do Procurador Marcos Juruena Villela Souto*, Rio de Janeiro, 2012, p. 36.
[167] FREITAS, Juarez. Do Princípio da Probidade Administrativa e de sua Máxima Efetivação. *RIL* 129, v. 33, 1996, p. 63-64.

caminhos para a superação da vergonhosa impunidade que campeia na Administração Pública, podendo-se confiar em uma nova ordem administrativa baseada na confiança, na boa-fé, na honradez e na probidade.

Mas a simples consagração constitucional do princípio da moralidade não serve para explicá-lo, para identificar o seu significado e conteúdo. Evidentemente, não se pode entender que qualquer violação de preceito moral se tenha transformado em um ilícito jurídico: há que se confrontar a violação com a lógica do sistema jurídico.

Marçal Justen Filho percebeu que não é possível desvincular a moralidade pública do todo constitucional, dando-lhe uma autonomia absoluta; mas agregou a essa ponderação:

> O princípio da moralidade pública é, por assim dizer, um princípio jurídico 'em branco', o que significa que seu conteúdo não se exaure em comandos concretos e definidos, explícita ou implicitamente previstos no Direito legislado. O princípio da moralidade pública contempla a determinação jurídica da observância de preceitos éticos produzidos pela sociedade, variáveis segundo as circunstâncias de cada caso.[168]

O grande problema está na inexistência de padrões de moral automaticamente aplicáveis aos casos concretos e na instabilidade temporal, social e geográfica, da noção do que é e do que não é moral, dada a íntima relação com preceitos e credos de ordem religiosa, política etc.

Dada a velocidade e a intensidade da modificação dos valores e costumes nesta era das comunicações, não há como deixar de aplicar aos casos concretos, envolvendo o princípio da moralidade, um método fundamental de hermenêutica, qual seja: a interpretação evolutiva, segundo a qual as normas devem ser interpretadas não em face do ambiente existente quando de sua edição, mas sim, de acordo com as circunstâncias vigentes no momento de sua aplicação. Pondera Adilson Abreu Dallari:

> Toda norma legal, inclusive constitucional, decorre de um ambiente político, social e econômico vigente no momento de sua edição. Mas esse ambiente muda com o decorrer do tempo, exigindo do intérprete e aplicador da lei um esforço de adaptação, para que possa dar a correta solução aos problemas emergentes. É certo, portanto, que a melhor

---

[168] JUSTEN FILHO, Marçal. O Princípio da Moralidade Pública e o Direito Tributário. *RDT* 67, São Paulo, 1996.

interpretação da lei (entre as várias possíveis) vai variar ao longo do tempo de sua vigência. Uma interpretação incontestavelmente correta adotada em um momento do passado pode tornar-se inaceitável em ocasião posterior, pois obviamente, não faz sentido dar-se a mesma solução para um problema que se tornou diferente, em razão de alterações no plano da realidade fática.[169]

A propósito, refira-se importante voto do saudoso Ministro Sálvio de Figueiredo Teixeira:

> O jurista, salientava Pontes de Miranda em escólio ao Código de 1939 XII/23, 'há de interpretar as leis com o espírito ao nível do seu tempo, isto é, mergulhado na viva realidade ambiente, e não acorrentado a algo do passado, nem perdido em alguma paragem, mesmo provável, do distante futuro'. 'Para cada causa nova o juiz deve aplicar a lei, ensina Ripert (Les Forces Créatives du Droit, p. 392), considerando que ela é uma norma atual, muito embora saiba que ela muita vez tem longo passado'; 'deve levar em conta o estado de coisas existentes no momento em que ela deve ser aplicada', pois somente assim assegura o progresso do Direito, um progresso razoável para uma evolução lenta.[170]

A busca desses parâmetros foi estudada em conhecida monografia de Márcio Cammarosano. Nesse trabalho, depois de alertar sobre a impropriedade (a seu ver) de se associar o princípio da moralidade à moral comum, eis que não admite que toda a ordem moral tivesse sido juridicizada, o autor sustenta que para o Direito só é relevante a ofensa a ele perpetrada; e, considerando que o Direito Brasileiro consagrou a moralidade administrativa, afirma Cammarosano a viabilidade da anulação, pelo Poder Judiciário, de atos ofensivos a valores ou preceitos morais expressamente juridicizados, concluindo:

> A moralidade administrativa tem conteúdo jurídico, porque compreende valores juridicizados, e tem sentido a expressão 'moralidade' porque os valores juridicizados foram recolhidos de outra ordem normativa do comportamento humano: a ordem moral. Os aspectos jurídicos e morais se fundem, resultando na moralidade jurídica.[171]

---

[169] DALLARI, Adilson Abreu. Privatização, Eficiência e Responsabilidade. In: *Uma avaliação das tendências contemporâneas do Direito Administrativo*. Rio de Janeiro: Ed. Renovar, 2003. p. 211.

[170] BRASIL. Superior Tribunal de Justiça, Recurso Especial nº 196-RS, Rel. Min. Sálvio de Figueiredo Teixeira. In: *Revista dos Tribunais*, v. 651, p. 170-173, jan. 1990.

[171] CAMMAROSANO, Márcio. *Princípio Constitucional da Moralidade e o Exercício da Função Administrativa*. Belo Horizonte: Fórum, 2006. p. 77.

Nossa adesão, antes enunciada, ao conceito de princípio da moralidade, como exposto por Marçal Justen Filho, nos afasta, aqui, do pensamento de Cammarosano. Sustentamos que, fosse irrespondível a visão de Márcio Cammarosano, não se explicaria a opção do artigo 37 da Constituição, ao enunciar, *separadamente*, os princípios da *legalidade* e da *moralidade*.

Temos como inafastável, ao delineamento do conteúdo do princípio da moralidade, dirigir nossas vistas à extraordinária contribuição de Agnes Heller,[172] particularmente seu conceito ético-social de justiça. Com esse substrato, diremos que a observância do princípio da moralidade implica uma opção por uma vida honesta, inspirada pelas "máximas morais universais". Inexiste, assim, ao contrário do que Habermas propõe, uma esfera autônoma da Moral: o que se põe é uma coercitiva internalização de valores, que assim desenharão o que é um agir moral constitucionalmente determinado. Do que se extrai que há uma íntima associação entre o conteúdo do princípio da moralidade e as opções existenciais de cada um, que preze tal princípio.

Em resumo: o viés restritivo de Cammarosano há de guiar o estudioso, como *ponto de partida* em sua investigação *localizada* do princípio da moralidade. Mas a referência permanente e irrestrita há de ser, como bem acentuou Cármen Lúcia Antunes Rocha:

> [...] moral extraída do conteúdo da ética socialmente afirmada, considerando esta o confronto de valores que a sociedade expressa e pelos quais se pauta em sua conduta.[173]

É viável a aplicação das draconianas punições previstas no §4º do art. 37, da Constituição Federal, aos agentes públicos que atentarem contra a probidade, sem que para isso seja preciso desbordar da esfera da jurisdição. Conforme salienta Marcelo Figueiredo,[174] "a probidade, na Constituição, é forma qualificada de moralidade administrativa". A prática de ato de improbidade configura grave violação ao princípio da moralidade, justificando a aplicação da sanção.

---

[172] HELLER, Agnes. *Além da Justiça*. Rio de Janeiro: Ed. Civilização Brasileira, 1998. p. 376 e seguintes.
[173] ROCHA, Cármen Lúcia Antunes. *Princípios Constitucionais da Administração Pública*. Belo Horizonte: Del Rey, 1994. p. 192.
[174] FIGUEIREDO, Marcelo. *O Controle da Moralidade na Constituição*. São Paulo: Malheiros, 1999. p. 47.

Evidentemente, nem todo ato ilícito é também ato de improbidade, pois, se assim fosse, a cada mandado de segurança concedido deveria seguir-se uma ação civil pública de improbidade. O que qualifica uma ilicitude como ato de improbidade é o elemento subjetivo, o propósito do agente, conforme muito bem destaca Francisco Otávio de Almeida Prado:[175] 'Probidade' significa honradez, honestidade. 'Improbidade' é desonestidade, ausência de honradez. O termo de que o Constituinte se serviu para designar a categoria de ilícitos que quis instituir tem carga significativa acentuada, que interfere profundamente com o elemento subjetivo das condutas configuradoras de improbidade administrativa. O elemento subjetivo é o vínculo psicológico, o nexo subjetivo que une o agente ao resultado. A improbidade pressupõe, sempre, um desvio ético na conduta do agente, a transgressão consciente de um preceito de observância obrigatória. Não deve, pois, existir ato de improbidade, ainda que de caráter omissivo, sem impulso subjetivo, sem propósito de violação de um dever jurídico – este, tomado na sua acepção mais ampla, compreendendo tanto a transgressão direta à fórmula literal do preceito legal quanto a contrariedade velada, que importa desvio em relação aos fins legais ou desatendimento aos motivos legalmente qualificados.

Mas, exatamente por causa da severidade das sanções, é preciso especial cuidado para não se deixar levar por concepções pessoais de ordem puramente ética, religiosa ou política, atropelando outros princípios constitucionais. Por exemplo, já se apontou como violador do princípio da moralidade, por cometimento de ato de improbidade, o advogado, por ter aceitado ser contratado pela Prefeitura, para defender seu Prefeito, acusado de haver realizado despesa irregular. Na formulação dessa denúncia, foi ignorada a relação de imputação dos atos do agente à entidade por ele representada e o fato de que não se tratava de ato privado, particular, mas, sim, de ato praticado no exercício de função pública pelo acusado. Ficaram em segundo plano o inafastável direito de defesa (com os meios e recursos, inclusive técnicos e financeiros, a ela inerentes) e o elementar princípio da presunção de inocência. No caso, como o principal acusado era um agente político, eleito pelo voto livre dos cidadãos, o que estava em risco era o mandato popular, que o mandatário tem obrigação de defender, em homenagem ao princípio democrático.

---

[175] PRADO, Francisco Otávio de Almeida. *Improbidade Administrativa*. São Paulo: Malheiros, 2001. p. 37.

É compreensível a indignação diante de tanta corrupção e tanta impunidade. Talvez traga algum consolo a lembrança feita por Caio Tácito,[176] de que a corrupção tem raízes seculares na história dos costumes políticos, no mundo todo, exemplificando ele com a questão da propina, que recebe diferentes nomes, em diferentes línguas, mas é bastante tolerada, como ocorre no Brasil. Diante da prática generalizada, Maria Helena Diniz[177] conceitua a propina como "um ato social" destinado a facilitar a obtenção de algo perante a Administração Pública, não obstante possa também configurar crime tipificado no Código Penal, ato de improbidade assim qualificado pela Lei nº 8.429/1992 e infração disciplinar prevista nos vários estatutos de servidores públicos. O tráfico de influências se tornou tão usual que o dinheiro recebido por sua prática recebeu a eufemística designação de "taxa de sucesso". Nossa tolerância para com a corrupção "a varejo" talvez até se explique, diante do emaranhado de empecilhos burocráticos e da sua insignificância diante da grande corrupção praticada nos escalões superiores. Mas não se justifica.

Afaste-se, como absolutamente impertinente e até mesmo reprovável, qualquer argumentação no sentido da impossibilidade ou da extrema dificuldade de se normatizar a conduta administrativa subjugando-a à moralidade. Sirva de exemplo de que é, sim, possível legislar com essa preocupação, o Decreto Federal nº 4.334, de 12.08.02, que dispõe sobre audiências concedidas por agentes públicos a particulares, da seguinte forma:

> Art. 1º Este Decreto disciplina as audiências concedidas a particulares por agentes públicos em exercício na Administração Pública Federal direta, nas autarquias e nas fundações públicas federais.
>
> Parágrafo único. Para os fins deste Decreto, considera-se:
>
> I – agente público todo aquele, civil ou militar, que por força de lei, contrato ou qualquer outro ato jurídico detenha atribuição de se manifestar ou decidir sobre ato ou fato sujeito à sua área de atuação; e
>
> II – particular todo aquele que, mesmo ocupante de cargo ou função pública, solicite audiência para tratar de interesse privado seu ou de terceiros.

---

[176] TÁCITO, Caio. Moralidade Administrativa. *RDA 218/1 a 10*. FGV, 1999.
[177] DINIZ, Maria Helena. Um Breve Estudo Filosófico-jurídico sobre a Natureza Jurídica da Propina *In*: MELLO, Celso Antonio Bandeira de (Org.). *Estudos em Homenagem a Geraldo Ataliba*. São Paulo: Malheiros, 1997. p. 505.

Art. 2º O pedido de audiência efetuado por particular deverá ser dirigido ao agente público, por escrito, por meio de fax ou meio eletrônico, indicando:

I – a identificação do requerente;

II – data e hora em que pretende ser ouvido e, quando for o caso, as razões da urgência;

III – o assunto a ser abordado; e

IV – a identificação de acompanhantes, se houver, e seu interesse no assunto.

Art. 3º As audiências de que trata este Decreto terão sempre caráter oficial, ainda que realizadas fora do local de trabalho, devendo o agente público:

I – estar acompanhado nas audiências de pelo menos um outro servidor público ou militar; e

II – manter registro específico das audiências, com a relação das pessoas presentes e os assuntos tratados.

Parágrafo único. Na audiência a se realizar fora do local de trabalho, o agente público pode dispensar o acompanhamento de servidor público ou militar, sempre que reputar desnecessário, em função do tema a ser tratado.

Art. 4º As normas deste Decreto não geram direito a audiência.

Art. 5º Este Decreto não se aplica:

I – às audiências realizadas para tratar de matérias relacionadas à administração tributária, à supervisão bancária, à segurança e a outras sujeitas a sigilo legal; e

II – às hipóteses de atendimento aberto ao público.

Art. 6º Este Decreto entra em vigor trinta dias após sua publicação.

Art. 7º Ficam revogados os *Decretos nºs 4.232, de 14 de maio de 2002, 4.268, de 12 de junho de 2002*, e o parágrafo único do *art. 12 do Decreto nº 4.081, de 11 de janeiro de 2002.*

Por sua extensão deixa-se de transcrever, mas se recomenda enfaticamente a leitura do Decreto federal nº 4.081, de 11.01.02, que institui o Código de Conduta Ética dos Agentes Públicos em exercício na Presidência e Vice-Presidência da República.

O fato de, não obstante tais exemplos, campear a imoralidade se deve muito mais à vulnerabilidade do homem, à impunidade e a terríveis lacunas culturais, do que ao Direito.

Em síntese, não faz sentido atentar contra as instituições e seus valores fundamentais, em razão de concepções *pessoais* de moral, mas é perfeitamente possível zelar pela moralidade socialmente reconhecida, em prol da moralidade administrativa, por meio da correta utilização dos instrumentos para isso existentes na ordem jurídica, entre os quais merece posição de destaque exatamente o processo administrativo, pela extrema amplitude de investigação que nele se permite, chegando, mesmo, ao mérito do ato ou da decisão, ao questionamento de sua moralidade, oportunidade e conveniência.

Em 2017 comemoramos os 100 (cem) anos de nascimento de Hely Lopes Meirelles, o verdadeiro sistematizador do moderno Direito Administrativo em nosso país. Desde as primeiras edições de seu fundamental "Direito Administrativo Brasileiro", Hely pontificou que, dentre os vários crivos a considerar pelo agente administrativo na sua atuação, encontrava-se a cogitação, para além do legal e do ilegal, do honesto e do desonesto. Ressalte-se: nas palavras de Hely, e bem ao contrário do que alguns de seus apressados leitores por vezes sustentam, a moralidade administrativa atrela-se, sim, à ideia de função administrativa e ao conceito de Administração, mas alimenta-se sobretudo da distinção entre o bem e o mal. Note-se: tais considerações foram originariamente expostas bem antes da Constituição de 1988. Verdade também que Hely analisa, sem expressamente as contestar, as visões reducionistas que, sobre o tema, desde a década de 1920, autores franceses, supostamente inspirados em Hauriou, construíram, praticamente igualadoras dos conceitos de legalidade e moralidade, ou, quando muito, identificando exclusivamente a violação à moralidade administrativa com a clássica figura do desvio de poder. Mas Hely arremata suas considerações reportando-se a Franco Sobrinho, pioneiro em tais estudos nesse tema e, para quem o administrador, "usando de sua competência legal, *se determina não só pelos preceitos vigentes, mas também pela moral comum*"[178] (nossos os grifos). A sapiência desse magistério, que nosso pensamento apoia, viu-se por fim consagrada em 2006, pelo Supremo Tribunal Federal, quando do julgamento da ADC 12 (ajuizada pela AMB – Associação dos Magistrados Brasileiros), distribuída ao Ministro Ayres Britto, feito no qual se pedia (e se obteve) a declaração de constitucionalidade da Resolução nº 7 do Conselho Nacional de Justiça, vedatória à prática do nepotismo. A dimensão exata e perfeita do princípio da moralidade se cristaliza na seguinte passagem luminosa do voto então proferido pelo eminente Ministro Gilmar Mendes:

---

[178] FRANCO SOBRINHO, Manoel de Oliveira. *O Controle da Moralidade Administrativa*. São Paulo: Ed. Saraiva, 1974.

A indeterminação semântica dos princípios da moralidade e da impessoalidade não pode ser um obstáculo à determinação da regra da proibição do nepotismo. Como bem anota García de Enterría, na estrutura de todo conceito indeterminado é identificável um "núcleo fixo" (*Begriffkern*) ou "zona de certeza", que é configurada por dados prévios e seguros, dos quais pode ser extraída uma regra aplicável ao caso. A vedação do nepotismo é regra constitucional que está na zona de certeza dos princípios da moralidade e da impessoalidade.

Não é de hoje que o nepotismo é uma prática condenada pela sociedade brasileira. (...)

Dessa forma, o ato administrativo que implique esse tipo de prática imoral é ilegítimo, não apenas por violação a uma determinada lei, mas por ofensa direta à moralidade, que atua como substrato ético da ordem constitucional. Nesse sentido, é possível afirmar que não seria necessária uma lei em sentido formal para instituir a proibição do nepotismo, pois ela já decorre do conjunto de princípios constitucionais, dentre os quais têm relevo os princípios da moralidade e da impessoalidade.

Depois disso, circunscrever o conceito de moralidade administrativa aos limites da legalidade ou do desvio de poder, ou abordá-lo com a ressalva de ver na moralidade administrativa uma "nebulosidade" conceitual, nos parecem posições inspiradas na pura e simples teimosia, quando não na timidez científica e lógica.

§8º Interesse público

Verdadeiro norte teórico, como querem muitos administrativistas, *interesse público* não é uma expressão mágica, capaz de justificar todo e qualquer comportamento administrativo. Tampouco é uma expressão oca, destituída de conteúdo, comportando seja lá o que for que se lhe queira inserir.

Tendo em vista que a finalidade última da lei é sempre a satisfação do interesse de todos, convém esclarecer que é de interesse público aquilo que a lei e os princípios jurídicos qualificam como tal. Pode-se dizer, para não encorparmos ainda mais as controvérsias aqui registráveis, que, para os propósitos deste trabalho, interesse público é o interesse comum da coletividade, do *conjunto dos cidadãos* (com observância do princípio da maioria), procurando sempre garantir ou reparar o interesse de cada indivíduo eventualmente sacrificado. Este é o interesse público primário, que não se confunde com o mero interesse do aparelhamento administrativo (interesse público secundário), ou com o interesse pessoal do agente público. Não iremos deter-nos aqui, porque impertinente às finalidades desta obra, na celeuma, aliás muito rica e importante, concernente à primazia (ou não) do interesse público sobre o interesse privado.[179] Mas desde já: o interesse público é definido pelos indivíduos e suas organizações. Assim definido, interesse público e interesse privado são equipotentes.

Isso tudo está dito, de maneira admiravelmente precisa e sintética, em um único artigo da lei de processo administrativo da Costa Rica, de 1978, cujo projeto foi fruto do labor do inesquecível jurista Eduardo Ortiz Y Ortiz:

> Artículo 113.
>
> 1. El servidor público deberá desempeñar sus funciones de modo que satisfagan primordialmente el interés público, el cual será considerado como *la expresión de los intereses individuales coincidentes* de los administrados.
>
> 2. El interés público prevalecerá sobre el interés de la Administración Pública cuando pueda estar en conflicto.
>
> 3. En la apreciación del interés público se tendrá en cuenta, en primer lugar, *los valores de seguridad jurídica y justicia para la comunidad y el individuo*, a los que no puede en ningún caso anteponerse la mera conveniencia. (Nossos os grifos)

O interesse público, como um todo, realiza-se por meio de atuações concretas que a ordem jurídica qualifica como de relevância para a coletividade, mas de maneira a sempre comportar verificação, exame, controle e contestação. Fica também perfeitamente claro que algo não se torna de interesse público apenas por ser fruto da atuação de um agente público; ao contrário, este é que tem, em sua atuação, a obrigação de perseguir a realização de algo previamente qualificado como de interesse público.

O exame da efetiva satisfação do interesse público é particularmente indispensável em qualquer situação na qual a atuação da autoridade pública redunde em vulneração da liberdade da pessoa.

---

[179] Entre os diversos trabalhos produzidos por muitos autores sustentando posições diferentes quanto a esse tema, merecem destaque, por sua abrangência e originalidade, os escritos de Floriano Peixoto de Azevedo Marques, (MARQUES, Floriano Peixoto de Azevedo. *Regulação estatal e interesses públicos*. São Paulo: Malheiros, 2002) e de Gustavo Binenbojm, (BINENBOJM, Gustavo. Da Supremacia do Interesse Público ao Dever de Proporcionalidade: um novo paradigma para o Direito Administrativo. *Revista Brasileira de Direito Público*, Belo Horizonte, Ed. Fórum, n. 8, jan./mar. 2005).

Merece destaque, nesse sentido, a contundente advertência de Carlos Ari Sundfeld:

> Todo condicionamento é constrangimento sobre a liberdade. Esta, sendo valor protegido pelo Direito, só pode ser comprimida quando inevitável para a realização de interesses públicos. Daí a enunciação do princípio da mínima intervenção estatal na vida privada. Por força dele, todo constrangimento imposto aos indivíduos pelo Estado deve justificar-se pela necessidade de realização do interesse público. O legislador não pode cultivar o prazer do poder pelo poder, isto é, constranger os indivíduos sem que tal constrangimento seja teleologicamente orientado.[180]

Fique definitivamente resolvido que é sempre possível, diante do caso concreto, verificar se houve ou não real satisfação do interesse público, tanto por meio do processo administrativo quanto pelo Poder Judiciário. A invocação do interesse público não espanta a jurisdição.

§9º Razoabilidade e proporcionalidade

Cabe agora explicitar o significado de mais dois princípios jurídicos destinados a combater a ilegalidade ou a legalidade apenas aparente, ensejadora de desvios e abusos de poder. Trata-se dos *princípios da razoabilidade e da proporcionalidade*.

Num primeiro momento poderia parecer até absurdo falar-se em princípio da razoabilidade, pois todas as pessoas habitualmente consideram que suas ações são sempre ditadas pelo bom-senso. Entretanto, no campo da experiência jurídica, as coisas nem sempre ocorrem assim; e diante do caso concreto, à luz dos outros princípios consagrados pelo sistema jurídico, ainda que às vezes com alguma dificuldade, não é impossível aferir se um determinado ato pode, ou não, ser havido como razoável.

Não há grande novidade no conceito jurídico de "razoabilidade", que corresponde ao sentido usual desse vocábulo. A novidade está na crescente utilização que se vem fazendo desse princípio. Na doutrina, Maria Paula Dallari Bucci, em poucas palavras, definiu perfeitamente o significado de razoabilidade:

---

[180] SUNDFELD, Carlos Ari. *Direito Administrativo Ordenador*. 1. ed. 3ª tiragem. São Paulo: Malheiros, 2003. p. 68.

O princípio da razoabilidade, na origem, mais que um princípio jurídico, é uma diretriz de senso comum ou, mais exatamente, de bom-senso, aplicada ao Direito. Esse 'bom-senso jurídico' se faz necessário à medida que as exigências formais que decorrem do princípio da legalidade tendem a reforçar mais o texto das normas, a palavra da lei, que o seu espírito. A razoabilidade formulada como princípio jurídico, ou como diretriz de interpretação das leis e atos da Administração, é uma orientação que se contrapõe ao formalismo vazio, à mera observância dos aspectos exteriores da lei, formalismo esse que descaracteriza o sentido finalístico do Direito.[181]

A lei de procedimento administrativo da Costa Rica, de 1978, avança no campo da razoabilidade, dando significação jurídica a imperativos de simples bom-senso, ao dizer, em seu art. 16, que em nenhum caso poderão ser praticados atos contrários a regras unívocas da ciência e da técnica, ou a princípios elementares de justiça, lógica e conveniência. Vulnerar a razoabilidade, nesses casos, não configura "vício de mérito", mas, sim vício jurídico, violação do direito positivo. Além disso, segundo a jurisprudência bem percebeu, "[...] não atinge eficiência quem age de forma desarrazoada".[182]

Celso Antônio Bandeira de Mello averba:

> Enuncia-se com este princípio que a Administração, ao atuar no exercício de discrição, terá de obedecer a critérios aceitáveis do ponto de vista racional, em sintonia com o senso normal de pessoas equilibradas e respeitosas das finalidades que presidiram a outorga da competência exercida. Vale dizer: pretende-se colocar em claro que não serão apenas inconvenientes, mas também ilegítimas – e, portanto, jurisdicionalmente invalidáveis –, as condutas desarrazoadas, bizarras, incoerentes ou praticadas com desconsideração às situações e circunstâncias que seriam atendidas por quem tivesse atributos normais de prudência, sensatez e disposição de acatamento às finalidades da lei atributiva da discrição manejada.[183]

Objetam alguns, porém, que não é fácil encontrar-se unanimidade quanto à apreciação de uma determinada conduta sob o prisma da

---

[181] BUCCI, Maria Paula Dallari. O princípio da razoabilidade em apoio à legalidade. *Cadernos de Direito Constitucional e Ciência Política*, n. 16, São Paulo, 1996, p. 173.
[182] TRF-1ª Região: AC nº 1999.01.00.106680-7/MG, Rel. Des. fed. Carlos Alberto Simões de Tomaz, *DJU* 23.01.03, Seção 2, p. 72.
[183] MELLO, Celso Antônio Bandeira de. *Curso de Direito Administrativo*. 29. ed. São Paulo: Malheiros, 2012. p. 111.

razoabilidade, pois aquilo que parece razoável para alguns pode não o ser para outros. Daí por que Jessé Torres Pereira Jr., reafirmando a importância do conceito, prefere desvinculá-lo da ideia de bom-senso comum, para ligá-lo a institutos e fundamentos da ciência do Direito:

> Negar-se a importância da razoabilidade e a sua contribuição hermenêutica corresponderia a negar-se a possibilidade da evolução do controle sobre a Administração, e a deixar sem controle atos cuja aptidão para servir ao interesse público só se logra medir pela lógica do razoável, que descortina a ponte entre o objeto, os motivos e a finalidade, ponte essa a que se poderia denominar de causa do ato e acrescentar-se aos elementos integrantes de sua estrutura. Por outro lado, erigir-se a razoabilidade a sinônimo perfeito do bom senso leigo significaria reducionismo que pode gerar equívocos na composição dos litígios. A lógica do razoável é uma das chaves para que o controle judicial da Administração, além de ser técnico-jurídico, busque o justo, o legítimo e o viável, do ponto de vista da relação custo/benefício. Mas a busca não encontrará, nesse algo indefinível, aleatório e variável ao infinito das compreensões individuais que é o "bom senso", o parâmetro ou o paradigma do julgamento. De certo que, quando se alude ao bom senso, pensa-se no discernimento do que é jurígeno, isto é, fatos e valores que, em face de princípios e normas, sugerem composições segundo institutos e fundamentos da ciência do Direito.[184]

Talvez haja maior convergência no tocante à qualificação negativa, ou seja, no tocante à identificação de condutas não razoáveis, diante de um determinado quadro fático. Essa identificação pode apoiar-se em alguns parâmetros apontados por Weida Zancaner, que são resumidos na seguinte conclusão:

> Em suma: um ato não é razoável quando não existiram os fatos em que se embasou; quando os fatos, embora existentes, não guardam relação lógica com a medida tomada; quando, mesmo existente alguma relação lógica, não há adequada proporção entre uns e outros; quando se assentou em argumentos ou em premissas, explícitas ou implícitas, que não autorizam, do ponto de vista lógico, a conclusão deles extraída.[185]

---

[184] PEREIRA JÚNIOR., Jessé Torres. *Controle Judicial da Administração Pública*: da legalidade estrita à lógica do razoável. Belo Horizonte: Fórum, 2005. p. 91.
[185] ZANCANER, Weida. Razoabilidade e moralidade: princípios concretizadores do perfil constitucional do estado social e democrático de direito. In: *Direito Administrativo e Constitucional. Estudos em Homenagem a Geraldo Ataliba*. São Paulo: Malheiros, 1997. p. 623.

A legislação vem, pouco a pouco, acolhendo o princípio da razoabilidade, sendo bastante significativo o fato de que ele figura expressamente no art. 111 da Constituição do Estado de São Paulo, entre os princípios que devem nortear a atuação da Administração Pública. A Lei federal de processo administrativo também o menciona expressamente entre os princípios enumerados em seu art. 2º.

A jurisprudência – inclusive e especialmente nos Tribunais Superiores – igualmente já assimilou e aplica o princípio da razoabilidade no controle judicial de atos administrativos. Merece destaque decisão do Superior Tribunal de Justiça no RESP nº 21.923-5/MG, na qual o Relator, Ministro Humberto Gomes de Barros, afirma estar certo de que, "no estágio atual do Direito Administrativo, o Poder Judiciário não se poderia furtar à declaração de nulidade de absurdos evidentes".

Tenha-se ainda em mente a valiosa observação do Ministro Celso de Mello:

> A exigência de razoabilidade – que visa a inibir e a neutralizar eventuais abusos do Poder Público, notadamente no desempenho de suas funções normativas – atua, enquanto categoria fundamental de limitação dos excessos emanados do Estado, como verdadeiro parâmetro de aferição da constitucionalidade dos atos estatais.[186]

Intimamente relacionado ao princípio da razoabilidade, a ponto até de se confundir às vezes com ele,[187] está o *princípio da proporcionalidade*. Hely Lopes Meirelles[188] faz essa ligação ao discorrer sobre o tema, dizendo que seu objetivo é proibir excessos desarrazoados, por meio da aferição da compatibilidade entre os meios e os fins da atuação administrativa, para evitar restrições desnecessárias ou abusivas. Bem pontificou o STJ:

> A proporcionalidade, como uma das facetas da razoabilidade, revela que nem todos os meios justificam os fins. Os meios conducentes à consecução das finalidades, quando exorbitantes, superam a proporcionalidade.[189]

---

[186] STF, ADI nº 2.667-4-DF, *DJU* 12.03.04, p. 36.

[187] Entre outros, José Roberto Pimenta de Oliveira, em seu portentoso *Os Princípios da Razoabilidade e da Proporcionalidade no Direito Administrativo Brasileiro*, oferece completo estudo sobre o relacionamento entre esses dois princípios. (OLIVEIRA, José Roberto Pimenta de. *Os princípios da razoabilidade e da proporcionalidade no Direito Administrativo Brasileiro*. São Paulo: Malheiros, 2006).

[188] MEIRELLES, Hely Lopes. *Direito Administrativo Brasileiro*. 38. ed. São Paulo: Malheiros, 2012. p. 95-96.

[189] RESP nº 443.310/RS, Rel. Min. Luiz Fux, *DJU* 03.11.03, p. 249-250.

Suzana de Toledo Barros[190] enfatiza o relacionamento entre tais princípios, ao considerar que a proporcionalidade pode ser tomada em dois sentidos: em sentido amplo, corresponde ao conceito de razoabilidade; em sentido estrito, corresponde à representação mental de equilíbrio, de relação harmônica entre duas grandezas.

Enfim, é fácil intuir o significado desse princípio É certo que ele veda a desproporção entre os meios utilizados para a obtenção de determinados fins e a "dosagem" efetivamente requerida para tanto. Pode-se dizer, com segurança, que, por força do princípio da proporcionalidade, não é lícito à Administração Pública valer-se de medidas restritivas ou formular exigências aos particulares além daquilo que for estritamente necessário para a realização da finalidade pública almejada.

Isso é o que afirma Lúcia Valle Figueiredo[191] ao dizer que o princípio da proporcionalidade se resume em que as medidas tomadas pela Administração devem estar em perfeita adequação com as necessidades administrativas, pois só se sacrificam interesses individuais na medida da estrita necessidade, não se desbordando do que seja realmente indispensável para a implementação da necessidade pública. Em admirável síntese, Juarez Freitas afirma o essencial: "O administrador público (...) está obrigado a sacrificar o mínimo para preservar o máximo de direitos".[192] Para Angélica Petian, o princípio da proporcionalidade "pode ser entendido como o dever jurídico de reagir moderadamente a uma ação",[193] sendo de grande valia na aplicação de sanções e na estipulação de indenizações.

Numa época de exacerbação dos direitos difusos e coletivos é preciso lembrar que a emergência de tais direitos de terceira geração não suprime ou proscreve os direitos individuais, que continuam amparados pela Constituição e que não podem ser sacrificados senão na estrita medida do indispensável para a satisfação do interesse público, conforme adverte Marcelo Harger:

---

[190] BARROS, Suzana de Toledo. *O Princípio da Proporcionalidade e o Controle de Constitucionalidade das Leis Restritivas de Direitos Fundamentais*. Brasília: Jurídica, 1996. p. 71.
[191] FIGUEIREDO, Lúcia Valle. *Curso de Direito Administrativo*. 9. ed. São Paulo: Malheiros, 2008. p. 51.
[192] FREITAS, Juarez. *O Controle dos Atos Administrativos e os Princípios Fundamentais*. 4. ed. São Paulo: Malheiros, 2009. p. 63.
[193] PETIAN, Angélica. *Regime Jurídico dos Processos Administrativos e Restritivos de Direitos*. São Paulo: Malheiros, 2011. p. 133.

As medidas tomadas pela Administração devem estar na direta adequação das necessidades administrativas. Por isso, qualquer providência administrativa mais extensa ou mais intensa do que o requerido para atingir o interesse público insculpido na regra aplicada é inválida por consistir em um transbordamento da finalidade legal. É por essa razão que os interesses particulares somente podem ser sacrificados, se essa providência for indispensável ao atendimento dos interesses coletivos (interesses primários). Qualquer sanção, obrigação ou restrição somente pode ser imposta aos particulares na estrita medida do interesse público e segundo critério de razoável adequação dos meios aos fins. Larenz afirma, nesse sentido, que a intervenção em um bem jurídico e a limitação da liberdade não podem ir além do que for necessário para a proteção de outro bem ou de um interesse de maior peso, que entre os vários meios possíveis há que se escolher "o mais moderado". Consiste, portanto, a proporcionalidade no aspecto da amplitude ou intensidade da atuação administrativa em relação aos fins que objetiva atingir.[194]

O princípio da proporcionalidade foi muito bem captado pelo legislador federal. A Lei nº 9.784/1999, no parágrafo único de seu art. 2º, ao apontar os critérios que devem ser seguidos nos processos administrativos, contém este inciso: "VI – adequação entre meios e fins, vedada a imposição de obrigações, restrições e sanções em medida superior àquelas estritamente necessárias ao atendimento do interesse público".

Tem-se, também, por óbvio, que o princípio da proporcionalidade, especialmente por causa de sua íntima relação com o princípio da razoabilidade, não impede apenas as exigências exageradas; impede, também, exigências inúteis, que lamentavelmente continuam sendo feitas pela Administração Pública. Infelizmente, são muito frequentes as determinações de renovação de documentos expedidos com prazos de validade exíguos, sem que a autoridade agregue ao novo documento algo além da nova data de validade, sem que haja uma efetiva verificação do conteúdo ideológico do documento, mas ditadas simplesmente pelo propósito de arrecadar os emolumentos correspondentes ou, pior que isso, como uma demonstração de poder e para exigir uma submissão do interessado. Vale aqui lembrar que na Espanha, conforme Teresa Nuñes Gomez,[195] o art. 35 da Lei do Regime Jurídico da Administração Pública e do Procedimento Administrativo Comum (Ley nº 30/1992,

---

[194] HARGER, Marcelo. *Princípios Constitucionais do Processo Administrativo*. Rio de Janeiro: Forense, 2008. p. 117.
[195] GOMEZ, Teresa Nuñes. *Abuso en la exigencia documental y garantias formales de los administrados*. Barcelona: Atelier Libros, 2005.

de 26 de novembro) confere aos cidadãos o direito público subjetivo de não apresentar documentos inúteis, desnecessários, inexigíveis ou reiterativos.

A ponderação entre valores consagrados, exigindo uma avaliação de qual deles deve ser priorizado, para salvaguardar a posição jurídico-constitucional mais importante, foi objeto de magnífico estudo de Heinrich Scholler, traduzido pelo ilustre magistrado e professor Ingo Wolfgang Sarlet, do qual extraímos a seguinte passagem, por seu relevante interesse atual:

> Quando, por exemplo, alguém, valendo-se de um *spray* de tinta, "decorar" as paredes de uma residência alheia, sem o consentimento do proprietário, o legislador, por meio da proteção da propriedade e da tipificação penal da conduta (crime de dano), na verdade já procedeu a uma ponderação. Caso quisermos outorgar à garantia da livre expressão artística também uma eficácia no âmbito das relações entre particulares, devemos interpretar o conceito de 'arte' de tal forma a lhe dar uma importância superior ao da propriedade.[196]

Quando o legislador já fez uma opção, o problema é menor. Mas na vida cotidiana da Administração Pública são frequentes os conflitos diante de situações concretas entre liberdade e segurança, entre legalidade e eficácia etc. Em tais situações, para aferir a licitude da conduta do agente ou do particular, sempre se haverá de aplicar o princípio da proporcionalidade.

§10º Motivação

O *princípio da motivação* determina que a autoridade administrativa deve apresentar as razões que a levaram a tomar uma decisão. *Motivar* significa explicitar os elementos que ensejaram o convencimento da autoridade, indicando os fatos e os fundamentos jurídicos que foram considerados.

Sem a explicitação das razões, torna-se extremamente difícil sindicar, sopesar ou aferir a correção daquilo que foi decidido. Sem a motivação fica frustrado ou, pelo menos, prejudicado, o direito de re-

---

[196] SHOLLER, Heinrich. O Princípio da Proporcionalidade no Direito Constitucional e Administrativo da Alemanha. *Revista Interesse Público*, 2/93, Belo Horizonte, 1999 (Tradução SARLET, Ingo Wolfgang Sarlet).

correr, inclusive perante o Poder Judiciário. Não basta que a autoridade invoque um determinado dispositivo legal como supedâneo de sua decisão; é essencial que aponte os fatos, as inferências feitas e os fundamentos de sua decisão, pois, conforme a conhecida lição de Giorgio Balladore Palieri, no Estado de Direito não existe apenas a exigência de que a autoridade administrativa se submeta à lei: é essencial que se submeta também à jurisdição. Este ponto é adequadamente salientado por Lúcia Valle Figueiredo,[197] ao afirmar que a falta de motivação viola as garantias constitucionais do acesso ao Poder Judiciário, do devido processo legal, do contraditório e da ampla defesa, constituindo-se, portanto, em vício gravíssimo.

No passado, já houve quem sustentasse que a motivação era dispensável no caso da prática de atos ditos discricionários. Atualmente, tal entendimento é absolutamente insustentável, diante da evolução doutrinária e jurisprudencial quanto ao conceito e significado da discricionariedade. Já se tem claro que *discricionariedade* não se confunde com arbítrio, pois nunca é absoluta, sendo indiscutivelmente sujeita a controle judicial (pelo menos para se aferir se houve ou não desbordamento de seus limites). Sem a motivação do ato discricionário, está aberta a possibilidade de ocorrência de desvio ou abuso de poder, dificultando ou mesmo impossibilitando o efetivo controle judicial.

"Motivação" não se restringe nem se confunde com o significado correspondente ao vocábulo "fundamentação" (esta é a simples indicação da específica norma legal que supedaneou a decisão adotada). Motivar é muito mais que isso. Para José Roberto Dromi,[198] a motivação é uma exigência do Estado de Direito, ao qual é inerente, entre outros escudos dos administrados, o direito a uma decisão fundada, motivada, com explicitação dos motivos. Diz ele que esta explicitação dos motivos deve ser prévia, ou concomitante com a prática do ato, e é obrigatória naqueles procedimentos que decidam sobre direitos subjetivos ou que resolvam petições, recursos, reclamações; nas decisões diferentes da praxe ou do costume; naquelas que contrariam pareceres existentes; nas proferidas sobre matéria para a qual não haja expressa disposição legal; e, por último, nas que resultem do exercício de competência discricionária. Ressalta ainda ele a importância da motivação para o exame da

---

[197] FIGUEIREDO, Lúcia Valle. Estado de Direito e Devido Processo Legal. *RDA,* n. 209, v. 1, Rio de Janeiro, 1997.
[198] DROMI, José Roberto. *Derecho Administrativo*. Argentina: Ciudad Argentina, 1998. p. 240 e 869.

validade dos atos administrativos, especialmente quando praticados no exercício de competência discricionária, pois pela motivação é possível aferir a verdadeira intenção do agente.

Entre nós, Carlos Ari Sundfeld,[199] em trabalho publicado[200] em 1985 (muito antes, portanto, da edição da Constituição Federal e das leis processuais administrativas vigentes), já afirmava a necessidade lógica e jurídica de ser a motivação anterior ou concomitante à decisão administrativa, entre outros argumentos, para não consagrar a deslealdade administrativa que fatalmente ocorreria no caso da impetração de mandado de segurança, onde a autoridade coatora, nas informações, poderia burlar a garantia constitucional, "criando um motivo não aventado pelo autor que, sem direito à réplica e à produção de provas, ficaria impossibilitado de rechaçá-lo". Claro está, portanto, que a motivação, além de obrigatória, deve ser prévia, ou concomitante, independentemente de haver, ou não, determinação legal específica nesse sentido.

Por tudo isso, pode-se afirmar que a ausência de prévia ou concomitante motivação configura vício autônomo, capaz de, por si só, gerar de regra a nulidade do ato praticado, a menos que ela, motivação, possa ser inequivocamente aferida diante das circunstâncias do caso concreto. Mas havendo alguma dúvida ou incerteza remanescente, será de rigor a decretação da nulidade do ato impugnado, por falta de motivação. Sustentamos que equivalem à sua ausência a falta de clareza ou de congruência da motivação, bem como sua insuficiência. Mas em todas as situações contempladas neste parágrafo, deve-se sopesar se admissível ou não, como meio de *convalidação*, a *motivação ulterior* (exceção feita, como bem assinalado em Ricardo Marcondes Martins,[201] aos atos conclusivos do processo administrativo, de cuja motivação não conste o exame dos elementos probatórios, ou tal exame se revele insuficiente. É que nesses casos, finda que está a relação processual, com a consequente irreversibilidade do "procedimento" e do "processo", a motivação ulterior é lógica e juridicamente impossível). Isso se põe em razão da especial ponderação que merecem, na hipótese, os princípios da legalidade e da segurança jurídica. O tema será, contudo, abordado com maior detença em ulteriores passagens deste livro.

---

[199] SUNDFELD, Carlos Ari. Motivação do Ato Administrativo como Garantia dos Administrados. *RDP,* São Paulo: RT, 1985.
[200] RDP nº 75/118.
[201] MARTINS, Ricardo Marcondes. *Efeitos dos vícios do ato administrativo.* São Paulo: Malheiros, 2008. p. 306-307. p. 249.

Não é esse, entretanto, o entendimento que tem prevalecido no direito brasileiro, onde a ausência de motivação é tida, em certas situações, como irrelevante. É o que ocorre, por exemplo, com o processo expropriatório. Dificilmente haverá ato mais violento da Administração Pública que a declaração de utilidade pública para fins de desapropriação. Tudo que é suscetível de apropriação é desapropriável. No universo infinito de bens existentes no território nacional, num determinado momento, a Administração Pública opta por apropriar-se de um deles – escolha essa que normalmente é feita sem qualquer motivação.

Pode-se mesmo conjeturar que, possivelmente, essa dicotomia a respeito da motivação (de um lado, sua efetiva importância; de outro, sua pouca consideração) tenha sido a razão pela qual a Lei federal de processo administrativo dedicou um específico capítulo para a disciplina desse assunto.

Com efeito, do art. 50 consta, em oito incisos, uma abrangente relação dos atos que devem ser motivados, "com indicação dos fatos e fundamentos jurídicos", quais sejam, os que:

> I – neguem, limitem ou afetem direitos ou interesses; II – imponham ou agravem deveres, encargos ou sanções; III – decidam processos administrativos de concurso ou seleção pública; IV – dispensem ou declarem a inexigibilidade de processo licitatório; V – decidam recursos administrativos; VI – decorram de reexame de ofício; VII – deixem de aplicar jurisprudência firmada sobre a questão ou discrepem de pareceres, laudos, propostas e relatórios oficiais; VIII – importem anulação, revogação, suspensão ou convalidação de ato administrativo.

Não obstante tal enumeração seja realmente abrangente, dados os riscos decorrentes da ausência de motivação, talvez melhor tivesse sido afirmar, de vez, a motivação prévia como regra geral, sempre exigível, estabelecendo-se, exemplificativamente, algumas exceções: despachos de mero expediente, simples encaminhamentos, juntadas e outros de menor relevância. Adotamos, conquanto não inteiramente, a taxinomia proposta por José Carlos Vieira de Andrade,[202] relativamente às hipóteses em que dispensável a motivação expressa. Assim afinados, temo-la como excluível, quando logicamente *impossível* (a exemplo dos atos silentes, instantâneos ou automáticos), concretamente *impraticável* (a exemplo dos atos urgentes ou aqueles iguais praticados em grande

---

[202] ANDRADE, José Carlos Vieira de. *O Dever de Fundamentação Expressa dos Actos Administrativos.* Coimbra: Almedina, 2007. p. 11.

número, após um primeiro, que deverá, contudo, ser motivado) ou sistematizadamente *inadmissível* (atos em que devam ser confrontados outros valores constitucionais, como o segredo do Estado, a intimidade e a privacidade, além dos chamados atos políticos em geral). Mas não abonamos a tolerância do mestre luso, ao ter por dispensável a motivação nos atos discricionários, nas decisões tomadas com conhecimento público ou com a participação dos interessados naqueles que não trazem prejuízo a particulares. Ao revés, entendemos que a controlabilidade jurisdicional ampla do ato administrativo, verdadeiro princípio constitucional, não autoriza liberalidade tão permissiva, como a que vimos de inaceitar. A exigibilidade da motivação foi reforçada com o advento do art. 20 da Lei de Introdução às Normas do Direito Brasileiro, a ela acrescentado pela Lei nº 13.665, de 25.04.18, cujo parágrafo único detalha o conteúdo ou a finalidade da motivação, nestes termos: "A motivação demonstrará a necessidade e a adequação da medida imposta ou da invalidação de ato, contrato, ajuste, processo ou norma administrativa, inclusive em face de possíveis alternativas". Não há dúvida de que essa nova disposição normativa efetivamente concorre para evitar o abuso ou desvio de poder.

Merece, ainda, destaque, o fato de que no §3º do anteriormente referido art. 50 da LPA está prevista a motivação inclusive de decisões de órgãos colegiados e de decisões orais, que deverão constar de ata ou termo escrito. No passado, decisões colegiadas tomadas em reuniões ou votações secretas deram ensejo a lastimáveis lesões de direito. Hoje em dia isso não mais pode ocorrer, por imperativo constitucional.

Situação das mais sensíveis, em matéria de imperatividade da motivação clara e explícita, encontra-se nos processos administrativos em que discutidos problemas de correção de provas em concurso público, sobretudo aquelas em que inevitável dose considerável de subjetivismo – como sói acontecer amiudadamente nas provas de redação. Em acórdão exemplar do Ministro Mauro Campbell Marques, o Superior Tribunal de Justiça pontuou com extrema felicidade em favor da clara motivação da correção das provas de redação:

> 8. No mais, correto o impetrante-recorrente quando aponta a ausência de critérios apontados no edital para fins de correção da prova de redação são por demais amplos, não permitindo qualquer tipo de controle por parte dos candidatos.
> 9. Eis a norma editalícia pertinente: '5.2.15.6. Os textos dissertativos produzidos pelos candidatos serão considerados nos planos do conteúdo e da expressão escrito, quanto à(ao): a) adequação ao tema proposto;

b) modalidade escrita na variedade padrão; c) vocabulário; d) coerência e coesão; e) nível de informação e de argumentação'.

10. Realmente, de plano, já não se sabe qual o peso ou a faixa de valores ("padrão Cespe") para cada quesito, nem o verdadeiro conteúdo de cada um deles, nem o valor de cada erro ("padrão ESAF").

11. Mas a situação fica pior quando se tem contato com a folha de redação do candidato (fls. 197/198, e-STJ), da qual não consta *nenhuma* anotação – salvo o apontamento de erros de português – apta a embasar o resultado final por ele obtido na referida prova. Enfim, tem-se, aqui, ato administrativo sem motivação idônea, daí porque inválido.[203]

§11º Transparência

Como regra geral, os atos praticados pelos agentes administrativos, sejam eles instrumentais ou decisórios, não devem ser sigilosos. Frequentemente, o sigilo serve apenas para propiciar a venda de informações privilegiadas ou a prática de ilegalidades em geral. Aqui se impõe o *princípio da transparência*.

Com efeito, em seu art. 37, a Constituição Federal estampa o *princípio da publicidade*, aplicável a todos os Poderes, em todos os níveis de governo. Até mesmo o Poder Judiciário, neutro, isento, soberano em suas decisões, nos termos do art. 93, IX e X, está sujeito às regras da publicidade de todos os julgamentos e da motivação (explicitação dos motivos) de todas as decisões. Quanto ao Poder Legislativo, no art. 53 da CF está prevista a inviolabilidade de Deputados e Senadores por seus votos. Evidentemente isso não seria necessário se, por estipulação regimental, o voto pudesse ser sempre secreto.

Quando, para preservar a liberdade de atuação, faz-se necessário garantir o sigilo, a Constituição expressamente afirma que o voto será secreto, como é o caso das decisões do júri (art. 5º, XXXVIII, b). Poderá, excepcionalmente, haver sigilo, quando indispensável para preservar a intimidade, a vida privada e a imagem das pessoas (art. 5º, X), que é o que se dá, de regra, com os processos ético-disciplinares. Mas onde não houver previsão expressa, deverá ser observada a regra geral da publicidade.

Cumpre observar que, mesmo quando permitido o sigilo, a exceção não será invocável contra os próprios protagonistas e

---

[203] ROMS nº 33.825-SC – 2011/0037272-5, *DJe* 14.06.11, p. 675-677.

interessados, bem como seus defensores (sujeitos eles, de seu turno, ao dever da confidência, sob as penas da lei).

Quando a lei for omissa, somente pode haver segredo por exigência de ordem lógica, como é o caso, por exemplo, das questões a serem respondidas pelos candidatos em um concurso público para provimento de cargo ou emprego públicos. Situações existem nas quais a prévia divulgação das ações a serem empreendidas pode torná-las inúteis. Mas não se perca de vista que a regra geral é a da publicidade.

O *princípio da publicidade* não autoriza comportamentos sensacionalistas ou destemperados por parte de autoridades sequiosas por notoriedade. O poder de ingerência e investigação da autoridade é compensado pelo dever de discrição, de reserva, que não se confunde com censura. O processo deve ser público; acessível aos profissionais da imprensa, inclusive. Mas não é lícito à autoridade dele encarregada adiantar conclusões que possam comprometer o regular andamento do feito e, especialmente, a honorabilidade pessoal dos envolvidos.

O *princípio da publicidade* garante a concretização do postulado da *transparência* da Administração, sem cuja observância não se pode cogitar da ideia de um Estado Democrático (cuja instituição é um compromisso de nossa Constituição, desde seu Preâmbulo) ou, muito menos, de uma democracia participativa. Ora, como todo agir administrativo tem seu veículo excelso no processo administrativo, a publicidade deste propicia a transparência da Administração, preenchendo destarte a finalidade de *legitimação*. Daí poder ser dito, ainda, que aqui também se encarta o princípio do acesso à informação, pelo particular, aos expedientes administrativos, alvo, inclusive, de legislação específica. Efetivamente, a satisfação do direito à informação poderá ser, muitas vezes, a via única habilitante ao administrado, para opor-se ao autoritarismo administrativo. E, salvo expressa disposição legal em contrário, afinada ao interesse geral, o acesso à informação é amplo e irrestrito, aberto a qualquer um, parte/interessado ou não no processo, não sendo exigível a explicitação do motivo em razão do qual se invoca tal direito. Diremos então que transparência é *conditio sine qua non* para a configuração de um estado de democracia participativa e um requisito indeclinável de legitimação do Estado. Consideramos inteiramente aceitável a definição de transparência adotada pelo direito italiano, no Decreto Legislativo nº 33 (14.03.13), em seu artigo 1º: transparência é o estado de acessibilidade total das informações concernentes à organização e à atuação da Administração Pública. Importante realçar que, do dado fundamental que afirma a inexistência de direitos absolutos, decorre o fato de ser imprescindível a compatibilização entre a desejável acessibilidade absoluta e o respeito à integridade do segredo de estado, do segredo do ofício, do segredo industrial, do segredo das tecnologias, do segredo estatístico e do segredo conectado aos direitos da privacidade, intimidade, honra, boa fama e imagem. É axiomático que informação é força. Quanto mais informados, mais fortes somos. Daí que um sistema jurídico que prestigia a acessibilidade aos dados estatais se apresenta, de pronto, como precioso mecanismo de contenção e distribuição do poder da Administração Pública. E, como tal, a transparência é um direito público subjetivo do cidadão, ao qual correspondem deveres e obrigações estatais, dotados de tutela jurisdicional. Na equação assim armada, a transparência assume o papel de garantia do controle administrativo.

Deflui das assertivas precedentes que a concretização mais adequada do ideal de transparência se perfaz pela disciplina do seu instrumento basilar: o acesso à informação. Tal acesso é garantido desde o plano constitucional, tal como consignado em seus artigos 5º XXXIII, 37 §3º II e 216 §2º.

O primeiro de tais preceitos entroniza como direito fundamental essencial, que:

> Art. 5º Todos são iguais perante a lei, sem distinção de qualquer natureza, garantindo-se aos brasileiros e aos estrangeiros residentes no País a inviolabilidade do direito à vida, à liberdade, à igualdade, à segurança e à propriedade, nos termos seguintes:
>
> [...]
>
> XXXIII – todos têm direito a receber dos órgãos públicos informações de seu interesse particular, ou de interesse coletivo ou geral, que serão prestadas no prazo da lei, sob pena de responsabilidade, ressalvadas aquelas cujo sigilo seja imprescindível à segurança da sociedade e do Estado;
>
> [...]

Na mesma trilha dos demais:

> Art. 37. A administração pública direta e indireta de qualquer dos Poderes da União, dos Estados, do Distrito Federal e dos Municípios obedecerá aos princípios de legalidade, impessoalidade, moralidade, publicidade e eficiência e, também, ao seguinte: (*Redação dada pela Emenda Constitucional nº 19, de 1998*)
>
> [...]

§3º A lei disciplinará as formas de participação do usuário na administração pública direta e indireta, regulando especialmente: (*Redação dada pela Emenda Constitucional nº 19, de 1998*)

[...]

II – o acesso dos usuários a registros administrativos e a informações sobre atos de governo, observado o disposto no art. 5º, X e XXXIII; (*Incluído pela Emenda Constitucional nº 19, de 1998*).

[...]

Art. 216. Constituem patrimônio cultural brasileiro os bens de natureza material e imaterial, tomados individualmente ou em conjunto, portadores de referência à identidade, à ação, à memória dos diferentes grupos formadores da sociedade brasileira, nos quais se incluem:

[...]

§2º Cabem à administração pública, na forma da lei, a gestão da documentação governamental e as providências para franquear sua consulta a quantos dela necessitem.

[...]

Como se vê, tais preceitos conferem um direito público subjetivo e estabelecem o limite admissível à sua fruição.

O artigo 37, inserido no Capítulo atinente à Administração Pública, reitera o direito estatuído no que posto no artigo 5º e adita uma outra limitação à sua fruição, ao extrair da possibilidade de acesso os dados pertinentes à "intimidade, [à] vida privada, [à] honra e [à] imagem das pessoas".

E o último dispositivo se endereça à Administração Pública, cominando-lhe o dever de gerir a documentação governamental de sorte a torná-la acessível quando assim assegurado pela Lei.

Quanto ao mais, a importante Lei nº 12.527/2011 regula o processo e o procedimento para o acesso à informação e à documentação governamental, minudencia as restrições atinentes às informações sigilosas e estatui um sistema de responsabilização pela indevida concessão de acesso ou pela inadequada ou ruinosa utilização da informação.

Pode-se asseverar que, no mais das vezes, com ajuda do Judiciário quando necessário, o acesso à informação governamental tem funcionado satisfatoriamente entre nós, assegurando a efetivação do postulado da transparência governamental, tão relevante para a consolidação de um regime democrático participativo.

Exemplar, a propósito, o aresto do TRF-5ª Região, no julgamento da Apelação Civil nº 0800882-77.2012.4.05.8100-CE, Rel. Des. Fed. Francisco Cavalcanti, assim ementado:

CONSTITUCIONAL E ADMINISTRATIVO ACESSO À INFORMAÇÃO. DIRETRIZ DA PUBLICIDADE COMO PRECEITO GERAL E DO SIGILO COMO EXCEÇÃO. ESTÍMULO À CULTURA DA TRANSPARÊNCIA E AO CONTROLE SOCIAL DA ADMINISTRAÇÃO PÚBLICA. INFORMAÇÃO PESSOAL X INFORMAÇÃO DE INTERESSE PÚBLICO E GERAL PREPONDERANTE. RESPEITO À INTIMIDADE, À VIDA PRIVADA, À HONRA E À IMAGEM. NÃO EXTRAVASAMENTO DO PODER REGULAMENTAR. ANCORAÇÃO NA LEI-VEICULAÇÃO INDIVIDUALIZADA, EM SÍTIO ELETRÔNICO OFICIAL NA INTERNET, DE TODA E QUALQUER VANTAGEM PECUNIÁRIA PERCEBIDA POR SERVIDOR PÚBLICO, COM EXPLICITAÇÃO DOS DESCONTOS LEGAIS. ESPECIFICIDADES DA CARREIRA PÚBLICA. RESOLUÇÕES CNJ Nº 151/2012 E CSJT Nº 107/2012-CONSONÂNCIA COM OS REGRAMENTOS CONSTITUCIONAL E LEGAL. LIMITAÇÃO. PONDERAÇÃO DE PRINCÍPIOS. CARÁTER RESTRITO DAS INFORMAÇÕES SOBRE OPERAÇÕES DE CRÉDITO E OBRIGAÇÕES PESSOAIS REGISTRADAS NO CAMPO DAS DEDUÇÕES DO CONTRACHEQUE. DADOS SEM REPERCUSSÃO SOCIAL.[204]

Para bem concretizar nossa ideia de acesso à documentação administrativa, cuidaremos, em sequência, de confinar esta relevantíssima pauta matricial da transparência administrativa, imparcialidade e participação do administrado, confrontando-a com algumas diretrizes extraídas dos artigos 22 e 24 da Lei italiana de processo administrativo (Lei nº 241 de 1990, com suas inúmeras atualizações). Assim:
- por direito de acesso à documentação administrativa entendemos o direito do administrado e interessados em geral, a ter vista da documentação e à extração de respectivas cópias;
- por "documento administrativo" entendemos toda e qualquer representação gráfica, fotográfica, eletromagnética etc., existente e por existir, da forma e do conteúdo da atividade administrativa (indiferentemente de ser praticada por pessoas naturais ou jurídicas de direito público ou privado, agentes formais da Administração ou não).

---

[204] Boletim de Jurisprudência nº 11/2013, p. 59-66.

Esse amplo direito somente não prevalece, na forma até da previsão constitucional, reiteramos, quanto a atos ou documentos taxativamente, por determinação legal expressa, tidos *fundamentada* e *itemizadamente*, com respeito ao princípio da *razoabilidade*, como sigilosos, com seus graus de sigilo e duração temporal do regime de exceção também claramente determinados em lei. Nessa dimensão, pode-se admitir a existência de provas e atos normativos secretos, e mesmo a destruição de documentos secretos, desde que materialmente expressos em meios de registro mantidos em arquivos sigilosos, não prevalecendo tais segredos, contudo, em face de instituições de controle da Administração Pública constitucionalmente previstas, bem como quando haja fundamentada requisição do Poder Judiciário (a este e às aludidas instituições de controle, cabendo manter a devida reserva, pena de responsabilização).

Há, é inegável, uma tensão entre os imperativos da publicidade e a necessidade episódica de sigilo. O norte que, no particular, deve orientar o pesquisador do Direito e seu aplicador é que a publicidade é a regra, o sigilo, exceção. Enfim: há que se evitar o fomento a uma cultura do sigilo, que em alguns autores viceja, particularmente naqueles vinculados à Administração Pública. A publicidade é corolário (e, ao mesmo tempo, garantia de existência) do Estado Democrático de Direito. Não basta sua observância aparente, retórica ou meramente formal. Ela tem que estar entranhada na mente e na prática da Administração e de seus agentes. Por isso, é imprescindível que ela seja eficaz. Contrapõe-se, por exemplo, a essa eficácia da publicidade, assinalar prazos irrisórios para o administrado defender-se ou para ele exercer o seu direito de petição/recurso.[205] A própria essência da ideia republicana assegura ao cidadão eficiente acesso aos dados relevantes da Administração Pública, fundamentais para o pleno exercício de sua cidadania.

O CPC, em seu artigo 189, disciplina o embate publicidade x sigilo de maneira prudente e correta. Trata-se de uma regulação que, a um só tempo, resguarda o interesse geral e assegura o controle e a fiscalização do Estado pela sociedade. Tais limites constituem, enfim, os marcos definitórios do âmbito do princípio da publicidade, que mais se acentua quando se utiliza, concomitantemente, o artigo 189 do CPC e a Lei de Acesso à Informação (Lei nº 12.527, de 18.11.11, com destaque

---

[205] Nesse sentido proclamou o TRF-1, sendo relator o Desembargador Federal Kassio Nunes Marques, AC/REO nº 2007.34.00021476-0/DF, *DJe* 15.01.14, p. 94.

para o seu artigo 23). Sempre tendo em vista, reitere-se, que nenhuma norma impositiva de sigilo é oponível às instituições de controle da Administração Pública (por exemplo, Corregedorias, Tribunais de Contas, Ministério Público e Defensoria Pública) e às fundamentadas ordens judiciais de requisição de dados e informações.

Em prol da objetividade, assentemos, motivadamente, algumas balizas de orientação do direito público subjetivo à informação e do correlato dever do Estado de ser transparente (direito e dever decorrentes do princípio democrático):
- a exibição de coisa ou documento, pelas partes ou pelos interessados, determinada motivadamente, é obrigatória, ressalvados os casos previstos nos artigos 404 do CPC e 201 do Código de Processo Penal;
- incidem no processo administrativo as hipóteses de inexigibilidade de depoimento da parte ou do interessado, assentadas no artigo 388 do CPC.

Note-se que a Constituição da República contém inúmeros preceitos em que assegurado o sigilo. Assim, por exemplo: 14 §11; 93 IX; 119 I; 130-A §3º.

Em direito comparado também se registram intensas controvérsias na matéria. Na França somente a partir da década de 70, do século 20, é que surgiram leis sobre direito à informação, passando então o sigilo a ser exceção.

Nos Estados Unidos há exemplos de documentação resguardada por segredo perpétuo (o que, evidentemente, não impedirá que futuras Administrações ou Legislaturas eventualmente venham a dispor em sentido contrário, sobretudo se, em algum momento, a Corte Suprema vier a indicar opinião pela inconstitucionalidade de vedação desse jaez). É o que se dá, por exemplo, com os papéis relativos aos documentos não divulgados, colhidos em razão da quebra do sistema criptográfico adotado pelas máquinas "Enigma", das forças armadas e da inteligência nazistas. O mesmo se dá com os "Pentagon Papers", alusivos ao envolvimento dos Estados Unidos na Guerra do Vietnã.

Já em Portugal, o que prevalece é o sistema da transparência ativa, com a obrigatoriedade de publicidade de todos os atos do Estado e de manutenção de arquivos públicos abertos, tudo isso na conformidade de sua Constituição, artigo 268, 1 e 2.

Assinale-se que o princípio da publicidade não admite relativizações ou consideração simplesmente retórica. Assim, por exemplo, as comunicações, convocações ou intimações, divulgadas simples e unicamente pela internet, em princípio não atendem à exigência da publicidade, exatamente porque ainda é considerável a parcela da população que não tem acesso ao domínio dos meios eletrônicos aqui envolvidos (pesquisa brasileira oficial de 2016 apurou serem entre nós 63.000.000 os que poderíamos denominar "excluídos digitais". Obviamente, esse número tende a diminuir, dado o enorme e rápido avanço das comunicações por via digital. Além disso, atualmente, já é possível saber se a pessoa a quem foi dirigida a comunicação efetivamente a recebeu, existindo, ainda, possibilidade de acusar o recebimento).

§12º Legalidade. Ou melhor, Juridicidade

O *princípio da legalidade*, expressamente previsto no art. 37 da Constituição Federal (bem como ampliado e explicitado no inciso II do artigo 5º), significa que a Administração Pública é uma atividade que se desenvolve debaixo da lei, na forma da lei, nos limites da lei e para atingir fins assinalados pela lei. Entenda-se por "lei" tanto uma específica modalidade de ato normativo, quanto o sistema jurídico como um todo, compreendendo, evidentemente, a Constituição Federal. Em sua versão clássica, em resumo, o princípio da legalidade se expressa na proposição imperativa "suporta a lei que fizeste". Mas essa é uma visão insuficiente. Costumes, praxes, precedentes, jurisprudência, doutrina, anseios razoáveis do indivíduo e da coletividade, tudo isso forma um complexo que *obriga* ADMINISTRAÇÃO e PARTICULARES a agirem no âmbito não só da LEGALIDADE, mas sobretudo no âmbito da JURIDICIDADE. Expliquemos.

A dinâmica das relações jurídicas conforma uma *ambiência* de confiança legítima nas ações administrativas, privadas e interativas de umas e outras, que torna possível a vida em sociedade. É a vivência dessa confiança legítima que cimenta o valor fundamental da segurança jurídica. Daí afirmarmos com densificada convicção: é falsa a infinitas vezes repetida, em doutrina e jurisprudência, a máxima de que *os particulares podem fazer tudo aquilo que a lei não proíbe, enquanto a Administração Pública somente pode fazer o que a lei determina*. ERRADO! Administração Pública e particular SÓ PODEM FAZER O QUE O SISTEMA E O ORDENAMENTO JURÍDICOS – A *JURIDICIDADE*, ENFIM – NÃO VEDAM. Fora daí, há um livre agir, de uns e outros.

As situações extremas põem nossa afirmação à prova: em casos de guerra total, calamidades catastróficas, pandemias universais, EXIGE-SE que a Administração *aja*, existente ou não expressa previsão normativa autorizativa. EXIGE-SE também aí que o indivíduo e a coletividade atuem em conformidade com os imperativos das circunstâncias, sendo-lhes então vedadas condutas até expressamente asseguradas mesmo na Constituição, independentemente da decretação de estado de sítio ou de defesa. Os limites, necessariamente plasmáveis da JURIDICIDADE, são formados (e, informados) pela captação dos elementos conceituais de JURIDICIDADE, antes por nós enunciados. E tais elementos são hoje, com os instrumentos da tecnologia da informação e da comunicação, tornados vigentes instantaneamente, existindo também mecanismos de detecção e controle das manipulações eletrônicas, das midiáticas deformações dos detentores do poder e de seus bem aquinhoados áulicos e das malditas e nefastas *fake news* e propagandas subliminares.

Quando o ordenamento confere ao agente público competência discricionária, isso significa que ele atribuiu ao agente o dever-poder de escolher *a melhor conduta*, a conduta ótima, dentre um universo de condutas possíveis, para a plena satisfação dos interesses em contraste. Trata-se de uma das facetas do *dever da melhor administração*.

Retomaremos considerações anteriores. Resulta daí uma enorme diferença entre a competência em tese e o exercício dessa competência diante do caso concreto. Em tese, é possível afirmar que a lei estaria validando previamente qualquer das condutas possíveis, mas, diante do caso concreto, sempre haverá uma só conduta mais adequada à plena satisfação do interesse coletivo. Por isso, toda vez que se puder demonstrar que a solução adotada não é a melhor, é fatal concluir que houve ilegalidade, violação da vontade da lei.

A questão não é simples, pois por vezes não haverá sequer como avaliar se a conduta adotada foi, ou não, a mais idônea. Entretanto, não é difícil demonstrar, muitas vezes, que certa conduta não era a mais adequada. Ou seja, não é impossível demonstrar que o agente público desbordou dos limites da chamada discricionariedade, praticando abuso ou desvio de poder, produzindo um ato nulo. Algumas vezes, repita-se, é difícil identificar a melhor solução, ou dizer que uma dada conduta não foi a melhor. Mas há casos em que o comportamento da autoridade é verdadeiramente aberrante e, como tal, flagrantemente violador da lei. Esse posicionamento doutrinário e jurisprudencial, quanto aos limites da discricionariedade e ao dever de bem administrar, foi acolhido pelo direito positivo. O art. 20 da Lei de Introdução às Normas do Direito Brasileiro, com a redação dada pela Lei nº 13.665, de 24.04.18, determina que: "Nas esferas administrativa, controladora e judicial, não se decidirá com base em valores abstratos sem que sejam consideradas as consequências práticas da decisão". O Parágrafo Único determina, ainda, que seja demonstrada a necessidade e a adequação da medida, "inclusive em face de possíveis alternativas".

Em síntese, o que se quer dizer é que a dita discricionariedade não é um "cheque em branco", ou uma palavra mágica. O Poder Judiciário pode e deve julgar a legalidade de atos praticados no exercício de competência discricionária. Não cabe ao juiz, de regra, determinar uma certa prática, mas, cabe-lhe, sim, desfazer o ato, quando se patentear um conflito entre o ato da autoridade e a melhor forma de atendimento à coletividade. Por tudo isso é que proclamamos que, melhor que falar em princípio da legalidade, é proclamar-se a existência de um *princípio da juridicidade*, em estrita afinação, aliás, com o que comanda a Lei nº 9.784/99, que prescreve à Administração uma atuação segundo *a lei e o Direito*. Nesse sentido é a lição de Gustavo Binenbojm:

> A ideia de juridicidade administrativa, elaborada a partir da interpretação dos princípios e regras constitucionais, passa, destarte, a englobar o campo da legalidade administrativa, como um de seus princípios internos, mas não mais altaneiro e soberano como outrora. Isso significa que a atividade administrativa continua a realizar-se, via de regra, *(i)* segundo a lei, quando esta for constitucional (atividade *secundum legem*), *(ii)* mas pode encontrar fundamento direto na Constituição, independente ou para além da lei (atividade *praeter legem*), ou, eventualmente, *(iii)* legitimar-se perante o direito, ainda que contra a lei, porém com fulcro numa ponderação da legalidade com outros princípios constitucionais (atividade *contra legem*, mas com fundamento numa otimizada aplicação da Constituição.

Desse posicionamento, retira ele a seguinte conclusão:

> Toda a sistematização dos poderes e deveres da Administração Pública passa a ser traçada a partir dos lineamentos constitucionais pertinentes, com especial ênfase no sistema de direitos fundamentais e nas normas estruturantes do regime democrático, à vista de sua posição axiológica central e estruturante do Estado Democrático de Direito. A filtragem constitucional do direito administrativo dar-se-á, assim, pela superação

do dogma da onipotência da lei administrativa e sua substituição por referências diretas a princípios expressa ou implicitamente consagrados no ordenamento constitucional.²⁰⁶

§13º Reserva do possível

Em várias passagens deste volume utilizamos a expressão *administração serviente*. Mantemos o nome. Mas explicitamos, para além de qualquer dúvida, reitere-se, seu significado.

A coparticipação administrado/administração pública, por nós elevada à condição de um dos pilares do moderno Direito Administrativo, produz como consequência inafastável a ideia de *administração cooperativa*. E isso nós e todos desejamos. Doutra banda, a coparticipação mencionada supõe vasos comunicantes de informação, de sorte que a Administração esteja sempre *online*, tomando conhecimento imediato dos anseios da *maioria* dos administrados, ficando *obrigada* a atendê-los. E, nesse sentido, ela é uma *administração serviente*. Não há, pois, assim elucidando, antítese entre administração cooperativa e administração serviente.

Sob um outro prisma, a vontade majoritária, antes de ser transformada em ações administrativas concretas, há de passar por uma *avaliação* de *razoabilidade, economicidade* e, de forma geral, de todos os demais princípios aqui abraçados. De seu turno, essa *avaliação* também está submetida a controles axiológicos, sejam internos (da própria Administração), sejam externos (incluindo os controles sociais).

Ainda quando todos esses crivos sejam superados, há uma realidade que se impõe. Os anseios individuais e sociais são tendencialmente crescentes e aprioristicamente ilimitáveis. Mas realizá-los significa dispêndios públicos: e estes, ao contrário dos anseios, são limitados e finitos. Quando esta máxima da realidade é contornada ou vulnerada, advém o caos e, com ele, onerosas responsabilizações penais, administrativas e civis.

É exatamente com vistas a tão ruinosa panorâmica que se afirma o *princípio da reserva do possível*, de há muito estudado no direito público germânico e introduzido na jurisprudência de nosso Supremo Tribunal Federal pela erudição do Ministro Gilmar Mendes.

---

[206] BINENBOJM, Gustavo. O sentido da vinculação administrativa à juridicidade no direito brasileiro. *In*: ARAGÃO, Alexandre Santos de; MARQUES NETO, Floriano de Azevedo. *Direito Administrativo e seus Novos Paradigmas*. Belo Horizonte: Fórum, 2012. p. 160.

Em razão do princípio aqui deslindado, caracterizada uma situação em que *impossível* o atendimento administrativo, a Administração há de se impor um "freio de arrumação", comportando-se dentro dos limites que permitam a manutenção do mínimo existencial essencial aos administrados. É óbvia a relação intensa que existe entre a reserva do possível e os princípios da moralidade, da razoabilidade, da proporcionalidade, da eficiência e da economicidade. E, para que todo esse conjunto virtuoso se configure, enfatiza-se como primordial um outro princípio: o da motivação, que permitirá concluir se devida ou não, em cada caso, a invocação ao princípio da reserva do possível.

§14º Verdade material

No processo administrativo se impõe o *princípio da verdade material*. O significado deste princípio pode ser compreendido por comparação: no processo judicial, habitualmente se tem entendido que aquilo que não consta dos autos não pode ser considerado pelo Juiz (ao qual se reconhece, contudo, certa margem de liberdade na investigação da verdade e mesmo da produção de provas), cuja decisão fica adstrita de regra às provas ali coletadas; no Direito Administrativo, o agente deve sempre buscar a verdade, ainda que, para isso, tenha que se valer de outros elementos além daqueles trazidos pelos interessados.

A autoridade administrativa não fica na dependência da iniciativa dos interessados, nem está obrigada a restringir seu exame ao que foi alegado, trazido ou provado, podendo e devendo buscar todos os elementos que possam influir no seu convencimento.

Por força do *princípio da verdade material*, mesmo no silêncio da lei e até mesmo contra alguma esdrúxula disposição que nesse sentido aponte, não há que se falar em confissão ficta e revelia, como ocorre no processo judicial. Até a própria confissão real não põe fim ao processo, pois sempre será necessário verificar, pelo menos, sua verossimilhança, pois o que interessa, em última análise, é a verdade pura e completa.[207]

Cabe enfatizar, como notavelmente assinalou Peter Häberle,[208] que, modernamente, há uma verdadeira proibição constitucional da mentira, vedação tida como pilar essencial da construção de um Estado

---

[207] Neste sentido, TRF-4ª Região, AMS nº 96.04.647775-0, Rel. Des. Fed. Antonio Albino Ramos de Oliveira, *DJU* 20.01.99, Seção 2, p. 472.
[208] *Wahrheitsproblems in Verfassungsstaat*, toda a terceira parte.

de Direito. Daí, por exemplo, as matrizes da independência do juiz e as normas de sua suspeição, as comissões parlamentares de inquérito, a exigência de imparcialidade em todos os Poderes do Estado, as audiências públicas (de qualquer dos Poderes). Tanto maior é essa exigência da verdade quando nos defrontamos, sobretudo em nosso tempo (e, melancolicamente o dizemos, em nosso país), com a comprovação inequívoca do acerto da tese de Hannah Arendt, referindo-se aos principais e mais ostensivos e poderosos protagonistas da vida pública: "A veracidade jamais pertenceu às virtudes políticas e a mentira sempre foi considerada como um meio lícito de fazer política".[209]

§15º Informalidade. A liberdade das formas

Aqui estamos a cogitar do princípio da *informalidade em favor do administrado*, pois é este o titular da garantia da forma, sendo que somente em seu benefício pode haver alguma informalidade. Ou, dizendo de outro modo: a garantia da forma não pode ser arguida contra o particular interessado, quando não houver dano ao interesse coletivo ou da Administração.

Esta advertência preliminar decorre do fato de que, na prática, à margem da lei, a informalidade tem servido ao tráfico de influências: pessoas dotadas de maior facilidade de acesso à Administração, ou que contam com a maior simpatia do agente público encarregado do assunto, ou que ainda desfrutam de maior poder de convencimento (seja lá qual for o instrumento de persuasão), podem conseguir algumas vantagens, maior ou menor celeridade (conforme seu interesse), alguma transigência etc. Não é a isso, porém, que o princípio se destina.

O *princípio da informalidade* significa que, dentro da lei, sem quebra da legalidade, pode haver dispensa de algum requisito formal, sempre que sua ausência não prejudicar terceiros nem comprometer o interesse coletivo. Um direito não pode ser negado em razão da inobservância de alguma formalidade instituída para garanti-lo, desde que o interesse almejado tenha sido atendido. Dispensam-se, destarte, ritos sacramentais e despidos de relevância, tudo em favor de uma ação mais expedita e, pois, efetiva. É, enfim, o primado de um outro princípio, geminado ao que ora é examinado. O *princípio da liberdade das formas*.

---

[209] ARENDT, Hannah. *Wahreit und Lüge in der Politik*. 2. ed. Munique: Ed. Piper Verlag GmbH, 1964. p. 8.

A procedimentalização das ações administrativas, o estabelecimento de certos procedimentos instrumentais para a tomada de decisões, visam a amparar tanto o cidadão quanto a coletividade, mas não podem levar ao ponto em que já se chegou no processo judicial, onde muitas vezes o direito material a ser defendido ou exercitado pode ficar em segundo plano, quando não mesmo sepultado por uma avalanche de questiúnculas procedimentais menos relevantes.

O princípio da informalidade significa que devem ser observadas as formalidades estritamente necessárias à obtenção da certeza e da segurança jurídicas e ao atingimento dos fins almejados pelo sistema normativo. Deve-se dar maior prestígio ao espírito da lei do que à sua literalidade.

É indiferente que a omissão de alguma providência instrumental possa ser atribuída ao particular interessado ou à Administração: o importante é que não haja lesão a interesses públicos ou de terceiros, e que o interesse legítimo postulado pelo particular interessado possa ser atendido.

O consagrado mestre venezuelano Allan Randolph Brewer-Carías[210] destaca a importância desse princípio. Para ele, o caráter formal do agir administrativo serve tanto para a boa condução dos negócios administrativos quanto para garantir os administrados contra abusos dos agentes públicos, mas o excesso de formalismo, ou o estrito rigor formal, pode transformar essa garantia em um fator contrário aos interesses dos cidadãos. Cabe acrescentar, como comprovação dessa assertiva, que certamente o funcionário experiente e inescrupuloso dispõe das melhores condições para enredar o particular nas malhas da burocracia.

A lei federal de processo administrativo cuida de facilitar a vida dos cidadãos, sem desnaturar aquilo que é essencial. Assim é que a Lei nº 9.784/1999, em seu art. 7º, impõe às unidades administrativas o dever de elaborar modelos e formulários para assuntos rotineiros e, nos incisos VIII e IX do art. 2º, restringe as formalidades ao essencial e determina a adoção de formas simples, na medida do necessário, para propiciar certeza, segurança e respeito aos direitos dos administrados.

Por último, cabe lembrar que a Lei nº 13.460, de 26.06.17 (editada em cumprimento ao disposto no §3º, do art. 37 da CF, dispondo sobre

---

[210] BREWER-CARÍAS, Allan Randolph. *Princípios del Procedimiento Administrativo*. República Dominicana: Fundación Editorial Jurídica Venezoelana, 2016. p. 147.

os direitos dos usuários de serviços públicos) já prescreve, em seu art. 5º, inciso IX, a "eliminação de formalidades e de exigências cujo custo econômico ou social seja superior ao risco envolvido". Da mesma forma, a Lei nº 13.726, de 08.10.18, editada com o propósito de racionalizar atos e procedimentos administrativos, dos Poderes da União, dos Estados, do Distrito Federal e dos Municípios, promovendo a desburocratização e a simplificação, está alinhada ao princípio da informalidade, no sentido de dispensar as exigências formais excessivas. É, em suma, o estabelecimento consagrador da ideia de *instrumentalidade das formas*.

§16º Arremate

O elenco de princípios examinados neste Capítulo sétimo não é fruto de uma simples escolha afetiva. Ao revés, trata-se de opção metodológica e científica, nem por isso, contudo, de geral e pacífica aceitação. Alguns criticarão certas eleições realizadas, outros censurarão o que consideram omissões. Tampouco faltarão autores ou leitores que apontarão supostas erronias em nossas conceituações oferecidas, ou mesmo infidelidades nas definições adotadas pelos administrativistas referidos. Todas essas modalidades de dissidência são legítimas, como emanação que constituem da liberdade opinativa e de expressão. Mas essa é a nossa lista. Integra-a, também, o *princípio da subsidiariedade*, por nós analisado ao ensejo da reconstrução do conceito de função administrativa. Mas não compõe nosso rol o chamado princípio da sustentabilidade, porque ainda nos parece carente de densificação conceitual suficiente para ascender à escala de *princípio*.

O objetivo deste Capítulo, agora em arremate, foi contrastar o Direito Administrativo *que foi*, com o Direito Administrativo *que é e será*. No *que foi*, tínhamos como fundamentos a limitada sindicabilidade jurisdicional da atividade administrativa, a existência de um *poder* discricionário, a indisponibilidade da coisa pública, a preponderância da Administração perante o administrado, com a presunção de legalidade e legitimidade de suas ações.

Para o Direito Administrativo *que é e será*, os alicerces teóricos e funcionais são (e serão) o *consenso*, a *coparticipação*, a *instrumentalidade das formas*, a *subsidiariedade*. Tudo isso em prol do primado da *eficiência* e da *legitimação*. Nessa ambiência, os modais, isto é, os instrumentos básicos da ação administrativa são (e serão) a *regulação*, a *negociação* e a *motivação*. Com tais conceitos em mãos é que se implanta uma Administração Pública a um tempo *cooperativa* e *serviente*, nos quadros definitórios já antecedentemente neste trabalho desenvolvidos.

§17º Ilustração jurisprudencial

A jurisprudência administrativa estrangeira desde há muito tempo abraçou a temática dos princípios, utilizando-os como fundamento de suas decisões (tanto judiciais quanto as dos contenciosos administrativos).

Entre nós somente se pode falar em uma jurisprudência de princípios plenamente estabelecida, depois da Constituição de 1988. Os leitores mais antigos por certo haverão de se lembrar do quanto hesitavam as Cortes, por exemplo, na aplicação do princípio do devido processo legal (reitere-se: estamos falando de jurisprudência em litígios pertinentes à aplicação do Direito Administrativo). Aliás, somente com a Constituição de 1988 é que tal princípio obteve consagração expressa, particularmente no artigo 5º incisos LIV e LV.

Neste segmento destacaremos alguns poucos exemplos de julgados ancorados nos princípios de que antes tratamos, tanto fora do Brasil quanto aqui.

Iniciaremos por aquele que é, para nós, o princípio nuclear de todo o Direito Administrativo, por isso que antecede qualquer opção de agir ou não agir, do porquê e do quando: o *princípio da dignidade da vida humana*.

a) O Conselho de Estado francês, no *arrêt Millaud*, julgado em 1993, considerou que um médico, que fazia experimentos ditos científicos com um morto, violava o princípio da dignidade humana e merecia ser sancionado disciplinarmente. Outro caso clássico, aliás citado por nós ao dissertar sobre o princípio em questão, é o famoso caso do "lançamento de anões" (*arrêt Commune de Morsang-sur-Orge*, de 22.10.1995).

A Corte Suprema dos Estados Unidos, no caso "Brown vs. Plate" (US 09-1233, julgado em 23.05.2011), sendo relator o Justice Kennedy, decidiu por maioria confirmar, contra o Estado da Califórnia, acórdão de Corte inferior que ordenava ao Recorrente a redução da população carcerária em número não inferior a 37.000 presos. E o fez com base na Emenda nº 8 à Constituição Americana, considerando a superpopulação carcerária atentatória à dignidade da pessoa. Com similar justificação, mas sem referir artigo ou emenda constitucional, a mesma Corte Suprema, no caso "Whole Woman's Health v. Hellerstedt" (julgado em 27.06.2016), sendo relator o Justice Breyer, por maioria derrubou uma lei do Estado do Texas que criava obstáculos à busca, por mulheres grávidas, de clínicas abortivas.

b) Se o princípio da dignidade antecede qualquer opção ou decisão administrativa, o *princípio da motivação* constitui o pressuposto lógico e jurídico da *concretização* da opção ou da decisão. Daí a importância que a jurisprudência sempre atribuiu a dito alicerce axiológico.

Nos arestos "Belari" e "Agence Marítime Marseille-Fret", ambos de 1971, o Conselho de Estado francês proclamou que todo ato administrativo há de ser formalmente motivado, sob pena de nulidade.

c) O mesmo tribunal administrativo, em 18.12.1959, revertendo decisão do tribunal administrativo de Nice, no caso "Société Les Films Lutétia", decidiu que a proibição de exibição de filmes, por alegação de "contrariedade à decência e aos bons costumes", somente seria lícita se conforme ao pensamento corrente e reiterado dos cidadãos, nele se motivando formalmente.

d) Quanto à necessidade de observância do *princípio da proporcionalidade*, na atuação administrativa, entendida a proporcionalidade na forma de nossas anteriores manifestações, cite-se o *arrêt Labonne*, de 08.10.1919, também do Conselho de Estado da França.

e) Sirva como simples exemplo da adoção expressa do *princípio de isonomia*, pela Corte Suprema dos Estados Unidos, o que decidido (com base na Emenda nº 14) no caso "Romer *vs.* Evans", por maioria, sendo relator o Justice Kennedy (em 10.10.1995). Neste caso foram invalidadas normas do Estado do Colorado, que negava qualquer tipo de proteção a homossexuais, lésbicas ou bissexuais, na exteriorização de suas identidades.

Com as devidas alvíssaras, nosso Judiciário, particularmente o Supremo Tribunal Federal, tem adotado farta motivação amparada em princípios jurídicos. Enunciaremos apenas alguns acórdãos assim esteiados, para mera exemplificação:

a) O STF reiterou sua posição pela vedação do exercício da advocacia por membros do Ministério Público, escudando-se, dentre outros argumentos, no *princípio da eficiência*.[211]

b) O *princípio de isonomia* foi o fundamento central para que o STF, conquanto admitindo que os advogados públicos percebam honorários sucumbenciais, determinasse a observância do limite remuneratório aplicado a todos os servidores estatais, estabelecido no artigo 37, XI, da Constituição da República.[212]

c) Julgando a ADPF nº 590,[213] a Corte afirmou haver violação ao *princípio da impessoalidade* em leis estaduais que concedem pensão às viúvas e filhos menores de ex-Governadores de Estados. E também teve em tais casos por ofendido o *princípio da moralidade*.

d) Apreciando a imposição legal de o eleitor exibir, no ato de votar, o título eleitoral e um outro documento oficial com foto, o STF a teve por infringente ao *princípio da proporcionalidade*, eis que instituidora de um óbice excessivo ao exercício do voto.[214]

e) Na ADPF nº 129, sendo relator o Ministro Edson Fachin, o Supremo considerou não recepcionado pela Constituição de 1988, o artigo 86 do Decreto-Lei nº 200/67, que previa o sigilo da movimentação dos créditos destinados à realização de despesas reservadas ou confidenciais. Foi considerado que o preceito não se amoldava ao *princípio da publicidade*.

f) Por último, nesta amostragem, cite-se o que decidido na ADIN nº 5.450,[215] ocasião em que o STF teve como reverentes ao *princípio da razoabilidade* normas da Lei nº 13.155/2015 que estabeleceram condições a serem observadas por entidades desportivas, para adesão ao Programa de Responsabilidade Fiscal do Futebol Brasileiro – PROFUT.

---

[211] ADIN nº 5.454, rel. Ministro Alexandre de Moraes.
[212] ADIN nº 6.166, relator Ministro Edson Fachin.
[213] Relatado pelo Ministro Luiz Fux.
[214] ADIN nº 4.467, Relator Ministra Rosa Weber.
[215] Relator o Ministro Alexandre de Moraes.

Segundo se vê, expressiva é a jurisprudência brasileira na consideração dos princípios fundamentais como razão de decidir.

CAPÍTULO 8

INTERPRETAÇÃO DO DIREITO ADMINISTRATIVO

Em qualquer que seja a seara do Direito, a *interpretação* é uma das mais excelsas (e complexas) operações a que se pode (e deve) dedicar o estudioso. Levada à sua mais reduzida nuclearidade, interpretação, no campo jurídico, é a busca do efetivo sentido real de um produto normativo: lei, regulamento, costume, contrato, praxe, sentença, uso, precedente, jurisprudência etc. Para tanto, a ciência jurídica, sobretudo a partir de Savigny, construiu diversos métodos de abordagem do contexto ou objeto a interpretar: histórico, literal ou gramatical, teleológico, evolutivo, sistemático, judicial, autêntico, para citarmos apenas alguns. Tanto mais exitosa será a tarefa, quanto maior o número de métodos aplicáveis à situação desafiadora concreta. E com isso já afirmamos que nenhuma interpretação pode ser aprioristicamente tida por exitosa, quando abraça apenas um dos critérios exemplificativamente abordados em linhas anteriores.

Mas mesmo quando a tarefa é empreendida de maneira meticulosa e dedicada, sempre haverá possibilidade de ocorrer um equívoco. E isso se dá sobretudo por duas razões, a saber:
- a matéria prima de que se serve o Direito é a *palavra*. E esta é extremamente dúctil significativamente em boa parte dos casos, sem contar que sua consagração em textos jurídicos é quase sempre revestida de elevado grau de abstração e generalidade;
- é praticamente impossível dissociar, na interpretação, a objetividade ideal da atuação, da subjetividade (a personalidade, o temperamento, o psiquismo) do protagonista (o intérprete).

Daí se derivam os entendimentos diversos que, de um mesmo objeto ou norma, extraem os múltiplos intérpretes. Como tal realidade é fonte do indesejável estado de insegurança jurídica, surge a busca pela estabilização dos entendimentos. E isso é, em princípio, uma boa meta dos operadores do Direito. Doutra parte, há o risco do engessamento do entendimento, que conduz, na melhor das hipóteses, à insatisfação dos cidadãos, e, na pior das hipóteses, à inobservância do Direito ou mesmo à sua ruptura. Aqui também, na ruptura, a fenomenologia cogitável é ampla, indo da mera derrogação da norma (pelo desuso repetitivo) até a revolução social.

Em tese, a atividade interpretativa, vista do ângulo dos efeitos que produz, pode alcançar dois patamares (isso sem contar, é claro, o problema da interpretação errada, quase sempre de desastrosas consequências) habitualmente não previstos quando da criação da norma (em sentido lato): o da interpretação *extensiva* ou *ampliativa* (o que se dá quando suas conclusões são aplicadas a situações similares, não expressamente contidas na norma ou na situação diretamente analisadas) e o da *interpretação restritiva* (em que, ao contrário, não se cogita de situações semelhantes à que diretamente analisada).

Cumpre ainda considerar dois pontos da máxima relevância, no tema de que estamos a tratar. Consistem eles em duas assertivas fundamentais, que imantam e conotam toda ação de interpretação jurídica, a saber:

– na solução de qualquer litígio, indagação ou debate, no mundo do Direito, a solução é ditada não pela *norma*, mas por sua *interpretação*. Em suma, não se *aplica* o Direito em discussão, mas sua *interpretação* por quem o faz incidir no caso concreto;
– a interpretação ocorre em todos os campos do Direito. Nesse sentido, tudo quanto até aqui posto é válido para qualquer natureza de caso concreto. Mas, afora isso, cada ramo (metodológico ou didático, reiteramos) do Direito tem critérios interpretativos que lhe são próprios. Daí a justificativa da existência do presente Capítulo de nossa obra.

É à indagação desses parâmetros interpretativos do Direito Administrativo que passaremos a nos ocupar na sequência.

Nessa perspectiva, a temática dos princípios do Direito Administrativo, anteriormente examinada, ganha foros de importância vital. Em face de situação concreta a ser dirimida, ou ter seu conteúdo declarado pela Ciência do Direito, o aplicador estuda a situação com vistas à realização empírica dos vetores axiológicos do sistema e do ordenamento: é dizer, a realização ótima da maior parte dos princípios ou dos mais adequados à circunstância concreta.

E aqui, inevitavelmente, voltaremos um pouco nossa atenção para o magistério de Canaris.

Provavelmente, desnecessário é relembrar e reafirmar que, na ciência jurídica, *sistema* significa uma ordenação axiológica e teleológica, para se alcançar uma ambiência de validade normativa comprometida com os valores e fins que devem informar um determinado direito positivo. Essa correlação necessária entre os valores (ou princípios) formadores e informativos, pressupostos ou dispostos, e a concretização de fins coerentes (ou consequentes de) com tais valores gera a unidade e a completude da ordem jurídica.

Com esses conceitos em mente se tem como de máxima relevância a chamada *interpretação sistemática*. Sua significação concentra-se numa díade: a interpretação *tem que viabilizar* os valores do sistema e *há de assegurar* a concretização buscada pelo Direito. Trata-se, pois, de revelar, num certo caso concreto, não apenas a *ratio legis*, mas supinamente a *ratio iuris*. Porém, há mais uma consequência importantíssima do uso da interpretação sistemática: ela permite a integração das chamadas *lacunas* do Direito, com isso avaliando a unidade, a integralidade e a integridade da ordem jurídica. É ainda a interpretação sistemática, como aqui conceituada, que previne as aparentes eventuais contradições entre valores e finalidades. Instrumento excelso nessa operação, reiteremos, é a *analogia* (sempre pontuando que analogia – instrumento hermenêutico – não é sinônimo de interpretação extensiva – *efeito* da operação interpretativa).

Registre-se *ad cautelam*: há incompatibilidade clara entre o aqui sustentado e a visão tópica de Viehweg.

Não temos receio em dizer, em alto e bom som: há, no Direito positivo brasileiro, claras e seguras âncoras, para dar firmeza ao intérprete pátrio. Sobretudo no Direito Administrativo. É o que se passa a expor.

As âncoras, anteriormente referidas, encontram-se na LINDB – Lei de Introdução às Normas do Direito Brasileiro. E lá se encontravam mesmo na redação inicial do Decreto-Lei nº 4.657/1942, muito antes, pois, de a Lei nº 13.655 de 2018 a ele acrescentar os artigos 20 a 30, inequivocamente endereçados à interpretação e à integração do Direito Administrativo.

Recordemos que, quando de sua edição primeva, em 1942, o que se tinha, nominalmente, era uma Lei de Introdução ao Código Civil – LICC. Deu-se, em 2010, com a Lei nº 12.376, a modificação da ementa do diploma, que passou a denominar-se, desde então, Lei de Introdução às Normas do Direito Brasileiro – a nossa atual LINDB. Estava aí clarificado o caráter da norma de sobredireito da LINDB. E, com isso, aberto o campo para a sua ampliação, já em 2018 (pela citada Lei nº 13.655), tornando claras e positivadas várias correntes doutrinárias e jurisprudenciais firmadas pelo tempo, inspiradas pela dinamização e modernização dos estudos do Direito Administrativo e do Direito Constitucional. É esse o "meio ambiente" em que se forjaram os artigos 20 a 30 da LINDB, aos quais voltaremos mais adiante. Por ora, queremos focalizar dois artigos da LINDB, já existentes na forma da LICC: os artigos 4º e 5º, de extraordinária relevância na interpretação do Direito Administrativo.

Reza o artigo 4º em questão:

Art. 4º- Quando a lei for omissa, o juiz decidirá o caso de acordo com a analogia, os costumes e os princípios gerais de direito.

Do preceito em questão extraímos, para a temática deste Capítulo 8, algumas inferências centrais, a saber:
– como consequência do *non liquet*, completamente vedado ao juiz e, por extensão, ao doutrinador, as ferramentas integrativas da analogia (e também dos costumes e dos princípios) se aplicam também ao Direito Administrativo.
– e daí decorrem constatações de inquestionável relevância, a saber, e sobretudo:
a) que a interpretação do Direito Administrativo deve ser *sistemática*, pois o direito positivo, aplicável em concreto, pode sim apresentar *lacunas*;
b) mas se o direito positivo tem lacunas, o ordenamento é íntegro e integral, disponibilizando instrumentos de preenchimento imediato e quase automático, de sorte que as supostas lacunas são aparentes, não são reais;
c) na aplicação de tais instrumentos o que se busca é assegurar a feição *teleológica* do sistema jurídico, o que o uso dos princípios da analogia e dos costumes possibilita;

d) e na incidência dos princípios conforma-se a vocação *axiológica* do sistema jurídico. Em tempo: a equidade integra o arsenal principiológico da hermenêutica jurídica.

A amplitude com que vemos a interpretação sistemática NÃO autoriza a livre criação do Direito ou o ativismo judicial sem peias. Não desmentimos a validade de um pensamento evolutivo no exame do ordenamento e de suas partes componentes. Mas onde há *direito escrito*, a letra da lei é o ponto de partida do intérprete e também sua barreira derradeira. Nesse sentido, valiosíssima é a advertência do artigo 9º, 2, do Código Civil português de 1966:

> Não pode, porém, ser considerado pelo intérprete o pensamento legislativo que não tenha na lei um mínimo de correspondência verbal, ainda que imperfeitamente expresso.

Chega a vez do artigo 5º da LINDB, que assim reza, desde 1942:

> Art. 5º Na aplicação da lei, o juiz atenderá aos fins sociais a que ela se dirige e às exigências do bem comum.

É de nitidez ofuscante a ênfase teleológica do preceito em foco. Resta identificar como discernir quais as diretrizes que norteiam o Direito Administrativo, em face das ideias de fim social e de bem comum. Entendemos que essa tarefa se perfaz quando relembramos que, segundo assertiva do início da presente obra, o Direito Administrativo tem por *finalidade* a *contenção do Poder* em favor do *bem comum*, que é exatamente a criação das condições para que o indivíduo e a sociedade não tenham óbices para o exercício, em harmonia social, da liberdade de cada um. Em reforço de nossa visão insta lembrar a Lei nº 13.874 de 2019, que institui a Declaração de Direitos de Liberdade Econômica. O diploma, em seu artigo 2º, enuncia os princípios da Declaração. No ponto, destacamos o inciso IV, segundo o qual afirmado:

> O reconhecimento da vulnerabilidade do particular perante o Estado.

Soa-nos óbvio que o transcrito reconhecimento de vulnerabilidade é um axioma, cuja apropriação pela Lei nº 13.874 NÃO TEM o condão de avalizar seu reconhecimento ocorre somente no campo da economia. Como axioma que é, essa vulnerabilidade irradia todo o universo dos relacionamentos entre o Estado e o Indivíduo. E aí está nossa definição de Direito Administrativo: "ramo" do Direito que define a contenção do Poder em prol do administrado. Estampa-se, assim, hialinamente, como estamos distantes – em posição mesmo de antípodas – do pensamento conceitual ainda dominante em nossa doutrina (e mesmo na jurisprudência). Um acatado e respeitável autor, em seu excelente "Curso de Direito Administrativo", prega que para o Direito Administrativo a exegese deve tomar em conta a "supremacia do interesse público sobre o particular". Como já extensamente intentamos desconstruir, e reconstruir na sequência, a ideia de interesse público, inclusive abandonando a noção da supremacia do Poder, estamos em posição totalmente adversa à do autor em questão e a de quantos com ele comunguem.

No seguimento viriam os artigos 20 a 30 da LINDB. Tais preceitos foram produzidos por conceituados e destacados publicistas, dedicados ao estudo do Direito Administrativo em particular. Não os nominamos aqui, porque são eles conhecidíssimos de todos, como também pelo receio de cometer imperdoáveis omissões. Limitamo-nos a dizer que tão claros e bem elaborados foram os seus contributos que nos dispensamos de transcrever os preceitos em foco, preferindo declarar quais sejam, a nosso ver, os cânones que devem, inafastavelmente, ser observados na interpretação do Direito Administrativo.

Assim:

a) A interpretação, no Direito Administrativo, utilizando embora todos os métodos que a doutrina conhece, dará preferência ao modelo sistemático, com vistas a manter a adequação valorativa própria a este ramo de Direito e a assegurar a unidade e a integralidade do ordenamento.

b) Na aplicação do método sistemático, o intérprete terá sempre em mente os compromissos axiológicos e teleológicos do ordenamento jurídico, próprios ao Direito Administrativo.

c) À unidade do sistema repele a ideia de lacunas. Mas no direito positivo elas podem ocorrer. O instrumental da axiologia, dos costumes, dos princípios e da equidade, afora outros de mesma índole, são admissíveis no Direito Administrativo.[216]

---

[216] LINDB art. 4º.

Mas sempre tendo em vista que, sem prejuízo da interpretação evolutiva e contextualizada (no tempo e no espaço), a literalidade da norma é o ponto de partida do intérprete, bem como o limite hermenêutico, devendo sua atuação garantir no resultado um mínimo de correspondência verbal com o preceito, ainda que imperfeitamente expresso.

d) A observância do fim social e do bem estar comum é imperativa para o intérprete.[217] Sendo o Direito Administrativo, como é, uma arquitetura de contenção do Poder em favor do indivíduo, e tendo em vista o reconhecimento lógico e normativo da vulnerabilidade deste em face do Poder, *na dúvida, o hermeneuta interpretará em prol do Administrado.*

e) A decisão ou ato, em matéria de Direito Administrativo (e de Direito Público em geral), há de ser *motivada*, inclusive com demonstração da *necessidade* e da *adequação* da medida e, sobretudo, de que ela, como *concretamente* explicitado (em oposição à ideia de "valores jurídicos abstratos"), perfaz a meta da *melhor* (e não só da *boa*) administração (em sentido lato, envolvendo, pois, os atos de qualquer Poder do Estado – art. 20 da LINDB). Há de se constatar uma relação de aderência entre a decisão tomada e as consequências desejadas. Em jogo os nortes da *razoabilidade* e da *proporcionalidade*. Os artigos 2º e 3º do Decreto nº 9.830 de 10.06.2019, de muito auxiliam o intérprete quanto à matéria aqui abordada.

f) Na análise das decisões de invalidação de atos do Poder Público, o intérprete, com os metros da razoabilidade e da proporcionalidade, confrontará a motivação expendida pelo decisor com os efeitos e consequências decorrentes da medida por ele tomada. E da mesma forma atuará no enfrentamento das eventuais regras de regularização das invalidades ou de modulação dos efeitos invalidatórios propostos pelo decisor.[218]

g) Entre os padrões de razoabilidade e proporcionalidade anteriormente referidos, tomará o intérprete em consideração os obstáculos e dificuldades reais do gestor, as políticas públicas do setor, os direitos dos administrados e o contexto em que praticado o ato.[219] De grande relevância coadjuvante, aqui,

---

[217] LINDB art. 5º.
[218] LINDB, art. 21.
[219] LINDB, art. 22.

o exame, pelo intérprete, das condicionantes estatuídas no artigo 2º da Lei Geral de Processo Administrativo (Lei nº 9.784/1999) – LPA.

h) A LPA, imediatamente citada em linha anterior, e exatamente em seu artigo indicado (o 2º), prevê que a mudança de entendimento da norma administrativa não representa um engessamento, podendo ser revisto, mas sem efeitos retroativos. E a decisão revisora da orientação tem que lastrear-se em completa, razoável e adequada motivação, como condição de validade mesmo, o mesmo se aplicando ao eventual regime de transição para o cumprimento do novo entendimento.[220] Trata-se de garantir o respeito ao princípio da segurança jurídica, prisma que o intérprete da decisão privilegiará em sua atuação. Por tais razões, às quais acrescentamos os princípios da boa-fé e da confiança legítima, é que não se há de admitir que a revisão invalidatória afete situações plenamente constituídas, se adequadas às orientações da época da sua concretização.[221]

i) Por fim, na hipótese de decisão administrativa que imponha ao administrado compensações por benefícios indevidos, ou prejuízos anormais ou injustos, ocasionados por condutas anômalas dos envolvidos, as mesmas exigências de motivação plena e adequada, anteriormente abordadas, haverão de ser cotejadas pelo intérprete.[222] A atuação deste também poderá abranger o compromisso firmado entre os interessados, para dar fim ao eventual contencioso iminente ou instaurado (exemplo excelso da administração consensual, tema central deste volume de nosso Tratado).

---

[220] LINDB, art. 23.
[221] LINDB, art. 24.
[222] LINDB, art. 27.

REFERÊNCIAS

ABBAGNANE, Nicola. *Dicionário de Filosofia*. São Paulo: Martins Fontes, 2012.

ADAMS, John Clarke. *El Derecho Administrativo Norteamericano*. Buenos Aires: Editorial Universitaria de Buenos Aires, 1964.

ADAMY, Pedro Augustin. *Renúncia a Direito Fundamental*. São Paulo: Malheiros, 2011.

ADEODATO, João Maurício. *A Retórica Constitucional*. 2. ed. São Paulo: Saraiva, 2010.

AFONSO, Dom. *Ordenações Afonsinas*. Lisboa: Fundação Calouste Gulbenkian, 1984.

ALESSI, Renato. *Instituciones de Derecho Administrativo*. Barcelona: Bosch, 1970.

ALESSI, Renato. *Principi di Diritto Amministrativo*. 3. ed. Milano: Giuffrè, 1974.

ALEXY, Robert. *Epílogo a la Teoría de los Derechos Fundamentales*. Madrid: Fundación Beneficentia et Peritia Juris, 2004.

ALEXY, Robert. *Teoria dos Direitos Fundamentais*. São Paulo: Malheiros, 2008.

ALMEIDA FILHO, Agassiz; MELGARÉ, Plínio (Coords e co-autores). *Dignidade da Pessoa Humana*. São Paulo: Malheiros, 2010.

ALMEIDA, Fernando Dias Menezes de. *Formação da Teoria do Direito Administrativo no Brasil*. São Paulo: Quartier Latin, 2015.

ALMEIDA, Fernando Dias Menezes de. *Noções de Direito Administrativo*. São Paulo: Saraiva, 1956.

ÁLVAREZ-GENDIN, Sabino. *Tratado General de Derecho Administrativo*. Barcelona: Bosch, 1958.

ALVIM, J. M. Arruda. *Direito Administrativo Aplicado e Comparado (Estudos em Homenagem ao Professor Manoel de Oliveira Franco Sobrinho)*. São Paulo: Ed. Resenha Universitária, 1979.

AMARAL, Diogo Freitas do. *Curso de Direito Administrativo*. Coimbra: Almedina, 1986.

AMERICANO, Jorge. *O Conselheiro Ribas*. São Paulo: Faculdade de Direito da USP, 1944.

ANDRADE, José Carlos Vieira de. *O Dever de Fundamentação Expressa dos Actos Administrativos*. Coimbra: Almedina, 2007.

ANDRADE, Luciano Benévolo de. *Curso Moderno de Direito Administrativo*. São Paulo: Saraiva, 1975.

ANGIOLINI, Vittorio. *Necessità ed Emergenza nel Diritto Pubblico*. Padova: Cedam, 1986.

ARAGÃO, Alexandre Santos de. *Curso de Direito Administrativo*. 2. ed. Rio de Janeiro: Forense, 2013.

ARAÚJO, Edmir Netto de. *Curso de Direito Administrativo*. São Paulo: Saraiva, 2005.

ARENDT, Hannah. *Wahreit und Lüge in der Politik*. 2. ed. Munique: Ed. Piper Verlag GmbH, 1964.

AUBY, Jean. *La Bataille de San Romano. Réflexions sur les Évolutions Récentes du Droit Administratif. Actualité Juridique.* Droit Administratif, 912. 2001.

AUBY, Jean-Marie; DUCLOS-ADER, Robert. *Institutions Administratives*. 3. ed. Paris: Dalloz, 1973.

ÁVILA, Ana Paula Oliveira. *O Princípio da Impessoalidade da Administração Pública*. Rio de Janeiro: Renovar, 2004.

ÁVILA, Humberto. *Teoria da Segurança Jurídica*. 3. ed. São Paulo: Malheiros, 2014.

ÁVILA, Humberto. *Teoria dos Princípios*. 9. ed. São Paulo: Malheiros, 2009.

BACELLAR FILHO, Romeu Felipe. *Direito Administrativo Contemporâneo. Estudos em memória ao Professor Manoel de Oliveira Franco Sobrinho*. 2. ed. Belo Horizonte: Ed. Fórum, 2011.

BACHOF, Otto. *Die Dogmatik des Verwaltungsrecht vor den Gegenwartsaufgeben der Verwaltung*. Berlim: Walter de Gruyter GmbH & Co. KG, 1972.

BAPTISTA, Patrícia. *Transformações do Direito Administrativo*. Rio de Janeiro: Renovar, 2003.

BARBALHO, João. *Constituição Federal Brasileira (Comentários)*. 2. ed. Rio de Janeiro: F. Briguiet, 1924.

BARBOZA, Márcia Noll. *O Princípio da Moralidade Administrativa*. Porto Alegre: Livraria do Advogado, 2002.

BARCELLOS, Ana Paula de. *A Eficácia Jurídica dos Princípios Constitucionais*: o princípio da dignidade da Pessoa Humana. Rio de Janeiro: Renovar, 2012.

BARRA, Rodolfo Carlos. *Principios de Derecho Administrativo*. Buenos Aires: Editorial Ábaco, 1980.

BARRETTO, Vicente de Paulo; PEREIRA, Vítor Pimentel. Viva la Pepa: a História não contada da Constitución Española de 1812 em Terras Brasileiras. *Revista do Instituto Histórico e Geográfico Brasileiro*, jul./set. 2011.

BARROS, Suzana de Toledo. *O Princípio da Proporcionalidade e o Controle de Constitucionalidade das Leis Restritivas de Direitos Fundamentais*. Brasília: Jurídica, 1996.
BARROS, JÚNIOR, Carlos S. *Compêndio de Direito Administrativo*. 2. ed. São Paulo: Ed. Rev. dos Tribunais, 1972.

BASAVILBASO, Benjamin Villegas. *Derecho Administrativo*. Buenos Aires: Tipográfica Editora Argentina, 1949.

BASTOS, Aureliano Cândido Tavares. *A Província*: estudo sobre a descentralização no Brasil. Rio de Janeiro: B. L. Garnier, 1870.

BASTOS, Celso Ribeiro. *Curso de Direito Administrativo*. São Paulo: Saraiva, 1994.

BASTOS, Celso Ribeiro. *Hermenêutica e Interpretação Constitucional*. 3. ed. São Paulo: Celso Bastos Editor, 2002.

BATBIE, A. *Traité Théorique et Pratique de Droit Public et Administratif*. 2. ed. Paris: L. Larose et Forcel, 1885.

BATISTA, Paula. *Compêndio de Hermenêutica Jurídica*. São Paulo: Saraiva, 1984.

BATISTA JÚNIOR, Onofre Alves. *Princípio Constitucional da Eficiência Administrativa*. Belo Horizonte: Ed. Fórum, 2012.

BATISTA JÚNIOR, Onofre Alves; CASTRO Sérgio Pessoa de Paula (Coords.). *Tendências e Perspectivas do Direito Administrativo*. 2. ed. Belo Horizonte: Ed. Fórum, 2012.

BELLO, José Maria. *História da República*. Rio de Janeiro: Organização Simões, 1952.

BÉNOIT, Francis-Paul. *Le Droit Administratif Français*. Paris: Dalloz, 1968.

BERTHÉLEMY, H. *Traité de Droit Administratif*. Paris: Arthur Rousseau Éditeur, 1913.

BERTHÉLEMY, H. *Traité Élémentaire de droit administratif*. Paris: Librairie Nouvelle de Droit et Jurisprudence, 1913.

BERTI, Silma Mendes. *Direito à Própria Imagem*. Belo Horizonte: Del Rey, 1993.

BETTI, Emilio. *Interpretación de la Ley y de los Actos Jurídicos*. 2. ed. Madrid: Editorial Revista de Derecho Privado, 1971.

BETTINI, Romano. *La participazione amministrativa*. Milão: Giuffrè, 1973.

BIELSA, Rafael. *Derecho Administrativo*. 4. ed. Buenos Aires: El Ateneo, 1947.

BINENBOIM, Gustavo. Da Supremacia do Interesse Público ao Dever de Proporcionalidade: um Novo Paradigma para o Direito Administrativo. *Revista Brasileira de Direito Público*, Belo Horizonte, Ed. Fórum, n. 8, jan./mar. 2005.

BINENBOJM, Gustavo. O sentido da vinculação administrativa à juridicidade no direito brasileiro. *In*: ARAGÃO, Alexandre Santos de; MARQUES NETO, Floriano de Azevedo. *Direito Administrativo e seus novos paradigmas*. Belo Horizonte: Fórum, 2012.

BINENBOJM, Gustavo. *Uma Teoria do Direito Administrativo*. Rio de Janeiro: Renovar, 2006.

BLACKBURN, Simon. *Dicionário Oxford de Filosofia*. Rio de Janeiro: Jorge Zahar Editor, 1997.

BLANCO, Sabino Álvarez-Gendín y. *Tratado General de Derecho Administrativo*. Barcelona: Bosch, 1972.

BLECHER, Max. *Acontecimentos na Irrealidade Imediata*. São Paulo: Editora Cosac&Naify, 2013.

BOBBIO, Norberto. *As Ideologias e o poder em crise*. 4. ed. Brasília: UNB, Coleção Polis, 1988.

BOBBIO, Norberto. *Teoria do Ordenamento Jurídico*. São Paulo: Edipro, 2001.

BONNARD, Roger. *Précis de Droit Administratif*. 4. ed. Paris: Librairie Générale de Dróit Jurisprudence, 1943.

BOTTINO, Gabriele. *Equità e Discrezionalità Admministrativa*. Milano: Giuffrè, 2004.

BOUCINHAS FILHO, Jorge Cavalcanti. *Discriminação por Sobrequalificação*. São Paulo: LTr, 2009.

BRASIL. Superior Tribunal de Justiça, Recurso Especial nº 196-RS, Rel. Min. Sálvio de Figueiredo Teixeira. In: *Revista dos Tribunais*, v. 651, p. 170-173, jan. 1990.

BREWER-CARÍAS, Allan Randolph. *Princípios del Procedimiento Administrativo*. República Dominicana: Fundación Editorial Jurídica Venezoelana, 2016.

BROTERO, José Maria Avellar. *Princípios de Direito Natural*. Rio de Janeiro: Typ. Imperial e Nacional, 1829.

BUCCI, Maria Paula Dallari. *Direito Administrativo e Políticas Públicas*. São Paulo: Saraiva, 2002.

BUCCI, Maria Paula Dallari. O princípio da razoabilidade em apoio à legalidade. *Cadernos de Direito Constitucional e Ciência Política*, n. 16, São Paulo, 1996.

BUENO, José Antonio Pimenta. *Direito Público Brasileiro*. Rio de Janeiro: Typographia Imperial e Constitucional de J. Villeneuve, 1862.

BUGARIN, Paulo Soares. *O Princípio Constitucional da Economicidade*. Belo Horizonte: Ed. Fórum, 2004.

BUSTAMANTE, Thomas. O Argumento *ad absurdum* na Interpretação do Direito: seus usos e significado normativo. *Revista de Informação Legislativa*, Brasília, n. 196, 2012.

CAETANO, Marcello. *Estudos de Direito Administrativo*. Lisboa: Ática, 1974.

CAETANO, Marcello. *Princípios Fundamentais de Direito Administrativo*. Rio de Janeiro: Forense, 1977.

CAETANO, Marcello. *Tratado Elementar de Direito Administrativo*. Coimbra: Coimbra Editora, 1943.

CALCINI, Fábio Pallaretti. *O Princípio do Razoabilidade*. Campinas/SP: Millenium, 2003.

CALVO, Recaredo F. de Velasco. *Resumen de Derecho Administrativo y de la Administración Pública.* 2. ed. Barcelona: Bosch, 1930.

CÂMARA, Alexandre Freitas; PIRES, Adilson Rodrigues; MARÇAL, Thaís Boia (Coords. e Co-autores). *Estudos de Direito Administrativo em Homenagem ao Professor Jessé Torres Pereira Júnior.* Belo Horizonte: Ed. Fórum, 2016.

CAMMAROSANO, Márcio. *Princípio Constitucional da Moralidade e o Exercício da Função Administrativa.* Belo Horizonte: Ed. Fórum, 2006.

CAMMEO, Federico. *Corso di Diritto Amministrativo.* Padova: CEDAM, 1960.

CAMPOS, German J. Bidart. *Las Transformaciones Constitucionales en la Postmodernidad.* Buenos Aires: EDIAR, 1999.

CANASI, José. *Derecho Administrativo.* Buenos Aires: Depalma, 1977.

CANELA JÚNIOR, Osvaldo. *Controle Judicial de Políticas Públicas.* São Paulo: Saraiva, 2011.

CANOTILHO J.J. Gomes. *Constituição Dirigente e Vinculação do Legislador.* Coimbra: Coimbra Editora, 1994.

CANOTILHO J.J. Gomes. *Estudos sobre Direitos Fundamentais.* São Paulo: Ed. Rev. dos Tribunais, 2008.

CANOTILHO J.J. Gomes; MACHADO, Jónatas E. M. *Reality shows e Liberdade de Programação.* Coimbra: Coimbra Editora, 2003.

CANOTILHO J.J. Gomes et al. (Orgs. e Co-autores). *Comentários à Constituição do Brasil.* São Paulo: Saraiva/Almedina, 2013.

CAPACCIOLI, Enzo. *Manuale di Diritto Amministrativo.* Padova: Cedam, 1980.

CAPUTI, María Claudia. *La Ética Pública.* Buenos Aires: Depalma, 2000.

CARDOZO, José Eduardo Martins; QUEIROZ, João Eduardo Lopes; SANTOS, Márcia Walquíria Batista (Coords. e Co-autores). *Curso de Direito Administrativo Econômico.* São Paulo: Malheiros, 2006.

CARIAS, Allan-Rudolph Brewer. *Derecho Administrativo.* Caracas: Facultad de Derecho, 1975.

CARIAS, Allan-Rudolph Brewer. *Las Instituciones Fundamentales del Derecho Administrativo y Jurisprudencia Venezolana.* Caracas: Universidad Central de Venezuela, 1964.

CARLIN, Volnei Ivo (Coord.). *Grandes Temas de Direito Administrativo. (Homenagem ao Professor Paulo Henrique Blasi).* São Paulo: Millennium, 2009.

CARNELUTTI, Francesco. *Metodologia do Direito.* São Paulo: Pillares Editora, 2012.

CARVALHO FILHO, José dos Santos. *Manual de Direito Administrativo.* 17. ed. Rio de Janeiro: Lumen Juris, 2017.

CARVALHO, Gustavo Marinho de. *Precedentes Administrativos no Direito Brasileiro*. São Paulo: Contracorrente, 2015.

CARVALHO, Paulo Neves de. Os Atos Administrativos em espécie: conteúdo, forma, revogação e anulação. *Boletim de Direito Administrativo*, 10/651, NDJ, São Paulo, 1996.

CASSAGNE, Juan Carlos (Org. e Co-autor). *Derecho Administrativo. Estudios en Homenaje al Profesor Miguel S. Marienhoff*. Buenos Aires: Abeledo-Perrot, 1998.

CASSAGNE, Juan Carlos. *Derecho Administrativo*. 2. ed. Buenos Aires, Abeledo-Perrot, 1986.

CASSAGNE, Juan Carlos. *Los Princípios Generales de Derecho en el Derecho Administrativo*. Buenos Aires: Abeledo-Perrot, 1988.

CASSESE, Sabino. *Il Diritto Amministrativo: Storia e Prospettive*. Milano: Giuffrè, 2010.

CASSESE, Sabino. *Istituzioni di Diritto Amministrativo*. 3. ed. Milano: Giuffrè, 2009.

CASSESE, Sabino. *Le Basi del Diritto Amministrativo*. Torino: Einaudi, 1991.

CASSESE, Sabino. *Le basi di Diritto Amnistrativo*. Torino: Einaudi, 1991.

CASSESE, Sabino. New paths for administrative law: a manifesto. *Oxford University Press and New York University School of Law*, v. 10, n. 3, 2012.

CASSESE, Sabino; TORCHIA, Luisa. *Diritto Amministrativo. Una conversazione*. Bologna: Il Mulino, 2014.

CASTRO NETO, Luiz de. *Fontes do Direito Administrativo*. São Paulo: CTE Editora, 1977.

CASTRO, Augusto Olympio Viveiros de. *Tratado de Sciencia da Administração e Direito Administrativo*. 3. ed. Rio de Janeiro: Jacintho Ribeiro dos Santos, 1914.

CASTRO, Carlos Roberto Siqueira. *A Constituição Aberta e os Direitos Fundamentais*. Rio de Janeiro: Forense, 2003.

CASTRO, Carlos Roberto Siqueira. *O devido processo legal e a razoabilidade das Leis na Nova Constituição do Brasil*. Rio de Janeiro: Forense, 1989.

CAVALCANTI, Thais Novaes. *Direitos Fundamentais e o Princípio da Subsidiariedade*. Osasco (SP): Edfíceo, 2015.

CAVALCANTI, Themístocles Brandão. *Tratado de Direito Administrativo*. Rio de Janeiro: Freitas Bastos, 1942.

CENCIO, Jorge A. Silva. *Estudios de Derecho Administrativo*. Montevidéo: Imp. Rosgal, 1979.

CHAPUS, René. *Droit Administratif Général*. 9. ed. Paris: Montchrestien, 1995.

CHAVES, Ana Cristina Klautau Leite. *A Arte de Decidir na Gestão Pública*. Tese inédita para a obtenção de título de Especialista em Direito Público do Centro Universitário do Estado do Pará, 2021.

CIMMA, Enrique Silva. *Derecho Administrativo Chileno y Comparado*. Santiago: Editorial Jurídica de Chile, 1968.

CLÈVE, Clèmerson Merlin (Coord. e Co-autor) *Constituição, Democracia e Justiça*. Belo Horizonte: Ed. Fórum, 2011.

CLÈVE, Clèmerson Merlin. *Elementos para um Discurso de Conceituação do Direito Administrativo*. São Paulo: Julex Livros, 1988.

CLÈVE, Clèmerson Merlin. *O Direito e os Direitos*. 3. ed. Belo Horizonte: Ed. Fórum, 2011.

COELHO, Inocêncio Mártires. *Da Hermenêutica Filosófica à Hermenêutica Jurídica*. São Paulo: Saraiva, 2010.

COELHO, Inocêncio Mártires. *Interpretação Constitucional*. Porto Alegre: S.A. Fabris, 1977.

COMADIRA, Julio R. *Derecho Administrativo*. 2. ed. Bahia: Abeledo-Perrot, 2003.

COMPARATO, Fábio Konder. Papel do jurista num mundo em crise de valores. *Revista dos Tribunais*, 1995, v. 713, p. 277-283.

COOLEY, Thomas McIntyre. *A Treatise on the Constitucional Limitations*. New Jersey: The Law Book Exchange, 2011.

CORRÊA, Arsênio Eduardo. *A Ingerência Militar na República e o Positivismo*. São Paulo: Ed. Expressão e Cultura, 1997.

CORSO, Guido *et al*. (Coords. e Co-autores). *Scritti in onore di Pietro Virga*. Milano: Giuffrè, 1994.

COSTA NETO, João. *Dignidade Humana*. São Paulo: Saraiva, 2014.

COSTODIO FILHO, Ubirajara. A Emenda Constitucional nº 19/98 e o Princípio da Eficiência na Administração Pública. *ILC*, v. 6, n. 66, p. 606-613, ago./1999.

COUTURE, Eduardo. *Vocabulario Jurídico*. Montevidéu: Facultad de Derecho Y Ciencias Sociales, 1960.

CUESTA, Rafael Entrena. *Curso de Derecho Administrativo*. 5. ed. Madrid: Tecnos, 1976; 11. ed. 1995.

CUNHA FILHO, Alexandre Jorge Carneiro da. *Governança Pública*. São Paulo: Quartier Latin, 2019.

CUNHA FILHO, Alexandre Jorge Carneiro da; ISSA, Rafael Hamze; SCHWIND, Rafael Wallbach. *Lei de Introdução às Normas do Direito Brasileiro – Anotada*. São Paulo: Quartier Latin, 2019.

CUNHA, L. Fernando Whitaker da. *Pensamento Herético, Hermenêutica Histórica, Globalização e Direito Constitucional*. Rio de Janeiro: Academia Brasileira de Letras Jurídicas, 2002.

D'ALBERTI, Marco. *Diritto Amministrativo Comparato*. Bologna: Il Mulino, 1992.

D'ALESSIO, Francesco. *Istituizioni di Diritto Amministrativo Italiano*. 3. ed. Torino: Unione Tipografico, 1943.

DALLARI, Adilson Abreu. Privatização, Eficiência e Responsabilidade. *In*: *Uma avaliação das tendências contemporâneas do Direito Administrativo*. Rio de Janeiro: Ed. Renovar, 2003.

DALLARI, Adilson; NASCIMENTO, Carlos Valder do; MARTINS, Ives Gandra da Silva (Coords. e Co-autores). *Tratado de Direito Administrativo*. São Paulo: Saraiva, 2013.

DEBBASCH, Charles. *Ciencia Administrativa*. Madrid: Escuela Nacional de Administración Pública, [s.d.].

DEBBASCH, Charles *et al*. *Institutions et Droit Administratifs*. Paris: Presses Universitaires de France, 1980.

DEBBASCH, Charles; PINET, Marcel. *Les Grands Textes Administratifs*. Paris: Sirey, 1990.

DELGADO, Hugo Caldera. *Manual de Derecho Administrativo*. Chile: Editorial Jurídica de Chile, 1979.

DEMICHEL, André. *Le Droit Administratif*. Paris: Librairie Géneréle de Droit et Jurisprudence, 1978.

DIEGUES, Cacá. O indivíduo criou o Estado. *O Globo*, 22 out. 2017.

DIEZ, Manuel María. *Derecho Administrativo*. Bahia: Omeba, 1963.

DIEZ, Manuel María. *Manual de Derecho Administrativo*. Buenos Aires: Editorial Plus Ultra, 1979.

DINIZ, Maria Helena. *Dicionário Jurídico*. São Paulo: Saraiva, 1998. v. 2.

DINIZ, Maria Helena. Um Breve Estudo Filosófico-jurídico sobre a Natureza Jurídica da Propina *In*: MELLO, Celso Antonio Bandeira de (Org.). *Estudos em Homenagem a Geraldo Ataliba-2 – Direito Administrativo e Constitucional*. São Paulo: Malheiros, 1997.

DROMI, José Roberto. *Derecho Administrativo*. 6. ed. Buenos Aires: Ediciones Ciudad Argentina, 1997.

DROMI, José Roberto. *Derecho Administrativo*. Argentina: Ciudad Argentina, 1998.

DROMI, José Roberto. *Instituciones de Derecho Administrativo*. Buenos Aires: Astrea, 1978.

DROMI, José Roberto. *Manual de Derecho Administrativo*. Buenos Aires: Editorial Astrea, 1987.

DROMI, José Roberto. *Sistema y Valores Administrativos*. Buenos Aires: Ediciones Ciudad Argentina, 2003.

DUCROCQ, TH. *Cours de Droit Administratif*. Paris: A. Fontemoingt, 1897.

DUPUIS, Georges; GUÉDON, Marie-José; COLIN. *Droit Administratif*. 4. ed. Paris: Armand Colin, 1993.

DWORKIN, Ronald. *Taking Rights Seriously*. Harvard: Harvard University Press, 1998.

EISENMANN, Charles. *Cours de Droit Administratif*. Paris: LGDJ, 1982.

ENNECCERUS, Ludwig; KIPP, Theodor; WOLFF, Martin. *Tratado de Derecho Civil – Primeiro Tomo, Parte Geral I*. Barcelona: Bosch, 1944.

ENTERRÍA, Eduardo García de. *Curso de Direito Administrativo*. Madrid: Civitas, 1986, 1999.

ENTERRÍA, Eduardo García de. *La lucha contra las inmunidades del poder*. 3. ed. Madrid: Cuadernos Cívitas, 1983.

ENTERRÍA, Eduardo García de; FERNANDEZ, Tomás Ramón. *Curso de Direito Administrativo*. São Paulo: Ed. Rev. Dos Tribunais, 1991.

ENTERRÍA, García de. *Hacia una nueva Justicia Administrativa*. 2. ed. Madrid: Civitas, 1991.

ESCOLA, Héctor Jorge. *Compendio de Derecho Administrativo*. Buenos Aires: Depalma, 1984.

ESPÍNDOLA, Ruy Samuel. *Conceito de Princípios Constitucionais*. São Pulo: Ed. Rev. dos Tribunais, 1999.

ESTEFAM, Felipe Faivichow. *Cláusula Arbitral e Administração Pública*. São Paulo: Lumen Juris, 2019.

EVANS, Richard J. *O 3º Reich no Poder*. 2. ed. São Paulo: Ed. Planeta, 2013.

FAGUNDES, Seabra. *O controle dos Atos Administrativos pelo Poder Judiciário*. 6. ed. Rio de Janeiro: Forense, 1979.

FALCÃO, Raimundo Bezerra. *Hermenêutica*. 23. ed. São Paulo: Malheiros, 2013.

FALLA, Fernando Garrido. *Las Transformaciones del Régimen Administrativo*. 2. ed. Madrid: Instituto de Estudios Políticos, 1962.

FALLA, Fernando Garrido. *Tratado de Derecho Administrativo*. Madrid: Centro de Estudios Constitucionales, 1985-1986.

FREITAS, Juarez. Do Princípio da Probidade Administrativa e de sua Máxima Efetivação. *RIL* 129, v. 33, 1996.

FAORO, Raymundo. Os Donos do Poder. São Paulo, *Globo*, Publifolha, 2000.

FERRAZ JR., Tércio Sampaio. *Introdução ao Estudo do Direito*. 5. ed. São Paulo: Atlas, 2007.

FERREIRA FILHO, Manoel Gonçalves. *Comentários* à *Constituição Brasileira de 1988*. São Paulo: Saraiva, 1995.

FERREIRA, Sergio de Andréa. *Comentários à Constituição*. Rio de Janeiro: Freitas Bastos, 1991. v. 3.

FERREIRA, Sergio de Andréa. *Direito Administrativo Didático*. 3. ed. Rio de Janeiro: Forense, 1985.

FIGES, Orlando. *Uma História Cultural da Rússia*. Rio de Janeiro: Ed. Record, 2017.

FIGUEIREDO, Diogo de. *Mutações do Direito Administrativo*. Rio de Janeiro: Renovar, 2001.

FIGUEIREDO, Lúcia Valle (Coord.). *Ato Administrativo e Devido Processo Legal*. São Paulo: Max Limonad, 2000.

FIGUEIREDO, Lúcia Valle (Coord.). *Questões de Direito Público*. São Paulo: Ed. da Prefeitura de São Paulo, [s.d.].

FIGUEIREDO, Lúcia Valle. *Curso de Direito Administrativo*. 9. ed. São Paulo: Malheiros, 2008.

FIGUEIREDO, Lúcia Valle. Estado de Direito e Devido Processo Legal. *RDA*, n. 209, v. 1, Rio de Janeiro, 1997.

FIGUEIREDO, Marcelo. *O Controle da Moralidade na Constituição*. São Paulo: Malheiros, 1999.

FIGUEIREDO, Marcelo; PONTES FILHO, Valmir (Coords. e Co-autores). *Estudos de Direito Público em Homenagem a Celso Antônio Bandeira de Mello*. São Paulo: Malheiros, 2006.

FIORINI, Bartholomé A. *Derecho Administrativo*. 2. ed. Buenos Aires: Abeledo-Perrot, 976.

FLEINER, Fritz. *Instituciones de Derecho Administrativo*: Buenos Aires, Labor, 1933.

FLEINER, Fritz. *Les Principes Généraux du Droit Administratif Allemand*. (Trad. Ch. Eisenmann). Paris: Librairie Delagrave, 1933.

FLEINER, Fritz. *Institutionen des Deutschen Verwaltungrecht*. 8. ed.Tübingen: Mohr Siebeck GmbH & Co. KG, 1911.

FORSTHOFF, Ernst. *Tratado de Derecho Administrativo*. Madrid: Instituto de Estudios Políticos, 1958.

FORTI, Ugo. *Diritto Amministrativo*. Napoli: Nicola Jovene, 1931.

FOS, José Antonio Garcia Trevijano. *Tratado de Derecho Administrativo*. 3. ed. Madrid: Editorial Revista de Derecho Administrativo, 1974.

FRAGA, Gabino. *Derecho Administrativo*. 19. ed. México: Porrua, 1979.

FRANÇA, R. Limongi (Coord.) *Enciclopédia Saraiva do Direito*. São Paulo: Saraiva, 1977.

FRANCO SOBRINHO, Manoel de Oliveira. *Curso de Direito Administrativo*. São Paulo: Saraiva, 1979.

FRANCO SOBRINHO, Manoel de Oliveira. *O Controle da Moralidade Administrativa*. São Paulo: Ed. Saraiva, 1974.

FREITAS, Juarez. *A Interpretação Sistemática do Direito*. 2. ed. São Paulo: Malheiros, 1998.

FREITAS, Juarez. *Discricionariedade Administrativa e o Direito Fundamental à Boa Administração*. São Paulo: Malheiros, 2007.

FREITAS, Juarez. *Estudos de Direito Administrativo*. São Paulo: Malheiros, 1995.

FREITAS, Juarez. *O Controle dos Atos Administrativos e os Princípios Fundamentais*. 4. ed. São Paulo: Malheiros, 2009.

FREITAS, Juarez. *Sustentabilidade (Direito ao Futuro)*. 2. ed. Belo Horizonte: Ed. Fórum, 2017.

FRIEDE, R. Reis. *Curso de Direito Administrativo*. Rio de Janeiro: Forense, 1993.

FRIEDMAN, Lawrence. *A history of American law*. New York: Simon and Schuster, 1973.

FRIEDRICH, Carl J. (Coord.). *O Interesse Público*. Rio de Janeiro: Edições O Cruzeiro, 1967.

FRIER, Pierre-Laurent. *L´Urgence*. Paris: LGDJ, 1987.

FULLER, Lon L. *O Caso dos Denunciantes Invejosos*. São Paulo: Ed. Rev. dos Tribunais, 2003.

FULLER, Lon L. *O Caso dos Exploradores de Cavernas*. Porto Alegre: S. A. Fabris Editor, 1999.

FULLER, Lon L. *The Morality of Law*. 2. ed. New Haven: Yale University Press, 1969.

FURTADO, Lucas Rocha. *Curso de Direito Administrativo*. 5. ed. Belo Horizonte: Ed. Fórum, 2016.

GABARDO, Emerson. A felicidade como fundamento teórico do Desenvolvimento em um estado social. *Revista Digital de Direito Administrativo*, v. V, n. 1, 2018.

GALINDO, Sergio Paulo Gomes. *Marco Civil da Internet e Serviços na Nuvem*. São Paulo: Editora LiberArs, 2018.

GALLI, Rocco. *Corso di Diritto Amministrativo*. 2. ed. Padova: Cedam, 1994.

GALVIS, Álvaro Tafur (Coord.). *El Derecho Administrativo en Latinoamérica*. Bogotá: Ediciones Rosaristas, 1986.

GARCIA, Emerson. A Corrupção, uma visão jurídico-sociológica. *Revista da EMERJ*, v. 7, n. 26, 2004, p. 203 e seguintes.

GARCIA, Vicente Alvarez. *El Concepto de Necesidad en Derecho Público*. Madrid: Civitas, 1996.

GARNER, J. F. *Administrative Law*. London: Butterworths, 1979.

GASPARRI, Pietro. *Corso di Diritto Amministrativo*. Bologna: Cesare Zuffi, 1953.

GEORGIN, Charles. *Cours di Droit Administratif*. Paris: Éditons Eyrolles, 1954.

GERMANOS, Paulo André Jorge (Coord. e Co-autor). *Segurança Jurídica*. Rio de Janeiro: Elsevier, 2010.

GIACOMUZZI, José Guilherme. *A Moralidade Administrativa e a Boa-Fé da Administração Pública*. 2. ed. São Paulo: Malheiros, 2013.

GIANNINI, Massimo Severo. *Diritto Amministrativo*. Milano: Giuffrè, 1970.

GIANNINI, Massimo Severo. *Diritto Amministrativo*. 3. ed. Milano: Giuffrè, 1993.

GIANNINI, Massimo Severo. *Premisas Sociológicas e Históricas del Derecho Administrativo*. Madrid: Instituto Nacional de Administración Pública, 1980.

GIGENA, Julio Isidro Altamiro. *Los Princípios Generales del Derecho como Fuente del Derecho Administrativo*. Buenos Aires: Astrea, 1972.

GOMÁ, Javier. *Ejemplaridad Pública*. Madrid: Taurus, 2009.

GOMEZ, Teresa Nuñes. *Abuso en la exigencia documental y garantias formales de los administrados*. Barcelona: Atelier Libros, 2005.

GONDINHO, André Osório. *Direito Constitucional dos Contratos*. São Paulo: Quartier Latin, 2010.

GORDILLO, Agustín. *El acto administrativo*. Buenos Aires: Abeledo Perrot, 1969.

GORDILLO, Agustín. *Introducción al Derecho Administrativo*. Buenos Aires: Abeledo Perrot, 1962.

GORDILLO, Agustin. *Planificación, Participación y Libertad en el Proceso de Cambio*. Buenos Aires: Ediciones Macchi, 1973.

GORDILLO, Agustín. *Tratado de Derecho Administrativo*. Buenos Aires: Ediciones Macchi, 1974.

GORDILLO, Agustín. *Tratado de Derecho Administrativo*. 5. ed. Buenos Aires: Fundación de Derecho Administrativo, 1998.

GRAU, Eros Roberto. *O Direito Posto e o Direito Pressuposto*. 2. ed. São Paulo: Malheiros, 1998.

GRISEL, André. *Droit Administratif Suisse*. Suíça: Éditions Ides et Calendes, 1970.

GUANABARA, Alcindo. *A Presidência Campos Sales*. 2. ed. Brasília: Editora UNB, 1983.

HÄBERLE, Peter. *Hermenêutica Constitucional*. Porto Alegre: S.A. Fabris, 1997.

HÄBERLE, Peter. *Os Problemas da Verdade no Estudo Constitucional*. Porto Alegre: S.A. Fabris Editor, 2008.

HÄRBELE, Peter, *Der Sonntag als Verfassungsprinzip*. Berlin: Auflage, Duncker und Humblot, 2006.

HÄBERLE, Peter. Zeit und Verfassung. *In*.: *Probleme* der V*erfassungsinterpretation*.Nomos Verlagsgesllschaf: Baden-Baden, 1976 .

HARGER, Marcelo. *Princípios Constitucionais do Processo Administrativo*. 2. ed. Rio de Janeiro: Forense, 2008.

HART, Herbert. *O Conceito do Direito*. Lisboa: Fundação Calouste Gulbenkian, 1986.

HAURIOU, André. Le Droit Administratif de L'Aléatoire. *In*: *Mélanges offerts à Louis Trotabas*. Paris: Librairie Générale de Droit et de Jurisprudence, 1970.

HAURIOU, André. *Obra Escogida (Textos Clásicos)*. Madrid: Instituto de Estudios Administrativos, 1976.

HAURIOU, André. *Précis Élémentaire de Droit Administratif*. 5. ed. Paris: Sirey, 1943.

HAYEK, Friedrich August. *Direito, Legislação e Liberdade*. Rio de Janeiro: Ed. Visão, 1985. v. II.

HEINEN, Juliano. *Interesse Público*. Salvador: Ed. JusPodium, 2019.

HELLER, Agnes. *Além da Justiça*. Rio de Janeiro: Editora Civilização Brasileira, 1998.

HERMANS, Wilhelmus Godefridus. *Ética*. Brasília: OAB Editora, 2004.

HERNÁNDEZ, Sergio Valls; GONZÁLEZ, Carlos Matute. *Nuevo Derecho Administrativo*. 4. ed. México: Porrua, 2014.

HERSH, Seymour. *The dark side of Camelot*. [s. l.]: Back Bay Books, 1998.

HESSE, Konrad. *A força normativa da Constituição*. Porto Alegre: S.A. Fabris Editor, 1991.

HESSE, Konrad. *Derecho Constitucional y Derecho Privado*. Madrid: Civitas, 1995.

HESSE, Konrad. *Temas Fundamentais de Direito Constitu*cional. São Paulo: Saraiva, 2009.

HORTA, Raul Machado. *Estudos de Direito Constitucional*. Belo Horizonte: Del Rey, 1995.

HUBER, Ernst Rudolf. *Verfassungsgerichts des Grossdeutschen Reiches*. Hamburg: Ausgabe des Buches Verfassung, 1939.

HUMBERT, Georges Louis Hage. *Conceito de Direito, de Norma Jurídica e de Princípio Jurídico*. Salvador: Editora Dois de Julho, 2015.

HUME, David. *Tratado da Natureza Humana*. São Paulo: Editora UNESP, 2000.

IRELLI, Vincenzo Cerulli. *Corso di Diritto Amministrativo*. Torino: G. Giapichelli. Ed. 1993 e 1997.

JÈZE, Gaston. *Principios Generales de Derecho Administrativo*. Buenos Aires: Depalma, 1948.

JIMÉNEZ NIETO, Juan Ignacio. *Teoría General de la Administración*. Madrid: Editorial Tecnos, 1975.

JUSTEN FILHO, Marçal. *Curso de Direito Administrativo*. 3. ed. São Paulo: Ed. Rev. dos Tribunais, 2018.

JUSTEN FILHO, Marçal. O Princípio da Moralidade Pública e o Direito Tributário. *RDT* 67. São Paulo, 1996.

KLEMPERER, Victor. *LTI – A Linguagem do 3º Reich*. Rio de Janeiro: Contraponto, 2009.

KLOSS, Eduardo Soto. *Derecho Administrativo*. 3. ed. Santiago: Abeledo-Perrot, 2012.

KRÜGER, Herbert. *Allgemeine Staatslehre*. Stuttgart: W. Hohlhammer, 1964.

KÜRZ, Helmut; NAUMANN, Richard. *Staatsbürger und Staatsgewalt*. Karlsruhe: Verlag. C.F. Müller, 1963.

LACHAUME, Jean-François. *Les Grandes Décisions de la Jurisprudence – Droit Administratif*. 3. ed. Paris: Presses Universitaires de France, 1985.

LANDI, Guido; POTENZA, Giuseppe. *Manuale di Diritto Amministrativo*. Milano: Giuffrè, 1960.

LASO, Enrique Sayagués. *Tratado de Derecho Administrativo*. 4. ed. Montevidéo: Barreiro Y Ramos, 1974 (edição dos sucessores).

LAUBADÈRE, André de. *Manuel de Droit Administratif*. 12. ed. Paris: Librairie Générale de Droit et Jurisprudence, 1982.

LAUBADÈRE, André de. *Traité de Droit Administratif* (com GAUDEMET, Yves). 11. ed. Paris: LGDJ, 1998.

LAUBADÈRE, André de. *Traité Élémentaire de Droit Administratif*. 3. ed. Paris: LGDJ, 1963.

LEGAZ Y LACAMBRA, Luis. *Filosofia del Derecho*. Barcelona: Bosch, 1972.

LEGRAND, Pierre. *Como Ler o Direito Estrangeiro*. São Paulo: Ed. Contracorrente, 2018.

LENTINI, Arturo. *Istituzioni di Diritto Amministrativo*. Milano: Società Editrice Libraria, 1939.

LIMA, Alceu Amoroso. *Comentários à Populorum Progressio*. Petrópolis: Editora Vozes, 1969.

LIMA, Carlos Fernando dos Santos. Pressão americana contra a corrupção. *O Globo*, 24 jun. 2021. Disponível em: https://blogs.oglobo.globo.com/opiniao/post/pressao-americana-contra-corrupcao.html. Acesso em: 24 abr. 2022.

LIMA, M. Madeleine Hutyra de Paula. Corrupção: obstáculo à implementação dos Direitos Econômicos, Sociais e Culturais. *Revista de Direito Constitucional e Internacional*, São Paulo, ano 8, n. 33, out./dez., 2000.

LIMA, Oliveira. *O Império Brasileiro*. 3. ed. Belo Horizonte: Editora Itatiaia, 1986.

LIMA, Rafael Bellem. *Regras na Teoria dos Princípios*. São Paulo: Malheiros, 2014.

LIMA, Ruy Cirne. *Princípios de Direito Administrativo*. 8. ed. São Paulo: Ed. Rev. dos Tribunais, 1987.

LIMA, Ruy Cirne. *Sinopse de Direito Administrativo Brasileiro*. Porto Alegre: Ed. Sulina, 1965.

LINARES, Juan Francisco. *Derecho Administrativo*. Buenos Aires: Astrea, 1986.

LINARES, Juan Francisco. *Fundamentos de Derecho Administrativo*. Buenos Aires: Astrea, 1975.

LONG, Marceau *et al*. *Les Grands Arrêts de la Jurisprudence Administrative*. 13. ed. Paris: Dalloz, 2001.

LUZZATI, Claudio. *El Principio de Autoridad y la Autoridad de los Principios*. Madrid: Marcial Pons, 2013.

MADISON, James; HAMILTON, Alexander; JAY, John. *Os Artigos Federalistas*. Rio de Janeiro: Nova Fronteira, 1993.

MAFFINI, Rafael. *Elementos de Direito Administrativo*. Porto Alegre: Livraria do Advogado, 2016.

MAFFIODO, Salvador Villagra. *Principios de Derecho Administrativo*. Asunción: Editorial El Foro, 1981.

MAIA FILHO, Napoleão Nunes. *Estudo Sistemático da Tutela Antecipada*. Fortaleza: Editora O Curumim sem Nome, 2003.

MANUEL I (Dom). *Ordenações Manuelinas*. Lisboa: Fundação Calouste Gulbenkian, 1984.

MARIENHOFF, Miguel S. *Tratado de Derecho Administrativo*. 2. ed. Buenos Aires: Abeledo-Perrot, 1977.

MARMOR, Andrei (Coord.). *Direito e Interpretação*. São Paulo: Martins Fontes, 2004.

MARQUES, Floriano Peixoto de Azevedo. *Regulação estatal e interesses públicos*. São Paulo: Malheiros, 2002.

MARTINS, Alexandre Marques da Silva. Os Valores em Miguel Reale. *Revista de Informação Legislativa*, Brasília, n. 180, 2008.

MARTINS, Daniel H. *Introducción al Derecho Administrativo*. Montevidéo: Fundación de Cultura Universitaria, 1982.

MARTINS, Luís. *O Patriarca e o Bacharel*. São Paulo: Alameda Editorial, 2008.

MARTINS, Margarida Salema d'Oliveira. *O Princípio da Subsidiariedade em Perspectiva Jurídico-Política*. Coimbra: Coimbra Editora, 2003.

MARTINS, Ricardo Marcondes. *Efeitos dos vícios do ato administrativo*. São Paulo: Malheiros, 2008.

MARTINS, Ricardo Marcondes. *Estudos de Direito Administrativo Neoconstitucional*. São Paulo: Malheiros, 2015.

MARTINS-COSTA, Judith. *A Boa-Fé no Direito Privado*. 2. ed. São Paulo: Saraiva, 2018.

MARTINS JÚNIOR, Wallace Paiva. *Transparência Administrativa*. São Paulo: Saraiva, 2004.

MASAGÃO, Mário. *Curso de Direito Administrativo*. 4. ed. São Paulo: Ed. Rev. dos Tribunais, 1968.

MASSERA, Alberto. *Contributo allo Studio delle Figure Giuridiche Soggettive nel Diritto Amministrativo*. Milano: Giuffrè Ed., 1986.

MATEO, Ramón Martín. *Manual de Derecho Administrativo*. 16. ed. Madrid: Trivium, 1994.

MAURER, Hartmut. *Derecho Administrativo*. Madrid: Marcial Pons, 2011.

MAURER, Hartmut. *Droit Administratif Allemand*. Paris: LGDJ, 1994.

MAXIMILIANO, Carlos. *Hermenêutica e Aplicação do Direito*. 16. ed. Rio de Janeiro: Forense, 1996.

MAYER, Otto. *Derecho Administrativo Alemán*. Buenos Aires: Depalma, 1949.

MÁYNEZ, Eduardo García. *Ensaios Filosófico-Jurídicos*. México: Universidad Veracruzana, 1959.

MAYNEZ, Eduardo García. *Introducción al Estudio del Derecho*. México, DF: Porrua, 1968. t I.

MEDAUAR, Odete. *Direito Administrativo Moderno*. 3. ed. São Paulo: Ed. Rev. dos Tribunais, 1999.

MEDAUAR, Odete. *O Direito Administrativo em Evolução*. São Paulo: Ed. Rev. dos Tribunais, 1992.

MEINECKE, Friedrich. *La Idea de la Razón de Estado en la Edad Moderna*. Madrid: Centro de Estudios Políticos y Constitucionales, 1997.

MEIRELLES, Hely Lopes. *Direito Administrativo Brasileiro*. 38. ed. São Paulo: Malheiros, 2012.

MEIRELLES, Hely Lopes. *Direito Administrativo Brasileiro*. 25. ed. São Paulo: Malheiros, 2000.

MEJÍA, Francisco Eladio Gómez. *Fundamentos de Derecho Administrativo Colombiano*. Bogotá: Editorial Kelly, 1969.

MELLO FILHO, José Celso de. *Constituição Federal Anotada*. São Paulo: Saraiva, 1984.

MELLO, Celso Antônio Bandeira de (Coord. e Co-autor). *Estudos em Homenagem a Geraldo Ataliba*. São Paulo: Malheiros, 1997.

MELLO, Celso Antonio Bandeira de. Criação de Secretarias Municipais. *RDP*, n. 15, 2012.

MELLO, Celso Antônio Bandeira de. *Curso de Direito Administrativo*. 27 ed. São Paulo: Malheiros, 2010.

MELLO, Celso Antônio Bandeira de. *Curso de Direito Administrativo*. 29 ed. São Paulo: Malheiros, 2012.

MELLO, Celso Antônio Bandeira de. *Curso de Direito Administrativo*. 35 ed. São Paulo: Malheiros, 2021.

MELLO, Celso Antônio Bandeira de. *Direito Administrativo na Constituição de 1988*. São Paulo: Ed. Rev. dos Tribunais, 1991.

MELLO, Celso Antônio Bandeira de. *O Conteúdo Jurídico do Princípio da Igualdade*. São Paulo: Malheiros, 1978.

MELLO, Oswaldo Aranha Bandeira de. *Princípios Gerais do Direito Administrativo*. 2. ed. São Paulo: Malheiros, 1979. v. I.

MELLO, Rafael Munhoz de. *Princípios Constitucionais do Direito Administrativo Sancionador*. São Paulo: Malheiros, 2007.

MENDES, Gilmar. A República Corporativa. *Folha de São Paulo*, 28 dez. 2016.

MENDES JÚNIOR, Onofre. *Direito Administrativo*. 2. ed. Belo Horizonte: Editora Bernardo Álvares, 1961.

MENDONÇA JÚNIOR, Delosmar. *Princípios da Ampla Defesa e da Efetividade*. São Paulo: Malheiros, 2011.

MERKL, Adolf. *Allgemeines Verwaltungsrecht*. Berlim: Springer, 1927.

MERKL, Adolf. *Deutsches Verwaltungsrecht*. Berlim: Dunker und Humblot, 1962.

MERKL, Adolf. *Teoría General del Derecho Administrativo*. México: Editora Nacional, 1975; Comares: Granada, 2004.

MERLONI, Francesco; CARLONI, Enrico (Coords e Co-autores). *La Trasparenza Amministrativa*. Milano: Giuffrè, 2008.

MEUCCI, Lorenzo. *Instituzioni di Diritto Amministrativo*. 6. ed. Torino: Fratelli Bocca, 1909.

MIELE, Giovanni. *Principi di Diritto Amministrativo*. 2. ed. Milano: Cedam, 1953.

MIRALLES, Julio Soler. *La justicia y el orden social*. Mendoza: Idearium, 1977.

MIRANDA, Jorge. *Manual de Direito Constitucional*. 3. ed. Coimbra: Coimbra Editora, 2000.

MIRANDA, Jorge; SILVA, Marco Antonio Marques da (Coods. e Co-autores). *Tratado Luso-Brasileiro da Dignidade Humana*. São Paulo: Quartier Latin, 2008.

MIRANDA, Juliana Gomes. *Teoria da Excepcionalidade Administrativa*. Belo Horizonte: Ed. Fórum, 2010.

MISES, Ludwig von. *Ação Humana*. 3.ed. São Paulo: Mises Brasil, 2010.

MOMMSEN, Theodor. *Disegno del Diritto Pubblico Romano*. Milano: CELUC, 1973.

MONTANER, Luis Casculluela. *Manual de Derecho Administrativo*. 5. ed. Madrid: Civitas, 1994.

MONTEZUMA, Conselheiro. Direito Administrativo - Importância e necessidade do seu estudo. *Revista de Direito Administrativo*, Edição comemorativa – 70 anos FGV, 1 dez. 2013. Disponível em: https://bibliotecadigital.fgv.br/ojs/index.php/rda/article/view/14099. Acesso em: 24 abr. 2022.

MORAES, Antonio Carlos Flores de. *Legalidade, Eficiência e Controle da Administração Pública*. Belo Horizonte: Ed. Fórum, 2007.

MOREAU, Félix. *Droit Administratif*. Paris: Albert Fontemoing Éditeur, 1909.

MOREIRA, Egon Bockmann. Processo Administrativo e Princípio da Eficiência *In*: SUNDFELD, Carlos Ari; MUÑOZ, Guillermo Andrés (Coords.). *As leis de processo administrativo*. São Paulo: Malheiros, 2000.

MOREIRA NETO, Diogo de Figueiredo (Coord. e Co-autor). *Uma Avaliação das Tendências Contemporâneas do Direito Administrativo (obra em homenagem a Eduardo García de Enterría)*. Rio de Janeiro: Renovar, 2003.

MOREIRA NETO, Diogo de Figueiredo. *Curso de Direito Administrativo*. 15. ed. Rio de Janeiro: Forense, 2009.

MOREIRA NETO, Diogo de Figueiredo. Democracia e Contra-Poderes. *Revista de Direito da Procuradoria Geral – Edição Especial em Homenagem à Memória do Procurador Marcos Juruena Villela Souto*, Rio de Janeiro, 2012.

MOREIRA NETO, Diogo de Figueiredo. *Poder, Direito e Estado*. Belo Horizonte: Ed. Fórum, 2011.

MOREIRA NETO, Diogo de Figueiredo. *Quatro Paradigmas do Direito Administrativo Pós-moderno*. Belo Horizonte: Ed. Fórum, 2008.

MOREIRA, Alinie da Matta. *As Restrições em torno da Reserva do Possível*. Belo Horizonte: Ed. Fórum, 2011.

MOREIRA, Egon Bockmann. *O Direito Administrativo Contemporâneo e suas Relações com a Economia*. Curitiba: Editora Virtual Gratuita, 2016.

MORÓN, Miguel Sánchez. *Derecho Administrativo*. 14. ed. Madrid: Tecnos, 2018.

MORÓN, Sánchez. El Retorno del Derecho Administrativo. *Revista de Administración Publica*, n. 206, Madrid, 2018.

MOZOS, José Luis de Los. *El Principio de la Buena Fe*. Barcelona: Bosch, 1965.

MUÑOZ, Jaime Rodriguez-Araña. *Principios de Ética Pública*. Madrid: Editorial Montecorvo, 1993.

NEDJATI, Zaim M. *Administrative Law*. Chipre: Edição do autor, 1974.

NEGREIROS, Teresa. *Fundamentos para uma Interpretação Constitucional do Princípio da Boa-Fé*. Rio de Janeiro: Renovar, 1998.

NIGRO, Mario. Procedimento Amnistrativo e Tutela Giurisdizionale contro la Pubblica Amnistrazione. *Rivista di Diritto Processuale*, n. 2, Milano, 1980, p. 252 e seguintes.

NOBRE JÚNIOR, Edilson Pereira. *O Princípio da Boa-Fé e sua Aplicação no Direito Administrativo Brasileiro*. S.A. Porto Alegre: Fabris Editor, 2002.

NOHARA, Irene Patrícia. *Direito Administrativo*. 8. ed. São Paulo: Atlas, 2018.

NOHARA, Irene Patrícia. *Limites à Razoabilidade nos Atos Administrativos*. São Paulo: Atlas, 2006.

NORONHA, Ibsen Jose Casas. *Aspectos do Direito no Brasil Quinhentista*. São Paulo: Almedina Brasil, 2005.

NOVAIS, Jorge Reis. *As Restrições aos Direitos Fundamentais não Expressamente Autorizadas pela Constituição*. 2. ed. Coimbra: Coimbra Editora, 2010.

OCCHIPINTI, Andreiana. *Tutela della Vita e Dignità Umana*. Torino: Utet, 2008.

OLIVEIRA, Gustavo Justino de. *Direito Administrativo Pragmático*. Rio de Janeiro: Lumen Juris, 2020.

OLIVEIRA, José Roberto Pimenta de. *Os princípios da razoabilidade e da proporcionalidade no Direito Administrativo Brasileiro*. São Paulo: Malheiros, 2006.

OLIVEIRA, Mario Esteves de. *Direito Administrativo*. Coimbra: Almedina, 1980.

OLIVEIRA, Odília Ferreira da Luz. *Manual de Direito Administrativo*. Rio de Janeiro: Renovar, 1977.

OLIVEIRA, Regis Fernandes de. *Infrações e Sanções Administrativas*. 2. ed. São Paulo: RT, 2005.

OLIVER, José María Boquera. *Derecho Administrativo*. 6. ed. Madrid: Editorial Civitas, 1996.

OMMATI, José Emílio Medauar. *A Igualdade no Paradigma do Estado Democrático de Direito*. Porto Alegre: S.A. Fabris Editor, 2004.

ORLANDO, Vittorio Emanuele (Coord. e Co-autor). *Primo Trattato Completo di Diritto Amministrativo Italiano*. Milano: Società Editrice Libreria, 1897 e 1908.

ORLANDO, Vittorio Emanuele. *Diritto Pubblico Generale*. Milano: Giuffrè, 1954.

ORLANDO, Vittorio Emanuele. *Principi di Diritto Amministrativo*. G. Barbèra: Ed. Firenze, 1952.

ORLANDO, Vittorio Emanuele. *Scritti Giuridici Varii*. Milano: Giuffrè, 1955.

OSÓRIO, Fábio Medina. *Direito Administrativo Sancionador*. São Paulo: Ed. Rev. dos Tribunais, 2000.

OSÓRIO, Fábio Medina; SOUTO, Marcos Juruena Villela (Coords. e Co-autores). *Direito Administrativo (Estudos em Homenagem a Diogo de Figueiredo Moreira Neto)*. Rio de Janeiro: Lumen Juris, 2006.

OTERO, Paulo. *Legalidade e Administração Pública*. Coimbra: Almedina, 2003.

OVIEDO, Carlos García. *Derecho Administrativo*. 8. ed. Madrid: E.L.S.A., 1962.

PACEPA, Ion Mihai. *Desinformação*. Campinas: Vide Editorial, 2015.

PALASÍ, José Luis Villar. *Apuntes de Derecho Administrativo*. Madrid: Facultad de Derecho, 1969.

PALASÍ, José Luis Villar. *Derecho Administrativo*. Madrid: Universidad de Madrid, 1968.

PALASÍ, José Luis Villar; ESCURRA, José Luis Villar. *Principios de Derecho Administrativo*. 3. ed. Madrid: Universidad Complutense, 1992.

PALMA, Juliana Bonacorsi de. *Sanção e Acordo na Administração Pública*. São Paulo: Malheiros, 2015.

PARADE, Ramon. *Derecho Administrativo*. Madrid: Marcial Pons, 1994.

PERDOMO, Jaime Vidal. *Derecho Administrativo*. 8. ed. Bogotá: Temis, 1985.

PEREIRA, Flávio Henríque Unes. *Sanções Disciplinares*. Belo Horizonte: Ed. Fórum, 2007.

PEREIRA JÚNIOR. Jessé Torres. *Controle Judicial da Administração Pública*: da legalidade estrita à lógica do razoável. Belo Horizonte: Fórum, 2005.

PEREIRA JÚNIOR, Jessé Torres. *Controle Judicial da Administração Pública*. 2. ed. Belo Horizonte: Ed. Fórum, 2009.

PÉREZ, Jesús González. *Administración Pública y Moral*. Madrid: Cuadernos Civitas, 1995.

PÉREZ, Jesús González. *El Principio General de la Buena Fe en el Derecho Administrativo*. Madrid: Civitas, 1983.

PÉREZ, Jesús González. *La Ética en la Administración Pública*. 2. ed. Madrid: Cuadernos Civitas, 2000.

PEREZ, Marcos Augusto. *A Administração Pública Democrática*. Belo Horizonte: Ed. Fórum, 2009.

PETIAN, Angélica. *Regime Jurídico dos Processos Administrativos e Restritivos de Direitos*. São Paulo: Malheiros, 2011.

PIETRO, Maria Sylvia Zanella Di. *Direito Administrativo*. 23. ed. São Paulo: Atlas, 2010.

PIETRO, Maria Sylvia Zanella Di. *Discricionariedade Administrativa na Constituição de 1988*. São Paulo: Atlas, 1991.

PIRES, Luis Manuel Fonseca. *Controle Judicial da Discricionariedade Administrativa*. Belo Horizonte: Ed. Fórum, 2013.

PIRES, Luis Manuel Fonseca; ZOCKUN, Maurício; ADRI, Renata Porto (Coords. e Co-autores). *Corrupção, Ética e Moralidade Administrativa*. Belo Horizonte: Ed. Fórum, 2008.

PIRES, Maria Coeli Simões. *Direito Adquirido e Ordem Pública*. Belo Horizonte: Del Rey, 2005.

PONDÉ, Lafayette. *Estudos de Direito Administrativo*. Belo Horizonte: Del Rey, 1995.

PONTES, Valmir. *Programas de Direito Administrativo*. 2. ed. São Paulo: Sugestões Literárias, 1960.

PORTANOVA, Rui. *Princípios de Processo Civil*. 3. ed. Porto Alegre: Livraria do Advogado, 2001.

POSADAS, Adolfo. *Tratado de Derecho Administrativo*. Madrid: Librería de Victoriano Suárez, 1897.

PRADO, Francisco Otávio de Almeida. *Improbidade Administrativa*. São Paulo: Malheiros, 2001.

PRAT, Julio A. *Derecho Administrativo*. 2. ed. Montevidéo: Acali Editorial, 1979.

PRESUTTI, Errico. *Istituzioni di Diritto Amministrativo Italiano*. 3. ed. Messina: Casa Editrice Giuseppe Principato, 1931.

PULIDO, Carlos Bernal. *El Principio de Proporcionalidad y los Derechos Fundamentales*. 3. ed. Madrid: Centro de Estudios Políticos y Contratuales, 2007.

QUEIRÓ, Afonso Rodrigues. *Estudos de Direito Público*. Coimbra: Universidade de Coimbra, 1989.

QUEIROZ, Raphael Augusto Vieira de. *Os Princípios da Razoabilidade e Proporcionalidade das Normas*. Rio de Janeiro: Lumen Juris, 2000.

RADBRUCH, Gustav. *Filosofia do Direito*. Coimbra: Editora Coimbra, 1988.

RANELETTI, Oreste. *Istituzoni di Diritto Administrativo*. 14. ed. Milano: Giuffrè, 1953.

RANGEL JÚNIOR, Hamilton. *Princípio da Moralidade Administrativa*. São Paulo: Ed. Juarez de Oliveira, 2001.

RÁO, Vicente. *O Direito e a Vida dos Direitos*. 5. ed. São Paulo: Ed. Rev. dos Tribunais, 1999.

REAL, Ramón. Los Principios generales de Derecho en nuestra Constitución. In: *Estado de Derecho y Humanismo Personalista*. Montevidéo: FCU, 1974.

REALE, Miguel. *100 Anos de Ciência do Direito no Brasil*. São Paulo: Saraiva, 1973.

REALE, Miguel. *Estudos de Filosofia e de Ciência do Direito*. São Paulo: Saraiva, 1978.

REALE, Miguel. *Filosofia do Direito*. 20. ed. São Paulo: Saraiva, 2002.

REALE, Miguel. *Revogação e Anulamento do Ato Administrativo*. Rio de Janeiro: Forense, 1980.

REALE, Miguel. *Teoria Tridimensional do Direito*. 5. ed. São Paulo: Saraiva, 1994.

RÊGO, Vicente Pereira do. *Elementos de Direito Administrativo Brasileiro*. 2. ed. Recife: Typographia Commercial de Geraldo Henrique de Mira e Cia, 1860.

REHNQUIST, William H. *The Supreme Court*. Nw.: Quill/William Morrow, 1987.

REVIDATTI, Gustavo Adolfo. *Derecho Administrativo*. Buenos Aires: Fundación de Derecho Administrativo, 1984.

REZEK, J. F. *Direito Internacional Público:* curso elementar. 8. ed. São Paulo: Saraiva, 2000.

RIBAS, Antonio Joaquim. *Direito Administrativo Brasileiro*. Brasília: Ministério da Justiça, 1968.

RIBEIRO, Leonardo Coelho. *O Direito Administrativo como "caixa de ferramentas" e suas estratégias. RDA*, v. 272, 2016.

RIBEIRO, Manoel. *Direito Administrativo*. Salvador: Editora Itapoã, 1964.

RICHTER, Cesar Tinoco. *Teoría de la Administración y el Derecho Administrativo*. Venezuela: Universidad Central de Venezuela, 1970.

RIOS, Roger Raupp. *O Princípio da Igualdade e a Discriminação por Orientação Sexual*. São Paulo: Ed. Rev. dos Tribunais, 2002.

RISPOLI, Arturo. *Istituzioni di Diritto Amministrativo*. 3. ed. Torino: G. Giappichelli, 1938.

RIVERO, Jean. *Curso de Direito Administrativo Comparado*. São Paulo: Ed. Rev. dos Tribunais, 1995.

RIVERO, Jean. *Direito Administrativo Comparado*. Coimbra: Almedina, 1981.

RIVERO, Jean. *Droit Administratif*. Paris: Dalloz, 1960.

ROCHA, Cármen Lúcia Antunes (Coord. e Co-autora). *O Direito à vida Digna*. Belo Horizonte: Ed. Fórum, 2004.

ROCHA, Cármen Lúcia Antunes (Org. e Co-autora). *Perspectivas do Direito Público*. Belo Horizonte: Del Rey, 1995.

ROCHA, Cármen Lúcia Antunes. *Princípios Constitucionais da Administração Pública*. Belo Horizonte: Del Rey, 1994.

ROCHA, Cármen Lúcia Antunes. Princípios Constitucionais do Processo Administrativo no Direito Brasileiro, *RIL* v. 34 n. 136/5. Brasília, 1997.

RODRIGUES, Rui Martinho et al. *A (I)Legitimidade das Políticas Públicas*. São Paulo: Malheiros, 2015.

RODRÍGUEZ, Américo Plá. *Los Principios del Derecho del Trabajo*. Montevidéo: Fundaciõn de Cultura Universitária, 1975.

ROJAS, Andres Serra. *Derecho Administrativo*. 3. ed. México: Porrua, 1965.

ROLLAND, Louis. *Précis de Droit Administratif*. Paris: Dalloz, 1947.

ROMANO, Santi. *Corso di Diritto Amministrativo*. Padova: Cedam, 1930.

ROMANO, Santi. *Scritti Minori (vol. secondo)*. Milano: Giuffrè, 1950.

ROMERO, Jose Maria Villar y. *Derecho Administrativo*. Madrid: Reus, 1948.

ROSAS, Roberto. Devido Processo Legal. Rio de Janeiro: GZ Editora, 2018.

ROSENN, Keith S. *O Jeitinho na Cultura Jurídica Brasileira*. Rio de Janeiro: Renovar, 1998.

ROSSITER, Lyle. *A Mente Esquerdista*. São Paulo: Vide Editorial, 2016.

ROUGEVIN-BAVILLE, Michel; MARC, Renaud Denoix de Saint; LABETOULLE, Daniel. *Leçons de Droit Administratif*. Paris: Hachette, 1989.

ROYO-VILLANOVA, Antonio. *Elementos de Derecho Administrativo*. 25. ed. Libreria Santarén: Valladolid, 1960.

SÁNCHEZ, Antonio Lancís y. *Derecho Administrativo*. 3. ed. Cuba: Cultural, La Habana, 1952.

SÁNCHEZ-CASCADO, Elisa de la Nuez; QUEIRÓS, Carlota Tarín (Coords. e Co-autoras). *Transparencia y Buen Gobierno*. Madrid: La Ley, 2014.

SANDULLI, Aldo M. *Manuale di Diritto Amministrativo*. 10. ed. Napoli: Casa Editrice Dott. Eugenio Jovene, 1973.

SANGIOVANNI, Andrea. *Humanity without Dignity:* Moral Equality, Respsct, and Human Rights. Harvard: Harvard University Press, 2017.

SANTOS, Oliveira. *Direito Administrativo e Sciencia da Administração*. Rio de Janeiro: Editor Jacintho Ribeiro dos Santos, 1919.

SARLET, Ingo Wolfgang. *A Eficácia dos Direitos Fundamentais*. Porto Alegre: Livraria do Advogado, 1998.

SARLET, Ingo Wolfgang. *Dignidade da Pessoa Humana e Direitos Fundamentais*. 9. ed. Porto Alegre: Livraria do Advogado, 2012.

SARLET, Ingo Wolfgang. O Princípio da Proporcionalidade no Direito Constitucional e Administrativo da Alemanha. *Revista Interesse Publico*, 2/93. Belo Horizonte, 1999.

SARMENTO, Daniel (Coord. e Co-autor). *Interesse Público versus Interesse Privado*. Rio de Janeiro: Lumen Juris, 2007.

SARRIA, Eustorgio. *Derecho Administrativo*. 5. ed. Bogotá: Temis, 1968.

SARRIA, Felix. *Derecho Administrativo*. 4. ed. Córdoba: Cervantes, 1950.

SATTA, Filippo. *Introduzione ad un Corso di Diritto Amministrativo*. Padova: Cedam, 1980.

SCANTIMBURGO, Julio. *Elementos de Direito Administrativo*. 2. ed. São Paulo: Max Limonad, 1972.

SCHIEFLER, Gustavo Henrique Carvalho. *Diálogos Públicos-Privados*. Rio de Janeiro: Lumen Juris, 2018.

SCHIESARI, Nelson. *Direito Administrativo*. São Paulo: Hemeron Editora, 1975.

SCHMIDT-ASSMANN, Eberhard. *La Teoría General del Derecho Administrativo como Sistema*. Madrid: Marcel Pons, 2003.

SCHUPPERT, Gunnar Folke. *Verwaltungsrecht und Verwaltungrechtswissenschaft im Wandel*. Archiv des öffentlichen Rechts. Tübingen: Mohr Siebeck GmbH &Co, 2008. v. 133.

SEN, Amartya. *A Ideia de Justiça*. São Paulo: Companhia da Letras, 2011.

SEN, Amartya. *As Pessoas em Primeiro Lugar*. São Paulo: Cia. das Letras, 2011.

SÈVE, René. *Observations sur l'Éthique de la Division du Travail Administratif (in* Archives de Philosophie du Droit, tome 40, Droit el Esthétique (Coord. Gérard Cornu). Paris: Dalloz/Sirey, 1996.

SICHES, Luis Recasens. *Tratado General de Filosofía del Derecho*. 4. ed. México: Porrua, 1970.

SILVA, Almiro do Couto e. *Conceitos Fundamentais do Direito no Estado Constitucional*. São Paulo: Malheiros, 2015.

SILVA, Clarissa Sampaio. *Direitos Fundamentais e Relações Especiais de Sujeição*. Belo Horizonte: Ed. Fórum, 2009.

SILVA, Vasco Dias Pereira da. *Em busca do Acto Administrativo perdido*. Coimbra: Almedina, 1996.

SILVA, Virgílio Afonso da (Coord. e Co-autor). *Interpretação Constitucional*. São Paulo: Malheiros, 2007.

SILVEIRA, Paulo Fernando. *Devido Processo Legal*. 3. ed. Belo Horizonte: Del Rey, 2001.

SIMONETTI, José Augusto. *O Princípio da Proteção da Confiança no Direito Administrativo Brasileiro*. Rio de Janeiro: Lumen Juris, 2017.

SOARES, Rogério Ehrhardt. *Direito Administrativo*. Coimbra: Almedina, 1978.

SOBRINHO, Manoel de Oliveira Franco. *História Breve do Constitucionalismo no Brasil*. Curitiba: Universidade Federal do Paraná, 1969.

SOUSA, António Francisco. *"Conceitos Indeterminados" no Direito Administrativo*. Coimbra: Almedina, 1994.

SOUSA, Guilherme Carvalho e. *O Direito Privado na Administração Pública*. Rio de Janeiro: Lumen Juris, 2016.

SOUSA, Octávio Tarquínio de. *História dos Fundadores do Império do Brasil*. 3 ed. Rio de Janeiro: Editora José Olympio, 1957. v. 8.

STUMM, Raquel Denize. *O Princípio da Proporcionalidade no Direito Constitucional Brasileiro*. Porto Alegre: Livraria do Advogado, 1995.

SUNDFELD, Carlos Ari. *Direito Administrativo Ordenador*. 1. ed. 3ª. tiragem. São Paulo: Malheiros, 2003.

SUNDFELD, Carlos Ari. *Direito Administrativo para Céticos*. São Paulo: Malheiros, 2012.

SUNDFELD, Carlos Ari. *Fundamentos de Direito Público*. São Paulo: Malheiros, 1992.

SUNDFELD, Carlos Ari. Motivação do Ato Administrativo como Garantia dos Administrados. *RDP*, São Paulo: RT, 1985.

TÁCITO, Caio. *Direito Administrativo*. São Paulo: Saraiva, 1975.

TÁCITO, Caio. Moralidade Administrativa. *RDA 218/1 a 10*. FGV, 1999.

TÁCITO, Caio. *O princípio da legalidade: ponto e contraponto. Estudos em Homenagem a Geraldo Ataliba*. São Paulo: Malheiros, 1997. v. 2.

TALAMINI, Eduardo. *Tutela Relativa aos Deveres de Fazer e de não Fazer*. São Paulo: Rev. dos Tribunais, 2001.

TANAKA, Sônia Yuriko Kanashiro (Org e Co-autora). *Panorama Atual da Administração Pública no Brasil*. São Paulo: Malheiros, 2012.

TARUFFO, Michele. *La semplice verità. Il giudice e la costruzione dei fatti*. Roma-Bari: Ed. Laterra 2009.

TEIXEIRA, Tarcísio; BATISTI, Beatriz; SALES, Marlon de. *Lei Anticorrupção*. São Paulo: Almedina, 2016.

TELLES, Antonio A. Queiroz. *Introdução ao Direito Administrativo*. São Paulo: Ed. Rev. dos Tribunais, 1995.

TELVES JÚNIOR, Goffredo. *A Criação do Direito*. 3. ed. São Paulo: Saraiva, 2014.

TOFLER, Alvin. *A terceira onda*. 2. ed. Rio de Janeiro: Ed. Record. 1980.

TORO, Jorge Oliveira. *Manual de Derecho Administrativo*. 2. ed. México: Porrua, 1967.

TORRES, João Camilo de Oliveira. *A formação do federalismo no Brasil.* Brasília: Câmara dos Deputados, Edições Câmara, 2017.

TORRES, João Camilo de Oliveira. *Do Governo Régio.* Petrópolis: Ed. Vozes, 1958.

TORRES, João Camilo de Oliveira. *Os Construtores do Império.* São Paulo: Editora Nacional, 1963.

TORRES, Ricardo Lobo; KATAOKA, Eduardo Takemi; GALDINO, Flavio (Coords. e Co-autores). *Dicionário de Princípios Jurídicos.* Rio de Janeiro: Elsevier, 2011.

TORRES, Silvia Faber. *O Princípio da Subsidiariedade no Direito Público Contemporâneo.* Rio de Janeiro: Renovar, 2001.

TREVES, Giuseppino. *Principi di Diritto Pubblico.* 2. ed. Torino: ETET, 1973.

TROTABAS, Louis; ISSART, Paul. *Manuel de Droit Public et Administratif.* Paris: LGDJ, 1978.

UNGARO, Gustavo Gonçalves. Democracia Administrativa: transparência e Participação. In: *Direito, Instituições e Políticas Públicas – O Papel do Jusidealista na Formação do Estado.* São Paulo: Quartier Latin, 2007.

URUGUAI, Visconde de. *Ensaio sobre o Direito Administrativo.* Rio de Janeiro: Typographia Nacional, 1862.

UTZ, Artur Fridolin. *Ética Social.* Barcelona: Herder, 1964.

VALIM, Rafael. *O Princípio da Segurança Jurídica no Direito Administrativo Brasileiro.* São Paulo: Malheiros, 2010.

VALLE, J. Rodrigues. *Curso de Direito Administrativo.* Rio de Janeiro: A. Coelho Branco, 1941.

VALLE, Vanice Regina Lírio do. *Direito Fundamental à Boa Administração e Governança.* Belo Horizonte: Ed. Fórum, 2011.

VALLE, Vanice Regina Lírio do. *Políticas Públicas, Direitos Fundamentais e Controle Judicial.* Belo Horizonte: Ed. Fórum, 2009.

VASCONCELLOS, José Mattos de. *Direito Administrativo.* Rio de Janeiro: Imprensa Nacional, 1936.

VELLOSO, Carlos Mário. *Temas de Direito Público.* Belo Horizonte: Del Rey, 1984.

VEDEL, Georges. *Droit Administratif.* Paris: Presses Universitaires de France, 1964.

VEDEL, Georges; DELVOLVÉ, Pierre. *Droit Administratif.* 9. ed. Paris: Presses Universitaires de France, Paris, 1984.

VENÂNCIO FILHO, Alberto. *Das Arcadas ao Bacharelismo.* 2. ed. São Paulo: Perspectiva, 1982.

VENTURINI, Otavio. *Teorias do Direito Administrativo Global e Standards*: desafios à Estabilidade do Direito. São Paulo: Almedina, 2020.

VIEIRA, Oscar Vilhena. *Direitos Fundamentais*: uma Leitura da Jurisprudência do STF. São Paulo: Malheiros, 2006.

VIRGA, Pietro. *Diritto Amministrativo*. 3. ed. Milano: Giuffré, 1993.

VITTA, Cino. *Diritto Amministrativo*. Torino: Unione Tipografico, 1933.

VITTA, Heraldo Garcia. *A Sanção no Direito Administrativo*. São Paulo: Malheiros, 2003.

VOEGELIN, Eric. *Hitler e os Alemães*. São Paulo: É Realizações, 2008.

WAGNER JR., Luiz Guilherme da Costa (Coord). *Direito Público (Estudos em Homenagem ao Professor Adilson Abreu Dallari)*. Belo Horizonte: Del Rey, 2004.

WALD, Arnoldo; JUSTEN FILHO, Marçal; PEREIRA, Cesar Augusto Guimarães (Coords. e Co-autores). *O Direito Administrativo na Atualidade (Estudos em Homenagem ao Centenário de Hely Lopes Meirelles)*. São Paulo: Malheiros, 2017.

WALINE, Marcel. *Droit Administratif*. 8. ed. Paris: Sirey, 1959.

WALINE, Marcel. *Précis de Droit Administratif*. Paris: Éditions Montchrestrian, 1970.

WEIL, Prosper. *O Direito Administrativo*. Coimbra: Almedina, 1977.

WIEACKER, Franz. *El Principio General de la Buena Fe*. Madrid: Civitas, 1986.

WIENER, Norbert. *Introduzione alla Cibernetica*. T: D. Persiani, 1961.

WILCOK, Herbert. Hierarchy, human nature and the participative panacea. *Public Administration Review*, Washington, p. 53-62, jan./fev. 1969.

ZAGREBELSKY, Gustavo. *El Derecho Dúctil*. Madrid: Trotta, 1995.

ZANCANER, Weida. *Da Convalidação e da Invalidação dos Atos Administrativos*. 3. ed. São Paulo: Malheiros, 2008.

ZANCANER, Weida. Razoabilidade e moralidade: princípios concretizadores do perfil constitucional do estado social e democrático de direito. In: *Direito Administrativo e Constitucional. Estudos em Homenagem a Geraldo Ataliba*. São Paulo: Malheiros, 1997.

ZANOBINI, Guido. *Corso di Diritto Amministrativo*. Milano: Giuffrè, 1958.

ZAPATA, J. Herney Ramirez. *Curso de Derecho Administrativo General*. Cali: Imprenta Departamental, 1968.

Esta obra foi composta em fonte Palatino Linotype, corpo 10
e impressa em papel Offset 75g (miolo) e Supremo 250g (capa)
pela Paulinelli Serviços Gráficos.